国家高端智库
NATIONAL HIGH-END THINK TANK

上海社会科学院重要学术成果丛书·专著

30年：浦东开发开放
重大实践与精神价值

30 Years on: Major Practice and Value of
Pudong's Development and Opening-up

张兆安　等／著

上海人民出版社

本书出版受到上海社会科学院重要学术成果出版资助项目的资助

编审委员会

总　序

当今世界,百年变局和世纪疫情交织叠加,新一轮科技革命和产业变革正以前所未有的速度、强度和深度重塑全球格局,更新人类的思想观念和知识系统。当下,我们正经历着中国历史上最为广泛而深刻的社会变革,也正在进行着人类历史上最为宏大而独特的实践创新。历史表明,社会大变革时代一定是哲学社会科学大发展的时代。

上海社会科学院作为首批国家高端智库建设试点单位,始终坚持以习近平新时代中国特色社会主义思想为指导,围绕服务国家和上海发展、服务构建中国特色哲学社会科学,顺应大势,守正创新,大力推进学科发展与智库建设深度融合。在庆祝中国共产党百年华诞之际,上海社科院实施重要学术成果出版资助计划,推出"上海社会科学院重要学术成果丛书",旨在促进成果转化,提升研究质量,扩大学术影响,更好回馈社会、服务社会。

"上海社会科学院重要学术成果丛书"包括学术专著、译著、研究报告、论文集等多个系列,涉及哲学社会科学的经典学科、新兴学科和"冷门绝学"。著作中既有基础理论的深化探索,也有应用实践的系统探究;既有全球发展的战略研判,也有中国改革开放的经验总结,还有地方创新的深度解析。作者中有成果颇丰的学术带头人,也不乏崭露头角的后起之秀。寄望丛书能从一个侧面反映上海社科院的学术追求,体现中国特色、时代特征、上海特点,坚持人民性、科学性、实践性,致力于出思想、出成果、出人才。2021年首批十二本著作的推出既是新的起点,也是新的探索。

学术无止境,创新不停息。上海社科院要成为哲学社会科学创新的重要基地、具有国内外重要影响力的高端智库,必须深入学习、深刻领会习近平总书记关于哲学社会科学的重要论述,树立正确的政治方向、价值取向和学术导向,聚焦重大问题,不断加强前瞻性、战略性、储备性研究,为全面建设社会主义现代化国家,为把上海建设成为具有世界影响力的社会主义现代化国际大都市,提供更高质量、更大力度的智力支持。建好"理论库"、当好"智囊团"任重道远,惟有持续努力,不懈奋斗。

王战忠

上海社科院院长、国家高端智库首席专家

本书编写组

指导专家　王　战

主要作者　张兆安

汤蕴懿　陈建勋　邵晓翀　林之豪　袁　辰

张　鹏　陈　迪　姜丙利　邹　祎　王　菁

杨朝舜　顾　杰　杨文婧　陈灿斌

序　言

　　1990年，党中央、国务院批准浦东实行开发开放；1992年，国务院批复上海市设立浦东新区。30年来，浦东肩负着实施国家战略的重大使命，大胆闯、大胆试，每一次创新、每一次突破、每一个方面的先行先试、每一项经济社会发展的成果，都在中国改革开放历史进程中留下了深深的足迹，并且成为了中国特色社会主义现代化建设的生动缩影。30年来，浦东开发开放取得了举世瞩目的成就，更是新时代中国改革开放、创新发展的旗帜和标杆。

　　应该充分认识到，浦东开发开放是我国改革开放的总设计师邓小平同志在中国改革开放紧要关头打出的一张开放"王牌"，也是党中央、国务院在开放的特定时机、改革的特定阶段，选择特别的战略区域，采取特别的开发开放政策，高瞻远瞩、运筹帷幄、审时度势所作出的重大战略决策。30年过去了，浦东开发开放取得了具有重大历史意义和现实意义的成就，对上海、长三角、长江经济带乃至全国经济社会发展起到了十分重要的示范引领作用，并且仍然还将继续彰显新时代中国改革开放的浦东力量。

　　我们认为，综观30年浦东开发开放的历史发展进程，不仅存在着一系列的重大实践经验需要去归纳、去总结，而且在这些重大实践经验基础上的一系列精神价值也需要去发现、去提炼。从历史发展角度出发去考察，30年来浦东开发开放的重大实践经验，已经汇集形成了浦东开发开放的"浦东模式"，而从"浦东模式"中又充分突显出了"浦东精神价值"。在这个大背景下，我们努力从理论和实践两个方面对浦东开发开放进行一些全面的、系统的研究探索，不仅必然，而且必须。

我们希望，能够紧紧围绕"浦东模式"和"浦东精神价值"两个全新的视角，对30年来浦东开发开放历史展开进一步的深入研究，进而把浦东开发开放研究推向一个新的高度和新的维度，并且提出一些新的观点、新的建议。这个思考框架主要包含三个方面：一是浦东开发开放的历史进程及主要特征；二是浦东开发开放的"浦东模式"及示范意义；三是浦东开发开放的"浦东精神价值"及标杆意义。其中的关键性问题和重点难点问题：一是如何进一步揭示浦东开发开放的历史性规律；二是如何归纳提炼浦东开发开放的"浦东模式"；三是如何归纳提炼浦东开发开放的"浦东精神价值"。有鉴于此，如果这些关键性问题研究好了、研究透了，不仅对于浦东新区下一步的开发开放，而且对于全国相关新区的开发开放，乃至全国的改革开放和创新发展，都会具有比较特殊的学术价值、应用价值和经济社会发展价值。

本书由总论加上六个部分共同组成。其中六个部分的主要内容分别为：第一部分为"战略背景：浦东开发开放重大战略部署的推出"；第二部分为"发展历程：浦东开发开放一路走来的辉煌"；第三部分为"重大实践：凝练成开发开放的浦东模式"；第四部分为"浦东模式：凝练成开发开放的精神价值"；第五部分为"浦东开发开放：新时代再出发"；第六部分为"附录"，主要为一份相关研究报告以及30年来浦东经济社会发展的一系列主要数据和各类图表，可以非常直观地体现出30年开发开放给浦东带来的翻天覆地变化。

在本书撰写过程中，我们得到了方方面面的大力支持，上海市社联主席、上海社会科学院原院长王战教授，对主要内容和框架结构进行了具体的指导，来自上海社会科学院相关领域的资深研究人员、相关实务部门的工作人员，以及博士研究生们参与了一些研究工作和撰写工作等，做出了相应的贡献，在此一并表示衷心的感谢。

张兆安

2022 年 3 月

目　录

第一章
总　论

　　1990 年 4 月 18 日,党中央、国务院正式宣布浦东开发开放;1992 年 10 月 11 日,国务院批复上海市设立浦东新区。30 年来,浦东肩负着实现国家战略的重大使命,大胆闯、大胆试,每一次创新、每一次突破、每一个方面的先行先试、每一项经济社会发展的成果,都在中国改革开放历史进程中留下深深的足迹,成为中国特色社会主义建设的生动缩影。30 年来,浦东开发开放取得了举世瞩目的成就,更是新时代中国改革开放、创新发展的旗帜和标杆。

一、战略背景:浦东开发开放重大战略部署的推出

　　20 世纪 80 年代末和 90 年代初,我国面临着国际格局重大调整和国内经济转型改革的复杂挑战,更面临着中国举什么旗、走什么路、打什么牌的严峻考验。

　　一是经济体制改革如何深入。 1978 年,我国改革率先从农村取得突破,沿海地区开放迈出重要步伐。随着改革开放逐渐深入到城市改革和沿江开放,出现了一些新情况和新问题。1984 年四季度之后中国经济运行出现了过热的态势,到了 1988 年更是突出表现为"四过一乱",再加上生产资料价格双轨制引发"官倒"和腐败现象,群众反映强烈。在这紧要关头,党中央依靠人民一举平息八九政治风波。中共中央召开十三届四中全会,强调继续坚决执行党的十一届三中全会以来的路线、方针和政策,继续坚决执行

党的十三大确定的"一个中心、两个基本点"的基本路线。

二是世界格局重大变化如何应对。1989 年,东欧各个社会主义国家长期执政的共产党先后失去执政地位,紧接着苏联正式解体。这一系列剧烈变化,使得整个世界格局发生巨大改变,美国率先采取停止与中国政府官员的所有高层接触等"制裁"措施。期间,美国国会先后通过 20 多项干涉中国内政的议案,试图进一步在政治和经济上对中国施加压力,不少西方国家公开宣布对中国进行各种形式的"制裁",企图中止高层接触,以期在政治和外交上孤立中国;试图通过延缓贷款、撤走技术人员、恶化经济贸易、中止高科技合作,达到以压促变的目的。

在如此复杂的国内外形势下,处在十字路口的中国改革开放下一步怎么走?全国关注,全世界关注。在这个决定中国前途与命运的紧要关头,中国改革开放的总设计师邓小平同志希望上海能够采取重大动作,在国际上树立更加坚持改革开放的旗帜;党中央高瞻远瞩、运筹帷幄、审时度势地作出了浦东开发开放的重大战略部署,向全世界释放了中国将坚定不移推进改革开放的重要信号。这个重大战略举措表明:第一,中国将坚持推进改革开放,不走回头路;第二,中国将坚持走中国特色社会主义道路,不走邪路;第三,上海开始从中国改革开放的"后卫"变成了"前锋",充分表明中国改革开放将全面展开;第四,中国将坚持通过改革开放与世界接轨,走共同发展道路;第五,中国在治理整顿经济的过程中,仍然需要推动改革开放向前发展,希望世界正确认识到中国对发展的强烈意志和渴望。

二、发展历程:浦东开发开放一路走来的辉煌

30 年后的今天,在百年未有的历史大变局下,重温浦东开发开放的历史进程,对新时代中国深化改革开放和推动高质量发展,仍具有重大的理论意义和现实意义。30 年来,浦东开发开放先后经历了形态开发(1990—1995 年)、功能提升(1996—2005 年)、综合改革全面推进(2005—2013 年)、

新一轮改革开放(2013年至今)四个历史发展阶段,经济总量超常规增长、发展质量跨越式提升,城市功能不断完善,社会事业快速发展,改革不断深入推进,开放体系逐渐形成,区域治理能力不断增强。由此,浦东已成为彰显中国理念、中国方案、中国道路的实践范例。

三、重大实践:凝练成开发开放的浦东模式

浦东开发开放是党中央、国务院在开放的特定时机、改革的特定阶段,选择特别战略区域,采取特别开发开放政策,并通过综合配套改革形成的发展模式。**浦东模式是我国改革开放的系统集成模式,可以归纳为"立足战略使命,坚持开放创新推动改革发展"**。其特色是:双向开放,以对外开放引领对内开放;系统创新,以制度创新推动科技创新;集成改革,政府管理与企业改革并举,走出一条可持续可复制的高质量发展之路。归纳起来,**"四个立足、十二个坚持"是浦东开发开放30年的基本经验**。

(一) 立足党的全面领导,服务国家战略大局

1. 坚持党的全面领导,是浦东开发开放的重要法宝

在浦东开发开放的每一个关键时刻,党中央审时度势、总揽全局作出新的重要战略部署,赋予新的重大使命,浦东综合配套改革试点、设立自贸试验区等都使得浦东不断迈上新台阶;中共上海市委提出新目标、新要求、新任务、新举措,使得浦东成为推动上海改革开放和创新发展的重要引擎;而党的领导又始终贯穿落实和充分体现在浦东开发开放的各个方面和各个环节。浦东有一句响亮的口号,"一流党建,一流开发",充分发挥了党建工作对于开发开放的重要作用。在发展总部经济和楼宇经济的同时,浦东又在全国率先探索"楼宇"党建工作,充分发挥了党组织促进发展的作用。

2. 坚持服务国家战略,是浦东开发开放的重要使命

按照党中央、国务院"以浦东开发开放为龙头,进一步开放长江沿岸城

市,尽快把上海建成国际经济、金融、贸易中心,带动长江三角洲和整个长江流域地区经济的新飞跃"的总体要求,浦东开发开放坚持"开发浦东、振兴上海、服务全国、面向世界",坚持"服务长三角、服务长江流域、服务全国",坚持实行对内对外"双向开放",让长三角、长江流域乃至全国共享浦东开发开放的资源和效应,充分发挥辐射带动作用。在浦东开发开放初期,一批"省部楼"拔地而起,至今还发挥着各个省、市、自治区对外开放的"窗口"作用;作为全国第一个自由贸易试验区的上海自由贸易试验区,一系列改革开放的制度性成果已经复制推广到了全国,并且在服务"一带一路"建设中发挥了桥头堡作用。

3. 坚持开创历史进程,是浦东开发开放的重要担当

浦东开发开放是一个全新的探索,浦东新区又是全国第一个新区,可谓是使命光荣,责任重大,意义非凡。这个"新"字,必须有一系列的内涵来支撑,必须有一系列的成就来诠释,也必须具有敢于吃第一个"螃蟹"的勇气和精神。于是,全国唯一的金融贸易区,全国第一个出口加工区、第一个海关特殊监管区域和保税区、第一个保税交易市场、第一个自由贸易试验区、第一家中外合资商业零售企业、第一个跨境贸易电商平台、第一家中外合作办学项目、第一座超高层摩天大楼、第一座跨海大桥、第一个开展"证照分离"改革试点等,在浦东纷纷破土而出,并取得了成功,发挥了示范作用。所有这些"唯一"和"第一",实际上就是浦东担当精神的真实体现。

(二) 立足双向开放,以对外开放引领对内开放

1. 坚持对外开放,是浦东开发开放的重要主线

浦东开发开放顺应中国发展和国际格局变化的趋势,由点到面,由易到难,由浅到深,遵循了一条与时俱进的开发开放发展新路子。20世纪90年代,4个功能区积极利用外资,引进外资银行,构建要素市场体系,率先发展第三产业,首创市长国际咨询会议。21世纪初,中国加入世界贸易组织之后,设立地方政府第一家WTO事务中心,探索发展总部经济、研发中心,引进一大批先进制造业和现代服务业项目。21世纪10年代,上海世博会的

召开进一步提升了浦东开发开放能级,自贸试验区确立以负面清单为核心的投资管理制度,推进贸易便利化,形成了一系列可复制可推广的做法,而自贸试验区新片区建设又将把浦东开发开放推向一个新的高度。

2. 坚持对内联动,是浦东开发开放的重要举措

浦东开发开放是国家战略,通过开发浦东、发展上海,服务长三角、长江流域与全国,发挥龙头作用。在上海,统筹协调浦东浦西发展,浦西支持了浦东建设,浦东为浦西疏解了空间布局,实现"东西一体,联动发展"。在长三角,服务长三角一体化发展,浦东开发开放带来了巨大的外资资金与项目,纷纷在长三角周边地区布局,开放是长三角一体化最初的、最有力的市场化力量;浦东的张江高科技园区担负着长三角孵化研发"总部"功能,90%以上的研发创新项目纷纷落户到长三角生产基地,推动了长三角产业链、创新链的发展。在长江流域,依托长江经济带黄金水道江海联运、启运港等政策的发展,深入带动长江腹地发展。在全国,上海证券交易所、上海期货交易所、上海黄金交易所、中国外汇交易中心等一大批全国性金融交易平台为中国企业的做强做大提供源源不断的资本力量。

(三) 立足系统创新,以制度型开放推动发展创新

1. 坚持探索发展创新,是浦东开发开放的重要特色

在浦东开发开放初期,一系列的全国"首创"案例开始展现出来,而且这种首创精神一直延续至今。"规划先行"是浦东开发开放的基本经验,立足"国际化"和"现代化"两个基本面,以一流的规划设计水平、管理体系、运行机制来描绘发展蓝图,而且"一张蓝图干到底"。陆家嘴金融贸易区是我国第一次为一个区域规划进行国际咨询,第一个汇集国际智慧的规划方案。"不搞特区搞新区",浦东波澜壮阔、气势磅礴的发展与新区不特而特密切相关,也为以后全国18个新区建设发挥了重要的示范作用。不搞经济技术开发区搞功能开发区,目的就是实现"再造中心",4个国家级功能开发区和浦东国际机场、洋山港形成了浦东三条发展轴,探索了以功能开发为核心的新区开发模式。

2. 坚持推进金融创新,是浦东开发开放的重要先导

邓小平同志曾说:"金融很重要,是现代经济的核心。金融搞好了,一着棋活,全盘皆活。"浦东在开发开放初期,面临着资金匮乏的矛盾,浦东在坚持土地公有制前提下,系统推行土地使用权有偿转让,积极探索形成"资金空转,土地实转"的开发模式,为解决建设资金问题开创了先例。两次中国银行业全面对外开放先行先试,全国第一家证券交易所、全国第一个国家级期货市场、全国首家保险交易所、全国第一个外资金融机构经营人民币业务的试点区域、全国第一家上市的股份制银行,"沪港通"开通运行,金砖国家新开发银行等机构落户运营等,使得浦东不断培育和集聚了一批重要的金融要素市场,进而为上海建设国际金融中心提供了强大的支撑。

3. 坚持推进贸易创新,是浦东开发开放的重要抓手

按照"两种资源,两个市场"的战略构想,浦东不断提高国际国内贸易的能级和水平。全国第一家中外合资商业零售企业、中外合资外贸企业、中外合资物流企业,率先打破了中资经营一统天下的格局,一大批具有国际竞争力的贸易企业汇集浦东。从保税区起航,外高桥保税区成为全国第一个海关特殊监管区域和保税区,设立了全国第一家保税生产资料交易市场——上海保税生产资料市场,之后又发展成为上海外高桥保税交易市场。从自由贸易试验区深入,全国第一个自由贸易试验区在浦东设立,创造了一系列的制度创新和开放成果,复制推广到各地的自贸区乃至全国。在取得试验成果的基础上,又推出了自贸试验区临港新片区建设,努力争取在全国各地自贸区建设上再往前走一步。

4. 坚持推进航运创新,是浦东开发开放的重要环节

随着浦东开发开放的深入发展,上海的航运从黄浦江开始腾挪到了面向更为广阔的海洋。围绕提升全球航运资源配置能力,促进金融、贸易、航运的融合发展,使得浦东成为了上海国际航运中心建设的主要承载区域,外高桥港、洋山深水港、浦东国际机场等建设增强了上海国际航运中心的枢纽功能,上海港集装箱吞吐量居全球第1位,浦东国际机场货邮吞吐量居全球第3位,一大批航运和空运等功能性服务业企业纷纷聚集于浦东,各类航运资

源开始高度集聚,航运服务功能逐渐健全,航运市场环境不断优化,现代物流服务水平不断提高,明显提高了浦东乃至上海的全球资源配置能力和水平。

5. 坚持推进科技创新,是浦东开发开放的重要支撑

浦东开发开放,离不开科技支撑。2014 年,习近平总书记要求上海加快建设具有全球影响力的科技创新中心,浦东再一次担当起了科创中心核心区的历史重任,推出了一系列有力举措。全力打造重要载体,建设上海张江综合性国家科学中心,实施一批城市功能配套项目,上海光源二期、超强超短激光实验装置等一批重大科技基础设施落户张江。加快科技体制改革,完善科技成果转化机制,药品上市许可持有人制度率先形成试点案例,医疗器械注册许可人制度获批落地。严格保护知识产权,设立中国(浦东)知识产权保护中心,实现知识产权的快速审查、快速确权、快速维权。加快科技人才集聚,制定发布提高海外人才出入境和工作便利度的“九条措施”。布局引领全国重大高新技术产业领域的发展,承载担当大飞机 C919、集成电路、生物医药与高端医疗设备、人工智能等“国之脊梁”的战略性产业。①

(四) 立足集成改革,走出可复制推广的发展之路

1. 坚持推进行政管理体制改革,是浦东开发开放的重要保证

在开发开放初期,浦东探索建立了“小政府,大社会”模式。浦东新区管委会总共设立了 10 个部门,机构精简了 81%,公务员人数仅是其他区县的64%,大大降低了行政管理成本,实现了高效率。在浦东推进综合配套改革试点时,围绕政府职能转变,开展“一门式”审批服务机制,企业注册登记工商、税务、质监“三联动”改革,“告知承诺”审批制等改革试点。在全国率先建立覆盖工商、质监、食药监、价格检查等职能的市场监管局,设立知识产权“三合一”机构,组建集中环保市容、建设交通、规划土地等执法事项的城管执法局。在全国率先开展并深入实施“证照分离”改革试点,推进企业市场准入“全网通办”,个人社区事务“全区通办”,政府政务信息“全城共享”。

① 中共上海市委上海市人民政府:《关于加快建设具有全球影响力的科技创新中心的意见》,2015年 5 月 25 日发布。

2. 坚持社会治理统筹，是浦东开发开放的重要突破

浦东开发开放，不仅需要推进经济快速发展，也要促进社会事业和精神文明建设全面发展。这一切，都需要统筹协调。统筹协调产城融合发展，浦东各大功能区进行生产、生活、生态功能的整体开发，进而成为了全国产城融合发展的标杆。统筹协调城乡一体化发展，浦东开发开放之初提出了以各功能开发区主动带动周围乡镇的"列车工程"，使得城乡差异不断得到改善。统筹协调经济社会发展，浦东大力发展教育、医疗卫生事业，吸引全国第一家中外合作办学项目、第一家外商独资职业培训机构，以及上海第一家民办本科大学。统筹协调经济发展与生态保护的关系，使得浦东成为具有很强吸引力的宜居之地。

四、浦东模式：凝练成开发开放的精神价值

伟大实践孕育伟大精神，伟大精神鼓舞伟大实践。30 年来浦东开发开放重大实践充分表明：坚定信心、改革开放，是转危为机谋求发展的唯一出路；国家使命、地方担当，是推动快速转型发展的强大动力；全球标准、功能集聚，是提升全球经济地位的重要路径；经济领先、社会跟进，是实现高质量发展的必然选择；区划保障、协同创新，是激发内在活力的有效手段。

30 年来，在党中央、国务院的坚强领导下，在上海市委、市政府的总体部署下，在各级领导干部和人民群众的创新实践中，浦东不断培育和铸就了开发开放的精神价值。这些精神价值，可以形象地体现为"放眼全球的志气，一往无前的勇气，开拓创新的锐气，常有梦想的心气，坚忍不拔的朝气"，而且集中地表现为"创新精神、开放精神、科学精神、担当精神"。

（一）创新精神价值

中华民族自古就有"苟日新，日日新，又日新"的创新精神。创新精神生动地体现在浦东开发开放过程中，并不断推进浦东开发开放的进程。其具

体表现为:**勤于探索,勇于实践;自我革命,大胆突破;开拓进取、攻坚克难。**

1. 勤于探索,勇于实践

30 年来,浦东开发开放既不断探索,又不断实践。在开发开放之初,浦东基础设施建设和土地开发需要大量资金,建设者们通过开创"资金空转、土地实转"模式,解决了资金的燃眉之急;通过组建开发公司进行商业性开发,形成政府规范土地一级市场、放开搞活土地二级市场的"资金空转,批租实转,成片开发"开发模式。在开发开放进程中,浦东充分体现出敢想敢闯、永不言败、从不放弃的精神,不仅坚定地进行二次创业,而且也充分体现在自由贸易试验区建设中。

2. 自我革命,大胆突破

30 年来,浦东开发开放既不断突破,又不断创新。率先探索生产要素市场化配置,使得要素成为浦东比较优势;率先探索服务业对外开放,外资银行试点经营人民币业务等一系列全国开放首创在浦东诞生;率先改革行政审批制度,开展证照分离改革,行政效率有效提升;率先进行综合配套改革,形成一系列的好经验;率先开展自贸区试验以开放倒逼改革,在革故鼎新、守正出新中实现自身跨越,以制度创新探索出一条开发开放的独特路径。由此,"浦东现象"变成"中国样本","浦东试点"变成"中国经验"。

3. 开拓进取,攻坚克难

30 年来,浦东开发开放既敢涉险滩,又勇闯难关。在开发开放进程中,浦东充分发扬开拓进取、攻坚克难的奋斗精神,不断提升创新策源能力,优化创新创业生态环境,服务具有全球影响力的科创中心建设。如今,"创新药""中国芯""蓝天梦""未来车""智能造""数据港"六个"千亿元级"硬核产业正在加速培育、蓄势待发,而全球规模最大、种类最全、综合能力最强的光子大科学设施群在张江国家综合科学中心初具规模。因此,开拓进取、攻坚克难的创新精神,激励着浦东为科创中心添砖加瓦。

(二) 开放精神价值

中华民族自古即有"天下大同"的宽广胸怀,以开放精神积极开展同域外民族的交往和合作,而浦东将开放精神淋漓尽致地展现出来。其具体表现为:面向世界,对标一流;统筹协同,共享发展;尊重包容,互鉴合作。

1. 面向世界,对标一流

30 年来,浦东开发开放的建设者们始终站在地球仪旁思考开发开放。从开发开放初期一直延续到今天,浦东始终对标国际一流水平、国际一流标准,充分借鉴国际先进经验和成熟做法,坚持规划先行、立法先行、金融先行、创新先行,以开放促改革,以改革促发展,不断实现资源、要素和创新集聚,推动浦东改革开放与创新发展。

2. 统筹协同,共享发展

30 年来,浦东充分利用"两种资源、两个市场",推动东西联动发展、区域共同发展、城乡统筹发展。在开发开放初期,通过实施"东西联动"发展战略,使得浦东开发得到了浦西的支持,而浦东发展又为浦西的改造和发展创造了条件;在推进实施长三角一体化和长江经济带发展国家战略中,浦东利用跨省市合作优势,有效带动长三角、长江中上游内陆区域开发开放;在推进城乡统筹发展方面,浦东的城市发展和乡村建设"一盘棋"相得益彰。

3. 尊重包容,互鉴合作

30 年来,浦东积极推进各种文明交流交融、互学互鉴,促进不同文明共同发展。习近平总书记指出,中国开放的大门不会关闭,只会越开越大。浦东开发开放站在新的历史起点上,着力推动规则、规制、管理、标准等制度型开放,提供高水平制度供给、高质量产品供给、高效率资金供给,开放广度、力度不断加大,促进市场发展更加良性有序,激发各类主体活力,更好服务构建新发展格局。

(三) 科学精神价值

中华民族自古即有崇尚科学的传统。浦东开发开放充分体现了崇尚科学原则、秉持科学态度、尊重科学规律、坚守科学认知、运用科学方法、实施科学举措,激发和运用科学的力量,为推动经济社会发展提供不竭动力的科学精神。其具体表现为:人民至上,以人为本;规划先行,引领发展;与时俱进,顺势而为。

1. 人民至上,以人为本

30年来,浦东开发开放始终坚持以人民为中心,既推动经济发展高质量,又实现人民生活高品质,使得"城市,让生活更美好""人民城市为人民"的理念成为现实。教育公平、均衡、优质发展,医疗水平实现根本性提升,市级重大文化设施落户浦东;构建全覆盖、保基本、多层次、可持续的社会保障体系,居民基本实现充分就业,养老设施供给能力不断提升,各类保障性住房加快建设;坚持重心下移,构建党建引领的自治、共治、德治、法治"四位一体"的基层治理新格局,推动统筹核心发展权和下沉区域管理权改革,强化街镇公共服务、公共管理和公共安全职能等。

2. 规划先行,引领发展

30年来,浦东开发开放坚持国际化视野和高标准发展的理念,确保开发开放始终保持高起点规划。自开发开放以来,浦东坚持规划先行和引领,在全国率先采取国际咨询会、国际竞争性招标方式,提高规划的国际化水平,提升浦东开发开放的国际影响力。党的十八大以来,浦东开发开放对标国际最高标准、最高水平的投资贸易规则,发挥自贸试验区的示范引领作用,进一步造就了浦东发展奇迹。

3. 与时俱进,顺势而为

30年来,浦东开发开放取得的历史性成就也是与时俱进、顺势而为的结果。习近平总书记指出,认识世界发展大势,跟上时代潮流,是一个极为重要并且常做常新的课题。近年来,浦东率先组建城市运行中心,依托物联网、视联网等技术,推进智能化、精细化管理,实现"一屏观全域、一网管全城",将"一网通办""一网统管"的神经网络延伸到企业和百姓身边,得到广大企业和人民群众的普遍认可。

(四) 担当精神价值

中华优秀传统文化"天下兴亡,匹夫有责""先天下之忧而忧,后天下之乐而乐""位卑未敢忘忧国""为天地立心,为生民立命,为往圣继绝学,为万世开太平"等体现的担当精神，为浦东开发开放提供了不竭的精神动力。具体表现为：围绕中心，服务大局；迎难而上，一往无前；脚踏实地，追求卓越。

1. 围绕中心，服务大局

30年来，浦东开发开放立足国家战略，充分发挥在推动国家战略进程中的示范带动作用。1990年，党中央作出开发开放浦东的重要战略决策部署。党的十四大强调以上海浦东开发开放为龙头，进一步开放长江沿岸城市，尽快把上海建成国际经济、金融、贸易中心之一，带动长江三角洲和整个长江流域地区经济的新飞跃。党的十五大、十六大、十七大都要求浦东在扩大开放、自主创新等方面走在前列。进入新时代，浦东更是承担了一系列国家重要战略任务，为服务党和国家发展大局作出了突出贡献。

2. 迎难而上，一往无前

30年来，浦东直面发展难题，迎难而上，创造了一个又一个的浦东奇迹。邓小平同志指出，要向前看，就要及时地研究新情况和解决新问题，否则我们就不可能顺利前进。习近平总书记强调，我们中国共产党人干革命、搞建设、抓改革，从来都是为了解决中国的现实问题和难题。从1990年到2019年，浦东的生产总值从60亿元跃升到1.27万亿元，财政总收入从11亿元增加到4 000亿元，而且以全国1/8 000的面积创造了全国1/80的国内生产总值、1/15的货物进出口总额，取得了举世瞩目的丰硕成果。①

3. 脚踏实地，追求卓越

30年来，浦东开发开放摸着石头过河，在实践中摸索，在探索中前行，体现出脚踏实地、知行合一的担当精神，这种精神是对马克思主义科学实践观的继承与发展。习近平总书记指出："伟大梦想不是等得来、喊得来的，而是拼出来、干出来的"。"我们要拿出抓铁有痕、踏石留印的韧劲，以钉钉子精神抓好落实，确保各项重大改革举措落到实处"。浦东开发开放始终以扎实有力、卓有成效的工作，向勇当上海乃至全国标杆的目标迈进，坚定信心、追求卓越、不辱使命、不负重托，在压力中诞生，在压力中成长。

---

① 资料来源：《2019上海浦东新区统计年鉴》。

五、开发开放：新时代浦东再出发

浦东开发开放是邓小平同志在中国紧要关头打出的一张开放"王牌"，也是党中央高瞻远瞩、运筹帷幄、审时度势所作出的重大战略决策。在当前国际形势重大变局之际，2020 年 11 月 12 日习近平总书记出席浦东开发开放 30 周年庆祝大会并发表重要讲话，提出要支持浦东新区实现高水平改革开放，将浦东打造成为社会主义现代化建设引领区。未来，浦东开发开放将努力在危机中育新机、于变局中开新局，并且继续引领上海乃至全国的高水平改革开放、高质量发展、高品质生活、高效能治理，彰显新时代中国改革开放的浦东力量。

（一）深入打造社会主义现代化建设引领区

一是高质量发展引领。要以科技创新作为高质量发展的重要推动力量，围绕科创中心核心承载区建设和张江国家综合科学城集中度显示度提升，推动各个领域、各个层面的科技创新；要以高端产业作为高质量发展的重要支撑力量，紧扣"硬核"产业，汇聚一批标志性项目、培育一批标志性企业、推出一批标志性产品，带动形成世界级产业集群，增强全球高端资源要素的配置能力和高端产业的引领功能。**二是高标准改革引领**。要强化系统观念和协同理念，从事物发展全过程、产业发展全链条、企业发展全生命周期出发谋划设计改革；要推动政府服务创新、营商环境优化、要素市场建设等各个方面各个环节取得新进展，在改革的系统集成效应显现上走在全国前列。**三是高水平开放引领**。要推动形成规则、规制、管理、标准等制度型开放体系，以制度型开放更好地参与国际合作和竞争；要充分释放开放平台新优势，全力推进上海自贸试验区及临港新片区建设，充分发挥"试验田"的示范作用，实行更大程度和更大范围的对外开放压力测试。**四是高品质生活引领**。要开创"人民城市人民建，人民城市为人民"新局面，不断增加高质量优质公共服务资源供给，提高公共服务均衡化、优质化水平，全面提升人民群众生活品质和满意度、幸福感；要强化和谐优美生态环境建设，在绿色生活环境上更进一步，把浦东建设成为美丽宜居的生态城。**五是高效能治理引领。**要推动治理手段、治理模式、治理理念的创新，把全生命周期管理理念贯穿城市规划、建设、管理全过程各环节，深入推进"一网通办"和"一网统管"高效运转；要坚持底线思维和增强风险意识，建立完善风险防控体系，筑牢城市安全底线，增强城市安全韧性。

（二）深入服务国家重大发展战略

一是建设好自贸试验区临港新片区。对标国际最高标准、最好水平及竞争力最强的自由贸易区，把新片区打造成更具国际市场影响力和竞争力的特殊经济功能区、上海强化"四大功能"的核心承载区，以及上海高质量发展的新高地。**二是承载好进博会溢出效应。**充分利用和发挥综合优势，把浦东打造成为进博会溢出效应的重要承载区，加快建设"一带一路"国别（地区）进口商品中心。**三是服务好"一带一路"建设。**把上海自贸试验区建设成为服务"一带一路"建设、推动市场主体走出去的桥头堡，构建多样化的促进与沿线国家贸易来往的贸易服务平台，探索搭建我国与"一带一路"沿线双向投资的开放合作新平台，用好多层次金融市场优势，支持市场主体走出去。**四是支持好长三角一体化发展。**要充分发挥浦东经济优势和各大要素市场的作用，服务于长三角产业的整体合理布局和整体竞争力的提高；要在建设国际金融中心的过程中，为长三角提供全方位、高水准的国际化金融服务；要抓住自贸试验区新片区建设契机，为长三角各地以浦东为桥梁和平台开展国内外贸易提供更好的条件和环境；要充分发挥航运和航空"两个国际枢纽港"的作用，为长三角区域提供便利化的服务；要充分发挥浦东科创中心核心功能区建设的契机，为长三角高质量发展提供科技支撑和制度创新支撑。**五是围绕"双向开放"，在新形势下构建"以国内大循环为主体、国内国际双循环相互促进的新发展格局"，找到浦东开发开放的战略新定位。**

（三）深入培育五个中心核心功能

一是进一步增强经济服务功能。经济中心的核心功能能否体现，关键是"两个增强"：增强浦东在上海乃至长三角经济社会发展中的拉动力、吸引力和凝聚力；增强浦东在上海及长三角经济社会发展中的"认同感"和"使命感"。**二是进一步增强金融服务功能。**提高全球金融资源配置能力，完善金融市场体系，提高金融市场服务功能，设立数字货币试验区，推动人民币国际化进程，推动金融为实体经济和科技创新服务，打造中国的纳斯达克。**三是进一步增强贸易服务功能。**吸引各类跨国公司总部、各类国际经贸组织、各类贸易纠纷解决机构落户浦东，推动服务贸易发展，着力发展转口贸易，探索发展离岸贸易、数字贸易，构建跨境电子交易平台。**四是进一步增强航运服务功能。**加快聚集航运和航空高端要素，吸引国际领先船公司和空运公司、第三方物流公司亚太总部落户浦东，聚集涉及航运和航空相关的经纪、保险、法律等高端服务业发展，加强综合保税区建设，为航运和航空服务功能扩展提供支撑。**五是进一步增强科创服务功能。**充分利用张江国家综合科学中心建设的契机，围绕关键领域、核心技术，完善政产学研体系，推进科技成果产业化进程。

（四）深入实施创新驱动发展战略

一是进一步提升科技创新策源能力。以张江国家综合科学中心建设为契机，加速形成科学特征明显、科技要素集聚、充满创新活力的科技创新策源地。围绕重点领域、关键技术，加强科技攻关，推动一大批大科学设施、国家实验室、研发中心、创新中心等布局。**二是进一步强化高端产业引领作用。**要打造世界级高端制造业集群，加快"中国芯""创新药""智能造""蓝天梦""未来车""数据港"等重点产业发展。要打造世界级高端服务业集群，提高全球竞争力，推动地区总部向亚太总部、全球总部升级，加快全球高端专业服务业聚集。**三是进一步健全具有全球竞争力的人才制度体系。**要积极探索适应科技创新规律的人才制度改革，建立健全相应的人才制度体系，要赋予浦东新区更大的人才制度改革权限,促进人才流动,建设国际人才港。

(五)深入推进城市治理现代化进程

一是紧紧围绕城市治理现代化目标,不断提升政府治理能力,不断提升智能化管理水平,实现经济社会协调发展。二是推动治理体系和治理能力现代化进程,坚持以人为本,确立"人民城市人民建,人民城市为人民"理念,加强协同治理,精细管理标准,科学治理方法。三是加强基层基础建设,不断提升社区治理的能力和水平,不断解决基层治理所面临的热点、焦点、难点问题。

第二章
战略背景:浦东开发开放重大战略部署的推出

1990年4月18日,党中央、国务院正式宣布上海浦东开发开放;1992年10月11日,国务院批复设立上海市浦东新区。

30年来,浦东肩负着实现国家战略的重大使命,始终走在时代前列,大胆先行先试,每一项改革、每一项开发、每一项开放、每一次创新、每一次突破、每一次进步、每一个成果都在中国改革开放历史进程中留下了深深的足迹,也成为了中国特色社会主义建设的生动缩影。

30年来,浦东开发开放取得了举世瞩目的成就。浦东新区GDP总量从1990年的60亿元增长到2019年的12 734亿元,经济增长速度远高于同期上海经济增长速度的平均水平。2019年6月,上海市出台的《关于支持浦东新区改革开放再出发,实现新时代高质量发展的若干意见》提出了新的目标:通过7年左右的努力,未来浦东经济总量要突破2万亿元。①如今,浦东已经成为中国改革开放的窗口和象征,更是新时代中国改革开放、创新发展的旗帜和标杆。

30年来,浦东开发开放不仅是一项开发规模大、投入资金多、建设周期长、改革力度大、开放程度高、发展要求高的跨世纪的宏伟工程,而且通过开发开放也使得整个浦东地区发生了天翻地覆的变化,极大地带动了整个上海经济社会的快速发展。所有这一切的变化和成就,让世界感到不可思议,

---

① 资料来源:《2019上海浦东新区统计年鉴》。

更让世人刮目相看,真可谓是"看一百年的中国到上海,看三十年的发展来浦东"。

回溯30年波澜壮阔的历史发展进程,浦东开发开放不仅可圈可点,而且令世人刮目相看。从总体上来看,浦东开发开放具有十分深刻的历史背景和时代烙印,不仅是中国改革开放历史发展进程中的重大抉择,而且也不断引领着中国改革开放的深入推进。

20世纪80年代末和90年代初,尽管我国改革开放在拉开序幕之后取得了初步成效,但却面临着国内经济调整治理和国际政治经济形势风云变幻"双重挑战"的严峻考验,更面临着中国举什么旗、走什么路、打什么牌的严峻考验。在这十分关键的重要历史时刻,党中央高瞻远瞩、运筹帷幄、审时度势地作出了浦东开发开放的重大战略部署,进而向全世界传递出了一个中国将继续坚持改革开放和坚持推进改革开放的重要信号。[①]

一、国内新形势:面临着经济体制改革
和国家基本制度的"双重考验"

自1978年我国开始启动改革开放至20世纪90年代初,从时间序列和具体内涵来看,我国经济体制改革率先从农村推进并取得重大突破,接踵而来的是以城市为重点的经济体制改革,而以构建经济特区、沿海开放城市、沿海开放地区为主要特征的对外开放战略也迈出重要步伐。应该清醒地认识到,在取得初步成效之后,我国改革开放宏图逐渐深入展开,但也出现了一些新情况、新问题、新矛盾,迫切需要得到解答。集中体现在以下两个方面:

(一) 经济体制改革如何深入

从"文化大革命"结束至党的十一届三中全会召开的这段时间里,在国

---

① 《中国共产党一百年大事记(1921年7月—2021年6月)》,载《新华月报》2021年第14期,第69页。

民经济恢复取得初步成绩的同时,却出现了比例严重失调的问题。从基建投资比例上看:农业占 10.6%,轻工业占 5.8%,重工业占 8.7%。从 1978 年农轻重总产值结构看:农业占 27.8%,轻工业占 31.1%,重工业占 41.1%。新项目上得过多,超过了国家物力财力的可能。1978 年全国基建投资达 479.3 亿元,比上年猛增 114.9 亿元,增长了 31.5%。积累率过高,积累和消费的比例失调。积累率 1976 年为 31%,1977 年为 32.3%,1978 年达到 36.6%,仅次于 1959 年和 1960 年。[1]在积累率的使用上,又重生产、轻生活,多年来人民生活方面得不到解决的问题日益严重。为了结束徘徊中前进的局面,全面纠正"文化大革命"的"左"倾错误,党中央决定召开十一届三中全会。邓小平同志在这一时期提出的"一部分人先富起来"的理论,为之后我国的改革开放奠定了重要基础。[2]

党的十一届三中全会,是中华人民共和国史和中国共产党史上的不朽坐标。十一届三中全会之后,党中央通过总结以往的经验教训,制定出了正确的路线、方针和政策,走出了一条真正适合我国实际的社会主义经济建设的道路:党的工作着重点从 1979 年起转移到社会主义现代化建设上来;建议提高粮食统购价格,降低农用工业品价格;指出当时国民经济中还存在的一些重大的比例失调状况没有完全改变过来;应该让地方和工农业在国家统一计划的指导下有更多的经营管理自主权;提出了实践是检验真理的唯一标准等意义深远的标准和方针。

1982 年 9 月,党的十二大报告中进一步明确了"计划经济为主、市场调节为辅"的经济管理原则。当时,我国社会生产力仍然不是很发达,又存在着多种经济形式。国家大,情况复杂,全国仅工业企业就有几十万个,其中大型企业数量仅占百分之零点零几,中小型企业数量占到百分之九十九以上。社会产品有几十万种,能够做出精确计算的还不到百种。在这种情况下,要求对所有企业的产供销通过国家指令性计划形式管理起来,不仅为多

---

[1] 中共中央文献研究室:《关于建国以来党的若干历史问题的决议注释本》,人民出版社 1983 年版。

[2] 《邓小平文选(第三卷)》,人民出版社 1983 年版。

种经济形式的存在所不允许,也是办不到的,没有必要的。但是,对于国营经济中关系国计民生的产品的生产和分配,对于重要农副产品的征购派购和调拨,以及基本建设总规模、大中型建设项目、全民所有制职工新增人数和工资总额、重要商品价格、对外贸易总额和主要商品进出口额、国家财政信贷和货币发行额等指标,实行指令性计划还是十分必要的。只要关系国民生计的重要指标和骨干企业的主要产供销活动实行指令性计划管理,国家便能建立起战略性综合平衡的骨架子,控制住经济全局。这样,指令性计划和计划外的市场调节活动也大体上只能在这个指令性计划指标构成的骨架子和全局所允许的范围内进行活动,全社会的按比例发展就有了比较可靠的保证。应该说,计划经济和市场经济相结合的思想是对"左"的指导思想的重大冲破,是经济指导思想上的一次彻底解放。在这一思想的引领下,我国在 1978—1984 年间经济高速增长,1984 年 GDP 增长率更高达 15.2%。[①]

1984 年 10 月 20 日,党的十二届三中全会通过的《中共中央关于经济体制改革的决定》提出了社会主义经济是"在公有制基础上的有计划的商品经济"。过去,人们往往在理论认识上把计划经济同商品经济对立起来。受苏联社会主义的理论和实践的影响,我们习惯性地把社会主义搞成一种固定的模式,即高度集中的计划体制。另外,受我国社会主义建设中一度出现的"左"的指导思想的影响,一搞商品经济就唯恐走到资本主义道路上去。最后,我国的小生产者的习惯做法是搞自给自足的自然经济,不习惯甚至反对搞商品经济。当时,国内也有一种倾向,就是抛弃计划经济,主张我国可以搞完的私有制市场经济。因此,"在公有制基础上的有计划的商品经济"彻底澄清了多年来在人们头脑中把计划经济同商品经济对立起来的糊涂观念,明确了我国经济体制姓"社"而不是姓"资";对于指导我国经济体制改革,增强社会主义企业的活力,加速社会主义商品生产的发展,尽快提高全国人民的生活水平,以及对于完善科学的社会主义经济理论,有着十分重要

---

① 黄涛:《对改革开放以来我国经济周期的分析》,载《调研世界》2011 年第 10 期,第 3—7 页。

的指导意义。但是,1984 年经济超高速增长,GDP 增长率高达 15.2%,这种超高速增长和经济过热状况是依靠过度耗费资源和动用大量外汇储备进口原材料来维持的,难以长久支撑。接下来,由于采取紧缩政策,1986 年经济增长率下降,GDP 增长率为 8.8%,形成波谷年。但是,1985 年的紧缩尚未到位,新的腾飞又开始了,1987 年经济再度高速增长,GDP 增长率达 11.6%,形成波峰年。①

到了 1988 年,经济发展更是突出表现为"四过一乱",即过旺的社会需求、过快的工业发展速度、过多的信贷和货币投放、过高的物价涨幅,经济秩序特别是流通秩序出现混乱现象。1988 年经济持续超高速增长,GDP 增长率达 11.3%,但工农业步调不一,工业超高速增长,农业生产增长缓慢,物价涨势凶猛,创新中国成立以来最高纪录,通货膨胀迅速增长,触发全国性的提款抢购商品风潮,全国各地银行发生了大规模挤兑,商店和企业趁机涨价。时值盛夏,杭州市民抢购毛衣毛裤;气候温和的昆明市,人们抢购通常滞销的电风扇;广州有位女市民抢购了 10 箱洗衣粉,南京有位市民抢购了 500 盒火柴,武汉有位市民抢购了 200 公斤食盐。在疯狂的抢购风潮中,商品价格不断攀升。时任国家物价局局长成致平说:"1 斤装茅台酒从每瓶 20块蹿到 300 多块,汾酒从 8 块涨至 40 块,古井贡酒从 12 块涨至 70 块,中华烟从每包 1.8 元涨至十来元。"②时任中国价格协会会长王永治说:"人们都疯了,见东西就买,不管需要不需要,也不在意质量好坏,冰箱有冷气就要,电视机出图像就抱。"此外,银行储蓄比预计减少了 400 亿元,银行不得不通过大量印制人民币来纾缓困境,已经存在的通货膨胀进一步加剧。再加上生产资料价格双轨制引发"官倒"和腐败现象,群众反映强烈。面对如此形势,党中央认识到经济环境恶化、经济秩序混乱的严重性,1988 年 9 月,党中央召开十三届三中全会,批准中央政治局提出的治理经济环境、整顿经济秩序、全面深化改革的指导方针和政策、措施。全会总结了当时我国经济的宏观情况:总的经济形势是好的,但存在不少困难和问题,突出的是物价上

---

① 蒋永青:《中共十一届三中全会召开的历史背景》,载《上海党史与党建》1997 年第 5 期,第 7 页。

② 《20 世纪 80 年代末中国通货膨胀》,https://baike.baidu.com/item。

涨幅度过大。为了创造理顺价格的条件，为了经济建设持续、稳步、健康地发展，必须在坚持改革开放总方向的前提下，认真治理经济环境和整顿经济秩序。治理经济环境，主要是压缩社会总需求，抑制通货膨胀；整顿经济秩序，就是要整顿经济生活中，特别是流通领域中出现的各种混乱现象，在这两方面都要采取坚决有力的措施。①

（二）对外扩大开放如何推进

从国际环境来看，在1989年前后，由于东欧一些社会主义国家和苏联在改革方向和决策上发生严重失误，西方敌对势力趁机推行"和平演变"，使得各国共产党和工人党在短时间内纷纷丧失政权，社会主义制度最终演变为资本主义制度，政局剧烈动荡。从国内环境来看，由于物价涨势比较凶猛，生产资料价格双轨制又引发了一些"官倒"和腐败现象等，造成社会反响比较强烈。在这种情况下，一些人便利用人民群众对物价上涨的焦虑，以及对一些党员干部存在腐败现象的不满情绪，大肆传播资产阶级自由化，进而造成了民众思想上的混乱。

面对当时复杂的国际国内环境，由于对如何建设社会主义缺乏经验，缺乏科学社会主义的理论和思想准备，也由于胜利而滋生了骄傲情绪，因而对国内外形势作出了不符合当时实际情况的夸大估计，使党、国家和人民为此付出了巨大的代价。在这种十分复杂的国内外形势下，我国于1989年发生了政治风波。在党和国家生死存亡的紧要关头，党中央依靠人民采取果断措施，一举平息了政治风波。此后，北京和其他大中城市很快恢复正常秩序。接着，党中央召开十三届四中全会，强调继续坚决执行党的十一届三中全会以来的路线、方针和政策，继续坚决执行党的十三大确定的"一个中心、两个基本点"的基本路线。党的十三届五中全会审议通过了《中共中央关于进一步治理整顿和深化改革的决定》。党的十三届七中全会审议通过了《中共中央关于制定国民经济和社会发展十年规划和"八五"计划的建议》。根

---

① 中国共产党第十三届中央委员会第三次全体会议公报。

据"八五"计划的要求,我国对外开放的范围和规模需进一步扩大,形成由沿海到内地、由一般加工工业到基础工业和基础设施的总体开放格局。在这种情况下,以上海浦东为龙头的长江地区的开发开放成为了我国"八五"期间对外开放区域布局的一项重大战略和重要举措。

二、国际新环境:面临着西方国家制裁和国际格局变化的"双重影响"

1989 年,在我国的政治风波平息以后,一瞬间,国际形势风云变幻,西方国家纷纷开始向我国施压,再加上东欧各个社会主义国家发生"和平演变"及随后发生的苏联解体,使得全球的社会主义阵营和世界格局发生了重大变化。在这种情况下,我国面临了自改革开放之后相当严峻的外部环境,迫切需要得到有效化解。其集中体现在以下两个方面:

(一) 如何应对世界格局的重大变化

1989 年前后,东欧一些社会主义国家共产党和工人党在短时间内纷纷丧失政权,社会制度随之发生根本性变化,国际形势风云变幻,以苏联解体告终,也标志着冷战结束。1989 年下半年起,东欧各国长期执政的共产党先后失去执政地位。10 月,匈牙利国会通过宪法修正案,删除关于共产党领导地位和国家社会主义性质的条文;同月,两德统一;11 月被视为冷战时代象征的柏林墙被推倒;同月,捷克斯洛伐克发起"天鹅绒革命",联邦议会批准修改宪法,取消其中关于捷共在社会中起领导作用等条款,实行多党议会民主;12 月,罗马尼亚发生推翻齐奥塞斯库的政变。1990 年 1 月,波兰统一工人党宣布停止活动;4 月,阿尔巴尼亚通过宪法修正案,改国名为阿尔巴尼亚共和国。自 1991 年 3 月起,立陶宛率先宣布独立,其他加盟共和国也纷纷加以仿效。同年 9 月 6 日,波罗的海三国爱沙尼亚、拉脱维亚、立陶宛宣布独立;12 月 8 日,俄罗斯联邦、白俄罗斯、乌克兰三国领导人签署

《独立国家联合体协议》，宣布组成"独立国家联合体"；12月25日，戈尔巴乔夫宣布辞去苏联总统职务；12月26日，苏联最高苏维埃共和国院举行最后一次会议，宣布苏联停止存在，苏联正式解体，并且分解成为了15个国家。①

这一系列的剧烈变化，不仅使得整个世界格局发生了巨大改变，由两极格局向多极格局发展，而且也意味着持续几十年的冷战宣告结束。应该清醒地认识到，在东欧剧变、苏联解体、国际社会主义运动遭遇重大挫折的背景下，中国共产党领导下的社会主义中国，迫切需要进行经济体制改革，以充分体现社会主义制度的优越性，通过大力发展生产力和社会经济，领导人民致富并获得人民群众的大力支持。浦东开发开放正是在这样大变局的时代背景下，走到了我国进一步深化改革和开发开放的前列。②

（二）如何应对西方国家的纷纷施压

1989年春夏之交，我国经历了政治风波，当时以美国为首的西方国家纷纷对我国进行制裁，大做文章诋毁中国，在舆论上诬蔑我国"停止市场经济的改革开放"与"压制人权"，在经济上采取贸易保护，限制对我国进行投资，对我国高新技术封锁，制裁我国金融，对我国实行武器禁运。③在这种情况下，一批外国友人特别是投资者对我国的改革开放政策产生了较大顾虑，还有不少正在建设的项目也因此暂停下来。

1989年6月5日，美国率先采取中止一切中美政府间军售和商业性武器出口、中断两国军事领导人之间的互访活动等"制裁"措施。6月20日，又宣布美国政府停止与我国政府官员的所有高层接触等新的"制裁"措施。其间，美国国会先后通过20多项干涉我国内政的议案，试图进一步在政治和经济上对我国施加压力。在美国的带动下，6月至7月，加拿大、欧共体12国、澳大利亚、新西兰、日本等几乎所有的西方发达国家都公开宣布对我

---

① 中国社会科学院苏联东欧研究所编译组：《东欧问题资料》，东方出版社1990年版。
② 张持坚：《在邓小平的推动下——浦东开发开放决策前后》，载《档案春秋》2020年第12期。
③ 徐建刚、朱晓明：《邓小平与上海改革开放》，载《解放日报》2014年8月14日。

国进行各种形式的"制裁"，企图中止对华高层接触，以在政治和外交上孤立我国；试图通过延缓贷款、撤走技术人员、恶化经济贸易，在经济上加重我国的困难；试图中止高科技和军事方面的合作。西方国家纷纷向我国施压，达到以压促变的目的。[①]美国在对华最惠国待遇、人权、售台武器、台湾和西藏问题上制造了更多麻烦，同时，美国制造的"银河号"事件更加剧了中美间的对立情绪，克林顿上台后的中美关系一度失控，陷入了困境。

三、迎接新挑战：浦东开发开放肩负国家重大使命

20 世纪 80 年代末，国内外形势风云突变，对我国社会主义建设尤其是改革开放带来了巨大的挑战。在如此复杂的国内外形势下，处在十字路口的改革开放，下一步怎么走？ 怎么向世界表明中国继续推进改革开放的决心和勇气？ 全国关注，全世界关注。

在关系国家改革开放的紧要关头，中国改革开放的总设计师邓小平同志以一个国际战略家的眼光，提出了开发浦东、打上海这张"王牌"的全局构想。他向党中央、国务院提出，开发浦东，是带动长江三角洲、辐射内地的跨世纪工程；他希望上海能够采取重大动作，在国际上树立更加改革开放的旗帜；他激励上海要进一步明确经济中心城市的功能定位，要抓住机遇，大胆地试，大胆地闯，走出一条具有中国特色、时代特征、上海特点的改革发展新路。与此同时，作为全国经济中心的上海站了出来，不辱使命，勇于担当，向党中央、国务院提出浦东开发开放的战略设想，进而站在了推动我国改革开放历史发展的潮头。

浦东开发开放事关中国改革开放全局、事关中国特色社会主义发展的前途和命运。在这个关系国家前途命运的关键性时刻，浦东开发开放重大国家战略部署的实施，向全国乃至全世界释放了五个方面的重要信号，或者

---

① 陈述：《共和国外交史上的一件大事——打破西方国家的制裁》，载《中国党政干部论坛》1999 年第 10 期。

说是明确地回答了五个方面的重大问题。其主要体现在：第一，中国将坚持推进改革开放，不走回头路；第二，中国将坚持走中国特色社会主义道路，不走邪路；第三，上海开始从中国改革开放的"后卫"变成了"前锋"，充分表明中国改革开放将全面展开；第四，中国将坚持通过改革开放与世界接轨，走共同发展道路；第五，中国在治理整顿经济的过程中，仍然需要推动改革开放向前发展，希望世界正确认识到中国对发展的强烈意志和渴望。

30年来浦东开发开放的伟大实践和发展成就已经充分表明，邓小平同志和党中央的决策完全正确，体现了政治上的大智慧和对改革开放道路的坚定自信。浦东开发开放，不仅使上海改革开放和经济社会发展迈入率先开放、领先改革、快速发展的新时期，而且带动全国改革开放由沿海向沿江和内地全面展开，使我国进入新一轮的改革开放发展的快车道。"浦东面对的是太平洋，是欧美，是全世界"，春夏的阳光照亮了浦江之东的土地，也照亮了上海的锦绣未来。浦东开发开放，横空出世，沧桑巨变，成为中国改革开放的一张王牌，一张中国面向世界的王牌。①

30年后的今天，浦东已经发展成为了一座功能积聚、要素齐全、设施先进的现代化新城，成为中国改革开放的象征和上海现代化建设的缩影。正是在邓小平同志的关心指导下，上海明晰了自身的优势定位和改革方向，党的十四大明确了上海建设"一个龙头、三个中心"的国家战略目标，2001年国务院又进一步明确了要把上海建成"四个中心"和社会主义现代化国际大都市的国家战略定位。习近平总书记对浦东开发开放提出"三个在于"的定位要求，浦东发展的意义在于窗口作用、示范意义，在于敢闯敢试、先行先试，在于排头兵的作用。上海没有辜负邓小平同志的嘱托和期望，在全市人民团结一心、共同努力下，浦东开发开放以来的30年，成为上海历史上经济发展最快、人民生活改善最多、城市人居环境改变最大的时期，也是上海综合实力、国际竞争力和影响力提升最显著的时期。

---

① 曹莹：《开放，浦东的特质》，载《浦东开发》2015年第4期，第88—89页。

　　习近平总书记指出，浦东开发开放 30 年的历程，走的是一条解放思想、深化改革之路。①这既是对浦东不凡实践、发展经验的精辟概括，更饱含着他对上海和浦东未来发展的殷殷期许。实践已经充分表明，浦东开发开放的巨大成功，引领了上海乃至全国自 20 世纪 90 年代以来的改革开放和经济社会发展。

---

① 孙宝席：《"解放思想，深化改革"是浦东开发开放的根本动力》，载《上海党史与党建》2021 年第 1 期，第 2 页。

第三章
发展历程：浦东开发开放一路走来的辉煌

　　浦东开发开放，一路走来，艰辛探索，玉汝于成。浦东开发开放是一部波澜壮阔的发展史，1 210平方公里的浦东承担起了国家深化改革和对外开放旗帜和标杆的任务。从20世纪80年代开始，浦东的战略价值开始被中央领导重视，经过谋划布局与勤恳实干，将浦东从昔日一片滩涂地打造成为如今的国际焦点。铺开浦东开发开放的历史长卷，感受一代人的拼搏奋斗，将能够为未来上海与全国深化改革和扩大开放提供不竭的精神力量和实践经验。

　　在历史上，浦东曾有两次重要的经济发展转型。第一次是在元朝时期，由于盐业的衰落，由松江人黄道婆从海南带回的纺织技术使得浦东地区的三林、高桥等地形成了棉纺织业的产业聚集与繁荣。第二次则发生在清朝，由于清朝签订了丧权辱国的《南京条约》，外国资本主义国家廉价的机械棉纺织品倾销至本土市场，导致浦东地区所形成的棉纺织手工业受到巨大冲击，为了保全自身，浦东开启了历史上第二次转型，即打造出了浦东"三刀一针"产业。以女工的绣花针为例，在鼎盛时期，户口才一万人的浦东三林地区，辐射的刺绣人口达到20多万。[1]所有这些，都很好地体现了浦东人精益求精的精神。

　　上海现代化的起点是从码头开埠开始，1845年列强在上海开设了租界，颁布《上海土地章程》，在上海的浦西地段引入了西方的市政管理模式，

---

① 思弘、曹莹：《古镇高桥："美女"出"闺阁"》，载《浦东开发》2011年第2期，第41—46页。

改变了近代上海的城市管理制度环境。在新中国成立之前,由于浦西处于外国租界内,资本主义形态的扭曲发展使得浦西成为了十里洋场的地界,而黄浦江对岸的浦东则并未得到发展,隔江两岸的发展出现巨大差距。

新中国成立后,浦东开启了经济社会发展新征程。在计划经济体制下,浦东被规划成为重工业发展的地区之一。在 1990 年之前,浦东已形成石油化工、钢铁、纺织和交通运输设备制造等四大支柱产业,但还存在一系列问题,尤其是资源禀赋优势并未发挥、产业结构不合理、基础设施落后等,以至于在浦东开发开放之前,上海民间存在着这样一句话,"宁要浦西一张床,不要浦东一套房",浦东与浦西的发展差距可见一斑。

改革开放以后,上海市委、市政府高度重视浦东所存在的问题,在 20 世纪 80 年代多次对浦东地区进行规划,以解决浦东与浦西之间发展的不平衡。1984 年 4 月,在市计委、市经济研究中心和上海社会科学院联合举办的"上海经济发展战略"研讨会上对浦东开发进行了深入的探讨[①];在同年编制的《上海城市总体规划》中,有了明确开发浦东的设想,其中提出"在陆家嘴形成新的金融、贸易中心,成为上海市中心的延续部分";同年,由上海市政府和国务院改造振兴上海调研组联合向国务院上报的《关于上海经济发展战略的汇报提纲》(以下简称《提纲》)中,首次提出"开发开放浦东"的设想;在 1986 年向国务院上报的《上海市城市总体规划方案》(以下简称《方案》)中,则更加完善了关于浦东建设发展的具体规划。应该说,这两次向国务院上报的《提纲》与《方案》中,都得到了国务院积极的批复。1988 年 9 月,时任上海市委书记江泽民、市长朱镕基与汪道涵在北京向中央领导以专题形式汇报了关于开发浦东的准备情况;1989 年 11 月,上海市政府正式成立了上海市浦东开发领导小组,浦东开发开放的布局开始越来越清晰。

在这个过程中,将浦东开发开放由地方战略上升为国家战略则离不开一个人,那就是我国改革开放的总设计师邓小平同志。1990 年初,邓小平到上海欢度春节,在上海专门听取了朱镕基的汇报,邓小平表示:"我一贯就

---

① 陈嘉明:《"上海市经济发展战略讨论会"在上海社会科学院举行》,载《上海经济研究》1984 年第 5 期,第 58—59 页。

主张胆子要放大,这十年以来,我就是一直在那里鼓吹要开放,要胆子大一点,没什么可怕的,没什么了不起。因此,我是赞成你们浦东开发的。""你们搞晚了,搞晚了,现在搞也快,上海人的脑袋瓜子灵光。"这些话,无疑都增强了上海重点开发和打造浦东的决心。1990 年 2 月 17 日,邓小平在接见完香港特别行政区基本法起草委员会后,对时任总书记江泽民和总理李鹏说:"我已经退下来了,但还有几件事,还要说一下,那就是上海的浦东开发,你们要多关心。"2 月 26 日,上海市政府正式向中央提交《关于开发浦东的报告》;3 月初,邓小平表示"上海是我们的王牌,把上海搞起来是一条捷径。"①

为了更好地了解浦东所具有的开发潜力,时任国务院副总理姚依林率领国务院各职能部门抵达上海,就浦东各个方面进行专题调查研究。朱镕基在给调研团的汇报中着重阐述了开发浦东将采取的政策及一系列配套措施,都得到了中央的积极回应。自此,上海的浦东开发开放已经得到从中央到地方的高度认可,具备了实行国家战略的可能。

1990 年 4 月 18 日,时任中共中央政治局常委、国务院总理李鹏在上海大众汽车成立五周年大会上,代表党中央、国务院对外正式宣布:"中共中央、国务院同意上海市加快浦东地区的开发,在浦东实行经济技术开发区和某些经济特区的政策。"此举打破了国际上当时盛行的一种认为中国的改革开放即将收紧的观点,成为中国持续开放对接世界的标志性举措,对上海和全国的经济发展都产生了正向积极作用。

浦东为改革开放而生,因改革开放而兴。浦东开发开放重大国家战略的推出,充分体现出了党中央对上海的信任,也充分体现出了上海敢为人先、勇于挑战、敢于担当的精神,可谓是"一拍即合"。其主要表现在:一是围绕自然禀赋提出发展蓝图。中央之所以将开放的新地点选择在浦东,与浦东优质的自然禀赋有着密切的关联性,上海市政府在前期规划的时候重点围绕港口资源开展布局,注重利用对外贸易串联内地市场及调整产业结构,

----

① 何建明:《邓小平一锤定音》,载《金秋》2019 年第 1 期,第 47—49 页。

因而制定出的计划更容易获得中央肯定，承担时代赋予上海的责任。二是积极抓住机遇进行谋篇布局。浦东开发开放离不开上海党政干部的努力与中央对上海的信任，在邓小平同志到上海过春节之时，上海市领导能够主动将浦东发展的规划呈现并作出汇报，最终获得了中央对浦东开发开放的重大战略决策部署，反映了上海在历史的关键节点上善于捕捉机遇的能力，这份善于把握时机的能力也使得上海在后续的发展过程中都能够紧跟时代潮流的发展方向。三是继承发扬上海精神。由于历史原因，浦东与浦西呈现出两种不同状态的经济社会发展水平，上海非凡的包容精神使得浦东开发开放成为了体现上海拼搏精神的一个重要注脚。①

30 年来，浦东开发开放先后经历了形态开发（1990—1995 年）、功能提升（1995—2005 年）、综合改革全面推进（2005—2013 年）、新一轮改革开放（2013 年至今）四个阶段，经济总量超常规增长，发展质量跨越式提升，城市功能不断完善，社会事业快速发展，开放体系逐渐形成，区域治理能力不断增强。从总体上来讲，浦东开发开放已成为彰显中国理念、中国方案、中国道路的实践范例。②

一、形态开发阶段：1990 年至 1995 年

在这一历史发展阶段，浦东开发开放主要通过设立执行机构、汇集领导力量、突破制度壁垒、拆迁安置创新、组建开发主体、拓展开发范围、基础设施建设等方面予以积极推进。同时，通过积极利用土地级差挖掘潜在的经济价值，通过招商引资提升土地价值，再加上大规模的基础设施尤其是交通设施的建设升级，大大地推进了浦东的形态开发。

---

① 《上海社科院陈建勋：制度创新是浦东未来发展的新动力》，载《解放日报》2015 年 5 月 11 日。
② 陈建勋：《浦东开发开放 30 年述评》，http://pinglun.eastday.com/p/20200416/u1ai20480411. html（"东方网"，转载时间：2020.04.16）。

(一) 发展演变:敢为人先,勇于挑战

为了支持浦东开发开放,中央给了浦东五大政策,也把当时其他地方的开发区与经济特区的经济政策给了上海,虽然上海市通过与中央的及时互动打破了制度壁垒,但浦东该如何开发开放、该依照什么样的模式差异化发展等问题,许多党政干部都还充满着疑惑。此时的浦东,既要面临与国际经济接轨的重大任务,也要面对与当时国内体制机制的摩擦问题。

1990 年 4 月 30 日,时任上海市委书记、市长朱镕基就浦东开发开放宣布总体实施规划:"八五"期间为开发起步阶段;"九五"期间为重点开发阶段;2000 年以后的二三十年或更长一些时间为全面建设阶段。在 1992 年党的十四大报告中明确提出,把上海建设成为国际经济、金融与贸易中心,带动长江三角洲和整个长江流域地区经济的新飞跃。由此,浦东开发开放的时间与任务规划基本完成,浦东乃至上海从此扛起了中国对外开放的旗帜。

1. 设立执行机构

要推进这么重要的开发开放任务,首先需要有一个能够统筹各项工作的执行机构。1990 年 5 月 3 日,上海市人民政府浦东开发办公室与浦东开发规划研究设计院挂牌成立,并将浦东开发开放的办公场地放在浦东大道141 号。说起这个办公场地,还有一个精彩的故事。当时,在党中央、国务院宣布浦东开发开放后,上海市委领导决定在三天之内确定落实浦东开发办公室的地点。时任上海市政府副秘书长夏克强同志接到任务后便组织人员开始研究与查看场地,否定了多处备选场地后,当车子经过浦东大道时无意中看中了当时的黄浦区浦东文化馆旁边的一栋小楼,经过简单的装修粉饰后成为了中国改革开放的"前沿指挥部"。在讨论挂牌的门牌号该如何选择时,很多在场的工作人员都选择了"6""8"等较为吉祥的数字,后来有一位工作人员表示可以选择 141,因为 141 的谐音是"一是一",表示浦东的开发开放要有实事求是、一步一个脚印的意义,在场的所有人都同意了这一提议。4 月 30 日,在上海市政府新闻办公室召开的第一次浦东开发新闻发布

会上,正式对公众公布了浦东开发办公室的地址为浦东大道 141 号,开启了其历史使命。

2. 汇集领导力量

设立执行机构,关键还要形成一支强有力的领导班子和干部队伍。当时,上海市政府从内部组织人员组建成浦东开发办的领导力量,在短时间内快速开展各项工作。[1]在宣布浦东开发开放后,上海市政府任命杨昌基担任浦东开发办主任,下设五个不同职能的部门。时任上海市经济信息中心主任黄奇帆被调往浦东担任新职务,在 1990 年 4 月 24 日担任浦东开发办副主任,他在接手后的第一项工作便是负责把中央关于浦东开发开放的十条政策形成具体的政策文件。当时,中央所给予的浦东政策主要是依据其他经济特区基础上所形成的十条政策;除了十条政策之外,中央在内部口径允许在浦东开设证券交易所。应该说,中央政府的大力支持,给了新组建的浦东开发办领导及工作人员巨大的鼓舞和力量。

3. 突破制度壁垒

浦东开发最早遇到的难题,便是土地拆迁与建设所需要的庞大资金需求,以及土地使用方面的壁垒。为了解决开发过程中所需要的动迁资金与建设资金,浦东开发办创造性地形成了"资金空转,土地实转"的新模式。[2]这一模式改变了过去利用土地的方法,盘活了土地要素资源,使得浦东开发拥有了更多的资本用来建设与招商。这个模式是通过"财政—公司—土地"三者之间互冲流转资本和土地要素,先与财政局签署合同,获得借款,再与土地局签署土地出让的毛地有偿使用合同,继而利用获得的毛地按照一定的价值吸收外资直接投资进行联合开发,从而获得资金开展拆迁与建设工作。在我国,土地使用模式过去往往是由政府统一划拨,单位长期拥有,并且无偿使用,导致土地要素的价值难以得到体现。"资金空转,土地实转"模式改变了以往的土地使用制度,从根本上使得国有土地的无偿使用转为有

---

① 金江、阿堵:《高起点三领先——浦东新区管委会副主任胡炜畅谈浦东开发》,载《华东科技管理》1994 年第 6 期。

② 吴雪:《土地开发模式 第一个尝试土地实转、资金空转的模式》,载《新民周刊》2018 年第 14 期。

偿使用,实现了土地的所有权与使用权的分离,也在很大程度上降低了政府开发的财政包袱。在最初所规划的陆家嘴、金桥、外高桥三个战略要地,由于均得益于这种模式,从而解决了开发过程中最大的土地建设与原居民动迁问题。除此之外,在后续的筹措资金方式中,浦东开发办还积极利用陆家嘴所拥有的金融属性,促成浦东三大开发公司陆续上市,利用资本市场融资获得开发资金。

4. 拆迁安置创新

除了在拆迁的过程中解决了资金筹措的问题之外,浦东还在拆迁户的就业与生活保障方面进行了创新,从而能够在短时间内解决十几万征地劳动力的安置问题,进而为全国各地的拆迁安置工作提供了可复制的经验。在计划经济时代下的安置工作,存在需要由政府统包统配征地居民的劳动就业问题,但在浦东开发开放的过程中,由于浦东开发重点较多,也较为分散,新建的战略开发地将会对标世界先进水平,需要大量科技型与技术型人才,原来的劳动力受教育程度相对较低,出现劳动力需求与劳动力供给不匹配的情况。为了解决这个棘手的问题,浦东创造出了新的征地劳动力解决方案,即将保障和就业相分离,由征地单位或劳动部门为征地劳动力提供养老保险、医疗保障、独生子女费用等基本保障,并给予一次性经济补偿后,不再安排工作岗位,由征地劳动力自主择业,从而使保障和就业成为各自单独运作的两个系统。[1]新的机制在很大程度上既保障了征地劳动力的权益,也降低了政府开展动迁过程中的难度,通过市场开放,优化了劳动力的配置效率。

5. 组建开发主体

为了解决土地搬迁与开发规划的实际问题,浦东于1990年9月成立了陆家嘴、金桥、外高桥三大开发公司,各开发公司的重点任务便是如何做好规划以符合国家战略的需要,以及动迁与准备土地等工作事项。第一,陆家嘴金融贸易区是我国唯一以金融贸易命名的开发区,上海市政府还邀请了

---

① 施耀新:《保障和就业分离——新区征地安置形成新机制》,载《浦东开发》1995年第9期,第25—26页。

来自国内外不同的设计团队对陆家嘴地区进行设计，在 1993 年 12 月 28 日上海市政府正式批准了最终的设计方案。为推动金融功能的聚集，陆家嘴金融贸易区重点做了第一个"领头羊"的项目，便是中国人民银行上海市分行落地。①在完成了这项重要的项目之后，陆家嘴的金融属性开始凸显，为后来的拓展迈出了坚实的第一步。第二，金桥开发区是我国第一个以"出口加工区"命名的开发区，规划目标是建立一个面向 21 世纪、面向国际的现代工业区的区域。②经过开发建设，金桥开发区在 20 世纪 90 年代就实现了技术含量高的工业制造区域，已经形成高新技术产业占主导的工业中心，到 1996 年底，来金桥投资落户的跨国公司已达 48 家，来自世界上 10 多个国家和地区，占进驻浦东跨国公司的一半以上，吸引了上海通用汽车、上海贝尔阿尔卡特、索尼、柯达等知名品牌。金桥开发区在建立初始就注重配套设施的协同建设，在产业园区外规划了生活居住区，即现在的碧云国际社区，以解决海内外来金桥工作与创业人士的生活问题。碧云社区打造以国际社区居住为"一轴"，以配套文化和教育、医疗和商业休闲为"两翼"的社区配套环境，充分满足了中外人士在本地居住、就业、生活的需求，为"产城融合"奠定了坚实基础。第三，外高桥保税区是我国第一个保税区，1992 年 12 月 19 日外高桥保税区通过国家海关总署对扩大区域隔离设施的验收，海关监管区域从 2 平方公里扩大为 5.5 平方公里，实现封关运作。后来又经过几次拓展与封关，外高桥保税区成为了我国规模最大、实力最强的保税区之一。在口岸的产业规划上，积极跟进世界先进产业，将外高桥保税区打造成为上海与国际经济运行接轨的重要平台，吸引了大批外商前来投资。在保税区内，开创了多项全国第一。1993 年 11 月，外高桥保税区在全国范围内率先设立了保税交易市场，推动了保税区进出口贸易的开展。1995 年，国务院明确外高桥保税区可以先行开展国际服务贸易试验。③

---

① 李方：《上海金融：以服务赢得地位》，载《上海经济》1996 年第 1 期，第 28—30 页。

② 《金桥　第一个以"出口加工区"命名的国家级开发区》，载《新民周刊》2018 年第 14 期。

③ 施蓄生：《海港新城产业开发发展新貌——记上海外高桥保税区产业发展》，载《上海企业》2003 年第 4 期。

6. 拓展开发范围

为了统筹强化浦东地区的战略地位,提高总体战略意识,1992 年 10 月 11 日,国务院批复上海市设立浦东新区,围绕战略规划建立了开发公司。浦东新区的范围包括原川沙县,以及上海县的三林乡、黄浦区的黄浦江以东部分、南市区的黄浦江以东部分、杨浦区的黄浦江以南部分。同时,浦东开发开放的土地管理模式很快就带来了巨大的成效,这首先从浦东新区火热的房地产业可以看出。1995 年末,浦东房地产资本金合计达到 245 亿元,资产总计达到 1 197 亿元。房地产企业用于开发建设的资金为 173.7 亿元,其中商品房建设投资 89.4 亿元,占 51.5%;土地开发投资 38.47 亿元,占 22.1%。1995 年,浦东房地产企业通过各种渠道汇聚并可用于开发建设的资金总额为 196 亿元,从事房地产业职工人数为 1.85 万人,约占上海市房地产业职工人数的 36%。浦东房地产业的大面积铺开,土地载体的资源得到了充分解放,运用土地级差后的浦东成为了中国改革开放的热土。[①]

7. 机场功能建设

1992 年 9 月,上海市第二批十大基础设施工程建设启动,浦东国际机场的建设位列其中,但是由于机场建设涉及气象、空域等多种条件,因此在选址的问题上曾经出现了比较大的困难,其中最主要的困难便是与空军的飞行空域相冲突,导致浦东国际机场选址问题难以确定。在当时主要是有两种方案:其一,是将重点放在虹桥机场第二跑道建设,放弃在浦东的选址工作;其二,则是虹桥机场与浦东国际机场同步展开,虹桥开始修建第二跑道,浦东国际机场则寻求党中央及空军的理解与支持。为了更加深入地了解浦东国际机场的选址问题,在 1994 年 5 月初江泽民同志到上海考察工作时,上海市领导将浦东国际机场的选址问题进行了汇报。时任军委副主席刘华清在 5 月 8 日专程赶到上海进行考察研究,在上海当场拍板:江湾机场搬迁,让出冲突空域支持浦东开发开放。党中央之所以大力支持浦东国际机场建设,其中一个很重要的原因是与当时激烈的亚洲经济竞争形势有关,

---

① 邹锦标:《房地产业——浦东第三产业的"大哥大"》,载《浦东开发》1996 年第 6 期,第 19—20 页。

日本的东京成田机场、我国香港的赤鱲角机场都在争夺东亚地区的航空枢纽,掌握了国际物流的中心便能够在很大程度上吸引跨国企业,甚至是跨国总部进入,一旦优质跨国企业被其他国家或地区抢占,那么将会影响浦东开发开放。因此,党中央最终明确了在浦东建立国际机场的任务,各项工作从而能够顺利推行下去。1995年,浦东国际机场项目正式启动,大规模的基础设施建设逐步推动浦东的功能性开发,这项工程是上海市政府为未来浦东谋划的一步重要的先手棋。

(二) 主要特征:有条不紊,基础先行

在浦东开发开放的形态开发阶段,为了能够将浦东建设成为世界一流的开放型、多功能新区的目标,浦东的领导干部不断完善规划,一步一步地摸着石头过河,逐步落地规划设计方案,有力地推进了形态开发。这个历史发展阶段的主要特征体现在以下三个方面:

1. 构建了完善的推进体制

浦东开发开放是事关国家前途的一次重要试验,因而需要建立起能够统领全局的推进体制,保障各项事业能够顺利推进。在浦东开发开放的建设初始,上海市委、市政府就在浦东地区着手构建了一支强有力的干部队伍负责规划与建设等各项事宜。浦东各重点战略园区的工作人员也是由专业人员组成,具有很强的业务能力,能够帮助园区中的企业解决实际困难。专业的工作人员懂得发展的规律,更了解企业经营过程中的实际困难,从而能够总结出更加完善的解决方案,推动产业发展,这批专业人员也是浦东开发开放中不可忽略的重要因素。

2. 基础设施建设全面铺开

浦东开发开放的战略布局起始于各项基础设施建设的逐渐展开,尤其在交通、电气等方面需要全面铺开,并且由陆家嘴、外高桥及金桥三大开发公司负责基础设施的开发,从而弥补浦东过去基础设施的薄弱环节。在整个"八五"期间,上海围绕浦东未来功能开发进行了大量前期的配套建设工作,在市委、市政府的有力领导和浦东广大干部群众的努力下,各项基础设

施都得到了稳步推进,为后续的开发开放创造了有利条件,进而也大大改善了营商环境。

3. 积极培育市场经济环境

陆家嘴、外高桥及金桥三大开发公司所承担的土地建设都在"八五"期间形成了雏形,尤其是外高桥保税区的建设,率先建立起了一座中国与外国贸易的桥梁,良好的投资环境扩大了招商引资的成效。在中央政府的大力支持下,外资企业也可以享受"国民待遇",这获得了外资企业的一致好评,从而也逐渐打响了浦东名片。同时,浦东其他几个开发区域也在政府的推动下形成了良好的企业聚集,为后来功能的拓宽提供了重要支撑。

二、功能提升阶段:1996 年至 2005 年

在这一历史发展阶段,浦东开发开放开始将重点放在建设地铁线路、覆盖市政工程、汇聚金融主体、盘活外贸活力、明确领导主体地位等方面全面展开。在短时间内浦东的各项功能都在稳步推进中,浦东开发开放的雏形稳步推进。

(一) 发展演变:夯实基础,金融立足

在"九五"期间,中央对浦东乃至上海的各项支持有了更加明确的方向。1995 年,中央针对浦东开发开放在财政、税收、外贸管理和保税区管理等方面提出了指导和措施。其中,在税收返还方面,1996 年至 2000 年,按当时分税制的财政体制,以 1993 年中央核定的税收返还基数为基数,浦东新区每年"两税"收入增幅在 15%(含 15%)以内的,新增收入中按规定应上划中央财政收入的部分,全部进入浦东发展基金,由财政部拨给上海市财政局,作为中央投资专门用于国家批准的浦东新区重点建设项目。自此,浦东开发开放进入了功能提升阶段。据统计,仅在"九五"期间,浦东功能开发投资总量的年平均投资为 147.56 亿元,是前五年年平均投资数的 2.7 倍,在这个

过程中,浦东的基础设施更加完善,完成了外部形象的全面升级。在"九五"期间,浦东掀起了一系列重大的设施建设,包括地铁二号线、世纪大道、南干线快速干道等。这些重要的基础设施建设,为浦东开发开放提供了强劲的推动力。①

1. 建设地铁线路

为了缓解市区的交通压力,以及应对未来浦东地区所出现的拥堵状况,上海市政府规划建设地铁 2 号线,经报请国务院批准,于 1995 年 12 月动工建设。上海轨道交通二号线是横穿黄浦江两岸、连接浦东和浦西的一条主干线,也是浦东新区的第一条地铁线路。依照规划,二号线的一期工程在浦东新区建设长约 7.9 公里,沿途设立 6 个地铁车站,其中陆家嘴站是浦东大道的首座地铁车站,其位置紧靠建筑群中,集合了旅游与商务功能为一体的重要车站。2000 年 6 月 11 日,地铁二号线正式开通运营,后来经过不断的拓展,地铁二号线已经成为上海人流量最多的地铁线路之一,为改善浦东新区的投资环境提供了极大的支持。

2. 覆盖市政工程

重大基础设施建设除了地铁二号线之外,上海市政府还立项了世纪大道工程。该项工程作为上海市重大工程,对世纪大道的功能进行升级,设计为双向八车道,融合交通及观光作用,通过世纪大道工程将沿线的陆家嘴金融贸易区以景点串联起来。该工程在 2000 年完成建设,承担起了陆家嘴的重要交通使命。同时,还有一大批城建系统道路立项,实施项目包括污水处理、河道整治等,仅在 1998 年就对十五条小路、六个污水管、泵站和道路绿化等进行改造。这一系列的重大基础设施建设,使得浦东新区在比较短的时间内就实现了"宜居"与"商业"功能。

3. 汇聚金融主体

1995 年中国人民银行上海市分行率先进驻陆家嘴金融贸易区,之后几年,其他国内外银行及各类金融机构等开始纷纷入驻,使得陆家嘴逐渐确立

---

① 《国务院关于"九五"期间上海浦东新区开发开放有关政策的通知》(国函〔1995〕61 号)。

了金融中心的地位。更重要的是,原先上海证券交易所的办公地址设立在虹口区黄浦路 15 号的浦江饭店,作为金融中心的陆家嘴很快在浦东南路 528 号建设了一所更加宏伟的上海证券大厦,经过几年的建设后,上海证券交易所在 1997 年搬迁至新址,与深圳证券交易所一起构成了中国的金融交易市场,而浦东已经基本建设成为全国性货币和资本市场的营运中心。陆家嘴地区的产业迅速升级,周边规划建设的步伐加快,并且开始对标金融领域的世界一流。除了上海证券交易所之外,上海外汇交易中心也在浦东正式落地。1994 年 2 月 15 日,中国人民银行发文正式通知设立中国外汇交易中心,从而形成有管理的浮动汇率,并且逐渐放开人民币与外币的交易。而就区位优势来看,浦东则由于对外贸易及金融聚集的成就,使得中央政府将外汇交易中心逐渐向浦东新区倾斜。1998 年 3 月 23 日,中国人民银行同意浦东新区获准经营人民币业务的外资银行加入全国银行间同业拆借市场;2000 年 12 月 18 日,中国人民银行印发《关于中国外汇交易中心体制有关问题的通知》,同意北京分中心并入上海总中心,改名为北京备份中心,同时要求尽快实行系统统一管理。上海外汇交易中心在浦东的地位确立后,使得上海在金融开放领域取得了较大的进步,反过来促进了外贸体制的改革,逐步与世界市场对接。①

4. 激活外贸活力

作为国务院批准设立的全国规模最大最早的海关监管区域,浦东新区的外高桥保税区开启了多次扩大封关、增强海关的试验范围。为了能够更好地吸引世界知名企业进驻,中央政府多次支持上海市政府在外高桥保税区进行深入改革和扩大开放。1996 年,《上海外高桥保税区条例》经上海市十届人大常委会第 32 次会议审议通过,外高桥保税区从此进入了更加规范、高效、便捷的发展阶段。②作为上海乃至全国对外贸易的重要窗口,外高桥保税区不断进行自我改革,盘活微观层面的市场经济主体。1998 年 8

---

① 柴洪峰:《从三个层次看中国外汇交易中心的发展》,载《中国外汇》2000 年第 3 期,第 7—8 页。
② 侯旅适、尹荣昌、李力等:《〈上海外高桥保税区条例〉的几个突出特点》,载《上海人大月刊》1997 年第 2 期,第 10—11 页。

月,外高桥保税区开始试行区内贸易企业设立直接登记制,在当时使企业申办时间从 45 天缩短至 20 天。同年,外高桥保税区又开始对分拨企业试行"分批出货、集中报关"的模式,大大地提高了通关效率。[①]

5. 完善政权机构

经过 20 世纪 90 年代的十年发展,浦东开发开放不断向前推进,经济总量逐年攀升,人口规模不断增加,城市化面积逐渐扩展,城市和社会的建设管理任务日益繁重。在这种情况下,迫切需要解决浦东新区有关部门在履行职能过程中的法律地位问题。因此,为了能够更好地调控与配置资源,适时建立和完善浦东新区政权机构不仅势在必行,而且水到渠成。2000 年,浦东新区正式建政,新区的区委、区人大、区政府、区政协正式宣告成立,构建了四套领导班子,进而开启了浦东开发开放建设的历史新征程。

(二) 主要特征:聚集要素,提升功能

在浦东开发开放的功能提升阶段,浦东新区按照党中央、国务院的要求,上海市委、市政府的部署,不断增强自身能力建设,通过体制机制改革、持续推进扩大开放、提升产业升级,使得浦东开发开放的各类要素资源不断聚集,各项功能得到不断提升,并且进一步助推了上海经济发展。

1. 产业结构调整取得显著成就

浦东的开发开放速度有效地提升了浦东,乃至上海的经济发展。1990年浦东新区增加值仅为 60.24 亿元,1995 年为 414.65 亿元,2000 年达到920.63 亿元;在"九五"时期,浦东新区增加值年均增长 17.6%,高于全市年均增幅 6.2%。同时,正是因为在浦东地区加大了产业结构的调整力度,使得重点产业的比重在全市也得到了较大幅度的提升,到"九五"期末,上海金融保险业增加值占全市 GDP 的比重达到了 15.1%,比"八五"期末上升了5.1 个百分点。这充分表明,产业结构的调整进一步提高了浦东乃至全市经济发展的质量。

---

① 孙群:《"分拨出区、集中报关"——保税区出来有捷径》,载《中国海关》2004 年第 6 期,第 52—53 页。

2. 开放型经济模式得到夯实

为了能够更好地应对 20 世纪 90 年代爆发的亚洲金融危机,中国需要有更加灵活的外贸发展措施。在这种情况下,浦东乃至上海作为全国改革开放的排头兵,更需要在对接国际投资方面积极作为。在"九五"时期,中央政府支持对外高桥保税区进行深入改革,同时,还通过各个开发区吸引了一批规模大、科技含量高的项目进驻浦东新区,涵盖了金融、汽车、制造等多个产业领域,因此,在各项改革开放政策的支撑与推动下,浦东的口岸功能日益增强,开放程度和开放水平得到了进一步提升。在"九五"期间,上海实际吸收外资超过 300 亿美元,相当于"八五"时期的 2 倍。这充分表明,浦东乃至上海的开放型经济体系得到了进一步夯实。

3. 各类要素市场已有效运转

在"九五"期间开始,浦东全面推进了资金、技术、管理和人才等要素的流动和渗透,推动全国性的要素市场在浦东的落地发展。通过大规模的重点基础设施建设和营商环境的不断优化,吸引了证券交易、期货交易、资金市场、外汇交易、人才市场等一大批要素市场在浦东的集聚,初步构建起了全国性的要素市场体系,从而有效地增强了浦东乃至上海辐射全国和走向世界的能力。

三、综改全面推进:2005 年至 2013 年

在这一历史发展阶段,浦东着力于推进综合配套改革。应该说,综合配套改革是中央在新阶段下赋予浦东开发开放的一次重要改革尝试。随着改革的深入,作为全国第一个开展综合配套改革的浦东新区,不断取得一系列的改革成果,而且很多的改革经验已经复制推广到了全国。在综改全面推进时期,浦东开发开放开启了更多领域的改革,主要包括对接世界市场、改革政府管理、创新园区治理、聚焦张江园区、打造多元产业、扩大土地载体、开启园区转型、承接重点项目、开创世博经济、吸引文旅产业等。这些重要

的政策措施，都全面推动了浦东开发开放的升级。①

（一）发展演变：全面发展，及时纠偏

2005 年 6 月 21 日，国务院总理办公会议批准浦东新区为中国大陆的第一个综合配套改革试验区，这是中国仅有的三个全面型改革试验区之一。在此前，除了上海之外，深圳、天津等城市均先后向国家发改委提交了进行综合配套改革试点的申请，但是只有上海获得了中央的批准。其主要原因在于，浦东的区位优势及前期积累的 15 年开发开放的经验成果已经使得浦东成为了全国改革开放的排头兵，形成了多种要素聚合地，在市场化、国际化程度以及制度改革深度等方面都在全国处于领先地位，因而能够得到中央的肯定，获批进行综合配套改革试点。在获得中央的大力支持后，浦东新区开启了多项改革试点，主要涵盖了十大领域，即金融领域改革、开放经济领域、枢纽港功能培育、口岸监管模式创新、科技创新体系、优化人才发展环境、土地管理制度、行政管理体制改革、社会领域改革、城乡结构改变。浦东改革开放除了在重点领域对接世界标准之外，还作为中国的改革试点区，承担了制度创新与激活经济主体活力的重任，将国家未来发展方向与自身发展相融合。

1. 对接世界市场

浦东新区综合配套改革内容广泛，事项很多，力度很大。以开放经济领域为例，浦东率先在外汇的管理体制上进行突破，分为三大步，每一步都旨在以更加开放的姿态与世界对接。

第一步，是"外汇九条"。2005 年 10 月 21 日，《国家外汇管理局关于推动浦东新区跨国公司外汇管理改革试点有关问题的批复》（简称"外汇九条"）基本同意浦东在外汇制度改革方面的创新尝试。②后来国家外汇管理

---

① 蒋应时：《全力开展上海浦东综合配套改革试点率先推进改革开放》，载《宏观经济研究》2007 年第 3 期，第 27—32 页。
② 陈小五：《跨国公司的政策盛宴——解读浦东跨国公司外汇资金管理试点政策》，载《中国外汇》2006 年第 3 期，第 14—16 页。

局在 12 月 29 日下发了《关于浦东新区跨国公司外汇资金管理方式改革试点有关问题的通知》,更加详细地补充了关于"外汇九条"的实施细则。外汇改革的目的在于为浦东乃至上海聚集大批优质的跨国公司总部创造先决条件。上海要确定金融中心的地位,需要放松经济管制,重点便是在外汇方面的管制,一方面可以解决跨国企业对进入中国后,资本难以灵活运用的顾虑,另一方面也能够帮助中资企业"走出去",增强海外竞争力。更重要的是,通过盘活外汇管制,将吸引国外大型企业集团总部落户浦东,打造总部经济,提升跨国企业的直接投资,浦东将聚集起更多的资源。[①]

第二步,是国际贸易结算中心试点。在 2010 年 8 月国家外汇管理局批准综保区开展试点,允许企业设立专用账户,以合同或商业单据作为外汇支付凭证,不再审查海关报告单,解决货物流和资金流分离、单据不全而无法结汇的问题。这使得浦东在发展国际航运时,解决了国际贸易商在转口贸易与离岸贸易的顾虑,可以降低外汇支付时遇到的行政困难。

第三步,是跨国公司资金池双向互通试点。允许跨国企业自有资金进入资金池,同时放宽对外放款的条件,允许境外资金向该资金池划转资金。这种方法可以吸引有实力的跨国企业将更多的全球业务集中到浦东,提高浦东的吸引力。贸易中心是物资流、信息流的枢纽和转换聚集地,贸易的有效发展离不开资本的支撑,因而在贸易中心的发展过程中,浦东新区政府将金融与贸易功能撮合,以达到最佳的贸易便利化。[②]

2. 改革政府管理

浦东新区围绕国家有关部门对综合配套改革的整体要求,在政府管理创新方面,重点构建了扁平化的政府管理框架。早在 2010 年,浦东新区已经构建起了"7+1"的开发区管理格局,按照"区内事区内办"的原则,赋予了开发区管委会更多的权利与资源,使得开发区在市场化的条件下大大增加了园区内的活力,并且减少了办事流程。在这种情况下,开发区拥有了更大

---

① 陈小五:《跨国公司外汇管理如何改革》,载《国际市场》2006 年第 3 期,第 76—77 页。

② 浦轩:《科学发展观和创新驱动转型发展在浦东之三 浦东的综合配套改革实践和思考》,载《浦东开发》2012 年第 12 期,第 26—28 页。

的职权，使得开发区帮助企业所施行的办法更加"接地气"，也打通了一条从企业需求直达政府决策的道路。

3. 创新园区治理

2003年12月，经海关总署报请国务院批准同意，上海外高桥保税区与外高桥港区在全国首家实施"区港联动"试点，设立外高桥保税物流园区。① 这一系列的政策支持，使浦东从保税区向自由贸易区转变迈出战略性的步伐。经过时间的检验，外高桥保税区为"走出去"与"引进来"提供了强大的推动力。

外高桥在浦东综合配套改革的大框架下开启了自我改革，鼓励企业在辖区内成立营运中心，为企业的发展提供强大的支持。营运中心是指在上海外高桥保税区内以独立法人形式设立的有限责任公司，统一负责公司总部在中国范围或包括中国范围但不仅限于中国范围内的商品分销、进出口，以及其他相关服务、整合公司总部原先分散的销售及相关服务业务。2006年10月，上海外高桥保税区为首批12家知名跨国公司营运中心颁证。企业营运中心能够以外高桥保税区为中心，直接领导企业的各个环节发展，推动企业向大型化和复合型方向发展，在这背后是外高桥工作人员的奋斗。② 比如，联想集团在外高桥设立营运中心的过程中，为了确保该项目顺利落户并能够按时投产，外高桥保税区管委会给予了大力支持，在短短的4个多月时间内完成50多家企业的搬迁、近10个生产办公场地的置换、4个工程的同步建设，涉及建筑面积达到5.2万平方米，搬迁员工1 600多人。惊人的效率背后是管理制度的改善与工作人员的辛劳，这才有了外高桥保税区的成就。

4. 聚焦张江园区

张江高新区在1992年建立之后，由于缺乏合理的目标定位与产业布局，导致在很长的一段时间里都处于迷茫状态，与其他省市的科技园区相

---

① 《国务院办公厅关于同意上海外高桥保税区与外高桥港区联动试点的复函》，载《中华人民共和国国务院公报》2004年第3期，第18页。

② 《上海认定首批12家跨国公司营运中心》，http://www.gov.cn/banshi/2006-10/27/content_425213.htm（"中华人民共和国中央人民政府"，载转时间：2006.10.27）。

比,张江的优势一直没有发挥出来,因而也一直停留在较低水平。1999年8月,在全国技术创新大会上,时任上海市市长徐匡迪表示,上海将集中力量把张江高科技园区建设成为申城科技创新的示范基地。一时间,市政府确定了"聚焦张江"的重大任务,整合资源,聚焦科技力量。

2000年1月5日,上海市政府颁布《上海市促进张江高科技园区发展的若干规定》①,张江高科技园区由此成为上海市乃至全国的科技型企业政策特区,后续也不断补充完善了该规定②。首先是在张江地段规划建设了大量基础性设施,包括拓宽交通、建设地铁及公交线路,使得目前张江高科技园区周边的地铁线路包括了地铁2号线与地铁13号线。除此之外,许多高校在张江地区设立分校,如复旦大学张江分校;科研院所及实验室等都迁往张江,在张江聚集起科研所需要的要素资源,保障张江的人才供给。2002年12月26日,上海张江(集团)有限公司挂牌成立,从而使得张江的管理模式更加市场化,符合市场规律,减少行政干预影响。

张江高科技园区通过不断吸纳前沿科技型企业入驻,取得了辉煌的成就。在上海市政府的政策支持下,张江高科技园区已经成为国内知名的综合性科技型园区,园区内下设不同产业的功能区域,增强了张江高科技园区的汲取吸纳能力。通过对比国际领先的创新园区,张江高科技园区主要汇聚了生物医药产业、集成电路产业、软件产业、科研教育产业等③,比如在生物医药产业领域,就建有上海医药工业研究院,周边已经形成了大量医药领域企业。张江高科技园区将重点战略产业与国家重点项目相结合,已经发展成为国内最为重要的科技创新驱动领军园区。

中国在部分科技领域相较于西方发达国家始终处于追赶状态,因此,利用张江高科技园区发展自己的科技成为时代赋予浦东的艰巨任务。比如,在集成电路产业园,中芯国际是张江引进的第一家产业巨头与国内的头部

---

① 《上海市促进张江高科技园区发展的若干规定》,载《新法规月刊》2000年第3期,第46—47页。
② 《上海市人民政府关于修改〈上海市促进张江高科技园区发展的若干规定〉的决定》,载《上海市人民政府公报》2007年第9期,第3—6页。
③ 沈开艳、徐美芳:《上海张江高科技园区创新集群模式的特征及主要政策》,载《社会科学》2009年第9期,第3—9、187页。

企业。中芯国际在张江高科技园区的一期投资就高达 15 亿美元,从而启动了张江芯片产业的发展。园区内的企业科创活力,使得一些被国外卡脖子的核心领域正逐步被国产所替代,张江高科技园区进而成为了中国最具活力的创新聚集区。

浦东新区蓬勃的金融发展也与高新技术产业相融合,助力企业的融资与发展。其中,安集微电子便是受益于中国金融市场不断完善而获得更多融资渠道的企业。受到浦东开发开放的热情感染,四位创始人 2004 年在张江高科技园区成立了安集微电子研发中心,后来又在金桥出口加工区成立安集科技,这是一家主营芯片研发制造的创业公司。以前中国集成电路所用的材料 90％以上依赖于进口,为了打破瓶颈,安集微电子需要大量投入来满足研制的资本需求。2019 年中国的科创板成功开板,在张江高科技园区的大力支持下,安集微电子 IPO 成功,成为首批登陆科创板的企业,从金融渠道满足了融资需求。

从 2000 年颁布《上海市促进张江高科技园区发展的若干规定》以来,张江的企业科研创新能力有了明显的提高,许多前沿的科技成果迸发,但也因此产生了产权方面的法律摩擦。为了保护发明人的权益,2006 年 5 月 11 日,时任国家知识产权局局长田力普、时任上海市副市长严隽琪共同为上海张江"国家知识产权试点园区"揭牌,拉开了张江建设国家知识产权试点园区的序幕;[①]两年后的 2008 年 5 月 6 日,国家知识产权局专利局上海张江专利审查员实践基地揭牌,这标志着张江不仅只是从资源要素上支持企业的创新,而且在行政、法律保障等方面也及时提供支持,保护企业的发明权等权益。

在"聚焦张江"之后,张江高科技园区承载了更大的国家战略任务,为了发挥出园区的最大效益,张江形成了新的发展模式。总结起来,张江模式主要分为内部驱动和外部动力两种推动力。内驱动力是"企业团队合作＋园区服务企业",外部动力则是"资源平台打造＋多元资本结构",从而逐渐将

---

① 《张江"国家知识产权试点园区"上午揭牌》,http://news.sohu.com/20060511/n243197531.shtml("搜狐网",转载时间:2006.05.11)。

张江打造成为国家重点创新示范基地与发展高科技产业的龙头区域。

从内驱动力来说,为"企业团队合作＋园区服务企业"。企业团队合作,主要是通过张江园区的打造,聚集起一批具有潜力的前沿科技型企业,虽然在早期的张江园区中,并没有形成特别知名的企业,并且科技成果的产业化程度相对较低,但是园区积极吸引海内外优秀的企业家团队加入,具有冒险精神的企业家也通过各种方式吸引有各种背景的职业经理人与技术人员,最终在张江形成了人才的聚集,企业之间也能够更快地搜索到相应的人才,加快了技术的迭代与创新所需要的人才储备,追赶世界前沿。[1]园区服务企业,主要是通过点对点的服务企业,以保障解决企业在经营的过程中所出现的问题,包括园区基础设施打造、企业政策享受等,其中张江集团、管委会,以及一部分社会中介组织,在张江建立了一定规模的孵化器,政府每年给孵化器一定的资金为企业提供支持。[2]

从外部动力来说,张江依托其在国家战略中的特殊地位享有特殊政策待遇,在张江高新技术产业开发区中较为特别的是中央各部委与园区是直通的,中央资源到达张江没有中间环节,以部市合作的方式建立专业化基地,各部委在纵向政策发布的时候会首先考虑到基地,园区向部委申请支持可直通。除此之外,张江还建立了高水平的科创平台与商业平台:第一个是由中科院、市科委、张江集团等国家单位投资的研究院所,利用张江园区解决一部分国家课题与服务园区企业;第二个是打造了商业平台,为园区内的企业降低成本,快速匹配需要的资源需求。多元资本结构,是指建立了多层次的资本融资渠道,为企业降低融资成本。一是在政府引导下的担保公司为企业提供短期融资需求;二是园区银行直接为中小企业提供贷款需求,在早期金融服务实体经济还不那么完善的情况下,张江高新技术产业开发区中的银行已经建立了为中小企业提供贷款的渠道;三是由风

---

[1] 杨亚琴:《自贸试验区与张江国家自主创新示范区联动发展研究》,载《科学发展》2015 年第 5 期,第 69—72 页。

[2] 陈聿岚:《张江园区技术创新环境和支撑体系的初步研究》,载《上海管理科学》2001 年第 5 期,第 24—25 页。

险投资匹配需求企业，企业稀释股权获取资本；四是通过国家开放的金融市场获得融资。[①]

张江除了关注科技领域，也开始聚焦文化产业领域。2005 年，国家网络游戏动漫产业发展基地在张江园区内揭牌。从 2008 年开始，文化产业在张江开始取得了明显的发展成果。2008 年 6 月 27 日，投资 3 亿元的张江文化控股有限公司成立，同时张江动漫谷揭牌，成为了张江对外文化宣传的标杆；张江开发区获得了上海市委宣传部所授予的文化基地，园区内聚集了一批国内外知名、业界领先的文化领域企业，在 2008 年 7 月 16 日获得了全国首家国家级数字出版基地——张江国家数字出版基地，以及上海市首批市级文化产业园区——张江动漫谷。由于文化产业同样属于创新活跃领域，会出现许多文化成果，为了及时有效地为企业与个人提供法律保护，张江园区积极引入第三方服务机构，如上海版权交易中心、上海文化产权交易所等，有效地保护文化创业者的权利。

正是因为有了张江模式，浦东地区才形成了一批前沿的产业。创新已经融入了张江高科技园区的血液中，园区用实践来诠释"创新驱动，转型发展"的张江精神。如今的张江高新技术产业开发区，主要划分为六大区域，包括技术创新区、生物医药产业区、集成电路区、软件园区、科研教育区及住宅区，融合了目前国内所规划的高新技术产业。依托不同的划定区域载体，建立了国家上海生物医药科技产业基地、国家信息产业基地、国家集成电路产业基地、国家半导体照明产业基地、国家 863 信息安全成果产业化（东部）基地、国家软件产业基地、国家软件出口基地、国家文化产业示范基地、国家网游动漫产业发展基地等多个国家级基地。建有国家火炬创业园、国家留学人员创业园等，使得张江高科技园区成为了中国创新最为活跃的区域。[②]

① 杨亚琴：《张江创新发展的思考——来自中国的案例》，载《社会科学》2015 年第 8 期，第 31—39 页。
② 赵炎、徐悦蕾：《上海市张江高新区创新能力评价研究》，载《科研管理》2017 年第 S1 期，第 90—97 页。

5. 打造多元产业

浦东开发开放同样不断吸引着各国知名品牌入驻,让浦东渲染上时尚的风采。早在 2003 年,欧洲最大的运动用品零售商法国迪卡侬 3 000 平方米的亚洲首家概念店就已经在浦东花木镇正式开业。浦东还通过国际大型商场建设吸引国际品牌。正大广场于 1994 年立项,在耗资 4 亿美元与 8 年建设周期后在 2002 年竣工。同年 10 月 18 日,正大广场正式对外开业,成为上海首个与国际接轨的真正意义上的 Mall。自建成后,各大品牌纷纷入驻正大广场,陆家嘴成为上海的时尚中心。2005 年,正大广场重新进行定位调整,将家庭概念与陆家嘴商圈相融合,打造成"家庭娱乐消费中心"多元化商场,深受社会公众的喜爱,因而正大广场的店铺出租率与租金都在开业的三年内实现了高速增长。2017 年,正大广场全年客流更是超过 3 000 万人次,成为华东地区"现代家庭娱乐体验及购物中心"。正大广场的快速成长伴随的是浦东陆家嘴地段的不断成熟,它也见证了浦东与世界时尚接轨的历程。

6. 扩大区域范围

2008 年,美国次贷危机席卷整个世界,中国意识到除了经济发展的规模之外,还需要有更高的经济质量与更有效率的行政机制,提高经济的抗风险能力是接下来中国亟须面对的改革难题。因此,浦东再一次被赋予了重要的任务,通过进一步拓展开发开放的广度与深度,以提供一批可借鉴可复制到全国的改革经验。2009 年 4 月,国务院出台了《关于推进上海加快发展现代服务业和先进制造业建设国际金融中心和国际航运中心的意见》,明确了上海下一步的工作重点与任务。[①] 为了扩大浦东在提升"四个中心"中的效果与能级,继续解决浦东原有土地资源的约束,浦东需要拥有更大的空间载体发挥改革的成效。因此,在同年 5 月,国务院(国函〔2009〕52 号)于 4 月 24 日批复同意撤销南汇区,将南汇区行政区域整体并

---

① 陈峥嵘:《推进上海加快发展的巨大动力——国务院〈意见〉对上海经济发展产生的积极影响》,载《中国科技投资》2009 年第 8 期,第 59—64 页。

入浦东新区①,调整后的浦东新区总面积由 532.75 平方公里增加至 1 210.41 平方公里,扩大了一倍多,户籍人口由 194.29 万人提高至 268.6 万人,成为上海最大的市辖区。最重要的是,行政区划的改变,从地理位置上将许多重要的资源统一划归为浦东新区政府管辖,增加了浦东新区在开发开放的过程中所能调动的资源及发挥出的效益,这也标志着浦东在发展的空间与能级上将跃上一个新的台阶。

7. 开启园区转型

在 2010 年浦东开发开放 20 周年之际,时任上海市委副秘书长、浦东新区区长姜樑 4 月 14 日在上海市政府新闻发布会上正式提出浦东新区"7+1"规划,标志着浦东新区进一步深化改革,对标世界,逐渐成为具有全球资源配置能力的国际舞台,提升在世界的影响力。在南汇区并入浦东新区后,金桥开发区的管辖面积也有所扩大,由 27.38 平方公里拓展为 67.79 平方公里,重新整合了原有增量园区与存量金桥工业园区,把金桥经济技术开发区与南汇工业园区、浦东空港工业园区(机场镇临空产业园区、川沙镇工业小区、祝桥空港工业区、老港化工工业区)整合为一,形成多功能的园区形态,在发展中保持工业制造能力的领先。金桥开发区不断升级园区功能,2008 年 5 月,经国家环保部、商务部、科技部联合发文批准,创建上海第一个国家生态示范工业园区。2009 年 6 月,金桥被命名为生产性服务业功能区。金桥开发区依托已有的先进工业制造能力,继续推动制造业升级,调整制造业的内容。②金桥开发区已经不能仅仅满足于"世界名牌金桥造"的美誉,必须突破原有固定模式,实现重大突破。招商引资由外资为主向内外资并举转变,产业结构由制造业为主向制造业与生产性服务业"二元融合"协调发展转变,产业能级提升由依靠增量为主向注重存量企业改造提升转变,经济增长由要素驱动向创新驱动转变;开发区由单功能制造业集中区向多功能综

---

① 《上海市人民政府关于撤销南汇区建制将原南汇区行政区域划入浦东新区有关事宜的函》,http://www.spcsc.sh.cn/n1939/n2440/n2492/u1ai111840.html("上海人大网",转载时间:2013.08.27)。

② 金琳:《金桥下一步》,载《上海国资》2016 年第 7 期,第 50—51 页。

合性产业聚集区发展转型,由单一加工制造业向高端制造业与生产性服务业融合发展转型,由外延式传统制造工业文明向内涵式低碳智造生态文明转型。其中,"总部经济、研发设计、商贸营运和服务外包"成为金桥生产性服务业发展的四大亮点。大力度的转型使得金桥产业园区摆脱了原有生产关系的束缚,成为了浦东跨国企业的聚集区,在国家级开发区中率先建立了"金融+互联网"产业园区模式,在制造工业的能力上,也一改传统方式,将制造业向价值链的两端延伸,不断布局新型的产业形态,紧跟时代的变化,对准最前沿产业,成功实现产业升级。

8. 承接重点项目

2010 年 2 月 26 日,中国商用飞机设计研发中心项目正式落户张江,这是国家交给浦东的又一项重要任务。长期以来,中国的商用飞机企业始终都受到国外大型金融集团的束缚,需要从国外引进飞机机型。为了能够自主研发出真正的中国的大型商用飞机,张江再次承担起重要使命。之所以将研发中心项目定在张江,主要原因是中国商飞看中了张江所具备的科技与人才储备。除了设计研发之外,中国商飞还将总装制造落户于浦东机场南段,并将总部定在浦东。这些举措,充分体现了上海市落实《中国商飞公司上海规划建设方案》的决心,更能体现浦东在牵引"龙头"项目的过程中所具备的实力。中国商飞已经研发了 ARJ21 涡扇支线飞机、CR929 宽体客机及 C919 中短程干线客机,尤其是 C919 的研发成功,标志着中国已经跻身国际大型客机市场。浦东作为中国商飞的重要载体,支撑其与 Airbus(空中客车公司)和 Boeing(波音公司)在国际大型客机制造业中的竞争,形成 ABC 并立的格局。浦东将是中国的飞机制造主力。

9. 开创世博经济

在会展产业方面,浦东也取得了巨大的突破。2010 年,浦东承载了一项世界瞩目的国际盛会,即上海世博,这也是继 2008 年北京奥运会后中国举办的又一项世界级盛会。从 5 月 1 日开幕,到 10 月 31 日闭幕,上海世博会为期 184 天。本次世博会参展方有 246 个国家和国际组织,有 7 308 万人次参观展览,参观规模和参观人次均超过往届,创造了世博会历史的新纪录。同时，上海世博会也成为了中国展示公共外交的重要平台。之所以将世博会放在浦东，也与浦东的创新能力与发展空间有着密切的关系。上海将立足于浦东，驱动城市发展有更多的可能性。正如上海世博会的口号"城市，让生活更美好"。从整个上海世博会的规划与未来发展设想方面来说，上海市政府投入了巨大的资源以保障世博会的顺利运行。上海市政府在打造世博效应的过程中，城市形象的公共产品也作为重点对象对外宣传。为了打造好城市形象，上海世博会主要从以下三个方面入手。

第一，园区建设。上海世博会的规划方案，主要是 2004 年 11 月《中国2010 年上海世博会规划方案》、2005 年 8 月的《中国 2010 年上海世博会总体规划》和《中国 2010 年上海世博会规划区控制性详细规划》。依照方案，上海世博会的围栏区规划面积为 3.28 平方公里，有五个片区，浦东为上海世博会的主片区，土地面积为 2.39 平方公里，涵盖的主要场馆包括中国馆、主题馆、各国国家馆、世博中心、演艺中心等。设计规划以"一轴四馆"作为主线，"一轴"是世博轴，"四馆"则是中国国家馆、世博会主题馆、世博中心和世博演艺中心。

第二，配套设施。为了办好上海世博会，市政府对各项设施的直接投资达到 286 亿元，其中场馆建设 180 亿元，营运达到 106 亿元。除了直接投资外，上海市还对城市进行了大规模改造升级，以提升上海城市的容纳能力，包括对水、电、通信、公交、住宅、医疗及城市环境等各个方面，将上海世博会作为全球性的展会，提升上海城市魅力。

第三，后期开发。上海世博会在展会期间带来了巨大的溢出效益，在展会期间创造了巨大的旅游收益。为了举办一届环保可循环的世博会，需要考虑设施再利用，延续"世博经济"，因此浦东利用"一轴四馆"的直接转型向公众开放，为大型商业与交通综合体的智能化开发提供载体。开放浦东滨江绿地，利用世博会的基础设施打造大型公共平台。利用世博效应，积极引导上海经济多元化，确立上海国际会展中心的地位。

从上海城市整体的产业结构来看，上海世博会主要对第三产业起到了显著的拉动作用，尤其体现在聚集现代服务业领域，发展金融、旅游、会展、文化等行业,提升上海对外辐射的影响力。在城市建设方面,更加注重低碳宜居的理念,将更多的先进技术应用在城市建设中,科技赋能在城市的各个方面。①

10. 吸引文旅产业

随着会展产业的国际化,浦东也在不断吸纳世界不同文化融入,越来越多世界知名品牌在浦东生根发芽,其中最知名的便是迪士尼落户浦东。2009 年 11 月 23 日,国家发改委在官网上发布《上海迪士尼乐园项目通过核准》,该项目是美国迪士尼总部在海外最大规模的投资决策,占地 116 公顷,项目建设包括游乐区、后勤配套区、公共事业区和一个停车场。上海迪士尼项目是浦东新区经济转型与多元化发展的重要一步,也是推动上海经济向现代服务业提升的重要契机。上海迪士尼的投资总额达到了 340 亿元,由中美双方共同运营。

上海迪士尼创造了两个“第一”:一是上海迪士尼项目是迪士尼公司第一次在海外和实体公司合作;二是迪士尼公司首次在发展中国家建设主题乐园。在这显著成绩的背后,是长达十年的谈判历程。迪士尼将选址拟定在浦东是经过深思熟虑的,需要综合考虑到多种因素。第一便是“区位优势”,能够满足投资者对地理位置的需求;第二是地价相对合理;第三是辐射面广;第四是环境因素。而上海为迪士尼入驻提供了重要的土地载体与其他基础设施支持。因此,投资方在与政府多方沟通与商榷后,经过多番考虑最终决定落户在浦东。2011 年 4 月,上海迪士尼正式破土动工建设,时任迪士尼公司首席执行官罗伯特·艾格提出一个新的口号:“原汁原味迪士尼,别具一格中国风”。超过了 10 万名工人参与了迪士尼度假区的建设,在建设的过程中,注重对资源再利用、环境保护,将中国文化元素与迪士尼主题相融合,打造成为“中国风”的主题乐园。经过五年的建设,上海迪士尼在 2016 年 6 月 16 日正式开园,开幕当天,有超过一万名演职工作人员为观众服务。

上海迪士尼的入驻很快带来了巨大的社会、经济、民生等方面的效益。

---

① 王伟、杨婷、罗磊:《大型城市事件对城市品牌影响效用的测度与挖掘——以上海世博会为例》,载《城市发展研究》2014 年第 7 期,第 64—73 页。

上海迪士尼在浦东创造了 12 000 个直接就业岗位，每个直接就业岗位可以创造 4 至 6 个间接就业岗位。根据上海市信息中心发布的《上海迪士尼项目对经济社会发展带动效应评估》报告显示，迪士尼乐园开园首年（2016 年 6 月 16 日至 2017 年 6 月 15 日）游客接待数超过 1 100 万人次。2011—2016 年建设期间，项目固定资产投资对上海全市 GDP 年均拉动 0.44%，年均拉动新增就业 6.26 万人次；上海迪士尼项目也显著地拉动了上海其他本土景点游客的数量，城市的旅游功能得到显著的提升。以上海迪士尼为核心的国际旅游度假区正在成为浦东开发开放的新名片，成为上海旅游的重要引擎。[①]

（二）主要特征：重点突破，统筹兼顾

浦东的各个开发区所承担的任务不尽相同，每个不同职能的开发区与全国同类开发区相比较也会有不同程度的创新与突破，以实现制度红利及差异化竞争优势，在保障市场公平竞争的基础上，达到浦东开发开放创新溢出效应。

1. 内外结合，驱动发展

张江高新技术产业开发区从过去单一的"投入—产出—得到回报"传统模式，逐步形成"投入—资产运作—资本增值—得到回报"的发展模式。总体来说，随着国家金融政策工具的多元化，张江高科技园区作为科技型企业聚集区，抗风险的能力明显提高。中央政府的大力支持，结合张江高新技术产业开发区自身的改革，驱动了创新主体聚集于园区，从而推动出现了一大批优质的成果。

2. 简化工商行政手续，激活企业发展活力

在浦东综合配套改革中，围绕企业的困难，在中央政府的支持下，上海市政府率先在浦东开展工商改革试点，取得了巨大的成效。企业是微观经济的主体，为了激活市场主体的积极性，减少工商行政对于企业发展的束

---

① 张诚、张琦、王富荣、陈宇新、陆雄文：《服务的空间扩散：基于上海迪士尼的实证》，载《管理科学学报》2020 年第 2 期，第 3—17 页。

缚,浦东率先开启工商行政改革,提高企业的办事效率,降低"来回跑"次数。正是因为抓住了"牛鼻子",从企业的根本需求入手,才能够激活企业活力,最大限度地发挥出企业家精神,让企业家们能够在浦东这块土地上实现自身的梦想与价值。

3. 扩大区域覆盖范围,提升产业包容度

由于受到行政区划和规划范围的限制,浦东开发开放所能够利用的土地面积有限,难以扩大产业链条及产业规模。在上海市委、市政府的大力支持下,浦东新区突破了行政区域规划的限制,自南汇区并入浦东新区之后,浦东新区大大地扩展了产业发展所需的土地载体。在这种发展态势下,浦东新区积极引入国家重点发展产业,以上海的金融和人才作为产业支撑,在短时间内增强了中国科技产业的实力。

4. 聚焦会展经济,扩大浦东乃至上海的国际影响力

除了在重点科创制造领域发力之外,浦东还在服务经济与会展经济等方面发力,使得浦东开发开放的内容更加多元化,浦东的发展朝着新的历史窗口前进。会展的经济功能主要表现为展现国家实力、信息传递流通、创造市场机会、链接产业与服务业、调整产业发展方向等。上海以世博会为契机,与世界共享发展成果,在这个重要的平台上吸引资源流动,实现信息传递与信息交易。浦东所承载的上海世博会任务并不是在完成会展后便结束了,而是通过后续开发延续世博生命力。作为重要的共享平台,上海世博会在浦东开发开放的过程中助力加快统一市场规则,有效对接中国与国际市场的经济秩序,加深彼此互信与了解,加快区域的信息、知识及技术的交流机制形成。

5. 以重大知名项目为牵引,展现城市魅力

不同于通过政府引入项目,迪士尼的落户更加展现了浦东在市场经济及城市建设等方面的吸引力,获得了世界知名企业的认可。上海则将迪士尼当作城市旅游的发动机,大规模开展基础设施建设,将上海迪士尼建设成为中国的知名旅游景点,牵引带动城市旅游的发展。浦东的开发开放过程,除了展现前沿产业的先进程度与开放包容度外,还展现了浦东的活力。

在综改全面推进时期,浦东改变了以往将重点落在开发阶段的做法,由外部建设转向内部实力与开发提升,两者相结合共同推进浦东的开发开放,而政府的政策更加注重将软实力融入浦东开发开放的全过程。从总体上来看,这一时期浦东主要发生了几个重要变化:工业制造中融入"智能+"理念,丰富工业制造能力多元化;金融注重流向实体,大宗商品交易能够为企业对冲风险;政府服务更加贴近企业需求;注重会展文娱发展,提升软实力;各开发区串联,扩大政策影响范围;发扬企业家精神,提高企业创新效率等。这一系列的改变,都更好地将浦东开发开放的各项改革融会贯通,推广浦东开发开放的改革试点成果。随着浦东的改革开放深入发展,已经有越来越多的成果推出,进而充分发挥了浦东的示范效应,为未来中国深化改革和扩大开放提供了可参考、可复制的样板。

四、新一轮改革开放:2013 年至今

经过了前期二十几年的发展,浦东开发开放在各种要素的汲取上已经取得了较大的成绩,经济社会发展也取得了巨大的进步。在党的十八大之后,在推动我国新一轮的改革开放中,浦东需要将各种要素更好地融合起来,聚集成强大的经济推动力,并且通过进一步扩大开放来倒逼改革,释放更为强大的制度创新红利,提升国际竞争能力和全球影响力。在这个历史发展阶段,浦东主要通过贸易模式创新试验、完善法律法规、确立大宗商品定价权,尤其是通过上海自由贸易试验区建设来驱动浦东新一轮的开发开放。

(一) 发展演变:紧跟时代,激活要素

浦东新区相比较于其他省市的一些区域,最大的特点便在于贸易的枢纽功能,再加上具有优势的港口条件和雄厚的金融支撑,可以将全国的贸易和商业触角向海外迅速延伸。在前期的发展建设中,浦东已经逐步拓宽了外贸条件,成为了上海建设国际贸易中心,以及国际金融中心和国际航运中

心的主要阵地。在新一轮开发开放阶段,浦东地区重点将串联各个中心,使贸易中心成为牵引和推动中国与世界连接的关键。

1. 探索自由贸易试验

2013年3月底,李克强总理在上海调研期间,重点考察了浦东的外高桥保税区,鼓励上海市政府要进一步探索管理的新模式。2013年9月18日,国务院下发了《关于印发中国(上海)自由贸易试验区总体方案的通知》,这是全国第一个自由贸易试验区。相比较于保税区的概念,自由贸易试验区的概念更加宏观,对各项制度的改革要求也更高,在监管、税收等方面都有更艰难的壁垒需要打破。①

2013年9月29日,中国(上海)自由贸易试验区正式成立,面积总共为28.78平方公里,规划涵盖了外高桥保税区、外高桥保税物流园区、洋山保税港区和浦东机场综合保税区等4个海关特殊监管区域。上海自贸试验区的发展进程由此开启,其承担了在新时代条件下,如何进一步改革开放的历史重任。

2014年6月28日,国务院出台了《中国(上海)自由贸易试验区进一步扩大开放的措施》。新的政策措施的特点是扩大了涵盖的产业范围,共有31条新措施,涉及服务业领域14条、制造业领域14条、采矿业领域2条、建筑业领域1条。2014年7月25日,上海市人大常委会第十四次会议高票通过《中国(上海)自由贸易试验区条例》(以下简称《条例》),这是我国第一部关于自由贸易试验区的地方性法规。《条例》定位为综合性立法,集实施性法规、自主性法规、创制性法规的性质于一身,堪称自贸试验区建设的"基本法",围绕管理体制、投资开放、贸易便利、金融服务、税收管理、综合监管、法治环境等方面进行了规范②。

2015年4月,上海自贸试验区第一次扩区,实施范围达到120.72平方

---

① 《国务院关于印发中国(上海)自由贸易试验区总体方案的通知》,http://www.gov.cn/zwgk/2013-09/27/content_2496147.htm("中华人民共和国中央人民政府",转载时间:2013.09.27)。

② 《〈中国(上海)自由贸易试验区条例〉8月1日起实施》,http://politics.people.com.cn/n/2014/0725/c1001-25345270.html("人民网",转载时间:2014.07.25)。

公里，涵盖上海外高桥保税区、上海外高桥保税物流园区、洋山保税港区、上海浦东机场综合保税区4个海关特殊监管区域（28.78平方公里）及陆家嘴金融片区（34.26平方公里）、金桥开发片区（20.48平方公里）、张江高科技片区（37.2平方公里），这标志着上海自贸试验区建设进入一个新的阶段。扩区后，上海自贸试验区继续保持改革的先发优势，全面落实深化改革方案中的25项重点工作，全面推进政府职能转变，全面加强与上海"五个中心"建设的联动，全面对接"一带一路"建设和长江经济带国家战略，全面衔接浦东综合配套改革。

2018年11月5日，习近平主席在首届中国国际进口博览会开幕式主旨演讲中宣布："为了更好发挥上海等地区在对外开放中的重要作用，我们决定，一是将增设中国上海自由贸易试验区的新片区，鼓励和支持上海在推进投资和贸易自由化便利化方面大胆创新探索，为全国积累更多可复制可推广经验。"①这意味着上海自贸试验区开始了第二次扩区。2019年7月30日，上海市政府第60次常务会议通过《中国（上海）自由贸易试验区临港新片区管理办法（沪府令19号）》，明确选定临港作为上海自贸试验区的新片区地块，同时在办法中规定了新片区的管理体制。②同年8月6日，国务院印发《中国（上海）自由贸易试验区临港新片区总体方案》，正式设立中国（上海）自由贸易试验区临港新片区。临港新片区设置在上海大治河以南、金汇港以东及小洋山岛、浦东国际机场南侧区域。按照"整体规划、分步实施"原则，先行启动南汇新城、临港装备产业区、小洋山岛、浦东机场南侧等区域，面积为119.5平方公里。在适用自由贸易试验区各项开放创新措施的基础上，新片区将以投资自由、贸易自由、资金自由、运输自由、人员从业自由等为重点，推进投资贸易自由化便利化。③

---

① 《习近平主席出席首届中国国际进口博览会开幕式并发表主旨演讲》，http://www.gov.cn/zhuanti/zhibo/jbhkmszb.html（"中华人民共和国中央人民政府"，转载时间：2018.11.05）。

② 《中国（上海）自由贸易试验区临港新片区管理办法（沪府令19号）》，https://www.shanghai.gov.cn/nw45024/20200824/0001-45024_61615.html（"上海市人民政府"，载转时间：2020.08.24）。

③ 《国务院关于印发中国（上海）自由贸易试验区临港新片区总体方案的通知》，http://www.gov.cn/zhengce/content/2019-08/06/content_5419154.htm（"中华人民共和国中央人民政府"，转载时间：2019.08.06）。

2. 完善法律法规

2019年8月,上海市人民政府发布《中国(上海)自由贸易试验区临港新片区管理办法》(以下简称《办法》)。《办法》以政府规章的形式,明确临港新片区的管理体制机制,全面体现新片区改革亮点,衔接国家授权改革措施,为新片区顺利运作提供法治保障。《办法》共11章49条,内容涉及明确新片区的功能定位、建立科学高效的管理体制、实施公平竞争的投资经营便利、推进高标准的贸易自由化、实施资金便利收付的跨境金融管理制度、提高国际运输开放水平、实施自由便利的人才服务、实现数据跨境安全有序流动、提供具有国际竞争力的财税支持、建立全面防控风险的综合监管制度。

2019年11月,上海市司法局正式发布《境外仲裁机构在中国(上海)自由贸易区临港新片区设立业务机构管理办法》(以下简称《管理办法》)。2020年1月1日起,符合条件的境外仲裁机构可以在临港新片区设立业务机构,在试验田里尝试海外仲裁机构的参与,保障一些国际项目的顺利运行,推动更多的海外跨国公司,甚至是跨国总部企业进入到上海浦东。①中国(上海)自由贸易试验区的规模已经得到了较大扩充,改革的范围已经从货物关口的流通深入司法领域的创新与改革,使中国的司法体制能够与世界商业规则对接,保障企业合法利益。同年12月,最高人民法院出台《关于人民法院为中国(上海)自由贸易试验区临港新片区建设提供司法服务和保障的意见》(以下简称《新片区意见》),坚持问题导向,聚焦重点领域,充分发挥司法职能,积极探索公正高效的司法保障创新举措,着力打造国际一流的法治化营商环境,为临港新片区的建设发展保驾护航。

3. 确立大宗商品定价权

在金融领域,深化改革也在逐步推进中。长期以来,中国始终是全球能源市场的重要生产国和消费国,但中国并没有掌握能源的定价权,原油的定价权长期被西方发达国家所垄断。由于国际原油期货的价格容易受到投机性和外部国际环境因素的影响,从而使得中国在开展原油交割时存在外汇

---

① 《境外仲裁机构可在上海自贸区临港新片区设立业务机构》,http://www.gov.cn/xinwen/2019-11/08/content_5450236.htm("中华人民共和国中央人民政府",转载时间:2019.11.08)。

损失等问题，这说明中国在原油上的议价能力较弱。为了改变这一状况，2013 年 11 月 6 日，上海国际能源交易中心成立，该中心注册于中国（上海）自由贸易试验区，目的在于通过浦东这块试验田来与国际市场对接原油的金融交易，将中国的原油市场融入国际市场中，逐步争取原油的定价权。① 上海国际能源交易中心的经营范围包括组织安排原油、天然气、石化产品等能源类衍生品上市交易、结算和交割，制定业务管理规则等。2014 年 12 月 19 日，中国证监会正式发文批准了上海国际能源交易中心开展原油期货交易，在之后的几年内，上海国际能源交易开展了详细的前期调研工作，并且不断向海外的商品交易所学习。2018 年 2 月 13 日，上期能源批复同意 6 家原油期货指定交割仓库、3 家原油期货备用交割仓库、4 家原油期货指定检验机构；3 月 20 日，发布《〈上海国际能源交易中心原油（期货）检验细则（试行）〉的公告》。

　　2018 年 3 月 26 日，原油期货上市交易，此项重磅新金融模式是中国期货市场迈向国际化的重要一步。除了原油期货交易之外，同年 10 月，中国证监会批准上海期货交易所子公司上海国际能源交易中心开展国际铜期货交易，合约自 2020 年 11 月 19 日正式挂牌交易。国际铜期货将作为境内特定品种，采用"国际平台、净价交易、保税交割、人民币计价"的模式，全面引入境外交易者参与，扩大交易者范围，从商品期货中寻找扩大人民币运用的范围。2020 年 6 月 10 日，发布低硫燃料油期货合约及相关规则。6 月 22 日，低硫燃料油期货在上海国际能源交易中心正式挂牌交易。不同于传统的商品期货交割在本土进行，低硫燃料油期货合约则是中国首次在境外完成交收库，扩大了上海国际能源交易中心在国际金融中的影响力。2021 年 1 月 19 日至 21 日，上期能源低硫燃料油期货首次跨境交收成功实施，首批共计 2 500 吨低硫燃料油货物通过集团交割境外交收库——中国石油国际事业（新加坡）有限公司完成提货。随着能源的海外开拓不断深入，浦东所承载的国家战略也按照步骤推进中。

---

① 孙海鸣、史龙祥、陈盈佳：《上海自由贸易试验区国际能源交易中心建设研究》，载《国际商务研究》2015 年第 5 期，第 31—41 页。

（二）主要特征：融合发展，国际争先

以中国（上海）自由贸易试验区为标志的浦东开发开放掀开了改革开放的新篇章。相较于以往阶段的开发开放，此次设立的自贸试验区在地理及空间范围内更加深化，是中央在新的历史节点上所提出的一次重要的战略措施，而浦东开发开放的每一次改革，都是一步一个脚印地摸索着前进。在扩大开发开放阶段，最主要的特征有以下几个方面。

1. 浦东区域一体化是扩大开发开放的重要着力点

新设立的中国（上海）自由贸易试验区并不是简单地在浦东选定某一区域作为改革点，而是将浦东的不同功能区都融合在自贸试验区的大框架下，从更宏观的机制下实现各个功能区域的激活，为不同的园区赋能，打造浦东整体模式，改革的内容包含工商、社会、政治及文化四个方面，在更大的程度上激活浦东的活力。在自贸试验区和临港新片区的国家战略下，浦东实行了更深层次改革和更大程度的开放，推出了外商投资负面清单、国际贸易"单一窗口"、自由贸易账户、"证照分离"、"一业一证"、"六个双"政府综合监管等一批基础性制度和核心制度创新，为新政策推广到全国提供可复制的模板。①

2. 总部经济聚集程度提升显著

经过多年改革，浦东已经成为了亚洲重要的总部经济聚集地，除了国内的企业总部之外，还有许多跨国公司总部落地，包含了研发中心、贸易中心、结算中心、服务中心及运营中心。②大量优质的总部聚集，使得浦东可以以低成本的发展汲取到人才、信息与资本。总部的能级离不开浦东新区政府所打造的良好的营商环境。一是浦东新区政府不断拓展功能，鼓励企业进行资源整合，为企业提供全方位的要素资源支撑，切实地解决企业落地后所

---

① 欧伟强：《上海自贸区建设中创新政府治理的探索与实践》，载《新东方》2019年第3期，第72—77页。

② 陈开洋、江若尘：《楼宇经济彰显上海总部经济优势》，载《中国外资》2020年第13期，第58—59页。

遇到的实际经营困难。二是逐步探索与国际接轨的模式,浦东新区率先在金融,尤其是外汇领域进行改革,突破跨国总部所担忧的资本进出的困难,改革的成果突破了资本流动的壁垒,逐步吸引了外国资本进入。三是打造优质的物流转移渠道,从外高桥保税区建设伊始,就注重对物流领域的改革,在上海自贸试验区设立后更加注重关口的货物流动,优化监管模式,简化行政手续,保证国际商品可以直接对接国内市场,而国内商品则可以更便捷地直销海外。四是为新经济模式提供试验,浦东新区最早为盒马鲜生提供试验场所,这种融合了超市、外卖、物流、餐饮的新经济模式考验了浦东新区的监管能力,浦东大胆创新,先行先试,将餐饮和食品流通证"两证合一"。这一系列工商、外贸及金融等领域的积极改革尝试,使得外资优质企业都愿意在浦东设立总部企业,把资源投入到中国市场。①

3. 金融衍生品与国际金融对接,服务实体经济

浦东作为中国金融中心承担起了前沿的金融衍生品研发的责任。长久以来由于中国的金融相对较弱,因而受到了西方国家的制约,尤其是在大宗商品的定价权方面,造成中国在对外贸易的议价方面处于劣势地位。浦东开发开放的过程中,重点在金融领域围绕大宗商品的流通交易进行了衍生品设计,主动突破金融限制,将国内的金融衍生品与国际市场对接,增强中国在大宗商品定价上的话语权,提高上海金融市场的地位,降低外部风险冲击。②

浦东开发开放并不会停下脚步,反而会始终随着时代的发展不断前进,浦东这块土地早已将自身的发展与国家的发展紧密地联系在一起,并且承担着各项国家重大战略任务和试验任务。可以说,浦东是中国改革开放的一个缩影,充分体现着中国社会主义制度的韧性。

---

① 钱智、金嘉晨、宋琰:《浦东开发开放三十周年评估与建议》,载《科学发展》2020 年第 10 期,第 35—44 页。

② 何建木:《上海自贸试验背景下的陆家嘴金融城体制改革——以"业界共治＋法定机构"公共治理架构为核心》,载《上海城市管理》2017 年第 2 期,第 51—57 页。

第四章
重大实践:凝练成开发开放的浦东模式

浦东开发开放是党中央、国务院在开放的特定时机、改革的特定阶段,选择特别战略区域,采取特别开发开放政策,并通过三轮综合配套改革形成的模式。浦东模式是我国改革开放的系统集成模式,可以归纳为"立足战略使命,坚持开放创新推动改革发展"。其特色是:双向开放,以对外开放引领对内开放;系统创新,以制度创新推动科技创新;集成改革,政府管理与企业改革并举,走出一条可持续可复制的高质量发展之路。从总体上来讲,"十二个坚持"是浦东开发开放30年的基本经验。

一、坚持开创历史进程,是浦东开发开放的重要担当

30年来,浦东作为我国改革开放的前沿阵地和"先行先试"的试验田,通过不断探索、不断创新,在经济社会发展的各个领域都走在了全国前列,创造了一系列的"全国第一"和"全国首创"。一系列的第一和首创,不仅带动了浦东自身经济社会的巨大发展,而且为全国其他地区发展起到了重要的示范作用和引领作用,充分发挥了"改革开放排头兵的排头兵,创新发展先行者的先行者"的作用,充分体现了浦东"敢为天下先"的精神和勇气。

30年来,浦东开发开放所创造的一系列"全国第一"和"全国首创",通过坚持党的全面领导、坚持服务国家战略、坚持对外开放、坚持对内联动、坚

持发展创新、坚持金融创新、坚持贸易创新、坚持航运创新、坚持科技创新、坚持行政管理体制改革和坚持社会治理创新等各个方面淋漓尽致地展现出来,不仅充分体现了浦东开发开放的担当精神,而且也从各个方面开创了浦东、上海乃至我国经济社会发展新的历史进程。①②

(一) 开创了坚持党的全面领导的历史进程

在浦东开发开放的每一个关键时刻,党中央审时度势、总揽全局作出新的重要战略部署,赋予新的重大使命,综合配套改革试点、设立自贸试验区等都使得浦东不断上新台阶;中共上海市委提出新目标、新要求、新任务、新举措,使得浦东成为推动上海改革开放和创新发展的重要引擎。党的领导始终贯穿落实和充分体现在浦东开发开放的各个方面和各个环节。

浦东开发开放坚持党的全面领导突出体现在:一是遵循了党的历任领导人对浦东开发开放的战略指导,始终贯彻落实邓小平、江泽民、胡锦涛、习近平对浦东开发开放的重要指示精神。二是遵循了历届党代会报告及党中央各种报告中对浦东开发开放的指引作用,在党的十四大、十五大、十六大、十七大、十八大、十八届三中全会、十九大,以及党中央的一系列报告中对浦东开发开放提出的整体要求都得到了贯彻落实。三是遵循了上海市历届市委、市政府对浦东开发开放的战略意图,落实各个发展阶段的战略部署。四是把党的领导充分体现在浦东开发开放的各个方面和各个环节。例如,以党建促开发,提出"一流党建,一流开发"的响亮口号;在全国率先探索"楼宇"党建工作;等等。

(二) 开创了坚持服务国家战略的历史进程

按照党中央、国务院"以浦东开发开放为龙头,进一步开放长江沿岸城市,尽快把上海建成国际经济、金融、贸易中心,带动长江三角洲和整个长江

---

① 李锋:《浦东开发开放三十年回顾、总结与展望》,载《科学发展》2020 年第 3 期,第 34—43 页。

② 钱智、金嘉晨、宋琰:《浦东开发开放三十周年评估与建议》,载《科学发展》2020 年第 10 期,第 35—44 页。

流域地区经济的新飞跃"①的总体要求,浦东开发开放坚持"开发浦东、振兴上海、服务全国、面向世界",坚持"服务长三角、服务长江流域、服务全国",坚持实行对内对外"双向开放",让长三角、长江流域乃至全国共享浦东开发开放的资源和效应,充分发挥辐射带动作用。在浦东开发开放初期,一批"省部楼"拔地而起,至今还发挥着各个省、市、自治区对外开放的"窗口"作用;作为全国第一个国家级新区和第一个自贸试验区,一系列改革开放的制度性成果已经复制推广到了全国,也在服务"一带一路"建设中发挥了桥头堡作用。②

浦东开发开放坚持服务国家战略突出体现在:一是充分体现"在地球仪旁边思考"的窗口意义,抢抓全球化大趋势,把握产业创新大变局,充分发挥两个扇面、两种资源、两个市场的区位优势;二是充分体现在服务国家战略的价值意义,从而具有了推动内外联动发展的示范意义,例如浦东成为全国第一个综合配套改革试验区等。

表 4.1 国家综合配套改革试验区一览表

序号	国家综合配套改革试验区名称	获批时间	主体省份/城市
1	上海浦东新区综合配套改革试验区	2005 年 6 月	上海
2	天津滨海新区综合配套改革试验区	2006 年 5 月	天津
3	重庆市统筹城乡综合配套改革试验区	2007 年 6 月	重庆
4	成都市统筹城乡综合配套改革试验区	2007 年 6 月	四川成都
5	武汉城市圈"两型"社会建设综合配套改革试验区	2007 年 12 月	湖北武汉
6	长株潭城市群"两型"社会建设综合配套改革试验区	2007 年 12 月	湖南长沙、株洲、湘潭
7	深圳市综合配套改革试验区	2009 年 5 月	深圳
8	沈阳经济区新型工业化综合配套改革试验区	2010 年 4 月	辽宁沈阳
9	山西省资源型经济转型综合配套改革试验区	2010 年 12 月	山西
10	浙江省义乌市国际贸易综合改革试点	2011 年 3 月	浙江义乌

---

① 习近平:(受权发布)《习近平:在浦东开发开放 30 周年庆祝大会上的讲话》,http://www.xin-huanet.com/politics/2020-11/12/c_1126732554.htm("新华网",转载时间:2020.11.12)。
② 尹晨:《上海自由贸易港功能与"一带一路"建设联动发展研究》,载《科学发展》2019 年第 8 期,第 47—58 页。

序号	国家综合配套改革试验区名称	获批时间	主体省份/城市
11	厦门市深化两岸交流合作综合配套改革试验区	2011 年 12 月	福建厦门
12	黑龙江省"两大平原"现代农业综合配套改革试验区	2013 年 6 月	黑龙江

资料来源:《国家发展改革委关于印发〈2019 年国家综合配套改革试验区重点任务〉的通知》(发改体改〔2019〕651 号),国家发展改革委,2019 年 4 月 5 日。

(三) 开创了坚持对外开放的历史进程

浦东开发开放顺应中国发展和国际格局变化的趋势,由点到面,由易到难,由浅到深,遵循了一条与时俱进的开放发展新路子。20 世纪 90 年代,浦东四大功能区积极利用外资,引进外资银行,构建要素市场体系,率先发展第三产业,首创市长国际咨询会议。20 世纪初,中国加入世界贸易组织之后,设立地方政府第一家 WTO 事务中心,探索发展总部经济、研发中心,引进一大批先进制造业和现代服务业项目。21 世纪 10 年代,上海世博会进一步提升了浦东开发开放能级,自由贸易试验区确立以负面清单为核心的投资管理制度,推进贸易便利化,形成了一系列可复制推广的做法,而自贸试验区临港新片区建设又将把浦东开发开放推向一个新的高度。[①]

浦东开发开放坚持对外开放突出体现在:一是不断地扩大对外开放的深度和广度,不断地提高对外开放的水平和能级,不断地积累对外开放的做法和经验,使得对外开放成为浦东开发开放的重要标志之一;二是不断地创造我国对外开放的"第一",从而起到重要的示范引领作用,例如,全国唯一以"金融贸易"命名的陆家嘴金融贸易区,国内首个以"出口加工"命名的国家级开发区金桥出口加工区,国内首个特殊海关监管区和保税区外高桥保税区,全国首个自贸试验区中国(上海)自由贸易试验区等。[②]

---

① 张兆安:《引领区:浦东改革开放再出发》,载《上海企业》2021 年第 8 期,第 14—16 页。
② 张兆安:《改革开放 40 年上海 100 项首创案例》,上海社会科学院出版社 2019 年版。

（四）开创了坚持对内联动的历史进程

浦东开发开放是国家战略，通过开发浦东、发展上海，服务长三角、长江流域与全国，充分发挥龙头作用。在发展上海方面，统筹协调浦东浦西发展，浦西支持了浦东建设，浦东为浦西疏解了空间布局，实现了"东西一体，联动发展"。在服务长三角一体化发展方面，浦东开发开放带来了巨大的外资资金与项目，纷纷在长三角周边地区布局，开放是长三角一体化最初的、最有力的市场化力量。①张江担负着长三角孵化研发"总部"功能，90％以上的研发创新项目纷纷落户长三角生产基地，推动了长三角产业链、创新链的发展。在服务长江流域方面，依托长江经济带黄金水道江海联运、启运港等政策的发展，深入带动腹地发展。在服务全国方面，上海证券交易所、上海期货交易所等全国性金融要素市场和交易平台为中国企业的做强做大提供了源源不断的资本力量。

浦东开发开放坚持对内联动突出体现在：一是坚持"引进来"，从开发开放初期发展省部"楼宇"，搭建起了我国内地与世界联系的桥梁，进而助力了内地的改革开放及内地企业的国际化发展；二是坚持"走出去"，走向长三角、走向长江流域、走向全国，在一定程度上带动了长三角一体化发展，助推了长江流域的经济发展，并且以一系列的"第一"和"首创"对全国经济社会发展起到了十分重要的示范引导作用。

（五）开创了坚持探索发展创新的历史进程

在浦东开发开放初期，一系列的全国首创案例开始出现，而且这种首创精神一直延续至今。"规划先行"是浦东开发开放的基本经验，浦东立足"国际化"和"现代化"两个基本面，以一流的规划设计水平、管理体系、运行机制、描绘发展蓝图，而且"一张蓝图干到底"。陆家嘴金融贸易区是我国第一次为一个区域规划进行国际咨询且第一个汇集国际智慧的规划方案。不搞

---

① 包晓雯、唐琦：《面向长三角经济一体化的陆家嘴 CBD 发展研究》，载《上海经济研究》2016 年第 12 期，第 28—35 页。

经济特区搞新区,浦东波澜壮阔、气势磅礴的发展与新区不特而特密切相关,也为以后全国其他 18 个新区建设发挥了重要的示范作用。不搞经济技术开发区搞功能开发区,目的就是实现"再造中心",4 个国家级功能开发区和浦东国际机场、洋山深水港形成浦东三条发展轴,探索以功能开发为核心的新区开发模式。

浦东开发开放坚持发展创新突出体现在:一是从发展规划到落地实施,都呈现出了超前的意识、超前的眼光、超前的推进;二是敢于创新,勇于实践,探索形成了一系列的新发展模式,有效地克服了前进道路上的各种障碍,创造了一个又一个"新"的结果。例如,首创了"资金空转,土地实转"的开发新模式,而不搞特区搞新区又是重要的一着"棋",发挥了重要的示范作用。①

表 4.2　国家级新区一览表

序号	国家级新区名称	获批时间	主体城市
1	浦东新区	1992 年 10 月 11 日	上海
2	滨海新区	2006 年 5 月 26 日	天津
3	两江新区	2010 年 5 月 5 日	重庆
4	舟山群岛新区	2011 年 6 月 30 日	浙江舟山
5	兰州新区	2012 年 8 月 20 日	甘肃兰州
6	南沙新区	2012 年 9 月 6 日	广东广州
7	西咸新区	2014 年 1 月 6 日	陕西西安、咸阳
8	贵安新区	2014 年 1 月 6 日	贵州贵阳、安顺
9	西海岸新区	2014 年 6 月 3 日	山东青岛
10	金普新区	2014 年 6 月 23 日	辽宁大连
11	天府新区	2014 年 10 月 2 日	四川成都、眉山
12	湘江新区	2015 年 4 月 8 日	湖南长沙
13	江北新区	2015 年 6 月 27 日	江苏南京
14	福州新区	2015 年 8 月 30 日	福建福州
15	滇中新区	2015 年 9 月 7 日	云南昆明
16	哈尔滨新区	2015 年 12 月 16 日	黑龙江哈尔滨
17	长春新区	2016 年 2 月 3 日	吉林长春
18	赣江新区	2016 年 6 月 14 日	江西南昌、九江
19	雄安新区	2017 年 4 月 1 日	河北保定

资料来源:卢山冰、黄孟芳主编《国家级新区研究报告(2020)》,社会科学文献出版社 2020 年版。

---

① 张兆安:《改革开放 40 年上海 100 项首创案例》,上海社会科学院出版社 2019 年版。

(六) 开创了坚持推进金融创新的历史进程

邓小平同志曾说:"金融很重要,是现代经济的核心,金融搞好了,一着棋活,全盘皆活。"在开发开放初期,面临着资金匮乏的矛盾,浦东在坚持土地公有制前提下,系统推行土地使用权有偿转让,敢于创新,勇于实践。积极探索形成"资金空转,土地实转"的开发模式,为解决建设资金开创了先例。在这个过程中,两次中国银行业全面对外开放先行先试,全国第一家证券交易所、全国第一个国家级期货交易市场、全国首家保险交易所、全国第一个外资金融机构经营人民币业务的试点区域、全国第一家上市的股份制银行,"沪港通"开通运行,金砖国家新开发银行等机构落户运营,使得浦东不断培育和集聚了一批重要的金融要素市场,为上海建设国际金融中心提供了强大的支撑。[1]

浦东开发开放坚持金融创新突出体现在:一是积极推进金融创新,加快金融资源集聚,构建金融要素市场,推出金融创新产品,提升金融服务能级,进而为上海国际金融中心建设奠定了重要基础;二是积极抓住上海自由贸易试验区建设的重要契机,深入推动金融改革和创新,推动金融发展升级换代;三是积极推进金融发展领域的一系列关键性实践,包括货币、外汇、证券、期货、保险、信托等的创新发展。

(七) 开创了坚持推进贸易创新的历史进程

按照"两种资源,两个市场"的战略构想,浦东不断提高国际国内贸易的能级和水平。全国第一家中外合资商业零售企业、中外合资外贸企业、中外合资物流企业,率先打破了中资经营一统天下的格局,一大批具有国际竞争力的贸易企业汇集浦东。从保税区起航,外高桥保税区成为全国第一个海关特殊监管区域和保税区,设立了全国第一个保税生产资料交易市场——上海保税生产资料市场,之后又发展成为上海外高桥保税交易市场。从自

---

[1] 张兆安:《改革开放 40 年上海 100 项首创案例》,上海社会科学院出版社 2019 年版。

贸试验区深入，全国第一个自由贸易试验区在浦东设立，创造了一系列制度创新和开放成果，复制推广到全国的自贸试验区。在取得成果的基础上，又推出了上海自贸试验区临港新片区建设，努力在全国各地自贸试验区建设上再往前走一步。①

浦东开发开放坚持贸易创新突出体现在：一是注重贸易结构的完善，推动国内外贸易的共同发展，推动进出口的互动发展，推动产品、技术、市场的联动发展；二是注重贸易方式的转变，从传统贸易发展到现代贸易，从在岸贸易发展到离岸贸易，从货物贸易发展到服务贸易，进而提升贸易的能级；三是注重贸易主体的培育，使得来自国内外、市内外的各类贸易企业都能得到很好的发展；四是注重贸易环境的优化，包括简政放权、提高效率、加速通关，使得各类贸易企业能够分享制度创新的红利。

表 4.3　全国自贸试验区一览表

序号	自贸区名称	获批时间
1	中国（上海）自由贸易试验区	2013 年 9 月 27 日
2	中国（广东）自由贸易试验区	2015 年 4 月 20 日
3	中国（天津）自由贸易试验区	
4	中国（福建）自由贸易试验区	
5	中国（辽宁）自由贸易试验区	2017 年 3 月 31 日
6	中国（浙江）自由贸易试验区	
7	中国（河南）自由贸易试验区	
8	中国（湖北）自由贸易试验区	
9	中国（重庆）自由贸易试验区	
10	中国（四川）自由贸易试验区	
11	中国（陕西）自由贸易试验区	
12	中国（海南）自由贸易试验区	2018 年 10 月 16 日

① 《【自贸微讲堂】7 周年特辑：栉风沐雨历七载，行将致远再出发》，http://www.china-shftz.gov. cn/NewsDetail. aspx? NID = 461189a4-afc6-4475-9006-d0734a9c7e49＆MenuType = 3＆CID = 2ab60e30-1c1f-4a34-8ac8-e43f4b32c085＆navType＝3（"中国（上海）自由贸易试验区管理委员会"，转载时间：2020.09.28）。

序号	自贸区名称	获批时间
13	中国(山东)自由贸易试验区	
14	中国(江苏)自由贸易试验区	
15	中国(广西)自由贸易试验区	2019年8月2日
16	中国(河北)自由贸易试验区	
17	中国(云南)自由贸易试验区	
18	中国(黑龙江)自由贸易试验区	
19	中国(北京)自由贸易试验区	
20	中国(湖南)自由贸易试验区	2019年9月21日
21	中国(安徽)自由贸易试验区	

资料来源:李善民主编:《中国自由贸易试验区发展蓝皮书(2019—2020)》,中山大学出版社2020年版。

(八) 开创了坚持推进航运创新的历史进程

随着浦东开发开放的深入发展,上海的航运从黄浦江开始腾挪到了面向更为广阔的海洋。围绕提升全球航运资源配置能力,促进金融、贸易、航运的融合发展,使得浦东成为了上海国际航运中心建设的主要承载区域,外高桥港、洋山深水港、浦东国际机场等建设增强了上海国际航运中心的枢纽功能,上海港集装箱吞吐量居全球第1位,浦东国际机场货邮吞吐量居全球第3位,一大批航运和空运等功能性服务业企业聚集浦东,航运资源开始高度集聚,航运服务功能逐渐健全,航运市场环境不断优化,现代物流服务水平不断提高,明显提高了全球资源的配置能力和水平。[1]

浦东开发开放坚持航运创新突出体现在:一是注重航运资源和航运要素的集聚,不断推动航运服务业的创新发展,不断提高航运服务业的发展能级;二是注重推动外高桥港和洋山港的创新发展,使得以外高桥港和洋山港

---

[1] 新华社中国经济信息社、波罗的海交易所:《新华·波罗的海国际航运中心发展指数报告(2020)》,2020年。

为核心的上海港能够连续十一年占据集装箱吞吐量全球排名第一位;三是注重浦东国际机场的创新发展,使得浦东国际机场不断地增强国际航空和国内航空的枢纽功能,进而大大地提高了浦东国际机场的国际竞争力和影响力。①

(九) 开创了坚持推进科技创新的历史进程

浦东开发开放,离不开科技支撑。2014 年,习近平总书记要求上海加快建设具有全球影响力的科技创新中心,浦东再一次担当起了科创中心核心区的历史重任,推出了一系列有力举措。全力打造重要载体,建设张江科学城,实施一批城市功能配套项目,上海光源二期、超强超短激光实验装置等一批重大科技基础设施落户张江。加快科技体制改革,完善科技成果转化机制,药品上市许可持有人制度率先形成试点案例,医疗器械注册许可人制度获批落地。严格保护知识产权,设立中国(浦东)知识产权保护中心,实现知识产权的快速审查、快速确权、快速维权。加快科技人才集聚,制定发布提高海外人才出入境和工作便利度的"九条措施"。布局引领全国重大高新技术产业领域的发展,承载担当大飞机 C919、集成电路、生物医药与高端医疗设备等"国之脊梁"的战略性产业。②

浦东开发开放坚持科技创新突出体现在:一是注重建设各类科技创新平台,为各类科研机构、研发中心,以及各类企业的科技创新提供强大的支撑;二是注重培育和发展高新技术产业,推动高科技领域的关键产业、关键企业、关键产品的发展;三是注重拓宽融资渠道,推动营商环境优化,全力支持科技创新;四是注重发展张江高科技园区,加快建设浦东科技创新高地,进而使得张江发展成为上海建设具有全球影响力的科技创新中心的核心承载区。③

---

① 李剑、姜宝、部峪佼:《基于自贸区的上海国际航运中心功能优化研究》,载《国际商务研究》2017 年第 1 期,第 41—53、96 页。
② 季明、何欣荣、王琳琳:《叩响全球科创中心的张江答卷》,载《新华每日电讯》2020 年 1 月 8 日。
③ 徐建:《"卓越的全球城市"愿景与浦东开发开放》,载《科学发展》2018 年第 11 期,第 43—50 页。

(十) 开创了坚持推进行政管理体制改革的历史进程

在开发开放初期,浦东探索建立了"小政府,大社会"模式。浦东新区管委会总共设立了 10 个部门,机构精简了 81%,公务员人数仅是其他区县的64%,大大降低了行政管理成本,实现了高效率。在浦东推进综合配套改革试点时,围绕政府职能转变,开展"一门式"审批服务机制,企业注册登记工商、税务、质监"三联动"改革,"告知承诺"审批制等改革试点。在全国率先建立覆盖工商、质监、食药监、价格检查等职能的市场监管,设立知识产权"三合一"机构,组建集中环保市容、建设交通、规划土地等执法事项的城管执法局。在全国率先开展并深入实施"证照分离"改革试点,推进企业市场准入"全网通办",个人社区事务"全区通办",政府政务信息"全城共享"。①

浦东开发开放坚持推进行政管理体制改革突出体现在:一是积极推进党政机构改革的探索实践,创造了一系列的改革成功案例,并且复制推广到了上海乃至全国;二是积极推进区镇联动改革的探索实践,走出了一条具有浦东特色的行政管理模式和体制机制,积累了改革经验,起到了示范作用;三是积极推进以"放管服"改革为核心的探索实践,不仅使得浦东的行政管理体制改革走在了上海及全国的前列,而且取得的改革成功经验已经复制推广到了全国。②

(十一) 开创了坚持推进社会治理统筹的历史进程

浦东开发开放,不仅需要推进经济快速发展,也要促进社会事业和精神文明建设全面发展。这一切,都需要统筹协调。统筹协调产城融合发展,各大功能区进行生产、生活、生态功能的整体开发,成为了全国产城融合发展的标杆。统筹协调城乡一体化发展,浦东开发开放之初提出了以各功能开

---

① 张长起:《浦东行政管理体制改革 30 年回顾与思考》,载《中国机构改革与管理》2020 年第 10期,第 11—16 页。
② 俞晓波:《浦东新区政府职能转变和机构改革的回顾与展望》,载《科学发展》2020 年第 10 期,第73—77 页。

发区主动带动周围乡镇的"列车工程",使得城乡差异不断改善。统筹协调经济社会发展,大力发展教育、医疗事业,吸引全国第一家中外合作办学项目、第一家外商独资职业培训机构,以及上海第一家民办本科大学。统筹协调发展与生态的关系,使得浦东成为具有吸引力的宜居之地。

浦东开发开放坚持推进社会治理统筹突出体现在:一是积极推进经济和社会联动发展,尤其是大力发展教育、医疗卫生事业等,强化人才支撑和人民健康水平提高;二是积极推进社区治理,不断地提高社区治理能力,进而推进治理现代化进程;三是积极推进基层建设,完善治理体系建设,为治理能力提升打下扎实的基础。①

二、坚持党的全面领导,是浦东开发开放的重要法宝

党的领导历来是事关革命和建设兴衰成败的核心问题,特别是在浦东大规模高强度快速度的开发开放建设中,在区域的大开放、社会的大转型、体制的大转轨、观念的大碰撞的过程中,切实加强党的领导和党的建设尤为重要,通过将生产力要求与老百姓需求整合成强大的国家意志,进而为浦东开发开放的"有效性"奠定坚实基础,产生强大的精神力量和发展动力。

(一) 党的历任领导人对浦东开发开放的战略指导

从中国改革开放总设计师邓小平开始,江泽民、胡锦涛、习近平一以贯之的一系列战略指导,为浦东开发开放提供了强大的精神动力和正确的战略实践。

1. 改革开放总设计师邓小平的战略思考

浦东开发开放,是党的十一届三中全会以来我国改革开放史上具有重大意义的战略部署,也是邓小平同志改革开放战略思想的重要实践。邓小

---

① 杨婷:《浦东社会治理创新的主要实践探索》,载《社会治理》2020年第4期,第30—35页。

平同志在浦东开发开放的重大决策上起到了至关重要的作用,可以说浦东开发开放都源于邓小平同志的战略思想,源于党中央、国务院的正确决策。邓小平同志亲自将"开发浦东"改为"开发开放浦东"。他说:"开发浦东,这个影响就大了,不只是浦东的问题,是关系上海发展的问题,是利用上海这个基地发展长江三角洲和长江流域的问题。"①

1990年4月18日,时任国务院总理李鹏宣布中共中央、国务院同意上海市加快浦东地区的开发,在浦东实行经济技术开发区和某些经济特区的政策。1990年5月3日,上海市人民政府浦东开发办公室和浦东开发规划设计研究院在浦东大道141号挂牌成立。1990年邓小平在上海过完春节回到北京后说:"上海是我们的王牌,把上海搞起来是一条捷径。"1992年2月17日,邓小平在上海听取了吴邦国、黄菊等关于浦东开发和发展规划的汇报,并审看了浦东的规划图,他说:"浦东开发晚了这是我的失误。"接着,邓小平又语重心长地告诫说:"90年代的机遇不能再错过,这是你们上海最后一次机遇了。"在《邓小平与上海改革开放》一书中,邓小平曾经这样讲道:"浦东是面向世界的,浦东开发是晚了,这是件坏事,但是也是好事,你们可以借鉴广东的经验,可以搞得好一点,搞得现代化一点,起点可以高一点。"

1992年10月11日,中央批准设立浦东新区,并在浦东启动了一系列大型开发建设项目,浦东开发开放从20世纪80年代的上海地方战略构想,已上升为90年代的国家重大发展战略决策,这就为上海的振兴和浦东的腾飞展示了更为广阔的前景,同时,也标志着中国的改革开放进入了一个新的历史发展阶段。

在浦东改革开放的前五年,党中央、国务院的领导同志在较短的时间内连续到上海视察和讲话。这些视察和讲话,一方面给予了上海的广大干部群众极大的鼓舞,对浦东的开发开放建设工作进一步指明了方向;另一方面对浦东的投资者来说是吃了"定心丸",从而有力地促进了浦东开发开放的顺利开展。因此,在当时中央政府采取宏观调整措施之后,没有一家外商投

---

① 周禹鹏:《思源思进 谱写新世纪浦东开发开放的新篇章》,载《毛泽东邓小平理论研究》2001年第3期,第4—13页。

资企业终止合作项目。根据邓小平同志的指示，"开发浦东、振兴上海、服务全国、面向世界"成为浦东开发开放的工作方针，无论是开发规模、开发规划、开发资金，还是参与开发的智力，都是与世界接轨的。在建设什么样的浦东的问题上，邓小平要求浦东一方面要讲综合实力，另一个方面就是抓精神文明。因此，浦东开发开放形成了"不仅是项目开发、产业开发，而且是社会开发，是争取社会的全面进步"的开发开放思路。①

2. 江泽民同志的统筹推进、奠定基础

江泽民同志对进一步贯彻浦东开发开放起到了决定性的作用，为 21 世纪坚定不移地开发开放浦东注入了强大的精神动力。江泽民同志不仅在党的十四大、十五大报告等中央重要文献中五次单独提到浦东，而且在任期间曾经 19 次到过浦东。以江泽民同志为核心的党中央领导集体，在迈向 21 世纪之初，为浦东进一步发展，助力上海建设具有中国特色、时代特征、上海特点的社会主义现代化大都市奠定了强大的精神基础。

1986 年，在时任上海市市长江泽民主持下，上海市政府提出了开发浦东的初步方案，并向中央上报了《上海市城市规划方案汇报的提纲》。之后，在浦东开发开放进程中，江泽民同志多次到浦东考察，要求把浦东开发开放搞得更好，"这将充分发挥上海和长江沿岸腹地的经济资源优势和科学技术优势，使我国的对外开放出现一个新的局面"，他针对城市规划、产业布局和对外开放等方面提出了一系列的要求。

1992 年，在浦东开发开放不到两年的时候，首批十大市政重点工程已经全面开工。江泽民同志说："浦东开发开放是从整个国家经济发展战略提出来的，因此一定要集中力量把浦东开发这件大事办好，使这项工作不断跃上新高度。"这些重要讲话，使得还处在基础开发阶段的浦东有了更加清晰的发展方向。

1994 年，面对部分外国投资对浦东开发开放的政策仍有疑虑的情况，江泽民同志向全世界发出党中央坚持开发开放浦东的决心，他表示"把浦东

① 袁恩桢：《邓小平与浦东开发》，载《毛泽东邓小平理论研究》2004 年第 8 期，第 12—19 页。

建设成沿江开发的龙头的目标和决心不变",从而更加坚定了国际社会对浦东开发开放的信心。

1995年,在对浦东考察后,江泽民同志指出,不仅要在经济上将浦东建设成为龙头,更要在建立社会主义市场经济体制、两个文明建设上起到带头示范作用,浦东应该成为社会全面进步的模板,党中央对浦东的政策一方面与时俱进,另一方面也具有持续性。他的讲话,为浦东开发开放赋予了更广的、更重要的内涵。

随着陆家嘴金融贸易区等区域功能开发的逐步建设完成,2000年在文莱举行的亚太经合组织会议上,江泽民同志介绍道:"浦东是上海现代化建设的缩影,也是中国改革开放的象征。"其为整个国际社会对浦东开发开放的进一步理解和关注起到了极大的作用。

2001年3月6日,在第九届全国人大四次会议上海代表团的全体会议上,在新的历史时期,江泽民同志又对浦东发展作出重要指示,浦东要"保持清醒和冷静,思考得更深一些,眼光更宽一些,要求更高一些","在物质文明和精神文明建设方面,交出两份新的出色答卷"。

可以说,在浦东开发开放初期的关键时间点上,江泽民同志一系列及时且准确的重要指示,引导着新生的浦东开发开放打下坚实的重要发展基础,在浦东开发开放最初十年的发展中能够统筹推进、脚踏实地、不偏不倚。①

3. 胡锦涛同志的新理论思考与四大功能区建设

进入21世纪后,浦东新区开发开放进入了新时期,需要进行重新定位和触及体制机制的综合性改革。胡锦涛同志提出新的理论思考,他明确指出"要继续搞好浦东开发开放,加快体制创新,不断提高外向型经济层次,努力在更高起点上实现快速发展",同时也要"当好推动科学发展、促进社会和谐的排头兵"。

这些新的理论思考为浦东带来了新的发展机遇,"高起点"既是党中央在新世纪对浦东开发开放提出的新要求,也是上海市委、市政府对于浦东开

---

① 谢金虎、张持坚:《中南海与浦东开发》,载《瞭望新闻周刊》1996年第17期,第4—10页。

发开放的新发展思路。在胡锦涛同志任期内，浦东新区部署了全国首个综合配套改革试点区，标志着整个国家改革战略向纵深推进，包括张江自主创新基地、临港重装备基地等一批战略性产业基地和陆家嘴金融贸易区、上海综合保税区等特殊经济功能区也落地浦东新区，四大功能区成为浦东新区新时期的主要发力点，共同打造成代表国家水平参与国际竞争的主力军。

2010年，在浦东开发开放迎来20周年之际，胡锦涛同志第7次到浦东进行考察，他对浦东新区提出的要求在深入开发开放中成为现实。在深入科研基地、产业园区、企业车间，就转变经济发展方式、推动经济社会又好又快发展进行调查研究后，胡锦涛同志发现，浦东新区战略性新兴产业正在做大做强，产业国际竞争力进一步增强；各行各业涌现出一大批领军人才，带领各行业进一步做大做强。他提出的四大功能区建设已经初见成效：张江自主创新基地内，包括金融服务后台等十多个产品平台正在形成，是我国当时集成电路、新能源、生物医药等战略性新兴产业的重要孵化器；临港重装备基地成为国产大飞机、海洋工程、大型船用曲轴、大型锻件和铸件、石油平台、发电机组等重装备产业腾飞的跑道；陆家嘴金融贸易区成为金融要素最齐全的区域之一，在要素市场中自由流动的资金成为上海发展的动力，"国际金融中心"正成为现实；国内最早成立的保税区——外高桥保税区，主要经济指标排名全国各大保税区榜首，并已成为上海国际贸易的重要服务平台，包括外高桥、洋山深水港和浦东机场在内的"三港三区"成为国内市场准入开放、功能特色鲜明、海关监管先进、外汇政策优先的海关特殊监管区域。因此，在考察结束之后，胡锦涛同志又对浦东新区新世纪的开发开放提出新要求："开创改革开放和社会主义现代化建设新局面，当好推动科学发展、促进社会和谐的排头兵。"

4. 习近平总书记对浦东发展的新战略、新定位

进入新时期，围绕全面深化改革和扩大开放的新形势和新任务，以习近平同志为核心的党中央对浦东开发开放的历史使命提出了新战略、新定位、新要求。

2007年3月，时任上海市委书记习近平明确指出："要进一步深刻认识

开发开放浦东这项国家战略的重大意义。"并且要求浦东的工作要更多地从"全国一盘棋"出发。

2010年，习近平同志在浦东新区调研时对浦东提出"三个在于"的定位要求，强调浦东发展的意义在于窗口作用、示范意义，在于敢闯敢试、先行先试，在于排头兵的作用。

一流党建促一流开发是浦东开发开放的重要经验。时任中共中央政治局常委、国家副主席习近平在深入学习实践科学发展观活动中对浦东新区张江高科技园区综合党委的党建探索作出重要批示，要求努力拓展"两新"组织党建工作内涵，创新工作思路和方法。

在党的十八大上海小组讨论会上，习近平总书记提出上海要当改革开放的排头兵，创新发展的先行者，浦东要做排头兵中的排头兵。同时，在全国率先建设自由贸易试验区、加快建设具有全球影响力的科技创新中心、建设自贸试验区临港新片区、设立科创板加注册制等一系列国家战略和重大任务放在上海、落在浦东，不断为浦东开发开放注入新的历史使命和时代内涵。

2014年，党的十八届三中全会报告中提出要加快自由贸易试验区建设。习近平总书记说，建设自由贸易试验区是一项国家战略，要大胆闯、大胆试、自主改，尽快形成一批可复制可推广的新制度。同年5月，习近平总书记在上海考察期间强调，上海自由贸易试验区是块大试验田，要播下良种，精心耕作，精心管护，期待有好收成，并且把培育良种的经验推广开来。

2018年11月，正值我国改革开放40周年之际，习近平总书记再次考察上海。他在视察陆家嘴金融城党建服务中心时指出，党建工作的难点在基层，亮点也在基层。在视察浦东新区城市运行综合服务中心时，他强调城市治理是国家治理体系和治理能力现代化的重要内容，一流城市要有一流治理，要注重在科学化、精细化、智能化上下功夫。在张江科学城，他强调，科学技术从来没有像今天这样深刻影响着国家前途命运，从来没有像今天这样深刻影响着人民生活福祉。在实现中华民族伟大复兴的关键时刻，要增强科技创新的紧迫感和使命感，把科技创新摆到更加重要位置，踢好"临门一脚"，让科技创新在实施创新驱动发展战略、加快新旧动能转化中发挥重大作用。

2018 年 11 月 5 日，在出席首届中国国际进口博览会发表主旨演讲时，习近平总书记交给了上海三项新的重大任务，增设上海自由贸易试验区新片区、在上海证券交易所设立科创板并试点注册制、实施长江三角洲区域一体化发展国家战略。浦东正是落实这三项新的重大任务的主战场。①

2020 年 11 月 12 日上午，习近平总书记在浦东开发开放 30 周年庆祝大会上的讲话中对浦东提出了五大新的任务要求：第一，全力做强创新引擎，打造自主创新新高地；第二，加强改革系统集成，激活高质量发展新动力；第三，深入推进高水平制度型开放，增创国际合作和竞争新优势；第四，增强全球资源配置能力，服务构建新发展格局；第五，提高城市治理现代化水平，开创人民城市建设新局面。②同时，在习近平总书记的重要讲话中还有三个值得关注的新提法。首先，习近平总书记要求浦东要"更好向世界展示中国理念、中国精神、中国道路"。这充分表明，习近平总书记对浦东、对上海提出了非常高的期望和要求，因此，浦东不仅要在硬实力上，还要在软实力上发挥引领作用。第二，习近平总书记在重要讲话中提出要"形成一批中国标准"。"中国标准"是高于产品、技术的一个概念，是科技创新领域最高水平、最高境界的目标。在激烈的国际竞争中，掌握标准、掌握规则，才能够真正掌握话语权，这还是我国的短板，也是浦东需要率先实现突破的地方。③第三，习近平总书记在讲话中还指出："浦东要着力推动规则、规制、管理、标准等制度型开放，提供高水平制度供给、高质量产品供给、高效率资金供给。"这充分说明，推进国家治理体系和治理能力现代化，实际上也是不断解决制度的问题，把以增强硬实力为主的现代化战略转变为着力补齐制度软实力短板、形成软实力和硬实力良性互动的现代化新格局。

---

① 《习近平主席出席首届中国国际进口博览会开幕式并发表主旨演讲》，http://www.gov.cn/zhuanti/zhibo/jbhkmszb.html（"中华人民共和国中央人民政府"，转载时间：2018.11.05）。

② 习近平：《在浦东开发开放 30 周年庆祝大会上的讲话》，https://baijiahao.baidu.com/s?id=1683152104706060434&wfr=spider&for=pc（"百度"，转载时间：2020.11.12）。

③ 胡伟：《浦东再出发，要成为"制度高地"》，https://www.163.com/dy/article/FT5D7KSU05346936.html（"网易"，时间：2020.12.06）。

(二) 历次全国党代会报告中对浦东开发开放的指引作用

党中央始终高度重视浦东开发开放。党的十四大、十五大、十六大、十七大报告都对浦东开发开放提出了明确的要求,并在改革发展的各个阶段,对浦东开发开放进行新的部署、赋予新的重任。

江泽民同志在党的十四大报告中,肯定了浦东开发开放的决策,把党中央、国务院的这一重大战略决策形象而准确地概括为:"以上海浦东开发开放为龙头,进一步开放长江沿岸城市,尽快把上海建成国际经济、金融、贸易中心之一,带动长江三角洲和整个长江流域地区经济的新飞跃。"[1]而后,在党的十五大报告中提出,要"进一步办好经济特区、上海浦东新区。鼓励这些地区在体制创新、产业升级、扩大开放等方面继续走在前面,发挥对全国的示范、辐射、带动作用"。[2]在党的十六大报告中再一次提出,"鼓励经济特区、浦东新区制度创新和改革开放走在前列",[3]反复强调浦东在我国开发开放过程中应该发挥带头作用,在制度创新上做出应有的作为,探索创新制度,发挥制度优势。

胡锦涛同志在党的十七大报告中提出,要"更好发挥经济特区、浦东新区、天津滨海新区在改革开放、自主创新中的重要作用"。[4]按照党中央的要求,浦东开发开放得到了持续的推进。

习近平总书记在 2013 年 11 月 12 日中国共产党第十八届中央委员会第三次全体会议通过的《中共中央关于全面深化改革若干重大问题的决定》报告中指出:"建立中国上海自由贸易试验区是党中央在新形势下推进改革开放的重大举措,要切实建设好、管理好,为全面深化改革和扩大开放探索新途径、积累新经验。在推进现有试点基础上,选择若干具备条件地方发展自由贸易园(港)区。"[5]"加快自由贸易区建设。坚持世界贸易体制规则,坚

---

① 江泽民在中国共产党第十四次全国代表大会上的报告。
② 江泽民在中国共产党第十五次全国代表大会上的报告。
③ 江泽民在中国共产党第十六次全国代表大会上的报告。
④ 胡锦涛在中国共产党第十七次全国代表大会上的报告。
⑤ 《中共中央关于全面深化改革若干重大问题的决定》。

持双边、多边、区域次区域开放合作，扩大同各国各地区利益汇合点，以周边为基础加快实施自由贸易区战略。改革市场准入、海关监管、检验检疫等管理体制，加快环境保护、投资保护、政府采购、电子商务等新议题谈判，形成面向全球的高标准自由贸易区网络。"在党的十九大报告中，习近平总书记又提出，要"赋予自由贸易试验区更大改革自主权"。[1]这些重要讲话，为中国（上海）自由贸易试验区探索进一步扩大开放指引了方向。

从历次全国党代会报告和党中央的各项报告中来看：一是党和国家对浦东开发开放历来十分重视，从党的十四大开始，在连续四届的全国党代会报告中提及浦东，对浦东开发开放每个阶段的目标任务作出了明确指示；二是进入新时代，党的十八大、十九大继续对浦东开发开放提出明确要求。党的十八大以来，党中央把我国首个自由贸易试验区、首批综合性国家科学中心等一系列国家战略任务放在浦东，推动浦东开发开放不断展现新气象，走向新征程。[2]三是浦东开发开放不仅是自身发展的需要，更是承担着一系列我国改革开放先行先试的重大责任，需要在不断尝试中为全国深化改革和扩大开放寻找新动力与新方向。

（三）上海历届市委、市政府贯彻"开发浦东、振兴上海、服务全国、面向世界"的战略意图，举全市之力推进浦东开发开放

30年来，在浦东开发开放的每个历史发展阶段，上海市委、市政府积极谋划、明确方向、瞄准目标，坚定不移地举全市之力推进浦东开发开放。

1981年春，时任上海市委书记、代市长的"浦东开发开放的最大积极分子"汪道涵在新中国成立以来上海市第一次城市规划工作会议上首次提出要有计划地发展浦东地区。两年之后，浦东发展的总体目标——恢复上海国际大都市的地位和功能，建成一个"开放型、多功能、现代化"的世界一流新市区就被确定下来。他指出，浦东开发规划中的重点布局是"三点一线"。三个点分别是陆家嘴、花木地区、外高桥地区。其中陆家嘴设立各种对外服

① 习近平在中国共产党第十九次全国代表大会上的报告。
② 习近平在浦东开发开放30周年庆祝大会上的讲话，2020年11月12日。

务机构，发展金融、信息、资讯、外汇、证券交易等产业；花木地区以科研基地和文化中心为建设目标，建设科学、教育园区和大型文化体育设施，同步建设国际化新社区；外高桥地区则是集中建设保税仓库区和出口加工区，形成商品储存运输和进出口服务中心。"一线"指的是链接三块重点开发区的轴线——杨高路两侧建成浦东新区重要的现代化走廊。①1985 年 2 月，国务院在批转《上海经济发展战略汇报提纲》中明确指出："要创造条件开发浦东，筹划新市区的建设。"浦东开发的研究方案终于提上日程。

1986 年，在时任上海市市长江泽民的主持下，上海市政府提出了开发浦东的初步方案，并向中央上报了《上海市城市规划方案汇报的提纲》。

1988 年 5 月 2 日，上海市委、市政府在西郊宾馆召开了第一个国际研讨会——"上海市浦东新区开发国际研讨会"。浦东开发开放的基本构想是：整个浦东的大开放是带动上海发展的大开放，是"小政府、大社会"的大开放，是坚持"市场化、信息化、法制化、国际化"的大开放。在这次国际研讨会上，向全世界充分展示了浦东开发开放的决心和态度，浦东开发开放已经有了明确的目标和成熟的条件。

时任上海市委书记、市长朱镕基大力推进浦东开发开放，他在"就职演讲"中说："浦东是上海未来的希望，那边要建设一个'新上海'，以减轻'老上海'的压力。""这个建设是一个宏伟的计划。""要扎扎实实地去工作、先苦后甜。"②在浦东南路建设问题上，他把责任落实到部门，紧盯工程进度，明确工程时间节点，促使开工一年迟迟不完工的浦东南路于 1989 年国庆节前顺利通车。他这种果敢的行事风格，同样还使得上海证券交易所在特殊时期得以顺利成立，并于 1990 年 6 月获国务院正式批复成立。

1989 年，在研究浦东开发专题会上，朱镕基作了题为《开发浦东是上海的希望》的报告。报告中说道："……开发浦东具有最好、最优越的条件。它所花费的，主要在基础设施、越江工程，除此之外，费用比东进、西进也好，南

---

① 《汪道涵：浦东开发"最大的积极分子"》，https://m.thepaper.cn/newsDetail_forward_7083063（"澎湃号·湃客"，转载时间：2020.11.09）。

② 朱镕基在上海市九届人大一次会议上作为市长候选人的演讲，1988 年 4 月 24 日。

下、北上也好，都要省得多，而且可以大大利用原来旧市区的商业。""从长远看，上海要面向太平洋、面向全世界，要建成现代化的城市，建成太平洋沿岸最大的经济、贸易中心，当然也要开发浦东。"①

1992年12月，时任上海市委书记吴邦国在中共上海市第六次代表大会上所作的报告中，提出浦东开发的目标："力争在90年代实现浦东新区国内生产总值翻三番，达到500亿元，新区的城市化面积达到100平方公里。到下世纪初，要在浦东建立全国第一流的市政基础设施，最大的商务活动中心，高度开放的综合性自由贸易区，先进的加工基地，现代化的城郊型农业和配套服务条件完备的高质量生活区。再经过几十年的努力，把浦东新区建设成为具有世界一流水平的外向型、多功能、现代化新区。"②

在2000年4月18日上海市庆祝浦东开发开放10周年大会上，时任上海市委书记黄菊发表讲话指出，在以江泽民同志为核心的党中央正确领导下，在邓小平等老一辈无产阶级革命家的亲切关怀下，在中央各部委、各兄弟省市和全国人民的大力支持下，经过全市人民和广大建设者的共同努力，浦东开发开放有了很大的进展，取得了举世瞩目的成就。在庆祝浦东开发开放10周年之际，我们要认真贯彻江泽民同志关于致富思源、富而思进的重要讲话精神，回顾前进历程，总结实践经验，要大变思源；认清新的形势，勇于新的探索，要不断思进。在迈向新世纪的征途中坚定不移地推进浦东开发开放，争创新优势，更上一层楼，为实现上海"一个龙头、三个中心"跨世纪发展的宏伟目标而努力奋斗。③

在改革开放30周年、浦东开发开放即将迎来十八周年之际，时任上海市委书记俞正声在浦东调研座谈会上指出，浦东开发开放不仅仅是浦东的事，而是全市人民的事，浦东开发开放需要全市支持，需要市委、市政府相关职能部门和各区县的大力支持。浦东发展是上海发展的突破口和推动力，

---

① 朱镕基：《开发浦东是上海的希望》报告，1989年。
② 吴邦国：《解放思想把握机遇　为把上海建设成为社会主义现代化国际城市而奋斗》，1992年12月15日。
③ 本报讯：上海浦东开发开放10周年庆祝会上午举行，《解放日报》2000年4月18日。

大家要想浦东所想,急浦东所急,帮助浦东克服改革发展中遇到的困难,鼓励支持浦东先行先试;对浦东要"特事特办",能够下放给浦东的权力要尽量下放,尽可能减少办事层次,提高办事效率。①

2017年3月,时任上海市委书记韩正在浦东新区调研时强调,习近平总书记要求上海在深化自由贸易试验区改革上有新作为、在推进科技创新中心建设上有新作为、在推进社会治理创新上有新作为、在全面从严治党上有新作为,不断增强吸引力、创造力、竞争力。中央把许多重大改革试点任务交给上海,其中很多都集中在浦东,浦东各级领导干部必须始终保持强烈的改革创新意识,进一步增强责任担当,各项工作都要以改革创新为引领,紧紧围绕服务国家战略,大胆试、大胆闯、自主改,努力当好改革开放排头兵中的排头兵、创新发展先行者中的先行者。②

正如上海市委书记李强在《高举浦东开发开放旗帜 奋力创造新时代改革开放新奇迹》一文中指出的,浦东开发开放30年的实践是在我国实现第一个百年奋斗目标的历史进程中展开的,今后30年的发展正好切合我国实现第二个百年奋斗目标的历史进程。今后上海要继续贯彻"开发浦东、振兴上海、服务全国、面向世界"的战略意图,举全市之力推进浦东开发开放,把浦东开发开放这面旗帜举高、举稳,把这张王牌打好、打活,浦东将成为我国推动和引领经济全球化的开放旗帜,建设社会主义现代化强国的重要窗口、深度融入全球经济格局的功能高地、超大城市的治理样板。③

自浦东开发开放以来的30年,上海市委、市政府始终按照党中央、国务院的总体要求,不断地举全市之力推进浦东开发开放。可以说,在浦东开发开放的30年历程中,每一次的上海市党代会报告、每一年的上海市政府工作报告,不仅都对浦东开发开放进行了必要的回顾,而且也对浦东开发开放进行了新的战略部署。

---

① 俞正声在浦东调研时座谈会上的讲话,2008年4月10日。
② 韩正:《浦东当好排头兵中的排头兵》,http://www.cnr.cn/shanghai/tt/20170320/t20170320_523666254.shtml。
③ 李强:《高举浦东开发开放旗帜 奋力创造新时代改革开放新奇迹》,2018年4月18日。

（四）党的领导充分体现在浦东开发开放的各个方面和各个环节

30 年来，在浦东开发开放的每一个关键时刻，党中央审时度势、总揽全局作出新的重要战略部署，赋予新的重大使命；中共上海市委提出新目标、新要求、新任务，使得浦东成为推动上海改革和发展的重要引擎，而党的领导又贯穿落实和充分体现在浦东开发开放的各个方面和各个环节。其突出体现在以下两个方面：

1. 以党建促开发是浦东开发开放的重要法宝

浦东有一句响亮的口号："一流党建，一流开发。"1993 年，为了适应浦东大开发的要求，浦东新区党工委一成立就在全国第一个明确提出了"一流党建促一流开发"的指导思想，充分发挥了党建工作的重要作用。"一流党建促一流开发"就是要通过争创一流的党建水平来领导、推动浦东开发开放的建设。应该说，"一流党建促一流开发"理念，是贯穿浦东开发开放全过程最核心的指导思想。浦东按照这个指导思想狠抓党建工作，坚持开发建设到哪里，党的工作就推进到哪里，坚持把党组织建在经济社会最活跃的细胞上，不断扩大工作覆盖面，拓展工作内涵，实现党建工作领域垂直向网络转变、活动方式由单一向多样转变。通过开展"三服务""阳光驿站""世博党建""创先争优"和"走千听万"等主题实践活动，无论是领导体制、组织设置，还是党员队伍建设，都取得了很好的成效。

2. 推动楼宇党建是浦东开发开放的重要抓手

在发展总部经济和楼宇经济的同时，浦东又在全国率先探索"楼宇"党建工作，充分发挥了党组织促进经济社会发展的作用。1999 年 6 月，浦东新区潍坊社区党工委在浦东嘉兴大厦建立了全国第一个楼宇联合党支部，在全国首创"支部建在楼上"的楼宇党建模式。从发展历程来看，楼宇党建从无到有、从小到大，通过整合企业的场地资源、人才优势、社会志愿者力量，浦东楼宇党建从嘉兴大厦"支部建在楼上"的 1.0 版，发展到"送服务"的 2.0 版，再到"强功能"的 3.0 版。2020 年 6 月，浦东为上海中心大厦、嘉兴大厦及鲁能国际中心等首批试点成立的 6 家楼宇"楼事会"及楼宇党群联盟授牌,标志着浦东正式启动商务楼宇"楼长制",在全市乃至全国首创建立商务楼宇"楼事会",这标志着"楼宇党建"正式迈入了"创制度"的 4.0 阶段,开启了全面深化楼宇党群服务机制、探索党建引领下商务楼宇治理方式的新征程。①截至 2021 年 3 月,"楼宇党建"已经全面覆盖区域内的 382 个"两新"党组织、1 万余名党员。由此,党建工作在这片极具经济活力的土地上扎根并释放出极大的能量。

三、坚持服务国家战略,是浦东开发开放的重要使命

30 年来,浦东开发开放始终主动对接国家战略。在这一过程中,浦东开发开放获得了国家政策的大力支持,浦东开发开放的一系列重要经验复制推广到了全国,因此,这是一个双向互动的过程。自 1990 年浦东开发开放以来,浦东诞生了很多个全国第一:全国第一个以金融贸易命名的国家级开发区——陆家嘴金融贸易区,全国第一个国家级出口加工区——金桥出口加工区,全国第一个国家级保税区——外高桥保税区。随着我国改革开放进程的不断深入,这里陆续建立了全国第一个自由贸易试验区,第一个金融审判机构,第一个单独设立的集专利、商标、版权于一身的独立的知识产权局,以及第一个国家综合科学中心等。②这既表明国家对浦东特殊的战略定位,也是浦东主动对接国家战略的结果,每一个"第一"都代表着浦东服务国家战略、勇立潮头的责任担当。

(一) 不搞"特区"搞"新区"的国家战略

正如习近平总书记指出的:"浦东发展的意义在于窗口作用、示范意义,

---

① 《陆家嘴推广"楼长"和"楼事会"制度 引领商务楼宇治理创新》,https://www.ljzfin.com/info/56262.jspx("陆家嘴金融",转载时间:2020.10.15)。
② 《30 年,浦东创造了 55 个"全国第一"》,载《文汇报》2020 年 11 月 8 日。

在于敢闯敢试、先行先试，在于排头兵的作用。"①正是这一发展目标和定位，造就了浦东开发开放发展速度的奇迹，并且引领着浦东成为我国改革开放和上海现代化建设的缩影。

1. 全国第一个新区建设

改革开放之后，先行先试是我国实施改革开放发展战略的重要组成部分和重要特点。建立经济特区，是党中央、国务院根据邓小平同志的倡导，在新的历史条件下，顺应世界政治经济发展变化的趋势，为加快社会主义现代化建设作出的一项重大决策。在中国改革开放历史进程中，除了20世纪80年代推出的五个经济特区，以及2005年后的综合配套改革试验区之外，还出现了一种全新的区域发展战略——国家级新区。1992年10月，全国第一个国家级新区——上海浦东新区成立。因此，浦东新区承担了"先行先试"的重要使命，对外接轨国际，对内辐射全国。结合目前的资料看，当时关于浦东新区的提法，一是来自1987年时任上海市市长的江泽民主动向中央提出两个前所未有的提法：浦东不搞"特区"搞"新区"，不搞"开发区"搞"功能区"，希望"利用新区开发的带动作用，实现'东西联动，再造中心'，释放能级形成强烈的辐射周边地区作用"；②二是希望浦东的开发开放能够更紧密地和浦西联动，成为城市功能提升的一个重要抓手；三是突出浦东开发开放在国家战略中的特殊作用。因此，浦东新区的发展经验为之后在全国各地设立的新区建设提供了重要的"样板"，发挥了重要的示范作用。

2. 全国第一个国家综合配套改革试验区建设

浦东"国家综合配套改革试验区"建设，同样肩负着国家战略使命，善破善立，为转变经济发展方式探路的任务。赋予改革先行先试的"生产自主权"，是国家综合配套改革试验区区别于其他传统模式经济特区的政策推动模式。自2005年国务院批准浦东新区在全国第一个开展综合配套改革试点工作以来，综合配套改革工作取得良好成效，不仅创新了政府的管理方

---

① 习近平在浦东开发开放30周年庆祝大会上的讲话，2020年11月12日。
② 谢国平：《浦东为何不叫特区叫新区——从三种不同的说法看浦东的定位》，载《浦东时报》2013年7月19日。

式,还优化了服务经济的制度环境,并且构建了开放型经济新体制,推动了浦东新区的经济社会不断健康发展。同时,在浦东新区综合配套改革的示范和带动下,全国其他地区陆续创立了 11 个综合配套改革试验区,在形成东、中、西互动试点格局的基础上,都取得了比较明显的成效。

(二)"在地球仪旁边思考"的窗口意义

2013 年,中国(上海)自由贸易试验区建设成为了深化改革和扩大开放的新起点。在接轨国际的过程中,势必涉及法律规范、政府购买服务规范、政府行政性质等一系列国内制度性规范的调整和适应。

浦东在开发开放伊始,就高屋建瓴地提出了"在地球仪旁边思考"的口号。"开放"可以说是浦东开发开放建设的生命线,也是浦东作为中国改革开放窗口的意义所在。一方面,浦东通过开放向全球最高标准和最好水平看齐,全面拉高浦东开发开放对标国际的要求和品位;[①]另一方面,浦东通过开发开放引进全球最先进、最前沿的技术、产业、人才、标准等要素,为实现高要求、高品位、高质量发展提供支撑。如何实施好高水平开放? 浦东的经验可以概括为:抢抓全球化大趋势,放大两个扇面区位优势,通过开放倒逼改革,以改革红利撬动自身禀赋进而推动发展。

1. 抢抓全球化大趋势

20 世纪 80 年代末至 90 年代初,东欧剧变、苏联解体,社会主义失败论、历史终结论曾一度甚嚣尘上,"中国崩溃论"不绝于耳。在这一背景下,浦东开发开放不但引起了国内的关注,更加吸引了世界的目光。即使在 20 世纪80 年代国内市场还在逐渐形成的时候,我国的小型生产商就已经认识到了外部市场的重要性,并开始加入了全球生产网络。因此,面向国际、面向世界是浦东最大的特点和优势,它能够更好地利用国际市场、国际资源。正如邓小平同志曾经说过这样一句话:"深圳是面对香港的,珠海是面对澳门的,厦门是面对台湾的,浦东就不一样了,浦东面对的是太平洋,是欧美,是全世界。"[②]

---

① 《浦东开发开放 30 年:把开放"王牌"打出时代新内涵》,载《光明日报》2020 年 4 月 21 日。

② 《浦东,带着中国的优势融入世界》,https://baijiahao.baidu.com/s?id=1683218530820903829&wfr=spider&for=pc("央视财经",转载时间:2020.11.13)。

浦东开发开放之所以能够取得今天的发展成就,最根本的就是坚持对外开放,发展外向型经济,这是浦东乃至上海的独门绝活,也是浦东服务国家战略的初心使命。

2. 把握产业创新大变局

通过"聚焦张江"战略,抓住 20 世纪 90 年代后期巴黎统筹会解散后的欧美高科技产业转移契机;通过因势利导,承接 1997 年亚洲金融危机导致的商贸服务业转移;通过浦东建政,再次担当国家使命迎接 2000 年中国入世后的全面开放海外投资的机遇与挑战;通过承接上海世博会和后世博开发,放大 2010 年上海世博会召开带来的海外客流商流效应;通过率先开展自贸试验区试点并积极承担"一带一路"桥头堡功能,以主动顺应海外产品大规模进口和国内企业积极"走出去"的发展趋势。

2018 年后,国际经贸形势发生了重大变化,打造"自主、可控、安全的产业链"成为中国经济高质量发展的新目标。习近平总书记在浦东开发开放30 周年纪念大会上指出,浦东要在基础科技领域作出大的创新,在关键核心技术领域取得大的突破,更好地发挥科技创新策源功能。要优化创新创业生态环境,疏通基础研究、应用研究和产业化双向链接的快车道。要聚焦关键领域发展创新型产业,加快在集成电路、生物医药、人工智能等领域打造世界级产业集群。要深化科技创新体制改革,发挥企业在技术创新中的主体作用,同长三角地区产业集群加强分工协作,突破一批核心部件、推出一批高端产品、形成一批中国标准。要积极参与、牵头组织国际大科学计划和大科学工程,开展全球科技协同创新。[①]

3. 充分发挥两个扇面、两种资源、两个市场的黄金区位优势

上海作为一个有着 150 多年开埠历史和鲜明海派文化特色的沿海超大型城市,正好处于我国对内对外两个扇面双向辐射的聚焦点上。在经历了长时间的对外封闭后,上海以浦东高起点、高强度、宽领域、全方位的开放姿态,开始重新融入国际国内的双向循环。在此背景下,浦东的开发开放,一

---

① 习近平在浦东开发开放 30 周年庆祝大会上的讲话,2020 年 11 月 12 日。

方面可以背靠长三角、长江流域乃至全国广阔的市场腹地,对接全球市场、迎接全球挑战;另一方面,可以利用面向太平洋的全球资源配置枢纽,进一步带动长三角高质量一体化和长江流域的整体发展。

(三) 形成内外联动的示范意义

浦东开发开放的最大意义和特点就是在服务国家战略中找准定位、明确使命。[①]坚持一切服从服务于国家战略,浦东在试验田里播下良种,精心耕作,精心管护,至今已有328项制度创新成果被复制推广到全国。在建立和完善社会主义市场经济体制过程中,浦东利用开放优势不断攻破传统经济堡垒,在为国家积累经验的同时,也充分应用好市场化改革的制度红利,作为国内大循环的中心节点和国内国际双循环的战略链接,浦东通过开发倒逼改革,发挥了示范效应,创造出了更多的制度红利。

1. 推动要素市场化

20 世纪 90 年代,浦东率先实现土地、资金、技术、劳动力等要素的市场化,按照法规先行的开发开放思路,形成较为稳定、可预期的市场环境。21 世纪初,浦东新区率先进行国家综合配套改革试点,着力转变政府职能与经济运行方式,着力改变二元经济与社会结构,全面实现综合性制度创新。党的十八大以后,面临国内外发展环境的转变,上海自由贸易试验区在浦东应运而生,探索我国对外开放的新路径和新模式,实现以开放促发展、促改革、促创新。

从最初围绕社会主义市场经济体制改革而不断攻坚克难,到抗击 1997 年亚洲金融危机,再到 2001 年加入世界贸易组织后与国际标准接轨,以及在百年未有之大变局中承担新一轮改革开放试点等诸多重大历史转折关口,浦东都不负使命,立足于高水平开发、高层次开放,坚持开创历史进程,为我国改革开放战略升级奠定了重要基础。

2. 制定发展政策

在理念和制度创新基础上,浦东根据不同开发开放阶段寻求并制定不

---

① 《三十年,浦东先行先试立潮头》,载《人民日报》2020 年 11 月 10 日。

同的发展政策,这是开发开放取得成功的关键。在这些发展政策中都有一个共同特点,就是坚持对内联动,以长三角为腹地,不断汲取发展的动能,巧借外力发展。

在形态开发主导阶段,针对资金短缺等难题,一方面创新外部政策支持,另一方面创新自身政策供给。包括在单纯资金扶持基础上,寻求更多资金筹措渠道创新;推行"土地实转、资金空转"的土地批租开发政策;采取BOT 等融资新政策吸引内外资合作开发、经营延安东路越江隧道复线等具有一定营利性的基础设施项目。①

在功能开发主导阶段,积极促进功能性政策创新,通过在金融、贸易等领域率先争取政策改革试点,提升国际金融、贸易中心建设功能,进而推动融资方式和渠道的创新,推进外资银行在浦东经营人民币业务试点政策,国内外贸企业在浦东开设子公司,开放商业零售业务等。1990 年浦东开发开放之后,内资、外资、合资金融机构纷纷落户,36 家金融机构组成的银团,在几个月内就解决了建造亚洲第一高度 468 米电视塔"东方明珠"的上亿元人民币和上千万元外汇贷款难题,因此,1990 年成为当之无愧的"金融年"。

进入全面开发建设阶段,浦东则积极推动政策的统筹和集成创新,以国家综合配套改革试点为契机,围绕着力转变政府职能、着力转变经济运行方式、着力改变城乡经济和社会二元结构,不断整合各领域、各部门和各时段政策,通过体制机制法制三管齐下,陆续进行了工商税务、行政审批、问责监察、政务公开等 40 余项改革,系统解决改革—发展—稳定中的具体问题。②

在迈入转型升级阶段后,人才的重要性越加突显,浦东围绕人才政策开展了一系列创新,包括出台《浦东新区关于支持人才创新创业促进人才发展的若干意见》,率先试点上海自贸试验区顶尖科研团队外籍核心成员申请永久居留新政,率先试点外籍人才在上海自贸试验区兼职创新创业新政,推出上海自贸试验区海外人才离岸创新创业基地政策,以及率先成立全国首个海外人才局并颁发全国首张中国绿卡,搭建人才发展平台、创新人才制度体

① 《"四力托举":30 年来浦东开发开放的实践逻辑》,载《上观新闻》2020 年 11 月 13 日。
② 周振华:《浦东经济体制改革的历程和经验》,载《文汇报》2020 年 4 月 23 日。

系、推进人才重大工程等。这些政策的出台使得浦东成为吸引人才的磁铁，将浦东发展过程中所需要的人才源源不断吸引过来，助力浦东不断发展。

3. 推动区域联动发展

开发开放浦东的一项重要功能，就是带动长三角、带动长江流域、带动全国的发展，因此，浦东在开发开放之初，便以成本价批给兄弟省市和中央部委一些土地，让他们打下在浦东发展的基础。于是，裕安大厦(安徽)、江苏大厦、嘉兴大厦(浙江)、齐鲁大厦和石油、化工、电信、煤炭等一批省部楼宇拔地而起。而广受赞誉的金茂大厦，便是由当时的外经贸部牵头、多家央企出资兴建的，故取名金茂("经贸"谐音)。与此同时，浦东也瞄准国家战略急需、浦东有基础的产业门类，瞄准关键技术、关键部件、关键材料等对产业具有控制力的核心环节，聚焦发力，打造战略领先的现代产业集群和充满生机的创新企业集群。

(四) 坚持服务国家战略的价值意义

自开发开放以来，浦东始终围绕中心，服务大局，为推进国家战略的落地实施和取得成效发挥了十分重要的作用，因而也具有了坚持服务国家战略的价值意义。

1. 坚定信心、改革开放，转危为机，是全球化时代任何一座城市乃至国家谋求发展的唯一出路

1990 年实施的浦东开发开放战略，是党中央决定让中国冲破国际封锁、坚决奉行改革开放之路、探索市场经济制度、全面推动中国经济快速发展的象征和标志。在国家危机面前，只有坚持解放思想、坚定信心、改革开放，才是一个国家和城市转危为机、谋求发展的唯一出路。

1990 年以来，浦东充分利用国家提供的各项便利政策，努力摆脱了传统开发区依赖优惠政策和资金扶持的桎梏，走出了一条独立自强的发展道路。1990 年 4 月 18 日，李鹏总理在上海大众汽车公司成立五周年的庆典大会上宣布："最近中共中央、国务院决定，要加快上海浦东地区的开发，在浦东实行经济技术开发区和某些经济特区的政策。这是我们为深化改革、扩

大开放作出的又一重大部署。"①从而开启了浦东服务国家战略的篇章。如果说 20 世纪 80 年代的深圳改革开放是整个中国改革开放战略中的"破冰之旅",那么,20 世纪 90 年代的浦东开发开放就是改革开放的"攻坚之役",更是推进国家战略的生动体现。

2013 年,中国(上海)自由贸易试验区成立。作为中国第一个自由贸易区,浦东同样承担了高水平开放的最新国家战略和先行先试任务。当时,美欧日三大经济体先后发起 TPP(跨太平洋伙伴关系协议)、TTIP(跨大西洋贸易和投资协议)和 PSA(多边服务业协议)等新一轮多边贸易谈判,力图形成新一代高规格的全球贸易和服务规则,来取代目前的 WTO 规则,但这些谈判中都不包括中国,中国正日益受到"二次"入世的危胁。因此,建立中国(上海)自由贸易试验区,就是要先行试验国际经贸新规则、新标准,积累新形势下参与双边、多边、区域合作的经验,为我国参与国际经贸规则的制定提供有力支撑。

2. 全球标准,功能集聚,是任何一座城市乃至国家提升全球经济地位的重要路径

浦东新区并未走低水平重复的劳动密集型发展道路,而是向世界一流标准看齐,不管是城市形态规划、重大基础设施规划、产业规划、园区规划,都强调全球标准,全球招标,包括人才引进等。更为重要的是,始终强调城市功能为引领,围绕金融、航运、贸易、经济、科技等核心功能来进行产业布局、制度创新,实现先进制造业和高端服务业齐头并进,从而提升城市的全球资源配置功能,进而带动和助推上海发展成为全球化的"五个中心"。②

在国际金融中心建设方面,作为上海国际金融中心的核心承载区,浦东已经成为全球金融要素市场最丰富、金融机构最集聚、金融交易最活跃的地区之一。作为浦东开发开放的重要先导,坚持推进金融创新,也是浦东金融行业发展的内在动力,金融创新的推进在浦东开发开放 30 年的发展中从未

① 李鹏在上海大众汽车公司成立五周年的庆典大会上的讲话,1990 年 4 月 18 日。
② 陶希东:《"三十而立":浦东新区开发开放的五大基本经验》,http://cq.people.com.cn/n2/2020/0417/c365403-33954660.html("人民网",转载时间:2020.04.17)。

停止,浦东立足两个市场、两种资源,通过不断创新和开放,提升金融服务能级,助推上海国际金融中心排名上升至全球第三位。

浦东已经集聚了股票、债券、期货、保险、信托、外汇等 13 类金融要素市场和基础设施,是全球金融要素市场最完备、交易最活跃的地区之一。目前,浦东金融业增加值达到 3 835 亿元,占浦东新区 GDP 的 30.1%,占上海市金融业增加值的 58.1%。[1]截至 2020 年 10 月底,浦东共有银证保等持牌类金融机构 1 105 家,其中银行类 287 家、证券类 509 家、保险类 309 家。[2]外资法人银行、航运保险运营中心、外资保险法人公司、外资再保险机构、合资证券公司、合资公募基金等多个细分领域的集聚度全国第一。2019 年,上海期货交易所的商品期货和期权成交量排名全球第一,上海证券交易所 IPO 融资额排名全球第二,股票市场总市值排名全球第四,上海能源交易所的原油期货日均交易量位列全球第三。自 2018 年 4 月以来,陆家嘴金融贸易区已有 20 余个外资金融机构项目陆续落地,其中不少具有首创性、示范性意义。英国智库 Z/Yen 集团发布第 28 期全球金融中心指数(GFCI 28)排名显示,上海超越东京,首次跻身全球第三名。

在国际贸易中心建设方面,浦东的贸易规模持续扩大,贸易结构进一步优化。其中,在货物贸易方面,目前浦东集聚了 1 万多家进出口企业,其中跨国公司地区总部总量已达 350 家,占上海的 46.2%,这些总部已经成为浦东发挥双循环战略性链接作用的重要载体。内资方面,2020 年上半年,浦东新区新设内资贸易型企业 1872 家,注册资本 162.69 亿元。中铝等一批重量级贸易总部落户浦东。外资方面,2020 年上半年,来自澳大利亚、新加坡、美国、英国等国的投资者,在浦东新投资设立了 280 家外资贸易公司,遍布大宗商品、健康食品贸易、生物医药等领域。[3]

在进出口贸易方面,2018 年浦东货物贸易进出口额首次超过了 2 万亿

---

[1] 胥会云:《习近平:将赋予浦东新区改革开放新的重大任务》,载《第一财经》2020 年 11 月 12 日。

[2] 胡金华、赵奕:《风从"浦东"来:"将赋予浦东新区改革开放新的重大任务",三十而立再迈新征程》,载《华夏时报》2020 年 11 月 13 日。

[3] 《21 家外贸重点企业项目签约!浦东加快国际贸易中心核心承载区建设》,载"浦东发布"公众号 2019 年 9 月 12 日。

元。2019 年 1—7 月则为 1.13 万亿元,占全市比例继续保持在 60% 左右。服务贸易也实现了快速突破,2018 年,浦东服务贸易进出口额 646 亿美元,同比增长 14%,占全国 8%。文化、技术、金融、专业服务、数字贸易等新兴服务进出口成为新增长点。新型贸易蓬勃发展,在中国人民银行和外汇管理等部门的支持下,浦东积极探索推动离岸贸易发展,构建了适应贸易主体"三流分离"业务模式的跨境资金结算管理模式,推动了离岸贸易发展,培育了外贸发展新动力。浦东贸易平台服务功能和能级不断提升,打造了一批具有标杆性、集聚性的专业平台,逐步形成多个百亿元级、千亿元级贸易平台,展示、仓储、分拨、贸易等综合服务不断完善。未来,浦东新区要以发展离岸贸易为支点,提升全球资源配置能力,进一步集聚全球优势要素,促进产业升级。

在国际航运中心核心功能区建设方面,《新华·波罗的海国际航运中心发展指数报告(2020)》中上海位居全球第三。航运营商环境日益优化,上海港集装箱吞吐量连续 10 年全球第一,港口连通度连续 9 年全球第一,浦东国际机场货邮吞吐量连续 12 年全球第三,旅客吞吐量全球第四,上海口岸出入境人员数量连续 17 年全国第一。目前,浦东新区有近 8 000 家航运企业,2 家内外资航运总部型企业,4 家全球前十的外资船舶管理企业,9 家国际知名航运功能性机构,10 家航运保险运营中心,10 家税收超亿元航运融资租赁企业。围绕航运建设五大领域,包括推动航运发展制度创新,深化自贸试验区改革;聚焦战略和精准招商,加快航运要素资源集聚;对标国际最高标准最高水平,持续优化航运营商环境;加强国际合作交流,提升浦东航运辐射力影响力;优化枢纽港集疏运体系,服务长三角区域一体化,提出了 35 项任务,进一步增强浦东航运中心核心功能区综合资源配置能力。[①]

在全球科创中心建设方面,浦东在开发开放之初就将"高科技先行"确立为发展原则,无论在产业发展,还是在城市管理,抑或在民生服务上,浦东都高度重视科技创新与新技术的应用。21 世纪实施"聚焦张江"战略后,浦

---

① 《浦东明确建设航运中心核心功能区重点工作》,载《浦东时报》2019 年 5 月 28 日。

东科技创新进入快车道。从全国高新区版图上形成"北有中关村、南有张江园"格局,到统筹推进张江综合性国家科学中心、张江科学城、张江国家自主创新示范区建设,形成具有国际影响力的区域创新极,浦东始终把集聚科技创新要素、激发科技创新主体、搭建科技创新载体、创新科技创新体制等作为重要任务来抓。在技术创新的同时,浦东更是高度重视科技成果的转化,在积极打通科技研发"最后一公里"基础上,不断推进新产业、新业态、新技术、新模式发展,打造一批引领发展潮流、代表未来方向的新兴产业集群。近年来,浦东聚焦最有条件、最具优势领域,提出打造最强光、中国芯、蓝天梦、创新药、未来车、智能造、数据港七大"硬核"产业,使技术创新和产业创新登上了一个新的台阶。①

3. 政社协同、区域协调发展,是任何一座城市乃至国家实现高质量发展的必然选择

浦东新区的实践表明,按照"生产功能、城市功能、生活功能"协调发展的视角出发,从开发开放之初,就从体制、机制、政策上,充分保障社会建设与经济增长并重,为满足高端产业、高端人才及外来人口的生活发展需求,加大高质量的教育、卫生、文化、体育、养老、社会保障、住房保障、社会组织等社会事业投资力度(适度引进高端国际化的教育、医疗、养老服务等),扩大公共服务供给,为经济发展配套供给高品质的社会服务保障。尤其是近年来,在重大文化艺术设施、居民休闲旅游、社区居民生活服务、生态环境绿化、城市智能化管理等方面,逐渐形成自己的独特品牌,公共服务品质得到"质"的提升。

区划保障、协同创新,是不断激发内在活力的有效手段。制度创新是浦东开发开放的第一法宝,其中有两个方面的制度创新尤为重要和关键。一方面,行政区划制度的改革创新,最大程度地消除了分散化行政区对城市功能的阻隔效应,为资源整合、功能整合、区域整合发展提供了最大的制度保障。另一方面,突出制度改革的集成创新和综合配套,作为首个综合配套改

① 《"四力托举":30年来浦东开发开放的实践逻辑》,载《上观新闻》2020年11月13日。

革试验区,大力推动政府职能转变、实行大部门制、市场监管整合、公共服务供给、自贸试验区等同步配套改革,增强改革创新的系统性、协同性、整体性,减少了制度摩擦,放大了综合改革效应,激发了经济、社会活力的共同迸发。

(五) 未来浦东服务国家战略的初心使命

浦东开发开放战略促成并取得如此辉煌的发展成就,既因为浦东开发开放从一开始就作为国家重大战略,承担着继续推进改革开放、促进经济快速发展、开拓国际经济关系、探索市场经济体系等国家级制度创新功能,因此,浦东往往成为国家重大改革、重大制度、重大项目的承载之地,改革创新的效果比一般地区更加明显,也因为敢想、敢闯、敢干的精神一直是浦东开发开放的动力,使得浦东领导班子和地方干部拥有使命担当精神、不计个人得失全心真心的奉献精神、勇猛精进的改革创新精神、精明睿智的世界发展眼光。

1. 持续解放思想,坚持探索发展创新,引领改革先行

过去 30 年,浦东之所以能实现跨越式发展,就在于以思想解放、坚持探索发展创新,引领改革先行,从率先推开土地使用权的有偿转让到创设生产要素市场化配置的平台,从首家综合配套改革试点到首个自由贸易试验区,打破传统观念的束缚,突破条条框框的限制,在先行先试中闯出了新路,为面上改革积累了经验、提供了范例。

20 世纪 90 年代,浦东率先实现土地、资金、技术、劳动力等要素的市场化,按照法规先行的开发思路,形成较为稳定、可预期的市场环境。21 世纪初,浦东新区率先进行国家综合配套改革试点,着力转变政府职能与经济运行方式,着力改变二元经济与社会结构,全面实现综合性制度创新。党的十八大以后,面临国内外发展环境的转变,上海自贸试验区在浦东应运而生,探索我国对外开放的新路径和新模式,实现以开放促发展、促改革、促创新。[①]经过不懈探索、发展、创新,浦东在大胆闯、大胆试、自主改的基础上,形成了一批可复制、可推广的制度经验,比如"先照后证""证照分离"等诞生

---

① 《浦东三十年:新征程再出发》,载《光明日报》2020 年 11 月 12 日。

于浦东的新词,早已在全国耳熟能详。

当前,改革又到了一个新的历史关头,推进改革的复杂程度、敏感程度、艰巨程度不亚于当年,很多新问题都是未曾碰到过的,浦东改革不会停顿,而且还会进行更多制度探索、做出更多制度创新。一是以解放思想为先导,以更大决心冲破思想观念的束缚,破除体制机制的障碍,不断砥砺大胆闯、大胆试、自主改的改革勇气。二是以国家战略为牵引,聚焦习近平总书记赋予的重大任务,以更大力度推进制度创新,努力发挥开路先锋、示范引领、突破攻坚的作用。三是着力加强系统集成,支持浦东探索开展综合性改革试点,更加注重从事物发展的全过程、产业发展的全链条、企业发展的全生命周期出发来谋划设计改革,不断增强改革的系统性、整体性、协同性,放大改革综合效应。[1]

出于国家安全考虑,城市规划设计需要严格保密,但浦东开发开放过程中却率先打破惯例,陆家嘴金融贸易区规划向全世界征求方案,搞国际方案招标;邀请外国专家参加上海市长国际咨询会议,将上海经济社会发展过程中遇到的难题拿出来请大家讨论;金茂大厦、环球金融中心大厦、上海中心大厦的设计,世纪大道、世纪公园等几乎所有地标建筑的设计,均广邀天下贤才参与其事,在全球公开招标,最终的方案也由专家评审委员会最终决定。这些都是重要的制度创新,是浦东在开发开放过程中坚持的探索发展创新。借用外脑,集思广益,围绕上海创建国际经济、金融、贸易中心的议题,围绕上海改革开放中的诸多议题,热烈的讨论迸发出许多具有前瞻性的建议,对于浦东开发开放起到了积极的作用,也为上海赢得了良好的国际形象和声誉。[2]

2. 持续提升城市功能,加强节点枢纽控制力

《浦东新区建设上海国际航运中心核心功能区 2019 年重点工作安排》中,在推进实施高度开放的国际航运制度方面,浦东提出将对标国际最高标

---

[1] 李强:《沿着习近平总书记指引的道路奋勇前进,把上海浦东打造成社会主义现代化建设引领区》,载《人民日报》2020 年 12 月 12 日。

[2] 熊月之:《超乎寻常的全球意识与现代意识》,载《解放日报》2020 年 5 月 15 日。

准、最好水平,探索打造具有国际市场竞争力的开放型航运政策体系,推进实施高度开放的国际运输管理和船舶登记制度,争取将有关工作纳入自贸区临港新片区或升级版改革方案。浦东的国际航运中心建设将积极服务长三角一体化,加快落实启运港退税扩围政策,纳入符合条件的长江干线港口和沿线港口;推动国际船舶管理企业服务境外船东的跨境应税服务,享受免征增值税政策。①以企业案例试点模式,持续优化国际船舶管理在外汇、通关等方面经营便利性;加快建设保税船供物资公共服务平台,简化海关特殊监管区域单证操作流程,创新监管模式,提高过境便利度。在航运建设"硬件"方面,目前外高桥内河集装箱港区内河港池工程项目初设已批复。大芦线二期航道整治工程进入部分收尾阶段。赵家沟东延伸段航道整治工程航道标和桥梁标均已完成90%。还要推进临港集卡服务中心开工建设;推动上海南港及其附近水域纳入东海特定海区特定航线,推进上海南港转型发展和铁路货运临港支线建设,持续推进区域多式联运体系等。

浦东的金融创新不仅"彻底",更是快人一步。由中国人民银行、中国银保监会、中国证监会、国家外汇管理局和上海市政府发布的《关于进一步加快推进上海国际金融中心建设和金融支持长三角一体化发展的意见》(以下简称《意见》),提出了30条具体措施,涵盖金融改革创新和金融对外开放等内容,吹响了"2020年基本建成上海国际金融中心"目标的冲锋号。作为上海国际金融中心建设的核心承载区,浦东新区跨前一步、率先作为,把《意见》转化为实实在在的工作举措,研究制定了"加快推进上海国际金融中心核心承载区建设的若干举措",包括四个部分16条工作举措。浦东将紧紧依靠在沪金融管理部门和金融市场、金融机构,充分发挥金融市场体系健全、金融机构高度集聚的优势,进一步推进金融业对外开放、优化金融资源配置、提升金融服务质量。②

3. 持续优化营商环境,提高城市综合竞争力

在国际方面,浦东着力推动规则、规制、管理、标准等制度型开放,提供

---

① 《浦东新区建设上海国际航运中心核心功能区 2019 年重点工作安排》。

② 《关于进一步加快推进上海国际金融中心建设和金融支持长三角一体化发展的意见》。

高水平制度供给、高质量产品供给、高效率资金供给,更好参与国际合作和竞争。通过合资合作建立上海国有企业现代企业制度,在适应国际通行规则引进外资企业的互动中形成并不断完善市场经济运行体制机制和政府营商环境的优化。①为更好发挥中国(上海)自由贸易试验区临港新片区作用,对标最高标准、最高水平,实行更大程度的压力测试,在若干重点领域率先实现突破。加快同长三角共建辐射全球的航运枢纽,提升整体竞争力和影响力。率先实行更加开放更加便利的人才引进政策,积极引进高层次人才、拔尖人才和团队,特别是青年才俊。

在国内方面,要在长三角一体化发展中更好发挥龙头辐射作用。完善金融市场体系、产品体系、机构体系、基础设施体系,支持浦东发展人民币离岸交易、跨境贸易结算和海外融资服务,建设国际金融资产交易平台,提升重要大宗商品的价格影响力,更好地服务和引领实体经济发展。要发展更高能级的总部经济,统筹发展在岸业务和离岸业务,成为全球产业链供应链价值链的重要枢纽。同时,要服务好长江经济建设,服务好全国的深化改革和扩大开放。②

四、坚持对外开放,是浦东开发开放的重要政策

坚持对外开放,是浦东开发开放的重要政策,是浦东实现发展腾飞最为关键和重要的举措。浦东以各大开发区为重要载体,通过建设国内首个以金融贸易命名的开发区——陆家嘴金融贸易区,国内首个以出口加工命名的开发区——金桥出口加工区,国内首个海关特殊监管区域和保税区——外高桥保税区,以及国内首个自贸试验区——中国(上海)自由贸易试验区,来勇担对外开放的重任,勇作上海乃至全国链接世界的重要窗口。

---

① ② 《中共中央国务院关于支持浦东新区高水平改革开放打造社会主义现代化建设引领区的意见》。

　　30 年风雨历程,铸就了浦东对外开放的卓越成就。在对外开放的历程中,浦东建立了国内首家钻石进出口交易平台——上海钻石交易所、国内首个保税交易市场——上海保税生产资料交易市场等各领域国内首个交易市场和交易平台,吸纳了国内首家中外合资国际医院——上海莱佛士国际医院、国内首家外商独资职业培训机构——普华永道商务技能培训(上海)有限公司等具有引领性的项目,承载了国内首家中外合资外贸公司——兰生大宇贸易公司、国内首家中外合资物流企业——上海外红国际物流有限公司、国内首家中外合资商业零售企业——上海第一八佰伴有限公司等具有示范性的项目,集聚了国内首家中外合资理财公司——汇华理财有限公司、新一轮金融业对外开放以来国内首家新获批的外资控股证券公司——摩根大通证券(中国)等国内外知名金融机构等。这些对外开放的实践成果,记录了浦东在"坚持对外开放"中迈出的坚实且坚定的步伐,昭示着浦东在"坚持对外开放"实践中凝练成浦东经验的科学性和合理性。

　　30 年不负韶华,浦东坚定不移地贯彻落实对外开放政策,积极探索和实施扩大开放的举措,在一个一个成功的首创案例中凝练出了"勇担重任、率先作为、规划先行、行动大胆"的浦东对外开放模式,总结了可复制、可推广的对外开放经验,成为上海乃至全国对外开放的风向标。作为世界观察中国对外开放的重要窗口,正当旺年的浦东将承担起新时代对外开放的重担,实施更加积极主动的对外开放,继续发挥龙头带头作用,绘制更为壮美的蓝图。

(一) 国内唯一以"金融贸易"命名的开发区——陆家嘴金融贸易区

　　2008 年,陆家嘴金融贸易区的外商投资项目仅有 261 个,外商直接投资合同金额仅为 18.77 亿美元;2019 年,陆家嘴的外商投资项目达到 636个,是 2008 年的两倍多,外商直接投资合同金额达到 58.88 亿美元,是 2008年的三倍多。2008 年至 2019 年间,陆家嘴的期末金融机构数和期末认定跨国公司地区总部个数均稳步增长,前者由 504 个增长至 854 个,后者由 59个增长至 111 个(详见表 4.4)。30 年风雨历程,30 载雨雪风霜,浦东金融对外开放稳扎稳打,取得卓越成就,全国超 40% 以上的外资法人银行和外资私募机构集聚于浦东,[①]陆家嘴金融贸易区逐渐成为国际金融与贸易最为活跃的区域之一,成为国内金融业对外开放的高地。

表 4.4　2008—2019 年间陆家嘴金融贸易区相关指标表

年份	外商直接投资项目(个)	外商直接投资合同金额(亿美元)	期末金融机构数(个)	期末认定跨国公司地区总部个数(个)
2008	261	18.77	504	59
2009	204	16.01	553	64
2010	257	15.70	592	65
2011	294	28.74	630	71
2012	266	21.13	662	81
2013	212	22.70	698	85
2014	175	21.10	728	87
2015	373	58.10	754	90
2016	482	39.58	794	92
2017	515	71.02	825	95
2018	469	24.50	849	105
2019	636	58.88	854	111

资料来源:历年《上海浦东新区统计年鉴》。

作为浦东金融业对外开放的桥头堡,陆家嘴金融贸易区的发展主要分为三个阶段。

第一阶段,**启动阶段**,为金融对外开放提供最为基础的条件。1990 年,陆家嘴金融贸易区正式成立,资金和土地是陆家嘴金融贸易区启动之初面临的关键难题。当时主导开发的陆家嘴金融贸易区开发公司开辟了解决资金和土地短缺问题的创新性办法——"土地空转,滚动开发"、联合开发及资本创新,即陆家嘴金融贸易区开发公司通过"财政—公司—土地"三级之间互冲来流转资本和土地要素,以获得启动阶段的资本和土地开发权;通过吸引外资直接投资来开启联合开发模式;通过组建上市公司发行股票来筹集

---

① 谢卫群:《从金融贸易区到金融城——陆家嘴资管高地正发力》,载《人民日报》2020 年 6 月 4 日,第 6 版。

更多的资金。①建设资金问题的解决,为浦东居民搬迁的顺利安置奠定了基础,为陆家嘴金融贸易区的发展提供了基本保障,为陆家嘴金融贸易区吸引国际金融要素提供了必要的条件。

第二阶段,**功能培育阶段,增强推动金融对外开放的能力。**人民银行上海市分行大楼项目是陆家嘴金融培育功能的"领头羊"项目,在这只"领头羊"的带领下,中国农业银行、中国交通银行、中国工商银行、招商银行、浦发银行、花旗银行、汇丰银行、渣打银行、大华银行等知名国资、地方和外资银行纷纷落户陆家嘴金融贸易区,直接带动了浦东银行业的蓬勃发展。②在此基础上,中国人寿保险、平安保险、上海国际投资信托公司等非银行金融机构也相继落户陆家嘴。③陆家嘴金融贸易区的金融功能因此初具规模。与此同时,兼具上海黄浦江岸传统风景和城市功能的陆家嘴滨江大道、张杨路下建设的上海市第一条城市管线共用管廊、有"东方的香榭丽舍大街"美称的世纪大道等基础设施的建设和发展也间接地推动了陆家嘴金融功能的发展,提高了陆家嘴对国内外知名金融机构的吸引力,加快了高端金融要素向陆家嘴集聚的速度。

第三阶段,**金融服务功能全面发展阶段,为金融扩大开放夯实基础、提供条件、建立保障。**完善基础设施建设和推动金融功能深化发展是陆家嘴金融贸易区在这个阶段发展的重点和聚焦点。在基础设施建设方面,陆家嘴集团通过建设立体交通、加强商圈建设和生活服务设施的建设来改善陆家嘴内配套服务相对匮乏的问题,强化陆家嘴金融功能的硬实力;在金融服务功能深化发展方面,陆家嘴集团通过收购控股的方式取得信托、证券、保险的金融牌照,来增强陆家嘴的金融创新功能和金融服务功能。④⑤在完善的基础设施和健全的服务体系加持下,陆家嘴的金融服务功能日益增强,金

---

①②③ 王安德、马婉:《陆家嘴:烂泥渡华丽转身为现代金融中心》,载《世纪》2020 年第 3 期,第 15—19 页。

④ 孙一元:《陆家嘴:迈向国际一流金融城》,载《上海国资》2020 年第 8 期,第 64—66 页

⑤ 刘长波、张仁开:《上海陆家嘴金融贸易区总部经济发展研究》,载《城市》2009 年第 5 期,第 34—38 页。

融竞争力日益提高,逐渐集聚了航运、保险等国际高端金融要素,形成了具有一定规模的期货、股票等全国性金融市场体系,具备了与金融业配套的、种类齐全的律所与咨询机构等专业服务机构。[①]

30年沉淀,陆家嘴金融贸易区的高端金融要素不断集聚,金融服务功能全面深化发展,成为金融对外开放的高地。2020年2月,《关于进一步加快上海国际金融中心建设和金融支持长三角一体化发展的意见》正式发布,这意味着上海国际金融中心建设迈入新阶段、新时代。2020年,我国首家外资独资的保险控股公司——安联(中国)保险控股有限公司,以及新一轮金融业扩大开放后首批新设立的外资再保险机构——大韩再保险上海分公司等金融机构在浦东正式开业或获批开业。在新一轮金融对外开放中,知名外资金融机构纷纷扎根浦东,是对浦东30年金融对外开放成就的认可,是对浦东未来坚持金融对外开放的信任。三十而立,作为建设上海国际金融中心的核心承载区,浦东将依托于陆家嘴金融贸易区,充分利用高端金融要素集聚和金融服务体系健全的优势,进一步夯实和提高承担金融对外开放重任的能力。

私募投资(PE)是指以私募的形式对非上市企业进行权益性投资,并通过相应的退出机制来获利的投资形式;风险投资(VC)是指专职管理者以高科技企业为主要投资对象,以增加企业价值后收回资金为投资期的核心目标,对发展迅猛的、竞争力较大的企业进行权益性投资的投资形式。[②]2009年,上海浦东新区出台《上海市浦东新区设立外商投资股权投资管理企业试行办法》,规定受股权投资企业委托、以股权投资管理为主要经营业务的境外金融机构都可以以有限责任公司形式设立,注册资本不低于200万美元,这标志着浦东成为国内首个允许外资股权私募投资(外资PE)和风险投资(VC)等以"股权投资管理企业"身份进行合法登记注册的地区,吸引了外国投

---

① 谢卫群:《大江东|金融开放30条落地:浦东率先出发,陆家嘴即刻冲锋》,http://sh.people.com.cn/n2/2020/0223/c134768-33820616.html("人民网",转载时间:2020.02.23)。

② 张兆安:《改革开放40年上海100项首创案例》,上海社会科学院出版社2019年版,第140—143页。

资者在浦东新区设立外商股权投资管理企业,推动了浦东金融的进一步对外开放,意味着浦东金融对外开放的历程中又添加了一个坚实的脚印。①

(二) 国内首个以"出口加工"命名的国家级开发区——金桥出口加工区

1990 年,全国首个以"出口加工"命名的国家级开发区——金桥出口加工区破土而出。金桥出口加工区处在浦东新区中部的核心地带,紧邻陆家嘴金融贸易区,具有明显的区位优势。②

金桥出口加工区的设立,开启了浦东出口加工贸易的新里程。1992 年中日合资爱丽丝制衣有限公司落户金桥出口加工区,成为扎根浦东国家级开发区的首个外资企业;1997 年美国通用汽车公司投资注册的上海通用汽车有限公司落户金桥;此后,欧姆龙、西门子、华为、拜耳等知名企业争先抢占金桥出口加工区的好位置。③随着金桥出口加工区的发展,"世界名牌金桥造"的名声愈发响亮,金桥出口加工区也更名为金桥经济技术开发区,并且逐渐发展成为国家级新型工业化产业示范基地(电子信息)、国家级生态工业示范园区等重点示范园区(详见表 4.5)。④

表 4.5 2011—2015 年间金桥开发区建设部分大事件表

年份	金桥开发区建设部分大事件
2011	成为国家级生态工业示范园区、中国服务外包示范城市(上海)金桥示范园区。
2012	正式更名为上海金桥经济技术开发区,成为国家级新型工业化产业示范基地(电子信息)、上海市首批服务业综合改革试点园区。
2014	进入首批国家低碳工业园区试点名单。
2015	获批成为上海地区首个"金桥先进制造业出口工业产品质量安全示范区",成为国内首个以"先进制造业"命名的示范区。

资料来源:《金桥经济技术开发区暨中国(上海)自由贸易试验区金桥片区发展"十三五"规划》。

---

① ② ③ 张兆安:《改革开放 40 年上海 100 项首创案例》,上海社会科学院出版社 2019 年版。
④ 浦东新区人民政府:《浦东新区人民政府关于印发〈金桥经济技术开发区暨中国(上海)自由贸易试验区金桥片区发展"十三五"规划〉的通知》(浦府〔2017〕139 号),http://www.pudong.gov.cn/shpd/news/20170818/006002_a6c4c5fd-642b-458e-99a3-103bfeec8190.htm("上海市浦东新区人民政府",转载时间:2017.08.18)。

2017年,《金桥经济技术开发区暨中国(上海)自由贸易试验区金桥片区发展"十三五"规划》正式发布。"十三五"期间,金桥开发区紧抓"双自联动"与浦东综合配套改革试点等发展机遇,通过推动"金桥制造"和"金桥服务"的深度耦合发展、增强"物联网+"等新型生产性服务业新兴业态的发展动力、推进制造业研发、销售等产业高端环节的发展进程等措施,来建设产业转型示范区;通过有效利用"两种资源、两种市场"、提高"金桥智造"的国际竞争力等举措来打造智能制造培育区;通过推动开发区非经济领域功能的发展、增强综合服务中心的辐射能力等措施来建设城市副中心功能创新区;通过激活循环经济的发展动能、建设共享生态服务平台等措施来发展绿色低碳实践区。①

一步一脚印,夯实基础,在上述示范区建设和先进制造业发展的基础上,金桥开发区实现生产性服务业的跨越式发展。2019年,金桥开发区的生产性服务业经营收入达到3 697.23亿元,相较于2008年的148.19亿元,增长了近25倍(详见表4.6)。在先进制造业方面,金桥开发区具有了浦东首个千亿级产值规模的产业——汽车(及零部件)产业,打通了电子信息产业从研发设计、装备制造、终端应用、内容创新到运营服务的全产业链条,形成了汽车及零部件研发与电子信息研发的研发设计集群,实现了先进制造业和生产性服务型深入耦合发展的新型产业结构;在新兴产业方面,金桥开发区通过加强基地基础设施建设和服务能力来夯实基地的基础支撑能力,建设金桥新兴金融产业聚集区等金融平台来加强基金的融资保障能力,集聚龙头企业和中小型企业来提高开发区的项目吸引力,推动智能装备制造业领域的产学研合作来加快科技成果转化,并最终形成"基地+基金+企业集聚"的助推新兴产业发展的"一条龙"驱动引擎。②

---

①② 浦东新区人民政府:《浦东新区人民政府关于印发〈金桥经济技术开发区暨中国(上海)自由贸易试验区金桥片区发展"十三五"规划〉的通知》(浦府〔2017〕139号),http://www.pudong.gov.cn/shpd/news/20170818/006002_a6c4c5fd-642b-458e-99a3-103bfeec8190.htm("上海市浦东新区人民政府",转载时间:2017.08.18)。

表 4.6　2008—2019 年间金桥开发区生产性服务业经营收入表

年份	生产性服务业经营收入(亿元)	年份	生产性服务业经营收入(亿元)
2008	148.19	2014	3 154.43
2009	176.34	2015	3 077.28
2010	367.99	2016	3 331.36
2011	415.51	2017	3 672.03
2012	2 092.46	2018	4 007.29
2013	2 347.64	2019	3 697.23

资料来源:历年《上海浦东新区统计年鉴》。

30 年风雨历程中,金桥经济技术开发区涵盖"卫星通信"在内的基础配套设施的建设逐渐趋于完善,区内商检、报关、仓储、餐饮、住房等配套服务项目建设齐全,通过产业转型升级战略、创新驱动发展战略等战略推动"金桥制造"朝高端化、智能化、国际化发展。[1]在新时代的浪潮中,金桥开发区将依托于产业转型示范区、智能制造培育区、城市副中心功能创新区及绿色低碳实践区,持续增强其服务于"中国制造 2025"和供给侧结构性改革等国家重大举措与战略的能力,不断推动国家生态示范园区、国家低碳工业园区试点的发展,成为上海打造高附加值、高技术含量的国际高端制造中心的核心载体之一。[2]

(三) 国内首个特殊海关监管区域和保税区——外高桥保税区

1990 年,国内第一个海关特殊监管区域与保税区,以及国内首个规模最大的保税区——外高桥保税区被批准设立在浦东,奠定了海关特殊监管区域发展的雏形。1992 年,作为中国首家外资贸易公司,日本伊藤忠商事有限公司入驻外高桥保税区,随后,英特尔、惠普打印机、飞利浦、IBM 等知

---

[1]　张兆安:《改革开放 40 年上海 100 项首创案例》,上海社会科学院出版社 2019 年版,第 80—81 页。

[2]　浦东新区人民政府:《浦东新区人民政府关于印发〈金桥经济技术开发区暨中国(上海)自由贸易试验区金桥片区发展"十三五"规划〉的通知》(浦府〔2017〕139 号),http://www.pudong.gov.cn/shpd/news/20170818/006002_a6c4c5fd-642b-458e-99a3-103bfeec8190.htm("上海市浦东新区人民政府",转载时间:2017.08.18)。

名跨国企业相继扎根外高桥保税区;2004 年,拥有"国际中转、国际采购、国际配送、国际转口"四大功能的上海外高桥保税区物流园区运行;2009 年,外高桥保税区启动跨国企业运营中心培育工作,鼓励和支持园区内经营成功的外资企业建立功能性地区总部,推动"总部经济"模式的发展;2013 年,外高桥保税区与外高桥保税物流园区、洋山保税港区及上海浦东机场综合保税区组成中国(上海)自由贸易试验区保税片区,开启了新的发展历程。[①]

随着外高桥保税区的不断发展,2010—2019 年间,外高桥保税区港口货物吞吐量和集装箱吞吐量均稳步提升,前者由 2008 年的 13 570 万吨提升至 2019 年的 17 152 万吨,后者由 1 499 万标箱提升至 1 926.6 万标箱。2008—2019 年间,外高桥保税区的商品销售总额(注册地口径)和进出口总额均实现了大幅增长,其中,2008 年外高桥保税区的商品销售总额(注册地口径)仅为 5 508.04 亿元,2019 年已经增长至 17 575 亿元;2008 年外高桥保税区的进出口总额为 626.37 亿美元,2015 年增长至 1 012.10 亿美元,2019 年增长至 9 043.9 亿美元,且进口额始终在进出口总额中保持较大的比重(详见表 4.7)。

表 4.7 2010—2019 年间外高桥保税区港口货物吞吐量和集装箱吞吐量表

年份	港口货物吞吐量(万吨)	集装箱吞吐量(万标箱)
2010	13 570	1 499
2011	14 596	1 571
2012	14 263	1 536
2013	15 178	1 622
2014	15 761.9	1 716.4
2015	16 386.8	1 816.4
2016	16 429.5	1 827.9
2017	17 754.8	1 985.1
2018	17 420.3	1 951.0
2019	17 152.0	1 926.6

资料来源:历年《上海浦东新区统计年鉴》。

----

① 张兆安:《改革开放 40 年上海 100 项首创案例》,上海社会科学院出版社 2019 年版,第 82—85 页。

表 4.8　2008—2019 年间外高桥保税区商品销售额和进出口额表

年份	商品销售总额 (注册地口径)(亿元)	进出口总额	出口额	进口额
2008	5 508.04	626.37	158.10	468.27
2009	5 601.03	551.12	128.27	422.85
2010	7 805.00	770.20	178.00	592.20
2011	9 690.00	915.00	200.00	715.00
2012	10 800.00	1 017.00	218.50	798.50
2013	11 623.26	989.50	238.50	751.00
2014	12 786.96	1 042.71	262.57	780.14
2015	12 804.80	1 012.10	257.40	754.71
2016	13 246.8	6 654.3	1 816.2	4 838.0
2017	15 229.0	7 959.3	1 970.7	5 988.6
2018	16 834.9	8 429.9	2 173.3	6 256.7
2019	17 575.0	9 043.9	2 277.6	6 766.2

注:2016 年以前进出口额、进口额以及出口额单位为亿美元,2016 年及以后年份进出口额、进口额以及出口额单位为亿元。

资料来源:历年《上海浦东新区统计年鉴》。

作为首个"国家进口贸易创新示范区",外高桥保税区依托先发优势,牢牢抓住纳入上海自由贸易试验区的发展机遇,通过建设功能集聚区,健全贸易平台,打造进口商品展示与交易中心,建设专业品牌商品直销中心,完善平行进口汽车展示交易中心,深化汽车、机床等主体产业园区的建设以及盘活空间存量等措施,来推动国际贸易、高端制造、金融服务、总部经济、离岸服务外包及现代物流产业的深化发展,推动外高桥国际贸易城的建设,加快跨国公司地区总部、营运中心、结算中心的集聚,提高相关金融机构及资产管理机构的集聚程度,成为浦东对外开放中的关键先行先试区域。①

(四)国内首个自贸试验区——中国(上海)自由贸易试验区

2001 年,中国加入世界贸易组织。在贸易和经济全球化下,金桥经济

① 浦东新区人民政府:《浦东新区人民政府关于印发〈中国(上海)自由贸易试验区保税区片区发展"十三五"规划〉的通知》(浦府〔2017〕180 号),http://www.pudong.gov.cn/sww/upload/file/20171205/6364809750993353148645277.pdf("上海市浦东新区人民政府",转载时间:2017.11.29)。

技术开发区和外高桥保税区等开发区的发展助推了浦东对外贸易的飞速发展,为浦东构筑对外开放高地铸就坚实的基础。国际贸易局势风云骤变,2012年美国颁布的《美国2012年双边投资协定范本》,向中国提出双边贸易新规则和新要求。2013年,美国、日本和欧洲意图通过跨太平洋伙伴关系(TPP)、跨大西洋贸易与投资伙伴关系(TTIP)等新协议的谈判来建立新的国际贸易规则,而面对国际贸易规则的巨变,建立自贸试验区来先行试验国际贸易新规则和新标准是推动中国对外贸易持续发展的优先选择。①1992年,"上海国际贸易中心建设"成为国家战略,浦东承载了上海国际贸易中心城市的核心功能。凭借实施贸易对外开放的实践经验,浦东成为中国(上海)自由贸易试验区的承载地。2013年,在上海调研期间,国务院总理李克强在考察外高桥保税区后鼓励并支持上海在保税区的基础上先行试点建设自由贸易区,以进一步扩大开放。②2013年9月18日,国务院下达了关于印发《中国(上海)自由贸易试验区总体方案》的通知,2013年9月29日,中国(上海)自由贸易试验区正式启动运作。上海自由贸易试验区被设立于浦东境内,这不仅是对浦东自开发开放以来不断扩大的对外开放实绩的肯定,更意味着浦东在扩大对外开放历程中跨入全新的发展高度。

2015年,除了外高桥保税区等四个海关特殊监管区域,陆家嘴金融贸易区、金桥经济技术开发区及张江高科技园区均被纳入自贸试验区的范围内。③2017年,国务院印发《全面深化中国(上海)自由贸易试验区改革开放方案》,上海自贸试验区迈入新的发展阶段。2017年,上海自贸试验区内外贸进出口额达到1.35万亿,同比上年增长14.7%,占浦东新区进出口贸易额

---

① 张兆安:《改革开放40年上海100项首创案例》,上海社会科学院出版社2019年版,第127—128页。

② 张兆安:《改革开放40年上海100项首创案例》,上海社会科学院出版社2019年版,第127—135页。

③ 国务院:《国务院关于印发进一步深化中国(上海)自由贸易试验区改革开放方案的通知》(国发〔2015〕21号),http://www.gov.cn/zhengce/content/2015-04/20/content_9631.htm("中华人民共和国中央人民政府",转载时间:2015.04.20)。

的 69％;外商直接投资实际到位金额 70.15 亿美元,同比上年增长 13.5％,占浦东新区外商直接投资实际到位金额的 90％。①毋庸置疑,国内首个自由贸易试验区扎根浦东对浦东新区的经济社会发展起到显著的推动作用。与此同时,作为上海自贸试验区建设的主要责任主体,浦东新区对对外开放的坚持和实践经验也成为中国(上海)自由贸易试验区持续发展的重要保障。浦东新区国民经济和社会发展第十三个五年规划中明确指出,为建设更高水平的自贸试验区,浦东将加快推进投资管理制度、贸易监管制度、金融制度等制度创新的进程,并持续建设和完善开放型经济条件下整套地方政府管理体制。②

在投资管理制度创新方面,完善负面清单管理模式是核心所在。2013年 9 月,为满足自贸试验区的发展需求,上海市人民政府公布了《中国(上海)自由贸易试验区外商投资准入特别管理措施(负面清单)(2013 年)》的公告。这是“负面清单管理”首次出现在国内政府公告中。2019 年,《关于支持浦东新区改革开放再出发实现新时代高质量发展的若干意见》正式公布,浦东率先全面实施“准入前国民待遇加负面清单”管理制度,并继续完善与负面清单管理模式相配套的准入、审批和监管体系;与此同时,浦东新区还通过探索“证照分离”“一业一证”等改革措施,持续推进外商投资项目由“审批制”向备案管理制度的转变,来推动投资管理制度的创新和行政审批制度的改革,缓解“准入不准营”的困境,增强浦东建设高质量、高水平外资集聚地的综合竞争力。③

在贸易监管制度创新方面,持续推动贸易的便利化是核心所在。2002年 2 月,外高桥保税区率先启用 H883/EDI 无纸报关系统,这意味着浦东在

①② 浦东新区发改委(统计局):《浦东新区国民经济和社会发展第十三个五年规划纲要》,http://www. pudong. gov. cn/shpd/InfoOpen/InfoDetail. aspx? CategoryNum = 003002&InfoId = 3520b894-1765-4160-9095-b6d95d6f66ef(“上海市浦东新区人民政府”,转载时间:2017. 10.19)。

③ 《关于支持浦东新区改革开放再出发实现新时代高质量发展的若干意见》,https://stcsm. sh. gov.cn/zwgk/ghjh/20201201/7e9584d94d8d4475b67d24f9397d7e8b.html(“上海市科学技术委员会”,转载时间:2019.06.25)。

全国范围内率先实施无纸通关模式。①"十三五"期间,浦东不断深化"一线放开、二线安全高效管住"贸易监管制度的改革,持续探索提升通关效率、优化通关环节的措施,建立与国际惯例接轨的航运制度体系,全面推动口岸"单一窗口"数据共享共通和连片运作。②30年来,浦东在贸易基础性和核心性制度的创新上率先探路破局,持续提高浦东贸易便利化的水平。

在金融制度创新方面,持续推动资本项目可兑换和金融服务业扩大开放是目标。浦东新区"十三五规划"表明,"十三五"期间浦东将持续拓展自由贸易账户功能,推动资本项目可兑换的发展与完善,探索人民币跨境使用和金融服务业扩大开放。2016年,上海浦东新区综合配套改革的试点任务涵盖制定资本项目可兑换先行先试的实施细则,并可适时启动相关试点。③2018年,以人民币计价交易的中国首个国际化期货品种成功在上海期货交易中心上市。④2020年,《关于推进浦东新区跨国公司地区总部高质量发展若干措施》(草案)指出,为方便大宗商品现货离岸交易和保税交割,浦东将探索通过自由贸易账户来提供与国际通行规则相衔接的跨境金融服务。⑤同年,为深入贯彻落实《关于进一步加快上海国际金融中心建设和金融支持长三角一体化发展的意见》,浦东新区出台了相关措施,将率先建设人民币金融资产配置中心,探索和研究以丰富用人民币定价的国际化期货品种和衍生品,并将率先承接金融业对外开放项目,为符合要求的各类企业提供"一企一策"的精准点对点服务。⑥"跨前一步、率先作为"使得浦东能充分发

① 上海海关:《〈解放日报〉专版:以制度创新助推浦东开发开放》,http://www.customs.gov.cn/shanghai_customs/423446/423447/3368176/index.html("中华人民共和国海关总署",转载时间:2020.11.13)。

②③ 浦东新区发改委(统计局):《浦东新区国民经济和社会发展第十三个五年规划纲要》,http://www.pudong.gov.cn/shpd/InfoOpen/InfoDetail.aspx?CategoryNum=003002&InfoId=3520b894-1765-4160-9095-b6d95d6f66ef("上海市浦东新区人民政府",转载时间:2017.10.19)。

④ 谢卫群:《以人民币计价、中国首个国际化期货品种原油期货正式挂牌交易》,http://finance.people.com.cn/n1/2018/0327/c1004-29890111.html("人民网",转载时间:2018.03.27)。

⑤ 上海市浦东新区商务委员会:《〈关于推进浦东新区跨国公司地区总部高质量发展若干措施〉(草案)公示》,https://www.pudong.gov.cn/shpd/zmhd/20200414/009010_0d6281b1-1c97-4fd5-b1e9-808329117186.htm("上海市浦东新区人民政府",转载时间:2020.04.14)。

⑥ 《浦东推出16项举措,加快推进上海国际金融中心核心承载区建设》,http://sh.people.com.cn/n2/2020/0222/c134768-33820005.html("人民网",转载时间:2020.02.22)。

挥金融机构集聚的优势,持续推动金融制度的创新,不断夯实和增强作为上海国际金融中心建设核心承载区的基础和实力。

在开放型经济条件下一整套地方政府管理体制建设方面,加大简政放权力度是重点。"十三五"期间,浦东新区通过减少行政审批事项、建设网上政务大厅等措施来推动行政审批的高效化和透明化,并通过构建信息共享平台的整体框架、健全协同和联合监管制度、建立政府权力和责任清单动态更新机制等措施来深化行政审批制度的改革,加强政府权力的公开度和透明度,强化政府权力运行的规范度。[①]2019 年,浦东率先简化行业许可证书的审批过程,并颁发了首张综合性的食品生产许可证。浦东新区政府行政管理体制的改革,为上海自贸试验区的快速发展提供了不可缺少的基础和保障。

五、坚持对内联动,是浦东开发开放的重要举措

浦东开发开放坚持对内联动,主要从"引进来"和"走出去"两个方面充分地体现出来。"引进来":一是依托浦东在对外开放中先行先试、大胆突破的成果和经验,成为改革开放前期我国内地眺望世界的重要窗口、链接国际的关键渠道;二是利用浦东金融要素集聚、境外融资便利、政策率先突破以及标准化"一站式"专业服务等优势,助力我国内地企业在国际舞台中大放异彩,共享浦东开发开放的成果。"走出去":主要是指有效发挥浦东辐射作用来助力我国内地发展。早在 2000 年,浦东就与青海省西宁市缔结友好城区关系,在城市规划和开发、干部培训、招商信息沟通与宣传及希望小学捐建四个方面签订专项协议。依据 2001 年《浦东年鉴》记载,2000 年浦东与宁夏签订总投资 2 500 万元的 6 个项目,与湖北宜昌签订总投资超 3 900 万

---

① 浦东新区发改委(统计局):《浦东新区国民经济和社会发展第十三个五年规划纲要》,http://www. pudong. gov. cn/shpd/InfoOpen/InfoDetail. aspx? CategoryNum = 003002&InfoId = 3520b894-1765-4160-9095-b6d95d6f66ef("上海市浦东新区人民政府",转载时间:2017.10.19)。

元的 9 个项目,与青海签订总投资 1 500 万余元的 4 个项目,与云南签订总投资 14.6 亿元的 8 个项目。①

在浦东"走出去"对内联动中,最为核心和关键的是浦东在长三角一体化发展中的引领和带动作用。2020 年 7 月,上海市人民政府正式批复《上海浦东综合交通枢纽专项规划》,意味着浦东将拥有由上海东站和浦东国际机场组成的"空铁联运"型国际交通枢纽,使得浦东对长三角的联动更加便捷、快速、高效。依托于铁路、高速公路及长江水系航道等交通网络,凭借金融要素的集聚、科创产业的发展等优势,浦东坚持对内联动,推动长江三角洲区域的产业结构升级,加快长江三角洲区域金融市场发展的步伐,助力长江三角洲一体化高质量发展。

30 年历练,浦东成为资金、人才及技术等关键要素配置的国际枢纽,具备统筹国内外"两种市场、两个资源"的能力,拥有深化改革的丰富经验。作为国内改革开放的"排头兵"、"试验田",浦东不仅要在实践中"千锤百炼"凝练出"可复制、可推广"的经验来推动国内改革开放的深化发展,更要凭借先行先试、对外开放的优势,依托于四通八达的海陆空交通网络,坚持对内联动,增强对内辐射能力和联动动力,成为内地"走出去"的最佳助手,成为引领、带动长三角高质量发展强有力的驱动力。

(一)"引进来":成为全国的浦东,共享浦东发展的成果

1. 发展省部楼宇、助力内地初眺世界

1993 年,在陆家嘴金融贸易开发区初期建设阶段,上海市政府按照楼宇项目和功能出台了"省部楼宇"建设的相关政策,对内推动"一省一部一楼"的发展,为内地各省提供沟通世界、发展外向型经济的窗口和桥梁。② 1995 年 6 月,陆家嘴"省部楼宇"建设的"领头羊"——安徽省裕安大厦正式

---

① 《2001 年浦东年鉴-招商引资》,http://www.pudong.gov.cn/shpd/about/20060614/008006014004_deac2268-350f-4c24-b80f-23527e71e9d1.htm("上海市浦东新区人民政府",转载时间:2006.06.14)。
② 《口述浦东 30 年|王安德:陆家嘴规划 30 年无大修改》,https://www.thepaper.cn/newsDetail_forward_6826405("澎湃新闻",转载时间:2020.04.04)。

竣工。裕安大厦高 31 层，占地 6 600 平方米，位于黄埔江边的陆家嘴金融贸
易区核心地段，是安徽省链接太平洋的桥头堡、开展国际经贸活动的窗口，
以及 20 世纪末驱动安徽省招商引资、接受新信息的重要渠道。在裕安大厦
带动下，安徽省为充分利用浦东的辐射作用和发展带动力，推动中国扬子电
器公司、马鞍山钢铁公司等安徽省内知名企业在浦东开设分公司，建立"前
店后厂"的发展模式，利用浦东的优惠政策来发展对外贸易。①1997 年至
1998 年间，齐鲁大厦、江苏大厦及嘉兴大厦先后正式竣工。1998 年，浦东新
区管委会颁布了《浦东新区关于进一步服务全国，推动中央各部委和全国各
省市在浦东新区办公楼宇招商的若干规定》（以下简称"省部楼宇政策"），为
在沪市外企业在"省部楼宇"开展相关营业提供优惠政策。虽然在 2003 年
第三轮行政审批制度的改革中，1998 年颁布的省部楼宇政策被废止，但是
截至 2003 年浦东新区已有 37 幢经认定的省部楼宇。②在浦东对外开放和对
内联动的筑基阶段，"省部楼宇"在陆家嘴接连拔地而起，浦东依托于自身金
融、贸易、航运等领域由弱至强的发展，以浦东发展的经验和平台优势，坚持
对内联动，成为内地各省初眺世界的窗口和跳板，助力和推动内地各省扩大
开放，高质量发展经济。

　　2. 坚持内联企业、助推企业国际化发展

　　除了构建内地各省与世界最初的衔接渠道外，联动"内资企业"是浦东
坚持对内联动的又一重要举措。在坚持扩大开放，吸引外资的同时，浦东坚
持对内联动与开放，以长三角作为初始地，沿着长江水系和四通八达的水陆
空交通网，发挥自身强有力的辐射功能，吸引各地企业到浦东来利用浦东的
政策优势、平台优势，推动"内联企业"朝国际化发展，助力"内联企业"增强
在国际市场中的话语权和影响力。

　　1998 年，浦东引进内联企业 130 余家，其中包括将注册地或经营地搬

---

① 《口述浦东 30 年｜卢荣景：安徽为何率先参与浦东开发》，https://www.thepaper.cn/newsDetail_
　forward_6799197（"澎湃新闻"，转载时间：2020.04.02）。

② 《2004 年浦东年鉴-招商引资》，http://www.pudong.gov.cn/shpd/about/20060614/008006011004_
　4d6448da-eb3e-457e-bf38-4a16a2ecb418.htm（"上海市浦东新区人民政府"，转载时间：2006.
　06.14）。

迁至浦东的宁波杉杉集团上海经营总部、四川希望集团东方总部、南京同创集团、海南兴业集团及宝钢集团等注册资金超 5 000 万元的大集团或企业。①1999 年,在世纪之交,浦东对内联动持续发展,引进内联项目 472 个,其中包括 13 家高科技研发中心和科技孵化企业。②2000 年,浦东共有注册资金超 1 亿元的经认证的市外在沪企业 34 家,这 34 家企业来自全国 23 个省、市、自治区,③2013 年 9 月,中国(上海)自由贸易试验区正式建立,浦东具备了推动内地企业腾飞的新平台。2013 年,浦东新区内共引进内资企业 4384 家,其中 3396 家均于自贸试验区建立后落户浦东。④随着上海自贸试验区、陆家嘴金融贸易开发区、张江高科技园区等开发区的发展,以及"空港联动"等大型交通枢纽的完善,浦东日益成为全国资金、资本市场的中心,吸引内资、对内联动的能力持续增强。2018 年,在自贸试验区建立 5 周年之际,浦东新区引进 1 亿元及以上的内资大项目达到 403 个,5 亿元及以上的特大项目达到 93 个。⑤2019 年,浦东内资期末实际注册资金总额高达 29 229.32 亿元,相较于 2008 年增长超 10 倍(详见表 4.9)。30 年风雨历程,浦东不断锤炼自身,坚持对内联动,依托于金融、航运、贸易、科技优势,为"内联企业"的发展提供必要的平台及政策便利,成为"内联企业"发展的最好跳板。

---

① 《1999 年浦东年鉴-招商引资》,http://www.pudong.gov.cn/shpd/about/20060614/008006016004_4a090f7a-ba33-42d4-b647-61bf0580b154.htm("上海市浦东新区人民政府",转载时间:2006.06.14)。

② 《2000 年浦东年鉴-招商引资》,http://www.pudong.gov.cn/shpd/about/20060614/008006015003_7c1ad994-3abe-4e5c-b075-64579d53d814.htm("上海市浦东新区人民政府",转载时间:2006.06.14)。

③ 《2001 年浦东年鉴-招商引资》,http://www.pudong.gov.cn/shpd/about/20060614/008006014004_deac2268-350f-4c24-b80f-23527e71e9d1.htm("上海市浦东新区人民政府",转载时间:2006.06.14)。

④ 《2014 年浦东年鉴-招商引资》,http://www.pudong.gov.cn/shpd/about/20150418/008006002004_06bb9223-437c-4fdf-aff3-0506ab8568f3.htm("上海市浦东新区人民政府",转载时间:2015.04.18)。

⑤ 《2019 年浦东年鉴-招商引资》,http://www.pudong.gov.cn/shpd/about/20200608/008006033005_6ed134e2-0d9a-41a5-b5f4-0d8501a513e7.htm("上海市浦东新区人民政府",转载时间:2020.06.08)。

表 4.9　2008—2019 年间浦东新区内资企业工商注册情况表

年份	期末实有注册企业(个)	期末实际注册资金总额(亿元)
2008	12 423	2 736.14
2009	11 488	6 112.03
2010	10 961	7 229.28
2011	10 636	7 482.42
2012	10 633	8 184.49
2013	10 854	9 300.90
2014	13 271	12 614.66
2015	15 075	16 272.22
2016	16 266	21 302.07
2017	16 793	25 126.20
2018	16 464	26 359.13
2019	16 195	29 229.32

资料来源:历年《上海浦东新区统计年鉴》。

(二)"走出去":引领和带动长江三角洲一体化发展

长江三角洲鱼米之乡众多。由于自然禀赋优越,相较于内陆地区,长江三角洲地区经济基础较好,科教文化较为发达,整体而言是国内发展基础最好、竞争力最强的区域之一,是推动国内经济高质量发展的重要驱动力,是深化国内改革开放的核心引擎。[1]此外,作为"一带一路"和长江经济带的衔接点,长江三角洲是向世界展示中国作为社会主义现代化强国实力的窗口,担负增强中国国际竞争力的重大使命。[2]国家高度重视长江三角洲的发展。2008 年 9 月,国务院正式发布《国务院关于进一步推进长江三角洲地区改革开放和经济社会发展的指导意见》(国发[2008]30 号),意味着长三角区域迈入全新的发展阶段,新历史时代下长三角改革开放的号角已然吹响。2010 年,《长江三角洲地区区域规划》正式被批准实施,这意味着作为国内

---

[1]　《加快长三角地区改革开放和经济社会发展意义重大》,http://www.gov.cn/govweb/wszb/zhi-bo273/content_1122504.htm("中华人民共和国中央人民政府",转载时间:2008.10.16)。

[2]　蒋俊杰:《浦东开发开放:国家战略的使命和担当|而立浦东再出发》,https://www.yicai.com/news/100832901.html("第一财经",转载时间:2020.11.11)。

综合实力、国际竞争力的关键引擎及面对风险的核心稳定器,长三角的能力将得到极大的提升和增强。2018 年 11 月,在首届中国国际进口博览会中,习近平总书记宣布支持长江三角洲区域一体化发展并上升为国家战略。①2019 年 12 月,中共中央、国务院印发了《长江三角洲区域一体化发展规划纲要》,这份当前和今后长三角一体化发展的纲领性文件明确了长三角一体化发展的战略定位,强调了发展目标,描绘了长三角一体化发展的脉络,清晰了长三角一体化发展的具体领域。②

邓小平同志曾指出:"开发浦东,这个影响就大了,不只是浦东的问题,是关系上海发展的问题,是利用上海这个基地发展长江三角洲和长江流域的问题。"③浦东诞生于长江的泥沙中,与长三角区域有着天然的水域联动渠道和情感纽带。自开发开放以来,浦东的金融、国际贸易、航运等辐射能力不断增长,成为长江三角洲区域的发展"模范兵"。在庆祝浦东开发开放30 周年大会上,习近平总书记强调"浦东要努力成为国内大循环的中心节点和国内国际双循环的战略链接,在长三角一体化发展中更好发挥龙头辐射作用"。④2020 年,习近平总书记在参加扎实推进长三角一体化发展座谈会并发表重要讲话时强调要推动浦东高水平改革开放,表示"支持浦东在改革系统集成协同高效、高水平制度型开放、增强配置全球资源能力、提升城市现代化治理水平等方面先行先试、积极探索、创造经验,对上海及长三角一体化高质量发展,乃至我国社会主义现代化建设,具有战略意义"。⑤

新时代下,推动长江三角洲一体化发展和经济高质量发展是浦东对内联动新的核心和关键,是浦东新的历史使命。在长江三角洲区域一体化发展的相关政策下,肩负新的任务,浦东利用自身优势,在长江三角一体化发

---

① 何立峰:《加快推进长江三角洲区域一体化发展》,http://politics. people. com. cn/n1/2019/1204/c1001-31488208.html("人民网",转载时间:2020.11.11)。
② 《中共中央国务院印发〈长江三角洲区域一体化发展规划纲要〉》,载《经济日报》2019 年 12 月 2 日。
③④ 习近平:《在浦东开发开放 30 周年庆祝大会上的讲话》,http://news. cnr. cn/native/gd/20201112/t20201112_525328060.shtml("央广网",转载时间:2020.11.12)。
⑤ 《习近平主持召开扎实推进长三角一体化发展座谈会并发表重要讲话》,https://www.bjnews.com.cn/detail/159806393215469.html("新京报",转载时间:2020.08.22)。

展中起到带头和引领作用,全力推动长三角区域产业升级和金融一体化,加快长三角区域一体化高质量发展的步伐。

1. 共建产业园区,推动长三角产业升级

为切实落实《国务院关于进一步推进长江三角洲地区改革开放和经济社会发展的指导意见》,加快长江三角洲区域发展的步伐,推进外高桥保税区的可持续发展,2008 年,位于江苏省南通市的外高桥(启东)产业园正式开工,这是第一个上海跨省开发、建设的开发区。外高桥(启东)产业园由上海外高桥集团和启东市政府共同开发,其中外高桥集团以现金占 60% 股份,启东以土地占 40% 股份。建设之初,外高桥(启东)产业园的定位是以世界及国内知名制造业企业引进为前提和保障,以机械制造、电子电器、船舶配件及生物医药为重点支撑产业,打造位于上海北翼的重要生产制造业基地。[①]2018 年,上海缘上缘特医食品启东有限公司扎根园区,在一定程度上推动了江苏省在胶囊片剂等特殊医学用途食品行业的兴起与发展。[②]2015 年,浦东祝桥启东产业园正式揭牌成立。成立当日,上海菲尔特空气净化技术有限公司、上海新海航资产经营管理有限公司等 10 家制造业企业落户园区。[③]作为贯彻落实长江三角洲区域经济一体化发展的重要举措,浦东祝桥启东产业园以无污染、低能耗、高产出的装备制造等产业为发展核心,充分有效地整合两地互补的资源,实现了互利共赢。两座园区的落户对启东高新区的发展至关重要,极大地推动了启东高新区基础设施的建设,推进启东高新区内产业结构的升级和转型,提高了启东高新区产业集聚程度,带动了启东高新区产业发展的规模效应。

除了与启东市合作的外高桥(启东)产业园和浦东祝桥启东产业园之

① 杨玲丽:《"组团式"外迁:社会资本约束下的产业转移模式——上海外高桥(启东)产业园的案例研究》,载《华东经济管理》2012 年第 7 期,第 6—9 页。
② 《外高桥(启东)产业园引入江苏首家特医食品企业》,http://www.pudong.gov.cn/shpd/news/20181210/006004_9e93d1ff-e516-40ec-af0b-f6f2a38a64f2.htm("上海市浦东新区人民政府",转载时间:2018.12.20)。
③ 洪浣宁:《首批 10 家企业入驻浦东祝桥启东产业园》,http://www.pdtimes.com.cn/html/2015-11/18/content_2_7.htm("浦东时报",转载时间:2015.11.18)。

外,昆山浦东软件园是在上海市外设立分区的又一典型案例。2003 年 1 月,上海浦东软件园公司与昆山市政府正式签署了合作备忘录。2009 年 8 月,以打造世界级软件产业创新社区为目标的昆山浦东软件园正式开园。昆山浦东软件园位于阳澄湖湖畔,总建筑面积 70 万平方米,总投资额达 30 亿元,园区内围绕阳澄湖景观,构建了以产业研发服务为核心的东部创意产业区,以及以生活居住功能为核心的西部居住生活区。①2016 年,经国家科技部火炬中心认定,昆山浦东软件园成为"国家级科技企业孵化器"。②昆山浦东软件园的设立通过浦东软件园的示范效应和辐射能力,为软件及信息服务企业等相关企业扎根昆山提供了契机,建立了浦东和昆山软件及信息服务业一体化发展的渠道,带动了昆山市及江苏省软件及信息服务产业的发展。

2. 建设长三角资本市场服务基地,助推金融服务长三角能级提升

2018 年 11 月,位于张江科学城,由浦东新区政府和上海证券交易所联合建设的长三角资本市场服务基地正式揭牌成立,2019 年 4 月正式启动。③2020 年,《中共上海市委关于制定上海市国民经济和社会发展第十四个五年规划和二〇三五年远景目标的建议》中强调"做强长三角资本市场服务基地"。④长三角资本服务基地以区域内拟在科创板上市的企业为核心目标,以推动上市行政综合服务、股权投资对接、债权融资服务、信用信息共享、金融指数编制、路演推介展示、信息发布咨询、专业服务匹配、系统专业培训、金融风险防范十大功能为关键抓手,以 29 座联盟城市和 13 个基地分中心为关键渠道,以长三角"一站式"线上金融服务平台为依托,通过服务上市企业再融资等运营活动,以及培育上市企业等措施,来加强基地和各联盟城

---

① "上海浦东软件园"官网,http://spsp.com.cn/ParkDetail/5.html。
② "上海浦东软件园昆山园"官网,https://www.kpsp.com.cn/index.php/incubation238.html。
③ 《长三角资本市场服务基地揭牌》,http://www.pudong.gov.cn/shpd/news/20181115/006004_5fa7666b-5472-41d8-9b9a-7a3dd0c05898.htm("上海市浦东新区人民政府",转载时间:2018.11.15)。
④ 《中共上海市委关于制定上海市国民经济和社会发展第十四个五年规划和二〇三五年远景目标的建议》,https://paper.xinmin.cn/html/xmwb/2020-12-10/3/89142.html("新民晚报",转载时间:2020.12.10)。

市、分中心的信息和网络互联互通，加快长三角科创企业在科创板上市步伐，为科创板注册制提供"源头活水"。①

作为在浦东资本市场发展优势的基础上运用资本市场服务于长三角一体化发展的"先手棋"，长三角资本服务基地是聚力推进长三角一体化发展进程的重大举措，是激活长三角创新驱动引擎的关键措施，构建了长三角协同创新发展的轴点，推动了长三角金融和科创的深度融合发展，极大地增强了浦东的辐射能力和辐射范围，有效地发挥了浦东在金融和科创领域带动和引领长三角一体化发展的关键作用。

3. 临港地区融入长三角一体化，推进长三角一体化高质量发展

2018 年 11 月，《上海市临港地区融入"长三角一体化"行动方案》（以下简称《行动方案》）正式发布，意味着临港新片区成为驱动长三角一体化高质量发展的重要驱动力。

对于临港新片区融入长三角一体化的原则、目标、保障措施及行动脉络，《行动方案》提出"1＋2＋5＋7"的融入计划。其中，"1"是指临港新片区融入长三角一体化的方案深入贯彻落实习近平总书记提出的"将支持长江三角洲区域一体化发展并上升为国家战略"；"2"是指建设分别以临港—张江及东部沿海城市为主轴的南北科技创新走廊及长三角沿海创新带，其中，临港—张江科技创新走廊将以生物医药、集成电路及智能网联汽车为主要抓手，以人工智能、新一代信息技术及航空航天等高科技领域为重点发展领域，通过建设"千亿级"产业集群和培育领域内领头企业来为浦东科技创新和深化改革开放注入新活力，并将以临港—张江为轴点，向东部沿海城市辐射，助力长三角沿海创新带的建设，推动长三角科技创新一体化发展，激活长三角一体化发展的创新引擎；"5"是指将通过设立"长三角一体化"发展专项基金、助力海洋产业发展基金的建设、支持跨区域项目合作，以及聚力建设长三角智能制造、人工智能、工业互联网等示范应用先行区等措施来有效

---

① 浦东新区金融局：《长三角资本市场服务基地建设正式纳入上海十四五规划》，http://www.pu-dong.gov.cn/shpd/department/20201214/019008001_65b478e2-414a-44b1-947f-4da0a45a67f3.htm（"上海市浦东新区人民政府"，转载时间：2020.12.14）。

发挥政府资金杠杆作用,力促创新服务平台的建立、推动"共建共享共赢"模式的创新发展、支持人才培育和交流及建设支持基金,以为临港新片区深度融入长三角一体化提供必要的保障;"7"是指临港新片区将以船舶与海洋工程、海洋资源研发利用、工业互联网、通用航空产业、智能网联汽车、智能制造技术应用示范和科普基地建设七个方面作为融入长三角一体化中的核心发展点。①

在《行动方案》的统领下,临港新片区深度融入长三角一体化的发展进程中,将依托于四通八达的"海陆空"交通网络,利用自身作为自贸试验区内特殊经济功能区的优势和辐射能力,通过推动科创、资源集成、专业服务一体化的协同发展,加快长江三角洲区域内科创人才等要素的流动,来带动苏浙皖三省内特殊开发区的发展,扩大长三角产业集群的规模效应,助推长三角产业链的健全,推动长三角区域内开发区联动发展,增强长江三角洲区域的国际竞争力,提升长三角全球资源配置能力,全面激活长三角作为国家经济发展重要引擎的驱动力。②

六、坚持探索发展创新,是浦东开发开放的重要特色

坚持探索发展创新,是浦东开发开放的重要特色,是推动浦东开发开放的重要驱动力。面对开放之初资金缺乏与人才不足、难以适应发展的行政管理制度、随着互联网等技术发展不断涌现的全新业态等在开发开放历程中涌现的困难、制约和挑战,浦东通过颁发全国首张本科学历外国人工作许可证,设立国内首个海外人才局,率先实施自贸试验区永居推荐直通车制度,率先启动"一企一证"的深化改革,颁发国内首张《全国工业产品生产许

---

① 《临港融入"长三角一体化"行动方案发布》,http://www.pudong.gov.cn/shpd/news/20181120/006001_83104fa7-7480-4e1c-a3c9-07036ae200d1.htm("上海市浦东新区人民政府",转载时间:2018.11.20)。
② 夏骥:《上海自贸试验区临港新片区引领长三角更高质量一体化发展》,载《科学发展》2020年第3期,第61—69、106页。

可证》等发展创新措施来突破制约发展的因素。

正是因为浦东始终如一地探索发展创新，持之以恒地突破发展制约因素，坚持不懈地激活发展内在动能，才能实现浦东由广阔农田到高楼林立，由一张白纸到集金融、贸易、航运、科创等高端要素于一身的色彩斑斓的转变，才能实现"从无到有""由弱至强"，才能成为新时代改革开放的新高地，继续肩负重任，勇往直前。

（一）首创"资金空转、土地实转"开发新模式

陆家嘴金融贸易开发区、金桥出口加工区、外高桥保税区及张江高科技园区是浦东金融、贸易、航运及科创功能的重要承载区，是实现浦东高质量发展的关键驱动力，是推动浦东成为上海国际金融中心、国际贸易中心、国际航运中心核心承载区的重要保障。在浦东开发开放之初，制约开发区建设发展的首要因素是资金缺乏，特别是注册开发公司的资金和实施"七通一平"工作的资金，这使得开发区内相应的招商引资活动，以及修建道路、排水系统、连接电信网络、通电、通水、通热力、通燃气等基础设施建设活动难以开展，并且将影响浦东开发开放的总布局。此外，在上海土地由划拨转变为批租的背景下，资金缺乏的问题就更难以突破。①

开发区的发展和其作用的有效发挥离不开充足的资金和土地，更离不开对发展制约因素的突破创新。为推进浦东开发开放的进程，保障浦东开发开放的质量，开发区的相关负责人以记账凭证为灵感，突破创新了发展模式，首创了解决开发资金和土地缺乏问题的最有用、最切合实际、最能够实现的"资金空转、土地实转"开发新模式。"资金空转、土地实转"具体是指开发公司先与政府相关主管部门签订土地转让合同，再和政府及银行共同在支票上背书，最后在验资后进行工商注册登记。②

1991年6月，分别负责陆家嘴金融贸易开发区、外高桥保税区及金桥

---

①② 《"资金空转、土地实转"新模式助推浦东开发开放打开局面》，http://www.pudong.gov.cn/shpd/news/20180723/006001_fd9cb98d-3305-431d-a194-e234dcd843ee.htm（"上海市浦东新区人民政府"，转载时间：2018.07.23）。

出口加工区开发工作的三家开发公司与政府相关部门及上海投资信托公司通过共同在支票上背书、签订《上海市外高桥保税区国有土地使用权成片出让合同》等公证书,实现了"资金空转、土地实转"的创新性开发模式。①凭借"资金空转、土地实转"的模式,陆家嘴金融贸易开发区和外高桥保税区等开发区通过"空转"来的资金将"生地"变成"熟地",形成"转让收入—投入—再转让—再投入"的循环模式,解决了制约开发区发展的资金和土地问题,推动了城市用地结构的优化,加快了土地使用权的流动,降低了企业成本和负债率,推进了多种所有制经济发展的进程,使陆家嘴、外高桥等区域成为浦东开发开放的中坚力量,为浦东金融、贸易、航运、高端制造业及科技创新的发展提供关键的保障和基础,是浦东对发展创新的重要探索案例,是浦东腾飞的关键一步。②

(二)首次面向全国公开招聘干部

作为改革开放的"排头兵""先行者"及"试验田",勇于突破、先行先试是浦东开发开放中最为关键和核心的特质。浦东在对外开放、对内联动发展中的突破和尝试,在金融、贸易、航运及科创等重要功能的创新和实践中都需要发现和使用更为优秀的人才,集聚更多的聪明才智,这样才能创造更开放的发展环境,才能聚力推动浦东的高质量发展。

为持续推进开发开放,浦东不断地探索发展创新的渠道,首次面向全国公开招聘干部,打破个人资质和户籍等对人才录用的制约。为此,浦东制定了面向全国的公开招考方案,即以面向全社会为基础,以打破职业和身份编制的制约、突破地域和户籍的限制为核心,以竞争机制为保障,以真才实学、德才兼备为关键标准,不论出身、不论学历,广招贤士。1993年,浦东新区区委组织部在《解放日报》等媒体上刊登了《上海市浦东新区招考机关工作

---

① 《"资金空转、土地实转"新模式助推浦东开发开放打开局面》,http://www.pudong.gov.cn/shpd/news/20180723/006001_fd9cb98d-3305-431d-a194-e234dcd843ee.htm("上海市浦东新区人民政府",转载时间:2018.07.23)。

② 张兆安:《改革开放40年上海100项首创案例》,上海社会科学院出版社2019年版,第3—5页。

人员启事》，率先启动了面向全国的机关干部公开招考，社会反响极为热烈。在上海海运学院的报名点里，报名者可凭借身份证、学历证及工作证来换取准考证。在来自全国各省、自治区、直辖市的报名者中，共有 1 814 名考生报名成功，有 1 655 名考生成功领取了准考证，有 1 282 名考生前来参加考试，最终通过以公平、公正、公开、竞争及择优为原则的知识笔试、心理测试、工作能力测试、政治品德考核及面试后，共有 40 名考生通过考核被录取为浦东新区的机关干部。①

时任上海市委常委、副市长，浦东新区工作委员会党委书记、管委会主任赵启正指出，浦东率先向全社会公开招聘干部的目的是实现三个"需要"，即浦东开发开放的人才队伍建设需要、浦东开发开放的人才市场培育需要及党政机构干部人事制度深化改革的需要。以坚持公平、公正、公开、竞争及择优为原则，通过设立严格的、合理的和科学的招考方案来实现三个"需要"的满足，是浦东以人才为支撑点，通过集思广益来谋划开发开放创新发展的关键举措，是浦东坚持探索发展创新的具体体现，为浦东配备了适应社会主义市场经济思维的、高效、能干的党政机关人才队伍；推动了浦东唯德才用人的社会环境建设，打响了浦东不拘一格选人才的名声，增强了浦东对各领域优秀人才的吸引力，加快了浦东自由、开放、集聚力强的人才市场的培育，为浦东 30 年开发开放的风雨历程提供坚实的人才保障；为公务员制度的改革"先行试路"、积累经验，助力党政机构干部人事制度的深化改革。②

（三）率先建立国内首个单独设立的知识产权局

知识产权是国际竞争力的核心要素，是经济发展不可或缺的关键资源。在国际贸易环境风云骤变、国际格局日益复杂的背景下，提高知识产权保护标准成为发达国家控制和影响国际贸易形势的关键手段。与此同时，在综

①② 政协上海市委员会文史资料委员会、中共上海市委党史研究室、政协上海市浦东新区委员会编：《口述上海——浦东开发开放》，上海教育出版社 2014 年版。

合配套改革试点、中国(上海)自由贸易试验区及张江高科技园区等改革实践和开发区建设持续发展的推动下,浦东的专利授权量、每万人发明专利拥有量等专利相关指标的数量日益增加,知识产权的质量也不断提升。[1]相对于国际上较为主流的专利、商标"二合一"或专利、商标、版权"三合一"的集中管理方式,浦东原来使用由区知识产权联席会议统筹全区知识产权事业,且由不同部门分别管理专利、商标及版权相应事宜的分散式管理模式。[2]这种"分散管理"的方式及服务体系不健全等因素在一定程度上不再适应浦东科技创新的发展速度,制约了浦东科创活力。在这种国内外背景下,构建衔接国际标准、符合国内发展需求的知识产权管理体系迫在眉睫。[3]

为打破发展制约,创新发展知识产权管理体制,2014 年浦东启动了知识产权综合管理改革试点。2015 年,集专利、商标、版权"三合一"且兼具行政管理和综合执法职能的浦东新区知识产权局正式成立,这是国内首个独立于科委、单独设立的知识产权局。浦东新区知识产权局具有原由区科委、区市场监督管理局分别拥有的专利行政管理和商标行政管理及执法职能,具备了由市知识产权局、市版权局分别委托的部分专利管理和执法事权及部分版权管理事权,并拥有了对违反著作权等违法行为的行政处罚职能,集这些职能于一身使得浦东知识产权局能更好更快地处理知识产权的申诉、举报等纠纷,成为加强浦东知识产权运用和保护的中坚力量。[4]

为加快浦东知识产权创新发展的步伐,浦东新区知识产权局通过实施知识产权评议工作,与浦东新区检察院、上海知识产权法院合作等方式,来增强高价值专利技术的竞争力和吸引力,推动高价值专利技术的科技成果转化,加大对知识产权相关违法行为的打击力度,增强对企业合法权益的维护,提高对知识产权的保护水平,助力上海成为亚太地区知识产权中心城市。

为更好地发挥浦东新区知识产权局的作用,浦东建立了国际化、电子化、

---

[1][2][3][4]　张兆安:《改革开放 40 年上海 100 项首创案例》,上海社会科学院出版社 2019 年版。

互联网化的综合性运用与服务平台、综合性保护平台及综合性管理平台。[①]通过三个知识产权平台的建设与发展来配合知识产权局的职能，搭建全面的、多层次、多体系的知识产权服务体系，为浦东科技创新和科创成果的有效转化提供坚实的保障和支持。

（四）率先启动"证照分离""一业一证"改革试点

2015 年 12 月，为解决办证难等制约发展的问题，国务院正式批复《关于上海市开展"证照分离"改革试点总体方案》（以下简称《总体方案》）。2016 年 4 月，浦东新区正式启动了实施"证照分离"改革试点，针对审批频繁、市场关注较多的 116 个审批事项，通过取消、改备案、告知承诺、提高透明度和可预期性及强化准入监管五种改革方式，来推动政府职能的转化，加快简政放权的步伐，建立科学的、合理的、符合发展需要的综合监管体系，全面突破由行政审批繁琐等导致的发展制约，凭借行政制度的创新来激活浦东发展的内在活力。[②]得益于"证照分离"的改革，2016 年盒马鲜生获得了全国首家"零售＋餐饮"一体化证照，开启了零售新业态的发展历程。

为了更进一步推进审批等行政管理体制的创新，更有效地发挥市场在资源配置中的决定性作用，更好地推动"证照分离"深度融入浦东金融、贸易、航运及科创发展的方方面面，2017 年 10 月，《浦东新区"证照分离"改革试点深化实施方案》出台，以全覆盖、优方式、突重点及强联动为重点，通过整合《总体方案》中的五种改革方式为取消审批、改为备案、告知承诺以及优化准入来推动审批方式的持续深化改革，加快核查方式的创新发展，提高审批环节设立的合理性和科学性，加强行政管理的有效性，并通过推动综合执法、行政审批等相关部门间的互联互通，建立符合市场主体、相关部门及综合监管平台特质的监管体系，构建针对严重失信问题的部门间联动惩罚机

---

①②　浦东新区档案局：《【史料钩沉】浦东历史上的今天——浦东新区实行"证照分离"改革试点》，http://www.pudong.gov.cn/shpd/department/20210401/019015003_71107ac1-c010-4055-ada8-81cc7a8a1cb4.htm（"上海市浦东新区人民政府"，转载时间：2021.04.01）。

制,来打造强且有效的事中事后监管系统,加快监管发展的创新动能。①浦东"证照分离"改革试点的实践还形成了可复制、可推广的经验。2017年9月,国务院印发《关于在更大范围推进"证照分离"改革试点工作的意见》,将在国家级自主创新示范区等有实施条件的开发区和自贸试验区复制浦东"证照分离"改革试点的做法。②

为持续推进"证照分离"改革的深化,巩固"证照分离"改革的成果,2017年,国家食药监总局、质检总局联合发布公告,明确自2017年3月1日起至2018年12月21日,在浦东新区试点进口非特殊用途化妆品备案管理,即在试点期限内,针对浦东口岸进口、境内负责人注册位于浦东新区的首次进口非特殊用途化妆品,将现行的审批管理改变为备案管理。③这意味着浦东新区率先开启了"证照分离"改革的重要实践——进口非特殊用途化妆品备案试点改革,极大地缩短了符合国家法规要求的进口非特殊用途化妆品获取备案凭证的时间,提高了进口非特殊用途化妆品在境内销售的便利性。④截至2017年10月底,共有205批、230个进口非特殊用途化妆产品通过改革试点的相关政策快速获得审批。⑤截至2018年3月6日,浦东新区已经累计颁发了1 000张进口非特殊用途化妆品产品备案证,改革成效日益凸显。⑥

---

① 上海市人民政府:《上海市人民政府办公厅关于印发〈浦东新区"证照分离"改革试点深化实施方案〉的通知》沪府办发〔2017〕62号,http://www.shanghai.gov.cn/nw41435/20200823/0001-41435_54077.html("上海市人民政府",转载时间:2017.11.08)。

② 国务院:《国务院关于在更大范围推进"证照分离"改革试点工作的意见》(国发〔2017〕45号),http://www.gov.cn/zhengce/content/2017-09/28/content_5228228.htm("中华人民共和国中央人民政府",转载时间:2017.09.28)。

③④ 《自贸区试点进口化妆品"审批改备案" 消费者可第一时间买到全球最新化妆品》,http://www.pudong.gov.cn/shpd/news/20170302/006001_6fc93e3d-010c-4606-b020-75445a441442.htm("上海市浦东新区人民政府",转载时间:2017.03.02)。

⑤ 《进口非特殊用途化妆品备案制实施半年便利成效显现》,http://www.pudong.gov.cn/shpd/news/20171121/006004_c187e0cf-caa9-4987-b399-54548206fd8e.htm("上海市浦东新区人民政府",转载时间:2017.11.21)。

⑥ 中国(上海)自由贸易试验区市场监督管理局:《浦东发出第1 000张进口非特殊用途化妆品产品备案证》,http://www.pudong.gov.cn/shpd/department/20180307/019004001_cf1eddb6-fd30-4dae-b363-d5c9e7b1266d.htm("上海市浦东新区人民政府",转载时间:2018.03.07)。

2019年7月，为持续深化"证照分离"改革，浦东率先实施了"一业一证"改革，以一张"行业综合许可证"取代多个原需审批的许可证，精准突破了"准入不准营"的发展制约。以便利店行业为例，在"一业一证"的改革前，便利店开业需要提交多份材料，奔赴至各部门窗口来办理《食品经营许可证》《酒类商品零售许可证》《第二类医疗器械经营备案凭证》及《烟草专卖零售许可证》等经营所需许可证。①在"一业一证"的改革后，便利店只需办理一张《行业综合许可证》即可，极大地提高了许可证办理的便利性，大大地缩短了开业所需时间。2019年8月9日，浦东新区市场监管局正式向国药控股国大药房上海连锁有限公司韵浦路店颁发《行业综合许可证》，这是国内首张药店业态《行业综合许可证》。②2020年，国务院正式发布《关于上海市浦东新区开展"一业一证"改革试点大幅降低行业准入成本总体方案的批复》，明确在批复之日到2022年底的期间内，浦东新区可率先以双告知、双反馈、双跟踪、双随机、双评估、双公示为核心，根据其全球资源配置、科技创新策源、高端产业引领、开放枢纽门户的功能，针对首批入选的互联网电商、互联网医院等行业，依托于"一网通办"平台，来建立行业综合许可制度，以更进一步解决"准入不准营"问题，并形成可复制、可推广的实践经验。这肯定了浦东探索"一业一证"改革的成果，开启了浦东"一业一证"改革的新发展阶段。③

（五）率先启动综合配套改革试点

2004年前后，在中国各领域改革纵深推进的阶段，以经济改革为重点的单项式改革已难以解决一系列复杂问题，政府行政管理体制改革、社会管理体制改革与经济体制改革不匹配等问题逐渐暴露，制约着改革的进程，影

①② 《浦东颁发全国首张药店业态〈行业综合许可证〉》，http://www.pudong.gov.cn/shpd/news/20190812/006004_faf445d9-5f33-49be-8b64-6b64aa3f7f36.htm（"上海市浦东新区人民政府"，转载时间：2019.08.12）。

③ 国务院：《国务院关于上海市浦东新区开展"一业一证"改革试点大幅降低行业准入成本总体方案的批复》（国函〔2020〕155号），http://www.gov.cn/zhengce/content/2020-11/19/content_5562629.htm（"上海市浦东新区人民政府"，转载时间：2020.11.19）。

响了改革的成效。①与此同时,在各地区纷纷抛出优惠政策谋求产业发展时,浦东难以仅凭借优惠政策来持续扩大产业规模,且居高不下的商务成本使浦东对外资的吸引力逐渐减小,这意味浦东的经济发展还缺乏关键的支撑力量,经济发展的内在驱动机制尚不健全,降低了浦东经济高质量发展的持续力,减少了浦东对长三角的持久辐射力,严重制约了浦东在新时代继续先行先试,勇担重责的能力和步伐。

在这种背景下,作为改革开放的排头兵,浦东以其具备的率先开展改革试点的巨大优势和实施条件,以"不要政策、不要项目、不要资金"的原则,凭借经济运行市场化、商务环境国际化、功能开发区域化、增长方式集约化、公共事务社会化、政府管理法治化的改革思路,通过可行、有效的综合配套改革方案,争取到率先启动综合配套改革试点的时代机遇。②2005 年,国务院正式批准浦东新区启动综合配套改革试点,这意味着浦东成为综合配套改革试点的"排头兵"和"先行者",开启了制度创新的新征程,迈入了全面探索发展创新的新阶段。

2006 年,国家发展改革委批复上海市政府上报的《浦东综合配套改革试点总体方案》和《2005—2007 年浦东综合配套改革试点三年行动计划框架》。《2005—2007 年浦东综合配套改革试点三年行动计划框架》聚焦于政府职能、经济运行方式及城乡二元结构的转变。在政府职能转变方面,通过健全功能区管理体制,推动投诉制、问责制、评估制及检查制的改革,启动社区基本医疗卫生服务的改革及推进行政审批制度的深化改革等措施,来推动政府管理体制的创新,增强政府行政效能,积极探索公共服务领域的创新发展,以及更为科学地发挥微观经济管理职能;在经济运行方式方面,通过推动落户浦东的关键金融机构的有效运作,大力支持张江高科技园区的创新性发展,以及充分利用上海海关等有关部门的配套措施等举措,来加快经济运行方式转变的步伐,增强金融要素在浦东的集聚程度,激发科技创新的

---

① 蒋应时:《全力开展上海浦东综合配套改革试点 率先推进改革开放》,载《宏观经济研究》2007 年第 3 期,第 27—32 页。

② 谢国平:《综合配套改革试点出台始末》,载《开发杂志》2014 年第 6 期。

深层次潜能;在城乡二元结构转变方面,通过加快郊区综合改革试点的发展,探索"区镇合一"的管理体制改革,来推进城乡一体化发展的进程。①

2008 年,《2008—2010 年浦东综合配套改革试点三年行动计划框架》颁布,意味着浦东综合配套改革试点工作进入第二轮改革阶段。同年,《浦东综合配套改革试点 2008 年重点工作实施要点》出台,指出要集聚于转变政府职能、加快金融发展、加强自主创新的内在动力,通过公共服务型政府制度、符合开放型经济运行规则的体系、具有自主驱动力的科创体系、城乡协同发展的制度等制度和体系的建立和健全,来全面突破制约浦东发展的因素,拓宽浦东发展的渠道,增强浦东发展的动能。②此外,2008 年,《浦东新区支持、鼓励人才若干意见》《浦东新区促进自主创新的若干意见》《市场准入审批改革方案》《招拍挂建设项目基本建设程序审批改革方案》等具体方案和政策也相继发布,加快了浦东人才集聚的速度,提高了政府服务效率,优化了科创环境。③

2008 年初,浦东首次向社会公开招聘急需金融规划、经济分析及教育管理等专业人才的六个公务员职位,这是浦东综合配套改革试点的重要内容之一,是浦东作为经国家人事部批准试点的担当体现。此次公开招聘的公务员职位没有职务级别,以合同管理,按"市场参考价"设定薪资,任期在 1 至 3 年间,任期结束后经双方协商是否续签,且不可转为终身制公务员。④2018 年 7 月,浦东新区首批聘任制公务员正式签约,这意味着聘任制公务员制度在浦东正式落地,直接打通依据需求、广纳贤才的通道,有利于提高公务员构成的合理性,增强政府开展政策制定、公务办理等行政活动的科学性。⑤

---

① 《2007 年浦东年鉴-经济管理-经济体制改革》,http://www.pudong.gov.cn/shpd/about/20081013/008006008023_c006b80b-71bb-452b-8c21-e3479e681992.htm("上海市浦东新区人民政府",转载时间:2008.10.13)。

② 《2009 年浦东年鉴-经济管理》,http://www.pudong.gov.cn/shpd/about/20120203/008006007023_7a6ab598-0c2d-4e47-a106-776fec2ababc.htm("上海市浦东新区人民政府",转载时间:2012.02.03)。

③ 张兆安:《改革开放 40 年上海 100 项首创案例》,上海社会科学院出版社 2019 年版,第 5—8 页。

④⑤ 《上海市浦东新区首批聘任制的公务员日前正式签约》,http://www.gov.cn/zfjs/2008-07/02/content_1033147.htm("中华人民共和国中央人民政府",转载时间:2008.07.02)。

2011年，《浦东综合配套改革试点三年行动计划（2011—2013年）》发布，开启了浦东综合配套改革试点的第三轮行动计划。第三轮行动计划着力于重点改革领域的关键突破，通过尝试建设全国性非证券信托财产登记平台，发布加快总部经济发展的相关政策，增强外高桥保税区承担首个国家级"进口贸易促进创新示范区"的建设能力，推动知识产权质押融资制度的建立和发展，加快城乡要素的整合，实施针对"支出型贫困"群体的救助活动，实现行政审批项目全流程透明化等措施，来增强金融市场服务功能，改善金融制度环境，加快口岸监管措施的创新性发展，激活浦东新区内设立的国家自主示范区的发展动力，实现政府职能转变的精准突破。①

在浦东综合配套试点启动十年之际，浦东在2015年迈入综合配套改革试点第四轮三年行动计划的第二个年头。在这一年，《关于以自贸试验区建设为动力，在浦东新区加快推进政府职能转变和先行先试改革的工作方案》《关于在张江试点完善开发区管委会与镇关系的实施意见》《关于加快推进中国(上海)自由贸易试验区和上海张江国家自主创新示范区联动发展的实施方案》《浦东需提请国家发改委协调支持的改革事项初步梳理》等文件和政策相继发布，针对自贸试验区发展、科技创新、行政审批及城乡发展的发展痛点，通过实施国际贸易"单一窗口"，设立"管镇联动"改革试点，建立招商统筹体系，率先启动"证照分离"改革试点等举措，来推动贸易便利化，加快产城融合发展的步伐，明确镇、开发区等主体间的事权与财权的关系，推进行政管理体制的改革，助力上海国际金融、贸易、航运以及科创中心的建设。②2019年，浦东全面推动综合配套改革试点，持续推进各项改革任务，通过出台有利于营商环境优化的"20条"，实施"1＋1＋2"企业登记办理模式，搭建"一网通办"体系，建设金融综合监管服务平台，构建衔接"中国专利审

---

① 《2012年浦东年鉴-经济管理》，http://www.pudong.gov.cn/shpd/about/20131209/008006004023_54fae836-42c8-4bc6-9769-e04edff916ff.htm（"上海市浦东新区人民政府"，转载时间：2013.12.09）。

② 《2016年浦东年鉴-经济管理》，http://www.pudong.gov.cn/shpd/about/20161223/008006029023_a4d24bfb-084b-4770-aa04-fafc6f027e50.htm（"上海市浦东新区人民政府"，转载时间：2016.12.23）。

批系统"的专线等有效举措,来提高行政审批等机制运行的效率,打破制约企业业务全流程办理便利性的因素,加快行政监管等体系依据时代发展特点更新升级的能力,增强浦东对高端金融要素的吸引力,有效缩短浦东专利审批时间,极大地推动了科技成果转化的效率。[1]

应该充分认识到,综合配套试点改革以制度创新来激活浦东经济发展的活力,激发浦东经济发展的内在引擎,为浦东的高质量发展提供持久动力,为浦东的扩大开放提供坚实的保障,为浦东成为创新发展新高地提供坚实的基础,为浦东履行"先试者"的责任提供精准助力,为浦东坚持不懈探索发展创新提供必要的条件。

七、坚持推进金融创新,是浦东开发开放的重要先导

作为浦东开发开放的先导产业,自 1990 年浦东宣布开发开放以来,凭借对外开放的东风,浦东紧抓金融业开放的机遇,金融业飞速发展。1990年,浦东金融生产总值为 3.07 亿元;2018 年,浦东金融生产总值已经达到2 937.1 亿元(见图 4.1)。截至 2020 年 10 月底,浦东共有银证保持牌类金融机构 1 105 家,其中银行类 287 家、证券类 509 家、保险类 309 家。[2]浦东逐渐发展成为全球金融机构集聚最密集的地区之一,成为外资法人银行、外资保险法人公司、外资再保险机构等外资或合资金融机构在国内落户的首选之地。

浦东对金融创新的先行先试、大胆突破,始终是浦东金融业飞速发展的重要支撑,金融创新深深地融入了浦东开发开放 30 年的风雨历程。1990

---

[1]　《2020 年浦东年鉴-经济管理》,http://www.pudong.gov.cn/shpd/about/20210420/008006034022_5f54f1d4-b975-4814-97f0-526be27fad8c.htm("上海市浦东新区人民政府",转载时间:2021.04.20)。

[2]　上海市浦东新区金融工作局:《增加值占 GDP 比重 3 成多,来看浦东金融业的"含金量"》,http://www.pudong.gov.cn/shpd/department/20201105/019008001_9e0b7932-4879-4ef3-bfb0-2fbe265b283c.htm("上海市浦东新区人民政府",转载时间:2020.11.05)。

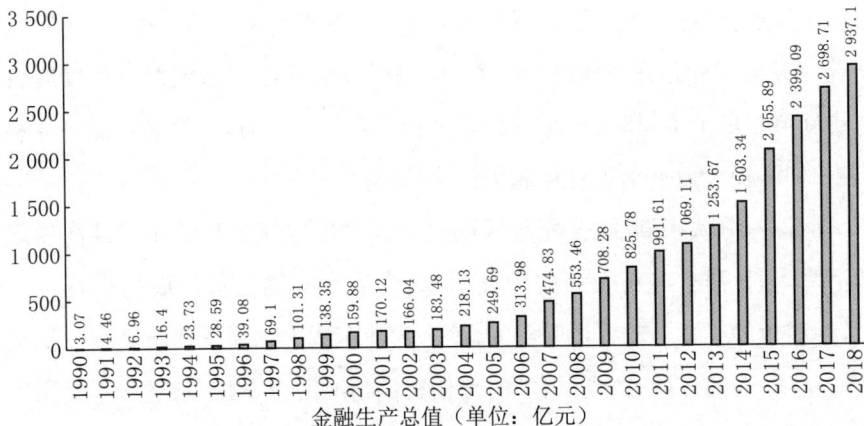

图 4.1　1990—2018 年浦东金融生产总值

资料来源:各年《浦东统计年鉴》。

年,陆家嘴金融贸易区被批准设立,开启了浦东金融创新发展的里程。2013年,中国(上海)自由贸易试验区的成立推动了自由贸易账户系统、资本项目可兑换、人民币国际化及利率市场化等金融领域创新或改革,成为推动浦东金融创新的中坚力量,直接拨快了浦东金融创新发展的时针。30 年来,作为上海国际金融中心核心承载区,浦东依托于"两个市场、两种资源",在金融创新上先行先试,在金融制度改革中锐利突破,不断地通过金融创新来增强金融服务的核心竞争力,助力上海建设国际金融中心。

"**首创、率先**"是浦东金融创新筑基阶段最为典型的特征,是这个阶段浦东金融案例凝练出的重要精神和经验。在筑基阶段,依托于金融创新激励环境和金融创新的政策突破,通过一个个金融创新的关键举措,浦东在金融市场产品、交易系统及监管机制等方面勇于创新,为浦东金融创新的持久活力夯实基础,为中国(上海)自由贸易试验区的金融创新提供必要的前提和保障。"**大胆、精准**"是浦东金融创新全面发展阶段最显著的特征,是对这个阶段浦东金融创新案例最为准确的总结。在全面发展阶段,凭借自贸试验区平台优势和全面政策突破,扎根浦东的金融机构和监管部门在政策支持下,针对浦东承载上海国际金融中心的"痛点、难点",用大胆的金融创新,精准"打击",使浦东成为上海国际金融中心建设中最为关键的驱动力。

30年波澜壮阔,浦东通过全方面、多层次、不间断的金融创新,依托于**"首创、率先、大胆、精准"**的浦东模式,实现了金融业从无到有、由弱至强的转变,构建了满足企业需要的全方位、多层次的融资支持系统,建立服务于企业的一站式金融服务体系,逐渐推动金融创新向制度和技术双驱动发展,成为重要的金融创新集聚地,并将逐渐增强和提升中国在国际金融体系中的竞争力和话语权。与此同时,浦东金融创新历程也记录了中国金融市场由弱至强的蜕变。

30年风雨历程,面对新的时代任务,站在新的起跑线上,延续浦东模式,浦东将继续承担金融创新试验田的重任,聚焦于制度层面和科技层面的金融创新,着重于全球金融资源配置能级的提升,坚持金融的扩大开放,持续完善穿透式金融安全网,并为"以国内大循环为主体、国内国际双循环相互促进"新发展格局的构建提供重要的支持。

(一)金融创新筑基阶段助力浦东金融发展腾飞

浦东金融开放的初期阶段,就是浦东金融创新的筑基阶段。自浦东开发开放以来,上海证券交易所、上海期货交易所、陆家嘴金融贸易开发区及外高桥保税区等金融机构与特殊开发区的设立和发展与金融创新相伴相随,为浦东金融创新提供了必要的温床和养分,助推浦东金融市场从无到有的蜕变,为浦东金融市场由弱至强的转变奠定关键基础。

1. 启动单机、单船融资租赁项目

2010年,浦东新区率先实施单机、单船融资租赁项目。特殊项目载体(SPV)是以"破产隔离"为目的的风险隔离设计,指融资租赁公司通过建立特殊目的的公司,将单架飞机或单艘船舶等作为租赁标的物,出租给承租人的模式。[1]作为飞机、船舶及大型设备的主要消费国,中国对这些设备的融资租赁业务极其需求。自1997年银行系统被要求撤出金融租赁领域后,境外租赁企业长期主导国内融资租赁市场,2007年底,五家银行被首次获批设立金融租赁公司,开启银行系统在金融租赁领域的全新历程。[2]2010年6

---

[1][2] 季明:《融资租赁:单机单船业务"破冰"》,载《新华每日电讯》2010年6月29日,第6版。

月,上海综合保税区的单机、单船 SPV 融资租赁项目正式落地,交银金融租赁公司、招银金融租赁公司成功获得一家单船 SPV 公司及五家单机 SPV 公司的营业执照,总注册资金高达 6 000 万元人民币。在项目启动仪式中,上海市综合保税区还与交银租赁、国银租赁、中航租赁、美国威利斯租赁、大新华租赁、远东租赁等九家公司签订了《战略合作备忘录》。①截至 2018 年,上海自贸试验区内共有 135 家单船融资租赁公司,船舶租赁金额高达 383.39 亿元。②上海综合保税区内单机、单船融资租赁的启动,将提高上海船舶制造、运输等产业链配套能力,拓宽中小企业融资难问题的解决渠道,推动国内金融业高端化发展,推进国内航运金融业的创新发展。

2. 实现国内期货交易所发布商品指数

2012 年 12 月,首个国内期货交易所发布的上海期货交易所有色金属期货价格指数(以下简称"上期有色金属指数")正式发布。上期有色金属指数的发布是强化期货市场服务实体经济的能力,增强我国在国际期货市场中影响力,以及推动我国期货市场创新的重要举措,其发布使得国内有色金属市场拥有了兼具公信力和权威性的价格指数,国内有色金属价格水平的变动趋势逐渐透明化、可视化,助力中国在国际有色金属市场中议价权的提升。③

上期有色金属指数是商品指数化投资创新的重要基础,是健全国内期货市场指数体系的重要保障,是助力国内期货市场创新服务理念实现的重要条件。在上期有色金属指数发布的基础上,2016 年,上海期货交易所正式对外发布上海期货交易所商品期货价格指数系列(以下简称"上期商品指数系列"),即上期工业金属期货价格指数(INCI)、上期工业金属超额收益指

---

① 《上海综合保税区单机、单船融资租赁项目正式启动》,http://www.gov.cn/gzdt/2010-06/28/content_1639149.htm("中华人民共和国中央人民政府",转载时间:2010.06.28)。

② 《上海国际航运服务能力升至全球第三 创新"双引擎"助力浦东航运高质量增长》,http://www.pudong.gov.cn/shpd/news/20190712/006001_9d1b82ee-5ae1-4906-91f1-c64e080abb18.htm("上海市浦东新区人民政府",转载时间:2019.07.12)。

③ 《和讯网:"上期商品指数系列"问答》,http://www.shfe.com.cn/news/news/911326410.html("上海期货交易所",转载时间:2016.12.14)。

数(INEI)、上期铜期货价格指数(CUCI)、上期铜超额收益指数(CUEI)、上期贵金属期货价格指数(PMCI)、上期贵金属超额收益指数(PMEI)、上期黄金期货价格指数(AUCI)、上期黄金超额收益指数(AUEI)，并涵盖综合指数、板块指数、单商品指数。[①]作为更加健全的商品指数体系，上期商品指数系列能全方位、多角度地反映工业金属、铜及贵金属市场运行情况，丰富期货市场投资策略组合，推动期货市场创新的持续发展，助力上海建设国际金融中心。[②]

3. 推出国内首个跨监管和跨市场的商品类 ETF

2013 年 6 月，上海证券交易所与上海黄金交易所联合推出国内首个跨监管和跨市场的商品类 ETF(Exchange Traded Fund)——黄金 ETF。黄金因其具有的内在价值和永不违约的特征，成为最为瞩目的投资工具。黄金 ETF 可在证券市场交易，是以黄金为基础资产，追踪黄金现货价格波动的基金产品。[③]2013 年，中国证监会批准了国泰黄金 ETF、华安黄金 ETF 发行。[④⑤]2021 年 3 月，中国黄金 ETF 总持仓创历史新高。[⑤]作为世界最大的黄金生产国和消费国，国内黄金 ETF 的产生和发展构建起黄金市场与证券市场的联系纽带，极大地推动了国内黄金市场体系的全面化发展。

4. 启动上市公司信息披露直通车业务

2013 年 7 月，上海证券交易所正式启动上市公司信息披露直通车业务，标志着上市公司自主信息披露时代的来临。[⑥]上市公司信息披露直通车是指上市公司可自行通过上交所信息披露系统来登记和上传信息披露文件，并可直接提交至上交所网站(http://www.sse.com.cn)及其他指定媒体进行披露。在这种信息披露模式中，上交所不再以事前形式审核上市公司信息披露事项，对上市公司信息披露的监管模式由事前审核转变为事后监

---

①②　《和讯网："上期商品指数系列"问答》，http://www.shfe.com.cn/news/news/911326410.html
　　　("上海期货交易所"，转载时间：2016.12.14)。

③　顾文硕：《充满活力的中国黄金 ETF 市场》，载《中国黄金报》2020 年 12 月 25 日，第 1 版。

④⑤　田晓莉：《中国黄金 ETF 市场对黄金现货市场影响的实证分析》，浙江大学硕士论文，2014 年。

⑥　谢卫群：《上交所开启信息披露直通车》，http://theory.people.com.cn/n/2013/0220/c40531-
　　　20538997.html("人民网"，转载时间：2013.02.20)。

督处理。①自上市公司信息披露直通车业务实施后,上市公司在信息披露领域的主体意识和责任意识增强,上交所上市公司监管部门的工作流程和工作效率更为精简与高效,直接推动了信息披露的市场效率的提高和信息披露质量的提升,极大地推动了上市公司信息披露监管模式的创新发展,并为接下来的上市公司信息披露模式的创新奠定了基础。

2015年,在市场化改革不断向纵深推进的背景下,基于上市公司信息披露直通车业务运行良好的基础,上海证券交易所启动上市公司信息披露分行业监管模式,实现了上市公司信息披露监管由辖区监管向分行业监管的转变。②分行业信息披露监管是上交所切实落实监管转型格局下信息披露监管的新要求,实施的以投资者需求为导向的更加科学和高效的信息披露监管模式。在这种创新性监管模式中,上交所以"行业"作为监管纬度,优化"监管阵型"和监管思路,树立信息披露监管权威,加强自律监管,并通过行业内比较来更有效地督促上市公司披露其独有的风险和价值,通过树立行业内"模范标杆"等方式来推动监管标准的统一,更好地以投资者诉求为服务导向,拓展服务实体经济的包容性,增强对各类市场潜在风险的预判能力,强化对各类热点事件和突发状况的应变能力,助力"沪港通"的发展。③

(二) 中国(上海)自由贸易试验区金改 1.0 和 2.0 时代

以自贸试验区为核心载体的金融创新是浦东金融创新历程中的璀璨明珠,直接推动了浦东金融创新的"升级换代"。2013年9月,中国(上海)自由贸易试验区挂牌成立(以下简称"上海自贸试验区")。自上海自贸试验区正式成立以来,中国人民银行、中国银监会、中国证监会及中国保监会相继发布和出台了支持上海自贸试验区金融改革和创新的通知(详见表4.10)。

---

① 《上海证券交易所上市公司信息披露直通车业务指引》,http://www.sse.com.cn/lawandrules/
sserules/listing/stock/c/c_20150912_3985860.shtml("上海证券交易所",转载时间:2013.
02.19)。
②③ 《上海证券交易所上市公司信息披露直通车业务指引》,http://www.sse.com.cn/lawandrules/
sserules/listing/stock/c/c_20150912_3985860.shtml("上海证券交易所",转载时间:2013.02.19)。

表 4.10 "一行三会"支持上海自贸试验区金融改革和创新的政策

机　构	文件名称	相关政策支持
中国人民银行	《关于金融支持中国(上海)自由贸易试验区建设的意见》	支持自贸试验区内自由账户体系、资本项目可兑换、利率市场化、外汇管理体制改革、风险管理,以及人民币跨境使用方面的先行先试、突破创新。
中国银监会	《中国银监会关于中国(上海)自由贸易试验区银行业监管有关问题的通知》	支持全国性、政策性和上海本地的中资银行以及符合条件的外资银行入区发展,支持各类符合条件的集团或公司在区内开设非银行金融公司以及支持民间资本进入区内银行业发展,并要根据上海自贸试验区内银行业的实际运营情况,制定"对症下药"的银行业监管体制,健全银行业风险特征的监控指标。
中国证监会	《资本市场支持促进中国(上海)自由贸易试验区若干政策措施》	支持自贸试验区内实施和开展深化资本市场改革、扩大中国期货市场对外开放程度,发展国际金融资产交易的创新活动。
中国保监会	《保监会支持中国(上海)自由贸易试验区建设》	支持自贸试验区内建设各类功能性保险机构,推动区内保险市场体系的健全,实现自贸试验区保险业的突破创新。

资料来源:各机构官方网站。

　　"一行三会"51 条意见的出台和发布为上海自贸试验区内融资业务、人民币跨境使用及利率市场化等方面的制度突破和创新发展提供了前提条件,奠定了必要基础,标志着上海自贸试验区迈入金融改革 1.0 时代。

　　2014 年,中国人民银行上海总部发布《中国(上海)自由贸易试验区分账核算业务实施细则》和《中国(上海)自由贸易试验区分账核算业务风险审慎管理细则》,标志着自贸试验区内自由贸易账户(FT 账户)系统正式投入使用。这使得区内符合条件的机构和企业可通过自由贸易账户与境外金融市场融通,为区内资本项目可兑换等金融改革和创新奠定了必要基础,标志着自贸试验区金融改革进入 2.0 时代。①在金改 2.0 时代,金改 1.0 时代政策的实施细则纷纷出台,自贸试验区以分账核算系统的发展、存款利率市场化

---

① 应琛:《金融改革,从 1.0—3.0 版》,http://www.xinminweekly.com.cn/fengmian/2018/04/12/10001.html("新民周刊",转载时间:2018.04.12)。

创新、支付结算创新、资金管理创新为核心抓手,大胆尝试、率先突破,为自贸试验区金改 3.0 时代夯实基础,为浦东金融创新注入活力。

1. 关键金融创新实践

在分账核算系统方面,2014 年 6 月 18 日,中国银行上海市分行为上海汽车国际商贸有限公司开立了首个机构自由贸易账户,标志着自贸试验区内分账核算系统正式启动。①自分账核算业务实施细则实施后,上海市金融机构为符合条件的区内或境外机构、企业开立自由贸易账户,并实施了资金划拨。②这是自贸试验区金改 2.0 时代最为核心和关键的创新举措,使自贸试验区具备了深入推进金融改革和创新发展的必要工具。此后,自由贸易账户人民币国际融资业务随之启动,极大地降低了区内企业的融资成本。

在存款利率市场化方面,2014 年《中国人民银行上海总部关于在中国(上海)自由贸易试验区放开小额外币存款利率上限的通知》发布,宣布放开自贸试验区内 300 万美元以下的个人小额外币存款利率上限,可自主定价区内居民的外币存款利率。③这项政策突破意味着自贸试验区内建立了由市场供求决定的外币利率形成机制,实现了外币存款利率的完全市场化。在 2014 年 3 月,自贸试验区内居民在中国银行办理了政策实施后的首笔小额个人外币存款业务。④

在支付结算创新方面,境内银行的境外市场大宗商品衍生品交易项下的结售汇业务及跨境电子商务人民币支付结算业务正式启动。2014 年,《关于印发支持中国(上海)自由贸易试验区建设外汇管理实施细则的通知》(以下简称《细则》)发布使得大宗商品衍生品柜台交易等外汇市场业务的发

---

① 《自贸区:金融开放大突破　制度创新求务实》,http://www.pudong.gov.cn/shpd/news/20160911/006005040006_426356a3-3161-40b0-b1df-ed012cc0441d.htm("上海市浦东新区人民政府",转载时间:2016.09.11)。

② 《第二批自贸试验区金融创新案例基本情况》,http://jrj.sh.gov.cn/CXAL157/20150630/0031-104552.html("上海金融",转载时间:2015.06.30)。

③ 《第一批自贸试验区金融创新案例基本情况》,http://jrj.sh.gov.cn/CXAL157/20150629/0031-104548.html("上海金融",转载时间:2015.06.29)。

④ 《中行办理上海自贸区放开小额外币存款利率上限后首笔个人业务》,https://www.boc.cn/aboutboc/bi1/201402/t20140228_2986205.html("中国银行",转载时间:2014.03.01)。

展得到政策支持。在《细则》发布的前提下,中国银行和上海江铜国际物流有限公司签订了以 LME 铜为商品标的的为期 3 个月的场外远期合约,成为自贸试验区内首笔大宗商品衍生品交易;快钱支付公司与台湾关贸网签署跨境电子商务人民币支付业务协议,以人民币作为双方进口业务的结算货币。①

在资金管理创新方面,跨境人民币双向资金池业务、外汇资金集中运营管理业务、直接投资外汇登记业务及外汇资本金意愿结汇业务正式落地。2014 年,浦发银行为麦维讯电子公司所属的五家企业办理了人民币双向资金池业务,资金调拨共计 8 000 万元;工商银行上海市分行率先为锦江集团等企业提供跨境外汇资金集中运营管理服务;建设银行上海市分行成功为内外资融资租赁企业办理外汇资本金意愿结汇。②2015 年,《国家外汇管理局关于进一步简化和改进直接投资外汇管理政策的通知》发布,宣布用银行直接办理取代原有的投资项下外汇核准登记。跨境人民币双向资金池业务、外汇资金集中运营管理业务及直接投资外汇登记业务实施,使得自贸试验区内跨国公司的境内外资金流动更加便捷,有效地提高了区内跨国公司资金使用效率,推动了区内外汇资金集中管理和直接投资业务办理的便利化发展,助力上海总部经济持续发展。外汇资本金意愿结汇业务的启动则是外商投资资本金"按需结汇"制度的关键突破,使外商投资企业实现了规则下结汇与否和结汇试点的选择自由,显著降低了外资企业的汇率风险。③

在自贸试验区内自由账户体系和人民币跨境支付政策下,区内的保险业、人民币跨境使用及跨境融资的创新不断涌出。在**保险业**方面,首个以上海航运保险协会为开发主体的条款——无船承运经营者保证金责任保险条款实现在中国保监会的备案,这使得自贸试验区内航运保险业的相关审批流程将更加精简,航运保险业产品的开发和实施将更加高效,助力上海成为

---

① ② 《第一批自贸试验区金融创新案例基本情况》,http://jrj.sh.gov.cn/CXAL157/20150629/0031-104548.html("上海金融",转载时间:2015.06.29)。

③ 《第二批自贸试验区金融创新案例基本情况》,http://jrj.sh.gov.cn/CXAL157/20150630/0031-104552.html("上海金融",转载时间:2015.06.30)。

全球航运市场聚集地和产业定价中心。①与此同时，在自贸试验区自由贸易账户体系下，太平人寿自贸试验区分公司率先构建境内外公司合作平台来启动跨境再保险业务，实现了人民币保单境外销售，推动了本外币保费资金的跨境流通的便利性，为保险业国际化发展提供契机。②在**人民币跨境**使用方面，自贸试验区内金融机构创新性开展自由贸易账户项下中小企业跨境人民币综合金融服务、居家费用跨境人民币支付，以及互联网企业经常项下跨境人民币集中收付，使得中小企业得以享受综合化金融服务，融资成本大幅降低，汇兑风险管理能力显著提高，使得民生服务得以享受金融创新发展的便利。③在**跨境融资**方面，境外银团人民币借款业务、自贸试验区跨境并购融资业务，以及三方联动跨境银租保业务的实施，拓展了区内融资租赁公司的融资渠道，推动了区内企业的对外投资，实现了区内跨境融资模式的突破创新。④

2. 沪港通正式启动

在金改 2.0 阶段，**沪港通正式启动。**2014 年 4 月，《中国证券监督管理委员会香港证券及期货事务监察委员会联合公告》发布，这意味着上海证券交易所（以下简称"上交所"）、香港联合交易所有限公司（以下简称"联交所"）、中国证券登记结算有限责任公司（以下简称"中国结算"）、香港中央结算有限公司（以下简称"香港结算"）在原则上正式被批准联合建设沪港股票市场交易互联互通机制试点（以下简称"沪港通"）。⑤2014 年 11 月，沪港通试点正式启动，标志着中国资本市场迈入国际化发展的新阶段。沪港通是指上交所会员或联交所参与者可以接受两地投资者的委托，通过上交所或联交所在香港或上海所设立的证券交易服务公司，帮助两地投资者来买卖规范范围内上交所和联交所内上市的股票，并且根据两地投资者购买股票

①②③ 《第三批自贸试验区金融创新案例基本情况》，http://jrj.sh.gov.cn/CXAL157/20150630/0031-104556.html（"上海金融"，转载时间：2015.06.30）。

④ 《第二批自贸试验区金融创新案例基本情况》，http://jrj.sh.gov.cn/CXAL157/20150630/0031-104552.html（"上海金融"，转载时间：2015.06.30）。

⑤ 《证监会与香港证券及期货事务监察委员会联合公告》，http://www.gov.cn/xinwen/2014-04/10/content_2656483.htm（"中华人民共和国中央人民政府"，转载时间：2014.04.10）。

的所在地,沪港通可分为沪股通和港股通两部分,前者是指投资者通过规定的渠道购买上交所内股票的机制,后者是指投资者经由规定的渠道购买联交所内股票的机制。[①]在沪港通机制中,中国结算、香港结算提供相应的结算服务。沪港通试点的启动意味着两地股票市场的相互开放,这必然将影响两地投资者的投资策略选择及两地金融监管制度,并凭借股票市场的"互通互联"带来的影响推动中国资本市场制度的改革,加快中国资本市场的市场化进程,助力人民币国际化程度的持续提升,并为接下来我国内地股票市场与香港股票市场的"互联互通"奠定重要基础。[②]

(三) 中国(上海)自由贸易试验区金改 3.0 时代

2015 年 2 月,人民银行上海总部发布《中国(上海)自由贸易试验区分账核算业务境外融资与跨境资金流动宏观审慎管理实施细则》,这意味着自贸试验区内将实施全面放开本币与外币的境外融资、自由贸易账户体系下事中及事后监管制度等新措施,标志着自贸试验区金融改革进入 3.0 时代。2015 年 10 月,中国人民银行会同商务部、中国银监会、中国证监会、中国保监会、国家外汇管理局和上海市人民政府正式联合印发《进一步推进中国(上海)自由贸易试验区金融开放创新试点加快上海国际金融中心建设方案》(以下简称"金改 40 条")。在金改 3.0 时代,在"金改 40 条"的贯彻落实下,自贸试验区以推动上海国际金融中心的建立为核心目标,以推动自由贸易账户、资本项目可兑换、利率市场化、扩大金融开放、建立面向国际的金融市场及人民币国际化的深化发展为抓手,以简政放权、推进市场准入制度创新为辅助,深化 2.0 时代金融创新,实现金融创新的全面发展,并以"井喷式"金融创新激活浦东金融业活力,提升浦东作为"6+1"格局国际金融中心核心承载区的能力。

---

① 《证监会与香港证券及期货事务监察委员会联合公告》,http://www.gov.cn/xinwen/2014-04/10/content_2656483.htm("中华人民共和国中央人民政府",转载时间:2014.04.10)。

② 《沪港通开启中国资本市场新时代》,http://www.gov.cn/xinwen/2014-11/17/content_2779955.htm("中华人民共和国中央人民政府",转载时间:2014.11.17)。

1. 自由贸易账户深化发展的关键案例

自由贸易账户体系是自贸试验区内最为核心和关键的金融创新载体，是推动利率市场化、人民币国际化、金融扩大开放及建立国际金融中心的重要渠道。2014年，自贸试验区内自由贸易账户体系正式启动。依托于金改2.0阶段发展的基础，在金改3.0阶段，自由贸易账户系统全面深化发展，功能日益拓展和丰富，成为自贸试验区内推动金融创新最为瞩目的工具。

自由贸易账户外币服务功能启动。2015年4月，中国人民银行上海总部正式发布《关于启动自由贸易账户外币服务功能的通知》（以下简称《通知》），正式宣布上海市内开展自贸试验区分账核算业务的金融机构可按照相关要求向区内及境外主体提供本外币一体化的自由贸易账户金融服务，这意味着上海自贸试验区内自由贸易账户外币服务功能的正式启动。[①]自然而然，自贸试验区内自由贸易账户外币服务功能的落地直接提高了账户内本外币兑换的便利性，降低了汇兑成本，增强了区内金融机构提供国际水准金融服务的能力。更为重要的是，自贸试验区内自由贸易账户外币服务的启动实现了本外币一体化管理，使得区内企业得以实现统筹"境内外两个市场，本外币两种资源"，打通自贸试验区内企业境外融资渠道，推动了自贸试验区内自由贸易账户的持续创新发展，构建起自贸试验区与上海国际金融中心深度融合发展的桥梁。[②]

自由贸易账户间参代理业务、自由贸易账户项下利率互换交易业务的落地是鼓励其他经济主体以自由贸易账户为载体积极"走出去"的重大创新举措，极大地拓展了自由贸易账户功能和使用范围。《关于上海市金融机构开展自由贸易账户金融服务有关问题的通知》发布后，2016年3月，交通银行上海市分行和杭州银行上海分行成功签约首单自由贸易账户参代理业务合约，合约生效后，杭州银行上海分行作为间参行可通过交通银行上海市分

---

①② 《人民银行上海总部宣布自由贸易账户启动外币服务功能》，http://www.china-shftz.gov.cn/NewsDetail.aspx?NID=25303979-468b-4e06-9734-6b389bbc63fe&CID=f672f518-99a3-4789-8964-1335104906b4&MenuType=2（"中国（上海）自由贸易试验区管理委员会"，转载时间：2015.04.23）。

行为其开设的 FTU 资金清算账户和代理服务,间接使用自由贸易账户的相关功能为其客户提供自由贸易账户系统下相关金融服务。①2016 年 4 月,通过中国外汇交易中心自贸试验区交易系统,兴业银行资金营运中心与星展银行上海分行实现了自贸试验区内首笔以人民币为名义本金,以美元为结算货币,交易价格由双方自行协定的利率互换交易。②两项业务的启动贯彻落实了政策对自贸试验区自由贸易账户体系突破创新的要求,不仅拓展了自由贸易账户的使用范围和功能,更为境内利率市场化改革牵桥搭路,提高金融资源配置效率,扩大了自贸试验区金融创新成果的惠及领域,推动了境外投资机构与国内利率产品市场联通渠道的构建,聚力提升金融创新对实体经济服务能力。③

与此同时,在"金改 40 条"的引领下,**资产管理公司自由贸易账户项下应收账款收购业务及首单自贸试验区大宗商品自由贸易账户跨境电子商业汇票**也在自贸试验区正式落地,前者使得区内资产管理公司可以自由贸易账户为桥梁,充分利用境内外"两个市场、两种资源"来提高境外投资活动的效率和收益率,后者创新性拓展了自由贸易账户的功能,使自由贸易账户成为国内电子汇票跨境支付和融资功能的载体,拓宽了自贸试验区内大宗商品现货交易市场的结算渠道。④此外,自贸试验区跨境电商综合金融服务的落地进一步拓宽了自由贸易账户的使用范围,在跨境电商交易中纳入自由贸易账户,显著提升了跨境融资和汇兑的效率。

自由贸易账户信贷融资品种日益丰富。凭借自贸试验区内针对金融创新举措的政策便利和监管机制突破,商业银行以信贷融资为工具,以自由贸易账户为载体,通过创新自由贸易账户信贷融资产品,助力区内企业跨境融资。农业银行上海市分行、中国银行上海市分行、建设银行上海市分行及浦东发展银行纷纷大胆尝试、先试先行,率先通过与境外分行联合成立风险参与型银团贷款、提供境外机构自由贸易账户(FTN)相关服务等方式来支持和鼓励区内相关企业的境外业务,做好区内企业"走出去"的"强力后援"。⑤

---

①②③④⑤　《第六批自贸试验区金融创新案例基本情况》,http://jrj. sh. gov. cn/CXAL157/20160513/0031-147075.html("上海金融",转载时间:2016.05.13)。

自由贸易账户债券交易功能得到拓展。2016年9月，作为总领托管、登记及检测机构，上海清算所正式推出自贸试验区债券柜台业务，意味着商业银行的自贸试验区分行柜台正式具备提供发售人民币债券、做市和二级托管服务，使投资者在商业银行代理下可经由自由贸易账户体系在人民币债券市场开展相应的交易。①商业银行自贸试验区债券柜台业务的启动是信用类债券发售方式的突破创新，实现了信用类债券在商业银行柜台的"首秀"，也是投资人首次具备了经由自由贸易账户体系在二级市场开展债券交易的机会，创新性地拓展了自由贸易账户债券交易功能，提高了投资者开展债券交易的积极性，推动了国内债券市场的健全，拓展了人民币跨境使用范围，加快了人民币国际化进程。②

自由贸易账户外币理财功能启动。2017年，浦发银行发行首单自由贸易账户美元非保本理财产品，标志着自由贸易账户外币理财功能启动。③自由贸易账户外币理财产品的落地提高了自由贸易账户资金投资效益，使投资者具备投资境外标的的必要通道，丰富了自由贸易账户理财功能的内涵，增强了自由贸易账户体系作为区内企业"走出去"后背支持力量的能力。④

2017年，上海自贸试验区成功承接首批全功能型跨境双向人民币资金池的落地。2017年，中国人民银行上海总部发布《关于进一步拓展自贸区跨境金融服务功能支持科技创新和实体经济的通知》（以下简称《通知》）。《通知》指出支持跨国企业集团设立在岸的全功能型跨境人民币资金池，以集中管理全球人民币资金。位于浦东的工商银行上海市分行率先为大润发集团搭建了全功能型跨境双向人民币资金池，使大润发集团通过境内机构自由贸易账户（FTE）实现了本外币资金在岸集约化管理；花旗银行为香港艾兰得集团搭建全功能型跨境双向人民币资金池成功落地，这是首家境外跨国公司通过开设境外机构自由贸易账户（FTN），实现了全球资金的统一

---

① 《上海清算所自贸区债券柜台业务正式推出，首笔交易顺利完成》，https://www.shclearing.com/gywm/xwdt/201609/t20160926_187348.html（"上海清算所"，转载时间：2016.09.26）。

②③④ 《第七批自贸试验区金融创新案例基本情况》，http://jrj.sh.gov.cn/CXAL157/20170110/0031-148673.html（"上海金融"，转载时间：2017.01.10）。

调配和融通管理。①首批全功能型跨境双向人民币池的成功落实是自贸试验区内自由贸易账户功能的重要创新突破。全功能型跨境双向人民币资金池拓展了自由贸易账户功能，新增了日间透支、隔夜透支及本币一体化等功能，极大地提高了境内外企业集团本外币资金在岸集约化管理的能力，突破了传统跨境人民币资金池面临的海外流动性限制，构建了境外及区内金融资源与境内实体经济融合发展的渠道，提高了跨境资金双向流动的均衡性，聚力推动人民币国际化进程。②

自由贸易账户的载体功能得以拓展。 2017 年，中国银行上海市分行通过自由贸易账户，联合 7 家外资银行组建国际银团，协助凯雷基金实现对法国道达尔石油化工集团旗下的安美特集团股权的收购。③在项目收购中，中国银行上海市分行负责 TLB 部分中的 5 亿美元，并使借款人拥有在贷款期间选择 5 亿美元转换为等值人民币的权力。Term Loan B(简称"TLB")是收益相对较高且使借款人在贷款比例安排和财务约束指标上具有一定选择权的债务融资手段。本次项目收购是首次在国内实施 TLB 融资模式，是自由贸易账户作为双币种和币种转换选择权融资方案关键实现渠道的创新性尝试，增强了自由贸易账户作为创新性融资方案实现载体的功能，在强化中资银行实施国际并购项目能力的同时加快了人民币国际化的进程。

(四) 金融市场创新深化发展的关键实践

在自贸试验区相关政策实施下，以自由贸易账户为载体，充分利用自贸区的平台优势和随自贸试验区发展不断突破的金融制度，扎根在浦东的金融机构和监管机构立足浦东金融发展大局，在金融产品和监管制度方面大胆尝试、勇于创新，推动自贸试验区内金融市场的深化发展，全面加强浦东作为上海国际金融中心核心承载区的功能。

---

①②③ 《第八批自贸试验区金融创新案例基本情况》，http://jrj. sh. gov. cn/cmsres/c2/ c2bf339a9788458ebcd8c533c067f4a5/9fe52f3421a4507781743a8b0e983bac. pdf ("上海金融"，转载时间：2017.10.12)。

1. 助推融资发展的创新实践

(1) 境外融资。

自贸试验区同业存单是以境内同业存单为蓝本，以自由贸易账户为依托，以符合自贸试验区实际情况和境内外投资者交易习惯为前提，以区内金融机构投资者为发行对象的记账式定期存款凭证。2015年9月，中国人民银行上海总部制定了《中国(上海)自贸试验区跨境同业存单境内发行人操作指引》和《中国(上海)自贸试验区跨境同业存单境外发行人操作指引》。2015年10月，工商银行、农业银行、中国银行、建设银行等八家首批试点银行顺利公开发行为期三个月的自贸试验区跨境同业存单，发行量总计29亿元。以自由贸易账户为载体的自贸试验区同业存单的发行使自贸试验区具有了以市场作为定价手段的存款产品，自贸试验区同业存单的发行推动了自由贸易账户体系利率定价机制和货币市场功能的健全和发展，大大提高了自贸试验区对境外金融机构的吸引力，助力人民币国际化进程的加快。①

2015年，自贸试验区内银行和非银行金融机构的分账核算单元建设均有关键性创新举措。在银行方面，**自贸试验区内商业银行分账核算单元境外筹资功能正式启动。**商业银行可以通过FTU分账核算单元来实施境外融资，并将其以FTE贷款的方式发放给企业。2015年，建设银行上海市分行通过分账核算单元境外融资功能向自贸试验区内某企业发放7500万英镑的FTE外币贷款，以满足企业开展境外业务的融资需求。②在非银行金融机构方面，**财务公司分账核算单元金融服务正式落地。**2015年，申能财务、电气财务通过人民银行分账核算单元验收，并顺利开展了境外融资活动，为非银行金融机构分账核算单位的建立和功能的完善奠定关键基础。③自贸试验区内金融机构分账核算单元的关键性突破通过境外融资渠道的拓展、财务公司分账核算单元模式和制度框架的建立，极大地降低融资成本，

① 《第五批自贸试验区金融创新案例基本情况》，http://jrj.sh.gov.cn/CXAL157/20151207/0031-145853.html("上海金融"，转载时间：2015.12.07)。

②③ 《第四批自贸试验区金融创新案例基本情况》，http://jrj.sh.gov.cn/CXAL157/20151116/0031-145610.html("上海金融"，转载时间：2015.11.16)。

加快了区内企业"走出去"的步伐。与此同时，2015年，在自贸试验区内，中国银行通过海外分支机构发行大额同业存单（CD），拓宽了区内金融机构补充分账核算单元流动性的渠道。

2017年，中国人民银行上海总部发布《关于进一步拓展自贸区跨境金融服务功能支持科技创新和实体经济的通知》（以下简称"《通知》"）。《通知》表示在**现有本外币账户服务基础上，支持金融机构依托分账核算单元为科技创新提供符合其发展阶段特征的跨境金融服务**。[①]其中，在创意期和研发期，金融机构可以为科技创新的孵化器和技术收储等经营主体开展跨境投融资活动提供相应的跨境金融服务及相关的结算业务；在成果转化期和成长期，金融机构可为科技创新主体吸收境外融资和技术贸易活动提供相应的自由贸易账户跨境金融服务及相关的结算业务；在发展期和成熟期，金融机构可为科技创新主体提高收购兼并、资金集中管理和特许经营等提供相关跨境金融服务。[②]《通知》的发布一定程度上拓展了自贸试验区内自由贸易账户的功能，增强了自贸试验区内金融机构的金融服务能级，建立了科技创新主体全发展阶段金融服务支持体系，为自贸试验区内金融创新和突破发展提供了制度前提。

2020年，**上海自贸试验区临港新片区境内贸易融资资产跨境转让业务正式启动**，临港新片区成为上海市商业银行率先开展境内贸易融资资产跨境转让业务的"试验田"。在"服务实体、真实贸易、真实出表、真实转让、风险可控"的原则下，临港新片区境内贸易融资资产跨境转让业务的落地提高了境内银行资源利用率和收益率，拓宽了跨境人民币双向流通通道，增强了人民币资产在国际金融市场中的竞争力，助力上海国际金融中心核心竞争力的增强。[③]

---

① ② 《中国人民银行上海总部关于进一步拓展自贸区跨境金融服务功能支持科技创新和实体经济的通知》，http://shanghai.pbc.gov.cn/fzhshanghai/113577/114829/114895/3682794/index.html（"中国人民银行上海总部"，转载时间：2018.12.11）。

③ 《第十批自贸试验区金融创新案例基本情况》，http://jrj.sh.gov.cn/GZDT177/20200730/57df9d5db4ae4062a59fb5bf1d771325.html（"上海金融"，转载时间：2020.07.30）。

（2）境内融资。

2015年12月,**上海市唯一合法的区域性股权市场运营机构——位于浦东的上海股权托管交易中心正式推出科技创新板。**"科技创新板"以中小微科技创新企业为核心服务对象,以非公开发行股份、协议转让股份等方式,以互联网综合金融服务平台为载体,通过注册审核制度和中介机构会员遴选委员会机制来提高中小微科技创新业务孵化阶段的融资效率,培育和提高中介机构金融服务能力,丰富国内资本市场的发展层次,助力上海国际科创中心的建设。①

2. 助推债券、期权与期货市场发展的创新实践

（1）债券与证券市场。

2016年,**国内首只自贸试验区人民币地方政府债券发行,**面向自贸试验区内已开立自由贸易等账户的区内及境外机构投资者。上海市财政局于2016年通过公开招标方式,成功发行期限3年,发行总额为30亿元的上海市政府债券。依托自贸试验区的投资优势,自贸试验区债券的投资主体扩大,符合条件的境内外机构可通过中央结算公司开设的专用渠道来直接启动自贸试验区债券业务,境外机构可办理相应的代理和托管业务来间接参与自贸试验区债券业务。此外,汇丰银行、渣打银行和星展银行在中国的分行首次有机会承担我国地方政府债券的承销任务。②自贸试验区债券的发行是中国内金融基础设施体系建设的重大创新,意味着区内自由贸易账户的功能显著提升,标志着区内建设面向国际的债券市场实现关键突破,极大地推进了人民币国际化进程的提速,丰富了区内投资品种类,并增加了自由贸易账户内资金投资方案的可选性,拓展了境外离岸人民币投资回流渠道,丰富了境外投资者增持人民币资产的渠道,助力地方债发行机制的完善,优化地方政府的融资渠道。③

---

① 《上海股交中心科创板28日正式开板》,http://ggjd.cnstock.com/company/scp_ggjd/tjd_bbdj/201512/3666863.htm("中国证券网",转载时间:2015.12.28)。

② 《上海市在中国(上海)自由贸易试验区内成功发行地方政府债券》,https://www.czj.sh.gov.cn/zys_8908/xwzx_8909/czyw/201612/t20161208_174347.shtml("上海市财政局",转载时间:2016.12.08)。

③ 《第七批自贸试验区金融创新案例基本情况》,http://jrj.sh.gov.cn/CXAL157/20170110/0031-148673.html("上海金融",转载时间:2017.01.10)。

2016 年 7 月,在银行间市场,金砖国家新开发银行顺利发行为期 5 年,总计 30 亿元,旨在支持巴西、中国、印度、南非相关再生能源项目推进的人民币绿色金融债券。^①这是间隔 7 年后,国际金融机构再次在中国发行人民币债券,是**第一只由总部位于中国的国际金融机构发行的绿色金融债券**,也是金砖国家新开发银行第一次经由自由贸易账户实现债务保值交易业务的办理。^②本次债券的发行显著加快了中资银行利用自贸试验区平台优势发展国际化经营的步伐,推动了中资银行与国际金融机构深度合作,提高了国际市场对"熊猫债"的认可,为今后人民币债券在国际市场上发行夯实基础积累经验。^③

2017 年 5 月,兴业银行上海分行主承销**国内银行间市场和交易所市场首单融资租赁绿色债券(PPN)**——中电投融和融资租赁公司 2017 年度第一期非公开定向绿色债务融资工具正式发行,发行规模 10 亿元,募集资金用于清洁能源类租赁项目的运行,本单债券创新性使用非定向债务融资工具(PPN)模式,降低了绿色项目融资的门槛,丰富了绿色债的发行主体,拓展了发展清洁能源的相关公司的融资渠道,以金融创新助力国内节能减排的持久发展。^④

2018 年 11 月,在首届中国国际进口博览会中,习近平总书记在开幕式演讲中宣布将在**上海证券交易所设立科创板并试点注册制**。2019 年 7 月,科创板首批公司在上海证券交易所挂牌上市,万众瞩目的设立科创板并试点注册制改革项目正式落地。^⑤科创板的设立为国内科技创新"保驾护航"。科创板服务于具有核心科技、符合国家战略及具有高度市场认可的科技创新企业,允许尚未盈利或存在累计未弥补亏损但符合科创板定位的企业、允

---

①② 《中国银行在上海举行金砖国家新开发银行绿色金融债券投资者推介会》,https://www.boc.cn/aboutboc/bi1/201607/t20160713_7302519.html("中国银行",转载时间:2016.07.13)。

③ 《第七批自贸试验区金融创新案例基本情况》,http://jrj.sh.gov.cn/CXAL157/20170110/0031-148673.html("上海金融",转载时间:2017.01.10)。

④ 《第八批自贸试验区金融创新案例基本情况》,http://jrj.sh.gov.cn/cmsres/c2/c2bf339a-9788458ebcd8c533c067f4a5/9fe52f3421a4507781743a8b0e983bac.pdf("上海金融",转载时间:2017.10.12)。

⑤ 易会满:《国务院关于股票发行注册制改革有关工作情况的报告——2020 年 10 月 15 日在第十三届全国人民代表大会常务委员会第二十二次会议上》,http://www.npc.gov.cn/npc/c30834/202010/a8cddd4b7f694bc7a6b3719df029df6a.shtml("中国人大网",转载时间:2020.10.15)。

许特殊股权结构企业以及红筹企业在科创板上市。此外,科创板的设立有利于推动新一代信息技术、新材料和新能源等高新技术和战略新兴产业的持续发展,推进互联网、大数据、人工智能等技术与制造业的深度融合,以推动制造业向高级化和智能化发展。①基于科创板的特殊性和关键性,上海证券交易所通过建立针对机构投资者的询价、定价等配套机制,试行保荐人相关子公司"跟投"制度,构建上市后交易价格监控机制,健全信息披露体系等措施来构建科创板股票市场化发行承销机制,加强对科创板上市公司的监管,强化中介机构的责任,保障投资者权益。②截至2020年9月15日,在科创板上市的公司已达到173家,IPO合计融资2 607亿元。③科创板的设立是深化资本市场改革的关键创新举措,有利于健全支持创新的资本形成机制,加强科技创新对经济高质量发展的驱动力。

(2)期权与期货市场。

2015年3月,**国内第二个国债期货品种——10年期国债期货合约在中国金融期货交易所挂牌上市**。在金融业扩大开放带来的利率风险,以及利率市场化下存贷款基准利率作用弱化的背景下,作为规避利率风险关键工具及利率市场的风向标,10年期国债的重要性不言而喻。10年期国债期货使得商业银行拥有了可对冲长期利率风险的关键工具,提升了商业银行资产配置效率,增强了商业银行的国际竞争力;使得国债收益率曲线的长端具备被覆盖的可能性,增强了国债收益曲线对市场供求关系反应的有效性。商业银行的介入也增强了期货市场的价值发现功能,提高了市场利率的参考价值,推动国债期货市场活力的焕发,助推利率市场化机制的形成。④与

---

① 《关于在上海证券交易所设立科创板并试点注册制的实施意见》(证监会公告〔2019〕2号),http://www.gov.cn/zhengce/zhengceku/2019-10/18/5441532/files/d0eae52aab904adba4a259071fd04ae9.pdf("中华人民共和国中央人民政府",转载时间:2019.01.28)。

② 《上海证券交易所科创板股票发行与承销业务指引》,http://www.sse.com.cn/lawandrules/sserules/tib/issue/c/4765067.shtml("上海证券交易所",转载时间:2019.04.16)。

③ 易会满:《国务院关于股票发行注册制改革有关工作情况的报告——2020年10月15日在第十三届全国人民代表大会常务委员会第二十二次会议上》,http://www.npc.gov.cn/npc/c30834/202010/a8cddd4b7f694bc7a6b3719df029df6a.shtml("中国人大网",转载时间:2020.10.15)。

④ 娄洪、韦士歌:《关于推进现代国债市场建设的几点思考》,载《财政研究》2018年第6期,第84—88页。

此同时，2015 年 1 月，为提高国债期货市场运行的效率，推动国债市场的稳健发展，中国金融期货交易所试点运行国债充抵期货保证金业务，这一举措有利于推动银行等国债现券持有者积极入市。①继 10 年期国债期货之后，**2018 年 8 月，2 年期国债期货在中国金融期货交易所正式挂牌上市**，成为场内利率衍生品市场创新发展的又一标志物。至此，我国覆盖中长期的国债期货产品体系已基本建立，极大地推动了我国利率市场化的稳健发展。②

2015 年 3 月，**上海期货交易所上市镍、锡期货合约**。作为全球最大的镍、锡生产和消费国，随着国内锡消费的不断增长，国内锡的现货市场价格与国际锡的现货市场价格仍差异较大。③此外，我国还并未拥有重要战略金属——镍的期货市场，缺乏对镍定价的话语权。在满足镍、锡现货市场政策清晰和价格竞争充分等条件下，2015 年镍、锡期货合约在上海期货交易所正式挂牌上市。④国内镍、锡期货上市将加快镍、锡市场化定价机制的建立与完善，增强对国际镍、锡价格的议价权，助力产业链上相关企业风险管理能力的提升，使我国在国际市场中逐渐具有与世界最大的镍、锡生产和消费国相匹配的影响力。⑤

2017 年，**上海期货交易所率先探索天然橡胶"保险＋期货"精准扶贫新模式**，以金融创新助力脱贫攻坚。因气候和地形等条件的限制，我国橡胶种植区域集中于云南省和海南省的少数民族地区和边疆地区，这些区域多为国家级贫困区，橡胶种植是当地居民的主要收入来源，但由于天然橡胶现货价格波动较大，当地居民的经济收入难以得到保障，严重阻碍了当地脱贫致富的进程。⑥2017 年，上海期货交易所正式启动天然橡胶"保险＋期货"精准

① 《国债充抵期货保证金　新政下银保资金跑步入市》，http://finance.people.com.cn/n/2015/0101/c1004-26310473.html（"人民网"，转载时间：2015.01.01）。
② 《2 年期国债期货今日挂牌上市》，http://www.cffex.com.cn/jysdt/20180817/22538.html（"中国金融期货交易所"，转载时间：2018.08.17）。
③ 王云：《人民日报：产业企业高度肯定镍、锡期货 提升有色金属定价话语权》，http://www.shfe.com.cn/news/news/911322540.html（"上海期货交易所"，转载时间：2015.03.27）。
④⑤ 《金融时报：镍、锡期货获准上市　增强服务实体经济集聚效应》，http://www.shfe.com.cn/news/news/911322538.html（"上海期货交易所"，转载时间：2015.03.18）。
⑥ 尚齐、何小明：《上海期货交易所——探索天然橡胶"保险＋期货"精准扶贫模式》，http://society.people.com.cn/n1/2018/0810/c1008-30220269.html（"人民网"，转载时间：2018.08.10）。

扶贫试点。"保险＋期货"精准扶贫新模式是指上海期货交易所联合保险公司和期货公司为胶农建立经济收入保障机制,即上海期货交易所投入资金,保险公司为胶农出具保单,期货公司为保险公司对冲风险。在这种模式下,当橡胶价格下跌至可理赔的程度时,胶农可通过赔偿来保障其经济收入。[1]因此,"保险＋期货"精准扶贫新模式极大地推动了当地产业扶贫的发展。在项目启动之年,上海期货交易所投入 3 960 万元项目支持资金,受益胶农达 2.3 万余户,其中建档立卡贫困户 7 279 户;2018 年,上海期货交易所全面扩大对项目的支持,投入 7 200 万元专项资金,试点方案中的区域覆盖海南省、云南省 21 个贫困区县,其中有 17 个国家级贫困县。[2]2019 年,上海期货交易所投入 9 000 万元专项资金,试点方案覆盖海南省和云南省 19 个贫困区县,其中有 14 个国家级贫困县。[3]在脱贫攻坚的决胜之年,在新冠肺炎疫情下橡胶产业顺利复产的关键时期,上海期货交易所的"保险＋期货"精准扶贫新模式在项目数量、覆盖区域、受益人数方面均有关键突破。2020年,上海期货交易所启动了覆盖海南省和云南省 25 县、挂钩天然橡胶现货产量 19 万吨,共计 66 个天然橡胶"保险＋期货"精准扶贫及场外期权产业扶贫试点项目,为约 30 万胶农的近 40 万吨天然橡胶"保驾护航"。[4]

2018 年,以人民币计价、国内首个国际化期货品种——中国原油期货在上海期货交易所子公司上海国际能源交易中心正式挂牌交易。作为我国国际战略品种落地的关键突破口,原油期货承担我国期货市场国际化的重要任务,其上市已经筹备良久。2013 年 11 月,上海国际能源交易中心正式成立,这标志着原油期货的上市进入稳步推进阶段。2017 年 5 月,上海国际能源交易中心正式发布交易中心的交易规则和 11 个相关的业务细则,这意味着中国原油期货的上市指日可待。[5]2018 年 3 月 26 日,中国原油期货

[1][2]　尚齐、何小明:《上海期货交易所——探索天然橡胶"保险＋期货"精准扶贫模式》,http://society.people.com.cn/n1/2018/0810/c1008-30220269.html("人民网",转载时间:2018.08.10)。

[3]　《上期所持续扩大天然橡胶"保险＋期货"试点 2019 年项目覆盖 19 个贫困区县》,http://www.shfe.com.cn/news/Spotlight/911333945.html("上海期货交易所",转载时间:2019.06.03)。

[4]　张利静:《上期所 2020 年天然橡胶精准扶贫结项》,载《中国证券报》2021 年 2 月 26 日。

[5]　《中国版原油期货今日上市　这桶油来得不简单》,http://www.xinhuanet.com/2018-03/26/c_129837709.htm("新华网",转载时间:2018.03.26)。

在上海能源交易中心正式上市,中国原油期货首战告捷,迎来开门红,中国期货市场迈入国际化的新阶段。[①]截至 2020 年 4 月,原油期货开户数量突破 12 万户,日盘交易量突破 20 万手。[②]今后,在持续推进期货市场国际化进程中,原油期货的发展也将在推动国内期货市场市场化改革等方面发挥关键作用。

2018 年 9 月,**国内首个工业品期权——铜期权在上海期货交易所正式上市**。铜期权的上市打破国内场内工业品市场仅有期货的局面,拓展了国内有色金属衍生品风险管理渠道,提高相关企业管控风险的能力,进一步增强上海期货交易所在国际铜金融市场中的议价权。[③]同年,上海期货交易所正式挂牌上市纸浆期货,截至 2018 年 11 月 27 日,这是**全球唯一以实物交割的纸浆期货合约**。[④]纸浆期货的上市不仅为纸浆生产企业等相关产业链上下游产业提供了有效的风险管理工具,提高了相关企业经营效率和收益率,更有助于增强国内纸浆生产等相关企业在国际纸浆市场中的竞争力,提升我国在国际纸浆市场中的影响力和话语权。[⑤]2019 年,**全球首个天然橡胶期权在浦东正式上市**,有利于规避因天然橡胶期货波动较大带来的风险,丰富相关企业和机构的风险管理策略,增强浦东作为上海国际金融中心核心承载区的辐射能力,提高中国在国际天然橡胶市场中的议价权和影响力。[⑥]

3. 助推保险业发展的创新实践

2016 年 6 月,**国内首家保险要素交易平台——上海保险交易所正式落**

① 《中国版原油期货正式上市　首日交易迎"开门红"》,http://china.cnr.cn/xwwgf/20180326/t20180326_524177196.shtml("央广网",转载时间:2018.03.26)。

② 《中国金融:上海原油期货服务实体经济功能逐步发挥》,http://www.shfe.com.cn/news/news/911336688.html("上海期货交易所",转载时间:2020.04.03)。

③ 祝惠春:《铜期权上市:为中国铜业赋能》,载《经济日报》2018 年 9 月 21 日。

④ 《第九批自贸试验区金融创新案例基本情况》,https://jrj.sh.gov.cn/cmsres/fb/fbb26e-7cd95a461abc4e88efe2555804/dce779e54ee84a96b2cdd13333d25b57.pdf("上海金融",转载时间:2018.12.30)。

⑤ 《上海期货交易所新闻发布会》(2018 年 11 月 2 日),http://www.shfe.com.cn/news/release/911331849.html("上海期货交易所",转载时间:2018.11.02)。

⑥ 《全球首个天然橡胶期权在浦东挂牌》,http://www.pudong.gov.cn/shpd/news/20190129/006001_03679749-94b2-4cc0-b30b-4a6f3b772dab.htm("上海市浦东新区人民政府",转载时间:2019.01.29)。

地浦东。 2016 年 6 月，上海保险交易所在浦东正式揭牌成立。2016 年 11 月，上海保险交易所的保险资产登记交易平台正式上线，并首发"长江养老—太平洋寿险保单贷款资产支持计划""太平—上海建工都江堰市滨江新区基础设施（PPP）项目债权投资计划"两只保险资产管理产品，前者是保险业内首单循环购买保单贷款资产证券化产品，后者是业内首单以 PPP 项目为底层资产的债权投资计划产品。保险资产登记交易平台上线标志着上海保险交易所迈入重要的发展阶段。① 作为保险行业重点基础设施和综合服务平台，上海保险交易所面向保险业内机构、金融同业机构和一般法人机构等所有合格的投资机构，通过规范且标准的信息化基础设施，服务于保险资产管理产品的信息披露等流程及其他投融资业务，其建立极大地增强了保险产品流动性，提高了投融资的效率，助力监管机构预判和防范风险，不断激发浦东保险业金融创新的活力。②

2018 年 8 月，**上海保险交易所正式上线国际再保险平台。** 再保险是指在原保险合同的基础上，保险人可以通过签订分保合同，将自身承保的全部或部分风险向其他保险人办理保险的行为。③ "黑天鹅"等事件的频发导致各种风险更容易跨市场和跨国境传递，再保险能防范保险业系统性风险，是保障国内企业海外利益的"稳定器"。④ 依托于国内保险市场的发展和中国（上海）自由贸易试验区自由账户体系，国际再保险平台的建立与发展通过实现和推动交易线上化、账户一体化、防篡改数字化、业务流程规范化、跨境资金结算便利化及参与机构国际化，使得交易周期明显缩短，交易效率大幅提高，交易成本显著降低，市场风险动态变化可被实时追踪和掌握，境外再保险参与机构的跨境资金结算业务更加便利，满足了国内市场对再保险基

---

① 黄蕾：《上海保交所保险资产登记交易平台试运行　首批产品上线》，http://news.cnstock.com/news.bwkx-201611-3948015.htm（"上海证券报·中国证券网"，转载时间：2016.11.11）。

② 《第七批自贸试验区金融创新案例基本情况》，http://jrj.sh.gov.cn/CXAL157/20170110/0031-148673.html（"上海金融"，转载时间：2017.01.10）。

③ 《百度百科：再保险词条》，https://baike.baidu.com/item/%E5%86%8D%E4%BF%9D%E9%99%A9/657583。

④ 袁临江：《发挥再保险在新发展格局中的独特作用》，载《中国金融》2020 年第 21 期，第 12—14 页。

础设施服务的需求,助推国内保险市场的扩大开放,推动上海再保险中心的建设,加快上海国际保险中心建设的步伐。①2020 年 10 月,上海保险交易所联合行业共同建立的**"保险区块链创新中心"**在陆家嘴国际再保险会议上正式成立。作为金融科技创新发展的重大举措,保险区块链创新中心以区块链再保险标准的制定与应用为核心切入点,以技术研发和场景应用作为关键支撑点,通过区块链技术赋能保险业数字化转型,实现区块链技术在保险业的规范化和标准化应用,助力上海再保险中心的建设,强化浦东作为上海国际保险中心核心承载区的能级。②

2016 年 3 月,为贯彻落实"金改 40 条"的要求,太平人寿保险公司正式设立**国内首单保险公司资产证券化产品——太平人寿保单质押贷款 2016 年第一期资产支持专项计划**(以下简称"太平人寿保单质押贷款第一期"),并在上海证券交易所挂牌上市。太平人寿保险公司以其持有的保单质押贷款债权及附属权益作为基础资产创新性设计保险资产 ABS 产品,并通过切割成期限确定的独立债权来降低保单质押贷款资产证券化再投资风险,激活了保险存量资产的收益活力,增强了保险资金配置的有效性,创新了保险业迈入资本市场的渠道。③

2016 年 8 月,聚焦于海事诉讼"保全难"问题的解决,上海航运保险协会率先作为,顺利注册"海事诉讼保全责任保险"。④在此基础上,2016 年 8 月 25 日,中国太平洋财产保险公司出单了**全国首单海事诉讼保全责任保险**。海事诉讼保全责任保险的设计紧抓海事诉讼保全风险的特点,其产生与发展使海事保全请求人仅通过支付保险金便可开启保全程序,创新性拓宽了保全方式,降低诉讼成本,有利于减轻航运贸易企业的经济压力,提高海事司法执行有效性,开辟了有效衔接司法执行机制和商业保险机制的新渠道。⑤

---

① 黄蕾:《国际再保险平台上线　上海再保险中心建设提速》,载《上海证券报》2018 年 8 月 9 日。

② 黄蕾、范子萌:《保险区块链创新中心在沪成立》,https://news.cnstock.com/news,bwkx-202010-4608869.htm("上海证券报·中国证券网",转载时间:2020.10.27)。

③ 《保险业参与资产证券化　首个保险资产 ABS 项目面世》,https://www.yicai.com/news/5003497.html("第一财经",转载时间:2016.04.04)。

④⑤ 《第七批自贸试验区金融创新案例基本情况》,http://jrj.sh.gov.cn/CXAL157/20170110/0031-148673.html("上海金融",转载时间:2017.01.10)。

2016年9月，为贯彻落实《进一步推进中国（上海）自由贸易试验区金融开放创新试点 加快上海国际金融中心建设方案》通知中相关的要求，上海航运保险协会正式发布**全球首个航运保险指数——上海航运保险指数（SHANGHAI MARINE INSURANCE INDEX，简称SMII）**。上海航运保险指数的编制聚集中国航院保险市场5 600万余单业务数据，是可以充分反映中国航运保险市场运行情况和风险状况的指数体系，其发布意味着国内航运保险业实现关键制度突破和创新，为保险机构设定承保条件等规则及优化航运保险再保险策略提供关键的数据支持，增强了保险机构风险管理能力和定价能力，提高了国内航运保险业的市场透明度，推动了国内外保险市场的互联互通，为国内航运保险的发展夯实基础，助力上海国际航运保险中心的建设。①

4. 助推浦东金融发展的其他创新实践

2016年12月，在自贸试验区内，**全国第一家信托登记机构中国信托登记公司揭牌成立**。中国信托登记公司的成立是国内信托市场的关键创新举措。2017年9月，中国信托登记公司推出的信托登记系统正式运行。中国信托登记公司具备集中登记全国信托产品及信托受益权、管理信托产品的统计和信息披露、查询信托产品等职能，其成立通过推动"全国信托产品集中登记平台""信托产品统一发行交易流转平台""信托业运行监测平台"的建立，信托登记系统的运行及本职职能的发挥，实现了电子报送，提高了信托行业的信息透明度，拓展了财产权风险隔离问题的解决渠道，推动了国内信托产品交易市场的规范化和标准化发展，增强了对信托行业的监管失效性和高效性，在信托市场领域助力上海建立国际金融中心。②

2016年10月和11月，在《关于建立更紧密经贸关系的安排》（简称CE-

---

① 《全球首个航运保险指数在上海发布》，http://www.csoa.cn/doc/1043.jsp（"中国船东协会"，转载时间：2016.09.26）。

② 中国信托业协会：《2018年信托业专题研究报告》，http://www.xtxh.net/xtxh/u/cms/www/202001/08162107slnh.pdf。

PA)补充协议十的框架下,**首批合资券商——申港证券和华菁证券在自贸试验区内相继成立。**其中,申港证券是首家由内地非证券领域的民营企业出资组建的合资证券公司。①两家具有证券经纪、证券自营及证券资产管理等牌照的公司落户自贸试验区,能通过有效利用自贸试验区投资便利和政策率先突破的平台优势,来充分放大合资的"混合优势",增强境内外资本市场的互联互通,推动资本市场的双向开放。②

八、坚持推进贸易创新,是浦东开发开放的重要抓手

随着国际分工的深化,国际贸易中心的功能和特征发生了深刻的变化。现代国际贸易中心是海陆空港的综合体,是信息港和虚拟贸易网络的载体,是电子商务平台的聚集地,是现代化通信、市场信息搜寻、技术转让、资本运营、金融、运输等综合性专业服务的供给者,不仅需要具备商品流通、商品集散等传统国际贸易所需的功能,还需要具备健全的市场机制、全面且多元化的跨国公司网络、强有力的贸易辐射能力、信息集成及现代化信息技术等现代国际贸易所需的功能。③

浦东具备成为现代国际贸易中心的良好基础。1992 年,党的十四大报告中指出要把上海建设成国际经济、金融、贸易中心之一。1997 年,东菱贸易有限公司、上海兰生大宇有限公司和中技—鲜京贸易有限公司作为首批中外合资外贸企业落户浦东,并且上海浦东新区进出口公司经营方针实现了由商品经营向资本经营的转变。④1998 年,以协助浦东新区经贸局宣传工

①② 《第七批自贸试验区金融创新案例基本情况》,http://jrj. sh. gov. cn/CXAL157/20170110/0031-148673.html("上海金融",转载时间:2017.01.10)。

③ 雷仲敏、叶焕民:《浦东建设上海国际贸易中心核心功能区的探讨》,载《青岛科技大学学报(社会科学版)》2011 年第 1 期,第 1—7 页,36 页。

④ 《1998 年浦东年鉴－对外经贸》,http://www. pudong. gov. cn/shpd/about/20160408/008006017007_caf173dc-4e8f-4c1e-96ff-4e337f6e0e36.htm("上海市浦东新区人民政府",转载时间:2016.04.08)。

作、维护会员单位合法权益及提供培训、咨询、调研等服务为核心业务的浦东新区对外经济贸易企业协会正式成立。①依据 1998 年和 1999 年《浦东年鉴》的记载,1997 年,浦东外贸出口商品总额已经占全市出口商品总额的 25.5%,达到 37.55 亿美元②;1998 年,浦东进出口贸易额首次突破百亿美元。③随着浦东对外开放和贸易创新的不断发展,2019 年,浦东进出口总值已经达 20 514.72 亿元,相较 2015 年增长了约 1.2 倍。新冠肺炎疫情之下浦东进出口呈逆势增长的趋势,根据海关统计,2020 年 1—10 月,浦东进出口总值达 17 014.9 亿元人民币,占全市进出口总额的 60.2%,相较 2019 年同期增长 2.2%。④

表 4.11　1993—2019 年浦东新区进出口货物总值

年份	进出口总值	出口总值	进口总值
1993	25.92	12.02	13.9
1994	47.35	23.21	24.14
1995	71.97	39.63	32.34
1996	80.78	38.75	42.03
1997	99.01	45.86	53.15
1998	119.82	52.80	67.02
1999	153.65	66.67	86.98
2000	254.86	95.80	159.06
2001	297.83	110.22	187.61
2002	368.98	136.02	232.96
2003	581.33	211.92	369.41
2004	808.07	323.78	484.29
2005	894.75	372.12	522.63
2006	1 073.10	444.71	628.39

①③ 《1999 年浦东年鉴－对外经贸》,http://www.pudong.gov.cn/shpd/about/20060614/
008006016008_d901374e-a6aa-4375-b348-2d5eae8d45b7.htm("上海市浦东新区人民政府",
转载时间:2016.04.08)。

② 《1998 年浦东年鉴－对外经贸》,http://www.pudong.gov.cn/shpd/about/20160408/008006017007_
caf173dc-4e8f-4c1e-96ff-4e337f6e0e36.htm("上海市浦东新区人民政府",转载时间:2016.
04.08)。

④ 《新形势下,浦东增强外贸综合竞争力》,http://www.pudong.gov.cn/shpd/news/20201208/
006001_4def84e5-ab88-42e1-9d4d-6fd2d30658d7.htm("上海市浦东新区人民政府",转载时间:
2020.12.08)。

续　表

年份	进出口总值	出口总值	进口总值
2007	1 280.52	528.10	752.42
2008	1 449.59	604.23	845.36
2009	1 389.89	576.50	813.39
2010	1 865.62	738.79	1 126.83
2011	2 260.00	888.98	1 371.02
2012	2 398.93	939.83	1 459.1
2013	2 496.08	958.25	1 537.83
2014	2 678.71	1 006.10	1 672.61
2015	16 903.70	6 019.88	10 883.82
2016	17 594.88	6 192.40	11 402.48
2017	19 565.04	6 639.20	12 925.84
2018	20 582.68	7 077.02	13 505.66
2019	20 514.73	7 129.49	13 385.24

注:2015 年以前,货币计量单位为"亿美元";2015 年及以后年份,货币计量单位为"人民币亿元"。

资料来源:《2020 年上海浦东新区统计年鉴》。

为把握全球国际贸易的新发展机遇,应对 2008 年国际金融危机后的挑战,推动中国在全球价值链中的地位攀升,加快现代国际贸易中心的建设,在浦东国际贸易发展的良好基础上,2011 年 5 月和 9 月,上海市政府先后制定了《关于加快推进上海国际贸易中心建设的意见》(沪府发〔2011〕20 号)和《上海建设国际贸易中心"十二五"规划》(沪府发〔2011〕61 号),明确了上海国际贸易中心建设思路,强调了建设货物贸易和服务贸易等市场体系,以及构建贸易平台的重要性。[1]除此之外,《上海商业发展"十二五"规划》《上海会展业"十二五"发展规划》《上海电子商务发展"十二五"规划》等推动国际贸易中心建设的规划相继颁布。2012 年,浦东成为上海首批两个"贸易便利化试点示范单位",联合海关、检验检疫等部门通过推动区域通关"属地

---

[1] 《上海市举行加快推进国际贸易中心建设相关情况新闻发布会》,http://www.scio.gov.cn/xwf-bh/gssxwfbh/xwfbh/shanghai/Document/1236714/1236714.htm("中华人民共和国国务院新闻办公室",转载时间:2012.11.02)。

报关、口岸验放"作业模式优化,创新跨国公司地区总部属地集中申报、监管及收付汇模式,加快通关电子化、无纸化的进程,健全出口电子通关单试点,根据新业态、新技术的发展趋势及特征及时推行启动相应的改革试点,来持续推动浦东贸易便利化,激发浦东贸易创新的活力。①2017 年,浦东新区人民政府发布《浦东新区深化上海国际贸易中心核心功能区建设"十三五"规划》,全面推动浦东国际贸易功能和主体能级的提升,增强国际贸易市场中"浦东指数"和"浦东价格"的影响力。②

贸易的便利化程度是国际贸易竞争力的关键影响因素之一,服务贸易与离岸贸易是现代国际贸易中最为关键、主要的贸易方式。③30 载雨雪风霜,作为上海市首批"贸易便利化试点示范单位",肩担国际贸易中心核心承载区重任,浦东以贸易创新作为开发开放的重要先导,紧抓贸易便利化、离岸贸易和服务贸易的创新性发展,依托海陆空现代交通网络,充分发挥中国(上海)自由贸易试验区、陆家嘴金融贸易区、张江高科技园区、上海综合保税区、金桥综合保税区及洋山特殊综合保税区的优势,有效利用"现代商品交易市场""国际会展市场""产权技术交易市场"三个交易市场的带动能力,④释放上海世博效应和紧抓扩大开放的机遇,引进贸易流通类总部等贸易相关企业和机构,全力推动具备结算中心、采购中心和销售中心等功能的大型跨国公司总部、会展型贸易平台、服务外包交易平台、大宗商品交易平台,以及电子商务领域的领先企业和第三方电子交易平台等国际贸易主体和平台的发展和健全,⑤形成服务优质、功能完备、制度完善的现代国际贸易体系,并成为国际贸易要素的聚集地和核心枢纽,推动国内贸易持续发展的关键辐射点,衔接国际金融中心和航运中心的渠道和桥梁。⑥

---

① 曹莹:《便利化,给力国际贸易中心建设》,载《开发杂志》2016 年第 9 期。
② 姜宝中:《中国国家级新区对城市经济发展的影响研究》,吉林大学博士论文,2020 年。
③ 肖扬、黄浩溢、曹亮:《"一带一路"沿线国家贸易便利化对中国企业的影响——基于企业出口国内增加值率的视角》,载《宏观经济研究》2019 年第 11 期,第 32—46、81 页。
④ 张丽伟:《中国经济高质量发展方略与制度建设》,中共中央党校博士论文,2019 年。
⑤ 周勍:《中国跨境电商政策的影响效应研究》,对外经济贸易大学博士论文,2020 年。
⑥ 中国生产力学会:《浦东新区建设上海国际贸易中心核心功能区研究》,第 22 页("2009—2010 中国生产力发展研究报告"会议,2010 年)。

(一) 通关和检疫的创新实践

1998 年,国家药品监督管理局正式成立。随着国内药品监督管理体系的健全,国内生物研发外包产业迅猛发展。在中国生物医药研发外包产业发展的过程中,相关进口研发材料的通关效率是影响生物医药研发外包企业研发效率和研发速度的关键因素。[①] 张江高科技园区是国内 CRO 企业集聚地之一。2008 年,张江启动研发企业进口生物材料检验检疫快速通关试点。2009 年,上海浦东海关、浦东国际机场海关、张江集团公司举行"张江 CRO 试点企业便捷通关"启动仪式,桑迪亚等三家符合条件的 CRO 企业成为首批试点企业,标志着张江 CRO 企业通关新模式试点工作正式落地,意味着张江又率先实施包括"提前报关、货到放行""归类审价备案制""担保放行""24 小时预约通关"等针对生物医药 CRO 企业的海关便捷通关措施,极大地缩短了进口快件通关时间,推动张江高科技园区内企业的研发工作。[②]

2011 年 8 月,浦东海关与张江高科技园区签订了"海关·张江贸易便利化互动平台"的合作备忘录。[③] 平台以张江高科技园区内重点产业和服务企业为关键服务对象,以建立和健全长效化和常态化工作机制为核心服务措施,通过创新重点企业的通关模式、推进浦东海关与张江深度合作等方式,来降低园区内相关企业的通关成本,推动张江高科技园区内贸易便利化。

依据 2017 年《浦东年鉴》可知,2017 年 12 月,张江跨境科创中心正式揭牌成立,这意味着张江高科技园区具备部分机场货站和监管仓库功能,使得货物可经由快速通道由空港直接运输至张江跨境科创中心来分拨理货,并且张江跨境科创中心依据其关检联合查验平台服务功能、"一站式"通关平台服务功能及产业公共服务平台服务功能,实施"一次申报、一次查验、一次

---

① 《中国服务新蓝海(上)》,载《国际商报》2011 年 6 月 8 日,第 10 版。
② 郭羽、卢向青、梁浩:《张江 CRO 企业启动便捷通关》,载《上海商报》2009 年 8 月 6 日。
③ 《2011 年浦东年鉴 - 开发区 - 园区》,http://www.pudong.gov.cn/shpd/about/20120202/008006005004_35193854-b477-466e-bacc-a29ddb79a96d.htm("上海市浦东新区人民政府",转载时间:2012.02.02)。

放行"的通关合作模式,提供抽单、提货等通关手续"一站式"办理服务,极大地提高和保障了生物特殊材料的通关效率及货物安全。①随后,浦东海关和出入境检验检疫局根据张江跨境科创中心内进口货物的特征推出有利于推动贸易便利化的相关监管措施。②

在海关方面,以健全海关诚信管理体系、深化自贸试验区和科创中心国家战略中的海关改革、持续提高通关效率及推动法治化、国际化营商环境建设为重点,通过构建海关和地方政府之间的数据互联通道,扩大"自主申报、自助通关"等创新性通关模式的试点范围,强化海关"一站式"服务能力,积极且主动地探索推动重点企业发展的"量体裁衣"式海关特殊监管模式等措施,来构建"守信联合激励、失信联合惩戒"的协同监管格局,继续压缩不必要的进口通关时间,提高重点企业的通关效率,降低张江高科技园区内相关企业的跨境研发成本等科创成本,提高海关部门对浦东承办国际重大赛事和展会的监管效率。③

在出入境检验检疫方面,浦东出入境检验检疫局通过建立"同线同标同质"工程品牌、加快通关无纸化的发展、提供原产地签证精准服务、率先试行进出境生物材料检验检疫正面清单制度及事中事后监管新模式、深入剖析全球技术贸易措施,以及联合企业构建技术型贸易措施沟通研究合作机制等措施,来助力通关效率的提高,推动企业内外销双向协同发展,降低相关企业的进口成本,进一步提高生物医药相关企业的跨境研发活动的便利性和高效率④,助力企业破除国际技术性贸易领域的贸易壁垒,聚力支持浦东总部经济的发展,全力支持以"先进制造业"命名的首个国家级示范区金桥先进制造业出口工业产品质量安全示范区的建设。⑤此外,针对平行汽车进

---

① 《2017年浦东年鉴-交通运输》,http://www.pudong.gov.cn/shpd/about/20180319/008006031019_fb9f2c77-d654-4a7b-96d6-a4da7c0beec3.htm("上海市浦东新区人民政府",转载时间:2018.03.19)。

② 姜舰:《新一轮改革开放背景下的中国海关监管制度研究》,对外经济贸易大学博士论文,2017年。

③ 《浦东新区推出最新贸易便利化措施》,http://www.pudong.gov.cn/shpd/about/20170804/008002001001_b04967a8-53fd-482a-b770-833a843e50c0.htm("上海市浦东新区人民政府",转载时间:2017.08.04)。

④⑤ 中国经济改革与发展研究院:《中国经济改革与发展研究报告》,中国人民大学出版社2016年版。

口便利化,浦东出入境检验检疫局还通过采信第三方机动车检测机构检验结果、监管相关企业的售后服务体系、在自贸试验区内创新性开展单车认证模式等措施,来依据平行进口汽车产业的发展现状持续优化和创新监管模式,推动平行进口汽车产业的贸易便利化,助力平行进口汽车产业的发展。①

随着跨境贸易的发展,张江跨境科创监管服务中心还将以满足园区重点企业的通关诉求为核心抓手,以推动公共保税仓库和跨境电商物流等业务的发展为关键举措,依托于现有的快捷通关模式,不断探索更有利于贸易便利化的通关新模式,以推动张江高科技园区的发展,提高浦东作为上海国际贸易中心核心承载区的贸易能力。

(二) 离岸贸易的创新实践

作为国际贸易竞争力增强和全球资源配置能力提升的重要表现,离岸贸易的快速发展是上海建设国际贸易中心所必须要实现的。②离岸贸易作为新型国际贸易形式,其最为典型和关键的特征就是订单流、货物流和资金流的分离。③跨国公司的高集聚和自贸区内自由贸易账户体系的发展是浦东发展离岸贸易的关键基础和核心保障。基于此,作为上海国际贸易中心功能的核心承载区域,浦东依托于金融扩大开放的成果,充分利用自贸试验区的平台优势,有效发挥跨国公司集聚的总部经济优势,通过贸易模式创新等措施,不断推动离岸贸易的发展,以增强浦东在国际贸易领域的核心竞争力,提高浦东配置全球资源的能力,聚力推动上海国际贸易中心的建设和发展,助力上海建设全球卓越城市。④

2010 年,在国家外汇管理局批复同意下,"新型国际贸易结算中心试点"正式落户原上海综合保税区,这使得原上海综合保税区作为当时全国唯

---

①　王延:《口岸部门地方政府协同推进贸易便利化》,载《浦东时报》2017 年 8 月 10 日,第 6 版。
②　陈浩:《中国特色自由贸易港研究》,中共中央党校博士论文,2019 年。
③　沈乃恩、李佳:《上海自贸区离岸贸易发展实现突破——以沃尔沃建筑设备公司为例》,载《经济师》2021 年第 2 期,第 48—49 页。
④　姜宝中:《中国国家级新区对城市经济发展的影响研究》,吉林大学博士论文,2020 年。

一试点区域,率先设立企业离岸贸易专业账户。①2011年,上海外高桥保税区成为国内首个国家进口贸易促进创新示范区。②作为上海建设国际贸易中心的重要引擎,外高桥保税区内通过建立上海市外高桥保税区国际贸易营运中心有限公司,支持和鼓励跨国公司在区内设立销售、订单或结算总部,建设汽车、钟表等各类专业化贸易平台,引进海关和检验检疫方面相关机构,接轨国际贸易规则,来推动保税区内涵盖物流管理和贸易经销协同发展系统的建立,扩大进口贸易规模,助力总部经济的发展,推进贸易便利化发展,提高保税区内贸易规模的扩大,推进离岸贸易创新性发展,聚力推动上海国际贸易中心的建设。③2014年,在中国(上海)自由贸易试验区内,自由贸易账户系统正式投入使用。随着自贸试验区内金融改革的持续深化发展,自由贸易账户体系的功能不断得到健全和拓展,为临港新片区发展离岸贸易提供坚实的基础。2019年,"中国(上海)自由贸易试验区离岸转手买卖产业服务中心""离岸转手买卖先行示范区"在浦东揭牌成立。产业服务中心具备引导行业规范化发展、为离岸转手买卖企业提供政策咨询、人员培训等服务,以及为金融机构提供支付结算问题的解决措施等功能,是推动自贸试验区内离岸转手买卖产业发展的关键基础。④2020年,中国(上海)自由贸易试验区离岸转手买卖产业服务中心正式启动,这意味着上海自贸试验区率先实现离岸转手买卖由重点企业参与试点阶段向标准化、常态化发展阶段的转变。⑤

①　保税区管理局:《浦东发展离岸贸易再次迈出实质性步伐》,http://www.pudong.gov.cn/shpd/gwh/20191126/023003005_9df39780-3c3f-4d85-a3f9-944f4aa86920.htm("上海市浦东新区人民政府",转载时间:2019.11.26)。

②　刘朝晖:《外高桥,打造自由贸易港之梦》,http://www.xinminweekly.com.cn/lunbo/2020/04/15/14065.html("新民周刊",转载时间:2020.04.15)。

③　《上海市举行加快推进国际贸易中心建设相关情况新闻发布》,http://www.scio.gov.cn/xwfbh/gssxwfbh/xwfbh/shanghai/Document/1236714/1236714.htm("中华人民共和国国务院新闻办公室",转载时间:2012.11.02)。

④　保税区管理局:《浦东发展离岸贸易再次迈出实质性步伐》,http://www.pudong.gov.cn/shpd/gwh/20191126/023003005_9df39780-3c3f-4d85-a3f9-944f4aa86920.htm("中华人民共和国浦东新区人民政府",转载时间:2019.11.26)。

⑤　保税区管理局:《打造对外开放枢纽门户!自贸区离岸转手买卖产业服务中心昨日启动运作》,http://www.pudong.gov.cn/shpd/gwh/20200414/023003005_7f795fba-f635-4285-b1f7-c8b61ac04fb2.htm("上海市浦东新区人民政府",转载时间:2020.04.14)。

2020年上半年，沃尔沃建筑设备（中国）有限公司已开展总金额达520万美元的离岸贸易订单。①在自贸试验区不断发展和离岸贸易相关制度突破的背景下，作为自贸试验区扩区后的第一家融资租赁公司及浦东第一家获得国家发改委认证的再制造中心，沃尔沃建筑设备（中国）有限公司将其亚太总部由新加坡迁至浦东。②

依托于自贸试验区内跨境金融等金融创新的发展，区内通过给予符合条件的离岸转手买卖贸易企业相应的税收、资金使用自由度等优惠政策、支持政策，给予符合条件的相关人才落户和居留便利政策，提供标准化、规范化的一站式海关服务，提供合规合法的跨境贸易收支和汇兑服务，鼓励金融机构为相关离岸转手买卖贸易企业提供跨境金融服务，以及推动具备研发、结算、离岸服务等综合功能总部经济的发展、拓展自由贸易账户跨境贸易功能等措施，来有效发挥跨国公司订单及结算中心的功能，降低跨国企业的物流成本，增强浦东总部经济的竞争优势，助力国内企业进入国际大宗商品领域，提高国内企业在国际市场中的竞争力和话语权，推动以自由贸易"单一窗口"为轴点建立涵盖长江三角洲区域的海关贸易网络和离岸贸易平台的建设，聚力建设包括外高桥国际贸易示范区、浦东国际空港商务区在内的沿海在岸和离岸贸易发展带的发展，助推离岸转手买卖贸易的发展，助力上海在国际贸易产业链中的攀升。③

（三）服务贸易的创新实践

服务贸易是现代国际贸易最为重要和核心的组成部分。作为国内对外开放的高地，浦东是国内服务贸易企业的汇集地，配备与国际规则接轨的服

---

①② 《新形势下，浦东增强外贸综合竞争力》，http://www.pudong.gov.cn/shpd/news/20201208/006001_4def84e5-ab88-42e1-9d4d-6fd2d30658d7.htm（"上海市浦东新区人民政府"，转载时间：2020.12.08）。

③ 保税区管理局：《浦东发展离岸贸易再次迈出实质性步伐》，http://www.pudong.gov.cn/shpd/gwh/20191126/023003005_9df39780-3c3f-4d85-a3f9-944f4aa86920.htm（"上海市浦东新区人民政府"，转载时间：2019.11.26）。

务贸易制度,具备发展服务贸易深厚的制度及市场基础和优势。①

为推动服务贸易的持续深化发展,作为国内服务贸易发展的"模范兵"和"先锋兵",浦东以增强服务贸易国际竞争力、培育"浦东服务"品牌、构建全面的、开放的贸易发展体系为核心目标,紧抓服务贸易发展的机遇,直面服务贸易发展的挑战,充分发挥浦东资源配置功能,颁布《浦东新区进一步推进总部经济、服务外包发展的若干意见》《浦东新区促进融资租赁业发展的意见》《浦东新区促进新兴服务业发展财政扶持办法》《浦东新区促进商贸业发展财政扶持办法》等支持政策,通过给予补贴、强化政府服务能力,以及构建公共贸易服务平台等方式,来支持浦东相关企业积极承接服务外包业务,大力发展服务贸易②,提升服务经济发展能级,推进涵盖世纪大道、浦东国际机场、张江电子商务示范基地等在内的服务外包和新型服务贸易发展延伸轴功能的发挥,构建国内外贸易衔接渠道,助力上海国际贸易中心的建设,聚力建设上海国际金融中心和国际航运中心。③自 2010 年起,浦东服务贸易进出口规模年均增长约 10%,2019 年浦东服务贸易进出口规模占全市的 47.3%,达到 871.57 亿美元,并且在运输、旅游、专业管理及咨询等主引擎不断发展的基础上,浦东的通信服务、建筑服务、保险服务等服务进出口额增幅也较为可观。④

数字贸易是新时代下服务贸易中最为关键的贸易类型。依据《2019 年上海市国民经济和社会发展统计公报》,2019 年,上海市信息服务业增加值 2 863.12 亿元,增长 15%。⑤2020 年,《上海市推进新型基础设施建设行动方案(2020—2022 年)》出台,全面推进提供数字转型、智能升级、融合创新等

---

① 曲青山、吴德刚:《改革开放四十年口述史》,中国人民大学出版社 2019 年版,第 705 页。

② 沈玉良:《中国对外贸易》,复旦大学出版社 2014 年版,第 338 页。

③ 李宇宏、张显东:《上海浦东新区服务贸易发展及创新突破实践》,载《华东经济理》2012 年第 10 期,第 40—45 页。

④ 《浦东服务贸易进出口规模逐年提升　新区举办服务贸易示范基地推介会》http://www. pudong. gov. cn/shpd/news/20200907/006001 _ a0751a62-461f-4003-b68f-b84177cd4496. htm ("上海市浦东新区人民政府",转载时间:2020.09.07)。

⑤ 《2019 年上海市国民经济和社会发展统计公报》,http://tjj. sh. gov. cn/tjgb/20200329/ 05f0f4abb2d448a69e4517f6a6448819.html("上海市统计局",转载时间:2020.03.09)。

服务的基础设施体系的建设。①作为上海建设国际贸易中心核心承载区,浦东依托于本区域服务贸易的发展优势,紧抓数字贸易和软件贸易的发展机遇与优势,相继成立上海浦东软件园、陆家嘴软件园、临港软件园、金桥由度创新园等信息服务产业园区,增强数字贸易的发展优势,持续推动服务贸易向数字化转型。2019年,中国(上海)自由贸易试验区内临港新片区的数据港正式起航,为贸易数据和金融数据的互联互通奠定必要的基础。②2020年,作为"国家软件产业基地""国家软件出口基地",上海浦东软件园成为首批国家数字服务出口基地,这意味着上海浦东软件园成为浦东发展数字贸易的重要载体和发展数字贸易新高地。2020年,上海是唯一一个应邀参加全球首个服务贸易领域综合性峰会——2020年中国国际服务贸易交易会的主宾市,并在会中签约涵盖电子商务、金融科技等落地于浦东的项目,其中就包括交银国际(上海)股权投资管理有限公司在浦东设立以金融科技服务为主要业务的交银金融科技有限公司。③软件园区的建设、区内上下游产业链衔接完整,以及新项目的持续集聚和发展,为浦东推动服务贸易向数字化转型提供了必要的产业基础和驱动力,有利于浦东把握时代机遇,加快数字贸易发展的步伐。

30年间,在推动服务贸易发展的过程中,浦东逢山开路、遇水架桥,在保持运输和保险等传统服务贸易发展规模外,大力推动金融、通信、计算机、会展服务、医疗保健、文体及专利和特许等领域服务贸易的发展,持续优化服务贸易结构,扩大服务贸易规模,推进数字贸易的发展,形成了已建立起健全的服务业产业体系的陆家嘴金融贸易区、数字服务出口集聚区的上海浦东软件园、国内首个"国家对外文化贸易基地"上海国际文化服务贸易平

---

① 《上海市推进新型基础设施建设行动方案(2020—2022年)》沪府〔2020〕27号,http://fgw.sh. gov.cn/zgjjl/20200512/63f3630e9d824e07976d6c552ed364e7.html("上海市发展和改革委员会",转载时间:2020.05.12)。

② 《上海自贸试验区临港新片区国际数据港启动》,http://www.mofcom.gov.cn/article/resume/ n/201911/20191102918055.shtml("中华人民共和国商务部",转载时间:2019.11.29)。

③ 《新形势下,浦东增强外贸综合竞争力》,http://www.pudong.gov.cn/shpd/news/20201208/ 006001_4def84e5-ab88-42e1-9d4d-6fd2d30658d7.htm("上海市浦东新区人民政府",转载时间: 2020.12.08)。

台，以及有"中国药谷"美称的张江高科技园区等服务贸易示范基地。[①]此外，浦东还通过大力引进世界知名服务企业及跨国公司中国总部、支持国内服务企业开展境外经营活动、积极引进紧抓时代发展特征的新项目来提高服务贸易的发展水平，加快服务贸易专业人才的流动，推动服务贸易国际竞争力的提高，提高"浦东服务"品牌的国际知名度。[②]

（四）其他贸易相关创新实践

除了联合海关等部门推动贸易便利化的发展，持续推出相关支持措施来推进离岸贸易和服务贸易的发展之外，作为浦东开发开放的重要先手，浦东还在会展平台建设、文化贸易和传统货物贸易等领域持续推陈出新。2006年7月，上海浦东国际展览品监管服务中心挂牌。[③]上海浦东国际展览品监管服务中心的设立和发展，极大地推动了国际展览品报关、查验、监管和保管流程的标准化、便利化和有效性，拉动了浦东进出口贸易的发展，推动了国际展会监管服务示范区的建设。[④]2011年10月，为贯彻落实国内"十二五"规划中的文化"走出去"战略，国内首个国家对外文化贸易基地——外高桥文化服务贸易平台正式成立。外高桥文化服务贸易平台以演艺、影视、出版、动漫等服务贸易为抓手，通过提供高效且标准化的进出口代理、文化专项服务、保税仓储等服务，助力国内文化贸易企业走出国门，增强国内文化企业在国际贸易市场中的综合竞争力。[⑤]2017年，扎根浦东的渣打银行（中国）有限公司，针对中小企业推出"一带一路"贸易包，提供一站式融资

---

① 《发挥区位优势和枢纽功能大力促进国际服务贸易发展——上海浦东新区服务贸易发展及创新实践》，载《时代经贸》2013年第4期，第74—76页。
② 林惠玲：《服务创新与中国服务贸易竞争力研究》，福建师范大学博士论文，2018年。
③ 《2007浦东年鉴-会展业》，http://www.pudong.gov.cn/shpd/about/20081013/008006008011_c0a405d5-1bfe-45e2-bdfc-1da7d7e7910a.htm（"上海市浦东新区人民政府"，转载时间：2008.10.13）。
④ 《上海浦东国际展览品监管服务中心揭牌》，http://district.ce.cn/zg/201202/16/t20120216_23079387.shtml（"中国经济网"，转载时间：2008.10.13）。
⑤ 《2008浦东年鉴-开发区-外高桥保税区》，http://www.pudong.gov.cn/shpd/about/20160802/008006030004_b2fa2f1c-8694-4fbd-9792-3b224625338b.htm（"上海市浦东新区人民政府"，转载时间：2016.08.02）。

解决方案，来满足企业融资需求，应对汇率波动带来的风险，解决国内中小企业"走出去"过程中的难题，推动中小企业在"一带一路"沿线业务的顺利开展。①

九、坚持推进航运创新，是浦东开发开放的重要环节

坚持推进航运创新，是浦东开发开放的重要环节。2009 年，《国务院关于推进上海加快发展现代服务业和先进制造业建设国际金融中心和国际航运中心的意见》（国发〔2009〕19 号）发布，明确指出发展现代航运服务体系、优化现代航运集疏运体系、完善现代航运发展配套支持政策和探索建立国际航运发展综合试验区是国际航运中心建设的主要任务和措施。②同年，《上海市人民政府贯彻国务院关于推进上海加快发展现代服务业和先进制造业　建设国际金融中心和国际航运中心的意见的实施意见》（沪府发〔2009〕25 号）发布，在上海发展的现实基础上，明确提出了建设成为具备全球航运资源配置能力、现代航运服务体系、有利于航运中心发展的口岸环境与现代国际航运服务环境，以及航运资源高度集聚的上海国际航运中心的具体任务和措施。③2009 年《浦东新区推进上海国际航运中心核心功能区建设实施意见》发布，这意味着浦东要站在上海国际航运中心建设及浦东综合配套改革试点的时代浪潮上，充分利用港口条件、金融扩大开放、政策支持和制度创新等综合发展优势，通过航运创新，不断地推动现代航运服务体系的健全，增强国际航运资源配置能力，打通航运服务场上中下游产业链，发

---

① 《渣打中国推出中小企业"一带一路"贸易包　破解中小企业四大难题》，http://www.cnr.cn/shanghai/shzx/cj/20170915/t20170915_523951519.shtml（"央广网"，转载时间：2017.09.15）。

② 《国务院关于推进上海加快发展现代服务业和先进制造业建设国际金融中心和国际航运中心的意见》（国发〔2009〕19 号），http://www.gov.cn/zhengce/content/2009-04/29/content_3068.htm（"中华人民共和国中央人民政府"，转载时间：2009.04.29）。

③ 《市政府贯彻国务院关于推进上海加快发展现代服务业和先进制造业建设国际金融中心和国际航运中心意见的实施意见》（沪府发〔2009〕25 号），https://www.shanghai.gov.cn/nw12344/20200814/0001-12344_18342.html（"上海市人民政府"，转载时间：2009.05.11）。

展成为便利、高效、规范、公平的上海国际航运中心核心功能区。①

与此同时,浦东还通过在国内率先实施国际航运人才"双认证"等措施来推动浦东航运高端人才教育培育机制的创新发展;通过大力引进国际知名航运企业和机构、设立航运相关产业基地等措施来推动航运服务业的创新发展;通过加快政府职能的转变、加大政策突破的力度,以及积极搭建促进航运业发展的功能性平台等措施,来推动自贸试验区内航运的创新发展;通过不断地突破发展制约、提高服务质量等措施来推动航空枢纽功能的创新发展。浦东航运发展与航运创新相伴相随,创新已经成为浦东建设上海国际航运中心核心承载区的关键引擎。正因如此,国内首个航运领域企业和机构及国内首个航运服务平台等高端航运要素集聚浦东(详见表4.12)。

表4.12 浦东新区部分航运领域首创实践

国内首个航空争议解决机构	上海国际航空仲裁院
国内首个航运创新试验区	洋泾国际航运服务创新试验区
国内首个航运经纪先照后证	上海汇远船舶服务有限公司
国内首家 LNG 专业船舶管理公司	中海液化气船舶管理公司
国内首次试行中资非五星旗船	中远泗水轮
全球首个集装箱中远期运力交易第三方平台	集装箱中远期运力交易平台
国内首个航运互联网领域的专业组织	陆家嘴航运互联网专业委员会
国内首个试行 24 小时直接过境免办边检手续政策的口岸	上海浦东国际机场
国内首个实施航空货物中转集拼业务的航空枢纽	上海浦东国际机场
国内首个全启用自动无人码头集装箱堆场的港口	洋山深水港集装箱码头

资料来源:《2015浦东年鉴》。

作为上海国际航运中心核心功能区,浦东用其航运发展历程证明了其坚持航运创新的毅力、志气与勇气,以及敢为人先,敢于尝试,敢于创新,敢

---

① 《浦东新区推进上海国际航运中心核心功能区建设实施意见》,http://www.pudong.gov.cn/shpd/gwh/20090630/023002007_c44a279d-ff80-4044-b728-49759e1fb9b2.htm("上海市浦东新区人民政府",转载时间:2009.06.30)。

于发展,勇担重任,勇于眺望未来、展望明天的发展精神和发展模式。而正因为如此,浦东才能成为具备国际中转集拼、报税维修等多功能,具有航运保险、船舶管理、航运咨询等多类航运市场主体的国际航运中心核心承载区,才能以航运创新助推浦东开发开放过程中的金融创新、贸易创新、科技创新等环节衔接成良性循环。

(一) 航运服务及航运要素集聚的创新发展

1990 年 4 月,国务院宣布浦东开发开放。随着浦东对外开放的不断发展和相关政策与制度的突破,浦东的航运服务业在 20 世纪 90 年代首次迈入快速发展阶段,在中国加入世界贸易组织带来的国际贸易发展机遇下,2005 年浦东新增加航运服务相关企业 192 家,开启了浦东航运服务业第二次快速发展的阶段,至 2008 年,浦东已经有 1 343 家航运服务企业,上中下游产业链初具规模。[1]2011 年,具备展览展示、公共服务、信息集散等功能的航运综合性服务平台——上海浦东国际航运服务中心正式启用,上海国际航运中心发展促进会正式成立,加快了上海国际航运中心建设的步伐。[2]截至 2012 年,浦东新区内有近 5 000 家航运服务相关企业,其中包括约 100 家注册资金上亿元的航运服务企业,以及中国船级社上海分社、上海船舶运输科学研究所等知名航运机构,基本形成功能齐全、配套完善的航运服务产业体系。[3]

1. 率先引入高端航运功能性服务机构和平台

2013 年,国内首家由国际性行业组织设立的民办非企业组织——波罗的海国际航运公会上海中心于浦东正式成立。[4]同年,为更快速地贴近中国

---

[1] 林兰:《上海浦东新区国际航运中心核心功能区建设比较研究》,载《上海经济研究》2010 年第 3 期,第 84—93 页。

[2] 《浦东国际航运服务中心启用"航运金融"成亮点》,http://www.gov.cn/gzdt/2011-05/05/content_1857950.htm("中华人民共和国中央人民政府",转载时间:2011.05.05)。

[3] 《2013 浦东年鉴-交通运输》,http://www.pudong.gov.cn/shpd/about/20140226/008006003019_c4421e4c-3cae-4e7c-a7a7-35ff96f40693.htm("上海市浦东新区人民政府",转载时间:2011.05.05)。

[4] 顾卓敏:《波罗的海国际航运公会上海中心成立》,载《青年报》2013 年 3 月 6 日,第 A09 版。

航运市场、更好地吸纳和服务中国会员，加快人民币 FFA（远期运费协议）业务的发展以增强 FFA 在国际航运市场中的影响力，更准确地将中国影响纳入其航运指数中，波罗的海交易所在中国设立的首个实体办公地点——波罗的海交易所上海代表处成立。波罗的海国际航运公会（BIMCO）是国际公认的规模最大、运营最为多样化的国际航运组织，具有 100 多年的历史，以增强国际航运政策和法规的公平性和平衡性为组织运作目标。①波罗的海交易所则创立于 1744 年，是伦敦金融城最古老的航运交易市场，以交易规则、市场信息、会员操作准则的管理、波罗的海系列指数的发布及相关航运金融衍生品 FFA 的开发为主要运营业务，其会员的交易量覆盖全球一半的干散货运输和油运交易，以及新造船和二手船的交易。②这两个国际机构入驻浦东，开启了高端航运功能性服务机构落户浦东的历程，意味着亚太地区在国际经济贸易和航运中的地位逐渐上升，全球各类航运要素加速向上海集聚，特别是向浦东集聚。国内首家由国际保赔协会设立的管理公司——美国保赔协会设立的艾西彼管理咨询（上海）有限公司也于 2013 年正式落户浦东，总领亚太地区的保赔保险业务。③与此同时，2013 年国际海事教师联合会上海中心在浦东国际航运服务中心正式成立，这是第一个落户上海的国际教育组织。④国际海事教师联合会以海事培育、教育、研究为核心活动，是联合国海事组织正式咨询机构之一，也是国际海事教育领域最为重要的学术机构之一，可以参与国际海事组织决策文件相关制定活动。⑤国际海事教师联合会上海中心的设立将加快航运人才的培育，增强浦东作为国际航运中心核心承载区的能力。

2014 年，上海亚洲船级社中心和中国贸促会上海海损理算中心正式落户浦东，高端航运要素一站式服务发展平台——上海航运和金融产业基地，也在浦东正式启动。其中，中国贸促会上海海损理算中心可以通过开展海

---

① 《波罗的海航运交易所（简称波交所）在沪设立办事处》，http://www.gov.cn/gzdt/2013-10/21/content_2511054.htm（"中华人民共和国中央人民政府"，转载时间：2013.10.21）。

②③④⑤ 《2014 浦东年鉴-交通运输》，http://www.pudong.gov.cn/shpd/about/20150419/008006002019_66019aaf-2974-4e6d-9077-2af6e29b4121.htm（"上海市浦东新区人民政府"，转载时间：2015.04.19）。

损检验、财产损失理算、海上运输方案设计及船舶评估咨询等业务来满足国内航运和外贸等相关企业对海损理算、海事法律、海事技术和海事咨询等服务的需求,显著增强了浦东作为上海国际航运中心核心功能区的软实力。①这些机构和平台的设立意味着浦东国际航运中心核心承载区建设进入国际化、市场化、专业化发展的新阶段。2015 年,上海运力集装箱服务股份有限公司正式推出全球首个集装箱中远期运力交易第三方平台——集装箱中远期运力交易平台,极大地降低了运输服务的成本,提高了运输服务的有效性,推动了运输服务的信用化发展,便利了船货双方缔结长期协议的过程。②距平台上线不到两年间,在集装箱中远期运力交易平台中达成的交易量已经相当于传统航运服务企业 10 年的交易量。③

　　2016 年,中国(上海)自由贸易试验区航运人才"双认证"试点项目正式启动。"双认证"是指由国内最具权威的航运职业资格中心和目前全球唯一有资格设立被认可的航运职业标准的国际机构——英国皇家特许船舶经纪学会(ICS)联合认定的高端航运人才培训模式,这为浦东建设上海国际航运中心核心功能区奠定重要的人才基础。④2017 年,中国和亚洲内首个经联合国国际海事组织授权设立的功能性机构——联合国国际海事组织(IMO)亚洲海事技术合作中心(MTCC Asia)正式落户浦东。该机构具备代表联合国国际海事组织处理相关国际海事事务的功能。2016 年 BIMCO(波罗的海国际航运公会)首次在浦东举办 BIMCO 全球会员大会,时隔三年,BIMCO

---

① 《2015 浦东年鉴-交通运输》,http://www.pudong.gov.cn/shpd/about/20151125/008006001019_ec4a6a8d-c6db-48f7-b2cf-ae1b46670efd.htm("上海市浦东新区人民政府",转载时间:2015.11.25)。

② 《2016 浦东年鉴-交通运输》,http://www.pudong.gov.cn/shpd/about/20161223/008006029019_5bbd9f63-bdf8-46a5-936a-2500621866d8.htm("上海市浦东新区人民政府",转载时间:2016.12.23)。

③ 《浦东航运集中推介九大创新项目》,http://www.pudong.gov.cn/shpd/news/20170123/006001_aa246a1c-51c6-4de2-9dcb-a357a3ccd7b9.htm("上海市浦东新区人民政府",转载时间:2017.01.23)。

④ 《中英合作培养高端航运人才　上海自贸区试点航运人才"双认证"》,http://www.gov.cn/xinwen/2016-01/07/content_5031156.htm("中华人民共和国中央人民政府",转载时间:2016.01.07)。

全球会员大会再次在浦东举行,商议全球航运产业发展的规范和标准。在BIMCO 百年历史中,浦东是第一个成为两度承接国际航运界最为重要和隆重的盛会——BIMCO 全球会员大会的举办地,这意味着浦东在国际航运界中的话语权和国际影响力今时不同往日,对国际顶尖航运资源要素的吸引力与日俱增,在国际航运界中的地位日益重要,成为国际航运界最为重要和关键的成员之一。①与此同时,在新华·波罗的海国际航运中心发展指数中的航运服务评价结果中,上海于 2019 年首次超越香港,位列世界第三位。②

2. 率先吸纳高端船舶管理公司

2013 年,国务院批准印发《中国(上海)自由贸易试验区总体方案》,并允许在自贸试验区内设立外商独资国际船舶管理企业(外资船管)后,2014年上海润元船舶管理有限公司作为区内首家外资国际船舶管理企业落户洋山。③同年,作为区内首家中外合资船舶管理企业,南盛堡船舶管理有限公司正式开始营业。④2015 年,威仕(V-SHIP)在自贸区成立全资子公司——上海卫狮船舶管理有限公司,这标志着世界最大的国际船舶管理公司正式落户自贸试验区。⑤此后,随着自贸试验区内营商环境优化和航运服务业的扩大开放,全球三大国际船舶管理公司——中英、贝仕、泰昌祥等知名外商独资或中外合资船管企业相继扎根自贸试验区。⑥2018 年,国内规模最大的船员管理公司中远海运船员管理有限公司和国际知名第三方散货船舶管理

---

① 上海浦东新区商务委(粮食物资局、航运办):《BIMCO 2019 全球会员大会再聚上海浦东》,https://www.pudong.gov.cn/shpd/department/20190305/019011010001_7d135f0e-6c2d-40b5-8fc9-aa5e5a6fc546.htm("上海市浦东新区人民政府",转载时间:2019.03.05)。
② 李岚君:《〈2021 新华·波罗的海国际航运中心发展指数报告〉发布》,http://www.cs.com.cn/cj2020/202107/t20210711_6182833.html("中国证券报·中证网",转载时间:2021.07.11)。
③ 《2015 浦东年鉴-交通运输》,http://www.pudong.gov.cn/shpd/about/20151125/008006001019_ec4a6a8d-c6db-48f7-b2cf-ae1b46670efd.htm("上海市浦东新区人民政府",转载时间:2015.11.25)。
④ 杨珍莹:《浦东打造全球国际船舶管理集聚地》,载《浦东时报》2014 年 11 月 25 日,第 A1 版。http://pdtimes.com.cn/resfile/2014.11.25/A01/A01.pdf。
⑤ 《航运中心核心产业显集聚化效应 最大船管公司落户自贸区》,http://www.shtong.gov.cn/Newsite/node2/node70344/u1ai138110.html("上海市地方志办公室",转载时间:2015.08.05)。
⑥ 《全球三大船舶管理公司落地浦东》,http://www.pudong.gov.cn/shpd/news/20170518/006001_296c3aca-077b-4aa9-9df3-d4717e8c2032.htm("上海市浦东新区人民政府",转载时间:2017.05.18)。

公司格雷格船舶管理(上海)有限公司落户浦东。①这意味着自贸试验区航运服务业的营商环境得到国际认可,并带动了区内航运金融、航运保险等业务的发展,推动了自贸试验区内航运产业链规模的形成,助推上海国际航运中心的发展。

2019年,《浦东新区建设上海国际航运中心核心功能区2019年重点工作安排》印发,提出要以航运发展制度创新、航运要素资源集聚、航运营商环境的优化、浦东航运影响力提升和增强航运服务长三角能力为主要抓手,并着重提出要以案例试点的方式来推动国际船舶管理企业服务境外船东的跨境应税服务,增强国际船舶管理外汇和通关便利性,以解决阻碍国际船舶管理企业发展的外汇、税务、出入境等难题,为自贸试验区内船舶管理公司总部功能的发展扫清障碍,全面提升浦东作为上海国际航运中心核心承载区的能力。②

3. 率先推动航运保险的创新发展

航运是国际货物贸易间必经步骤。由于国际航运不可避免地受到自然灾害等意外因素的负面影响,航运保险成为国际贸易中不可或缺的必备品。③2014年,国务院印发《国务院关于加快发展现代保险服务业的若干意见》,提出2020年要基本建成与我国经济社会发展需求相适应的现代保险服务业,对现代保险服务业的发展作出了重要战略部署。④同年,《上海市人民政府贯彻〈国务院关于加快发展现代保险服务业的若干意见〉的实施意见》出台,明确提出要"加强上海航运保险协会建设,研发航运保险协会条

---

① 《2019浦东年鉴-交通运输》,http://www.pudong.gov.cn/shpd/about/20200723/008006033017
_3b661bf0-61c1-4b05-9602-70b825f4cef1.htm("上海市浦东新区人民政府",转载时间:2020.
07.23)。

② 《浦东明确建设航运中心核心功能区重点工作》,http://www.pudong.gov.cn/shpd/news/
20190528/006004_fbc9d86f-5d41-48c6-8cd6-81e482eee950.htm("上海市浦东新区人民政府",
转载时间:2019.05.28)。

③ 徐美芳:《上海自贸区金融制度创新和溢出效应分析》,载《开发杂志》2016年第9期。

④ 《国务院关于加快发展现代保险服务业的若干意见》(国发〔2014〕29号),http://www.gov.cn/
zhengce/content/2014-08/13/content_8977.htm("中华人民共和国中央人民政府",转载时间:
2014.08.13)。

款,形成国际航运保险定价中心"。①浦东作为上海国际航运中心核心功能区,将不断地推动航运保险企业的集聚,推进浦东航运保险业的发展进程,以满足国内市场对航运保险的需求,增强浦东航运保险业在定价、交易、结算等方面的国际竞争力。

2014年,中国平安、阳光产险、永安保险等航运保险中心相继落户浦东。②2015年,经中国保监会批准同意,上海率先启动航运保险产品注册制改革,极大地推动了上海国际航运中心的建设。③2016年9月,在浦东新区航运办的大力支持下,上海航运保险协会正式发布全球首个航运保险指数——上海航运保险指数(SHANGHAI MARINE INSURANCE INDEX,简称SMII)。④2018年,国内首家专营航运保险业务的专业机构——中国人民财产保险股份有限公司航运保险运营中心迁至浦东。国内外知名航运保险企业的扎根落户推动了浦东保险领域的多元化发展,使浦东航运保险业进入高一阶的新发展阶段。

4. 率先推动互联网和航运服务业的创新融合发展

随着互联网、大数据等信息技术与航运服务业的融合发展,上海舸冠电子商务有限公司上线水运交易服务平台——船老大网,上海迈利船舶科技有限公司开发了基于AIS数据的全球海务和商务大数据平台——船队在线HiFleet(www. HiFleet.com),上海汇航捷讯网络科技有限公司开发了一站式国际物流服务平台——"运去哪",迈润智能科技研发了航道和船舶安全可视化系列产品,航运界知名海运咨询研究机构德鲁里航运咨询入驻陆家

① 《上海市人民政府贯彻〈国务院关于加快发展现代保险服务业的若干意见〉的实施意见》(沪府发〔2014〕73号),https://www.shanghai.gov.cn/nw12344/20200814/0001-12344_40762.html("上海市人民政府",转载时间:2014.11.25)。

② 《2015浦东年鉴-交通运输》,http://www.pudong.gov.cn/shpd/about/20151125/008006001019_ec4a6a8d-c6db-48f7-b2cf-ae1b46670efd.htm("上海市浦东新区人民政府",转载时间:2015.11.25)。

③ 徐美芳:《上海自贸区金融制度创新和溢出效应分析》,载《开发杂志》2016年第9期。

④ 《全球首个航运保险指数在上海发布》,http://www.csoa.cn/doc/1043.jsp("中国船东网",转载时间:2016.09.26)。

嘴。①2016 年,陆家嘴内成立了国内首个航运互联网领域的专业组织——陆家嘴航运互联网专业委员会,极大地推动了航运互联网产业的持续发展。②2017 年,陆家嘴内又建立了国内首个航运互联网产业基地,航运互联网产业基地以融资服务、资源共享、创新交流、企业服务为主抓手,通过与陆家嘴新兴金融产业园深入合作,定期举办航运行业交流活动,依据企业诉求提供必要的政策和资金支持,来推动以航运电商、航运信息服务和航运科技等业务为经营核心的企业的发展,提高区内航运功能性和专业服务机构的集聚度,增强浦东航运服务产业的创新活力和综合竞争力,提升陆家嘴在国际航运市场中的影响力。③作为上海国际航运中心的高端航运服务发展区,截至2018 年 9 月底,陆家嘴集聚了 1 284 家船舶运输和航运经纪等航运机构,其中有 1 100 家为高端航运服务机构。④在陆家嘴航运互联网产业基地不断发展的背景下,涉及航运仲裁等领域“互联网＋航运”的航运服务创新平台和项目还将继续涌出,加快浦东航运数字化转型的步伐。最为重要的是,2017年,浦东新区人民政府发布《浦东新区深化上海国际航运中心核心功能区建设“十三五”规划》,指明了“十三五”期间浦东航运发展思路:“十三五”期间,浦东紧抓自贸试验区发展的机遇,以航运创新作为主抓手,通过制度创新及创新性建立航运“国标”,来不断推动高端航运服务业的发展,增强航运服务业在国际中的竞争力,提高浦东全球航运资源的配置能力。⑤

(二) 浦东国际机场的创新发展

1997 年浦东国际机场正式开始建设,1999 年竣工通航。2005 年,作为

①②　中共上海市委党史研究室:《上海改革开放史话》,上海人民出版社 2018 年版,第 279 页。

③　《〈2017 中国航运互联网产业发展报告〉正式发布国内首个航运互联网产业基地落户陆家嘴》,http://news.cnr.cn/native/city/20170622/t20170622_523814079.shtml(“央广网”,转载时间:2017.06.22)。

④　《区域概况》,http://www. pudong. gov. cn/shpd/gwh/20190129/023002007 _ 16f790f6-2014-4e1f-bb7b-c190d1bb7b2a.htm(“上海市浦东新区人民政府”,转载时间:2019.01.29)。

⑤　《浦东新区人民政府关于印发〈浦东新区深化上海国际航运中心核心功能区建设“十三五”规划〉的通知》(浦府〔2017〕135 号),https://www. pudong. gov. cn/shpd/InfoOpen/InfoDetail. aspx?CategoryNum＝003002002&InfoId＝7cc5409b-263d-4a28-ad0e-5d943605eaf8(“上海市浦东新区人民政府”,转载时间:2017.07.19)。

上海航空枢纽建设的核心工程,浦东国际机场扩建工程正式启动,在浦东国际机场的扩建工程中完成第二座航站楼、第三条跑道和西区货运物流园区等相关设施的建设,极大地推动了上海航空枢纽功能的健全,意味着上海航空枢纽建设进入新的发展阶段。①

2007年,浦东国际机场扩建主体工程通过竣工验收,国际货运枢纽能力进一步提升,当年浦东国际机场的货邮吞吐量达到251.15万吨,同比增长14.61%。②同年,国际知名全货运航空公司、世界最大的包裹运送公司美国UPS公司在浦东国际机场建设国际航空转运中心,这是国内首家外资转运中心。③同年,国际知名物流及邮递公司德国邮政敦豪集团(DHL)决定在浦东国际机场建设北亚货运枢纽,这意味着浦东国际机场成为了世界首家拥有两个国际转运中心的机场。④2008年UPS在浦东国际机场内的国际转运中心正式启动,为浦东国际机场成为重要的国际货运枢纽和国际航空转运中心奠定了基础。⑤

2011年,浦东国际机场成为国内最大旅客出入境空港口岸,旅客吞吐量超4000万人次。⑥2012年,浦东国际机场成为全国首个试行24小时直接过境免办边检手续政策的口岸,这极大地便利了经由浦东国际机场中转的过境旅客,提高了浦东国际机场承载国际中转业务的竞争力,增强了浦东作为航空枢纽的综合能力。⑦同年,浦东国际机场内的DHL北亚转运枢纽正

---

① 《2006浦东统计年鉴-交通运输-航空港》,http://www.pudong.gov.cn/shpd/about/20070416/008006009018_c15b72a8-5530-4092-9d82-d99fc96454c6.htm("上海市浦东新区人民政府",转载时间:2007.04.16)。

②③④ 《2008浦东统计年鉴-交通运输-航空港》,http://www.pudong.gov.cn/shpd/about/20160802/008006030019_82ac25a8-3a0c-4cf3-a6c8-87b3975d78c4.htm("上海市浦东新区人民政府",转载时间:2016.08.02)。

⑤ 《2009浦东统计年鉴-交通运输》,http://www.pudong.gov.cn/shpd/about/20120203/008006007019_3efd0730-59b9-40d2-a396-464f05f654f7.htm("上海市浦东新区人民政府",转载时间:2012.02.03)。

⑥ 《2012浦东统计年鉴-交通运输》,http://www.pudong.gov.cn/shpd/about/20131209/008006004019_a6dc6024-cc30-4129-905c-512239be40e1.htm("上海市浦东新区人民政府",转载时间:2013.12.09)。

⑦ 《2013浦东统计年鉴-交通运输》,http://www.pudong.gov.cn/shpd/about/20140226/008006003019_c4421e4c-3cae-4e7c-a7a7-35ff96f40693.htm("上海市浦东新区人民政府",转载时间:2014.02.26)。

式启动,这是 DHL 在亚洲最大的快递转运中心。①北亚枢纽启用使浦东国际机场成为全球第一家拥有 2 个国际转运中心的机场,将提高浦东国际机场与欧洲、美国的洲际连接效率,显著提高浦东机场的货运中转能力和增大浦东机场的货邮吞吐量,助力上海航空货运枢纽的建设。②

2013 年,浦东国际机场内的 DHL 北亚枢纽正式开展国际中转集拼业务,这标志着浦东国际机场成为国内首个实施航空货物中转集拼业务的航空枢纽。③航空快件国际中转集拼业务的开展通过将抵达浦东国际机场的境外货物在临近浦东国际机场区域拆箱并按其目的地分拣装箱后运送出境,显著地提高了浦东国际机场货运中转的效率,极大地增强了浦东作为国际航空枢纽的国际竞争力和影响力。随着 UPS、DHL 等国际航空货运巨头相继在浦东国际机场设立国际转运中心,中货航、南航等主要国内航空公司将超半数的运力集中于浦东国际机场,浦东机场综合保税区的设立和发展,浦东国际机场的航空货运枢纽的功能日益完善和增加。④2013 年,浦东国际机场年货邮吞吐量已经达到 291.48 万吨,货邮吞吐量连续六年位列全球第三。⑤

2014 年,浦东国际机场年旅客吞吐量首次突破 5 000 万人次,这意味着浦东国际机场正式成为 5 000 万人次世界超大型枢纽机场"俱乐部"的一员,至此浦东国际机场成为具备两座航站楼、四条跑道的世界级大型机场,亚太核心航空枢纽的地位日益巩固。⑥至 2016 年,浦东国际机场的航空货

---

① 《2013 浦东统计年鉴-交通运输》,http://www.pudong.gov.cn/shpd/about/20140226/008006003019_c4421e4c-3cae-4e7c-a7a7-35ff96f40693.htm("上海市浦东新区人民政府",转载时间:2014.02.26)。

②③ 《浦东机场开展国际中转集拼业务满四年》,http://www.pudong.gov.cn/shpd/news/20171101/006004_523849af-a0e8-4fd0-b4ed-294df78aea0b.htm("上海市浦东新区人民政府",转载时间:2017.11.01)。

④ 《2015 浦东统计年鉴-交通运输》,http://www.pudong.gov.cn/shpd/about/20151125/008006001019_ec4a6a8d-c6db-48f7-b2cf-ae1b46670efd.htm("上海市浦东新区人民政府",转载时间:2015.11.25)。

⑤⑥ 《2014 浦东统计年鉴-交通运输》,http://www.pudong.gov.cn/shpd/about/20150419/008006002019_66019aaf-2974-4e6d-9077-2af6e29b4121.htm("上海市浦东新区人民政府",转载时间:2015.04.19)。

运量已连续九年位列全球第三。①2017 年，在当前国内机场仪表着陆系统最高等级为Ⅱ类的背景下，浦东国际机场成功完成当前国内最高等级盲降验证——ⅢA 类盲降验证试飞，这意味着浦东国际机场可能将成为首家具有ILS－ⅢA 类运行保障能力的民用机场。②

（三）外高桥港和洋山深水港的创新发展

1997 年，外高桥一期工程 4 个泊位共完成集装箱吞吐量 49.1 万 TEU，相较 1996 年增长了 53.4％。③1998 年，经改造后，外高桥码头通过能力大幅提升，达到 675 万 TEU。④1999 年，外高桥港区二期集装箱码头正式投入试运行，极大地增强了上海港集装箱吞吐能力。⑤2000 年，外高桥保税区港务公司实现集装箱吞吐量突破 100 万个标准箱。⑥

洋山深水港位于浦东南端，经由东海大桥衔接浦东陆地，是距上海市中心最近的深水良港。⑦2005 年，东海大桥正式全线贯通，洋山港具备了衔接浦东陆地的有效通道，实现了洋山港的集装箱陆路可以直线到达浦东陆地。同年，外高桥港区集装箱吞吐量达 1 272.4 万标准箱，成为中国内地集装箱吞吐量最大的单列港。⑧与此同时，2005 年外高桥正式启用国内首个全自动无人码头集装箱堆场。⑨外高桥的全自动无人码头集装箱堆场具备国内领

---

① 《2017 浦东统计年鉴-交通运输》，http://www.pudong.gov.cn/shpd/about/20180319/008006031019
_fb9f2c77-d654-4a7b-96d6-a4da7c0beec3.htm（"上海市浦东新区人民政府"，转载时间：2018.
03.19）。

② 《填补国内空白 浦东机场完成 IIIA 类盲降验证试飞》，http://www.cnr.cn/shanghai/tt/
20170330/t20170330_523685830.shtml（"央广网"，转载时间：2017.03.30）。

③ 《1998 年浦东年鉴-交通邮电 公共事业》，http://www.pudong.gov.cn/shpd/about/20160411/
008006017011_2bc0649d-950c-4957-9eec-bd355b08eb9e.htm（"上海市浦东新区人民政府"，转
载时间：2016.04.11）。

④⑤⑥⑦ 《1999 年浦东年鉴-交通运输-深水港》，http://www.pudong.gov.cn/shpd/about/
20060614/008006016014_23a387b2-9b25-4631-8df4-841a63cc26c3.htm（"上海市浦东新
区人民政府"，转载时间：2016.04.11）。

⑧ 《2006 年浦东年鉴-交通运输-深水港》，http://www.pudong.gov.cn/shpd/about/20070416/
008006009018_4dca805b-f8a6-408e-b689-5515777ebc1f.htm（"上海市浦东新区人民政府"，转载
时间：2007.04.16）。

⑨ 《国内第一个集装箱自动化无人堆场在上海投入运行》，http://www.gov.cn/govweb/gzdt/
2006-04/24/content_262321.htm（"中华人民共和国中央人民政府"，转载时间：2006.04.24）。

先的"堆 8 过 9"的装卸功能、无人堆场作业策略规划、高跺空箱堆放的防风设计、系统安全技术等能力和设计，其启用意味着上海港开始了朝着智能化港口发展的新征程。①

由于自身软硬件设施体系健全，外高桥国际航线数量和航班密度均较为可观。2005 年进出口岸的国际航行船舶已经达到 1.34 万艘次。②2006 年，外高桥港区集装箱吞吐量再创新高，达到 1 300 余万标准箱，再次成为中国内地集装箱吞吐量最大的单列港。③2009 年，国务院正式批准浦东国际机场综合保税区的设立，浦东新区东海沿线上正式形成由外高桥港、上海浦东国际机场空港、洋山港和外高桥保税区、上海浦东国际机场综合保税区、洋山保税港区构成的"三港三区"的新格局。④

2010 年，洋山港口集装箱吞吐量达 1 010.77 万标准箱，外高桥港集装箱吞吐量则达 1 498.72 万标准箱，两港的集装箱吞吐量占据上海集装箱吞吐总量的 86.39％。⑤2010 年，外高桥港和洋山港的联动运作项目正式启动，联动项目实施后，客户可按照规定将符合条件的集装箱货物按规定运送至外高桥码头，在海关检验后可由穿梭巴士运送至洋山港码头装船出口，这不仅降低了客户的运输成本，更健全了洋山港的集疏运体系，显著地增强了洋山港作为国际枢纽港的综合竞争力。⑥

2011 年，外高桥边检站以全方面、全天候、优质、专业、便利为服务核心，以"满意服务 360""123 服务制度"为主抓手，通过优化服务流程，创新服务内容，针对工作人员展开专项培训等措施来提高外高桥边检站服务

①② 葛中雄、陈余德：《努力建造创新型港口，向世界强港迈进　中国首个港口集装箱全自动化无人堆场在上海港外高桥集装箱码头投入营运》，载《港口科技动态》2006 年第 4 期，第 2 页。

③ 《2007 年浦东年鉴-交通运输-深水港》，http://www.pudong.gov.cn/shpd/about/20081013/008006008019_62c5acfb-5e48-4734-88c7-e523d7e54a20.htm（"上海市浦东新区人民政府"，转载时间：2008.10.13）。

④ 中国生产力学会：《浦东新区建设上海国际航运中心核心功能区研究》，第 15 页，（"2009—2010 中国生产力发展研究报告"会议，2010 年）。

⑤⑥ 《2011 年浦东年鉴-交通运输》，http://www.pudong.gov.cn/shpd/about/20120203/008006005019_6a214d7c-56d4-485e-955a-95919f80a280.htm（"上海市浦东新区人民政府"，转载时间：2012.02.03）。

质量,打响外高桥港口岸的服务品牌。①2012 年,"ITAL FLORIDA"(意茂)和"HUMBER BRIDGE"(汉伯桥)两艘大型国际干线集装箱船在洋山主航道内交汇通过,这标志着洋山港首次双向试通航成功,意味着洋山港突破单向航道对船舶由外海进入洋山深水港的制约,通航效率得到极大的提高。②2013 年,洋山深水港主航道双向航道正式启动,极大地缩短了进出洋山港船舶的平均等待时间,大幅提升洋山港年引航船数。③2014 年,外高桥保税物流园区和洋山保税港区创新性地启动海运国际中转集拼业务。④2017 年,洋山深水港四期开港,这意味洋山深水港成为世界单体规模最大的自动化码头。⑤2019 年,洋山保税港区港口货物吞吐量达到 17 484.60 万吨,集装箱吞吐量达到 1 980.80 万标箱,洋山港国际中转量达到 293.80 万标箱,洋山港水水中转量达到 1 018.90 万标箱(详见表 4.13)。

表 4.13　2010—2019 年间洋山保税港区部分航运指标表

年份	港口货物吞吐量(万吨)	集装箱吞吐量(万标箱)	洋山港国际中转量(万标箱)	洋山港水水中转量(万标箱)
2010	8 900	1 010.80	83.60	435.30
2011	11 736	1 309.90	93.00	601.50
2012	12 969	1 415.00	120.30	660.80
2013	13 519	1 436.50	158.90	715.00
2014	14 156	1 520.2	167.0	755.5
2015	13 775	1 540.7	148.7	763.7

① 《2012 年浦东年鉴－交通运输》,http://www.pudong.gov.cn/shpd/about/20131209/008006004019_a6dc6024-cc30-4129-905c-512239be40e1.htm("上海市浦东新区人民政府",转载时间:2013.12.09)。

② 《2013 年浦东年鉴－交通运输》,http://www.pudong.gov.cn/shpd/about/20140226/008006003019_c4421e4c-3cae-4e7c-a7a7-35ff96f40693.htm("上海市浦东新区人民政府",转载时间:2014.02.26)。

③ 《2014 年浦东年鉴－交通运输》,http://www.pudong.gov.cn/shpd/about/20150419/008006002019_66019aaf-2974-4e6d-9077-2af6e29b4121.htm("上海市浦东新区人民政府",转载时间:2015.04.19)。

④ 张钰芸:《国际中转集拼创新业务启动》,载《新民晚报》2014 年 8 月 1 日,第 B3 版。

⑤ 中国交通建设集团有限公司、中国建筑工程总公司:《全球最大的自动化码头上海港洋山深水港四期开港》,http://www.sasac.gov.cn/n2588025/n2588124/c8325936/content.html("国务院国有资产监督管理委员会",转载时间:2017.12.10)。

续　表

年份	港口货物 吞吐量(万吨)	集装箱 吞吐量(万标箱)	洋山港国际 中转量(万标箱)	洋山港水水 中转量(万标箱)
2016	14 298.80	1 561.60	167.40	804.80
2017	15 163.80	1 653.10	190.80	835.90
2018	16 669.20	1 842.40	232.90	909.30
2019	17 484.60	1 980.80	293.80	1 018.90

资料来源:历年《上海浦东新区统计年鉴》。

2020 年,在上海海关隶属洋山海关的监管下,丹麦得斯威国际货运公司成功将从德国运送过来的汽车零部件等货物在上海深水港国际物流有限公司的国际中转集拼仓库中拆箱并运送至外高桥港区后重新出口至境外,这意味着临港新片区内正式完成跨关区国际中转集拼业务,实现国内跨关区国际中转集拼业务的首次突破。[①]

十、坚持推进科技创新,是浦东开发开放的重要支撑

自开发开放以来,浦东一直坚持科技创新。1997 年,浦东新区内已经有 88 家高新技术产业,相较于 1994 年增加了 4.4 倍,高新技术产业产值已经达到 200 亿元,相较于 1994 年增加了 20 倍。[②]1999 年,浦东的高新技术创新体系初步成形,经认定的高新技术企业达 156 家,新药研究中心、新药筛选中心、药物安全评价中心等研究开发机构相继落户浦东,泛亚汽车技术中心、华为集团研究所等企业技术研发机构的集聚初具规模,张江和金桥孵

---

① 《完成首票跨关区国际中转集拼业务试单　临港新片区再添国内"第一"》,http://www.pudong. gov. cn/shpd/news/20200710/006001 _ 3c79e9b4-06e8-4699-8c11-27c1c2cba4d8. htm ("上海市浦东新区人民政府",转载时间:2020.07.10)。

② 《1998 年浦东年鉴-科技教育》,http://www.pudong.gov.cn/shpd/about/20160411/008006017017_ 40f2834a-f043-46b2-b220-6308a2ed444d.htm("上海市浦东新区人民政府",转载时间:2016. 04.11)。

化基地持续扩大,科技风险投资基金逐渐实现由企业和社会主导的转型。①
2000年,浦东高新技术产业产值570亿元,达成66项上海市高新技术成果
转化项目,位列全市第一。②2003年,浦东的企业技术研发机构已经覆盖至
电子信息、生物医药、新材料及光机电一体化等领域,为浦东高新技术的发
展提供重要的研发保障。③2005年,上海振华港机(集团)股份有限公司
(2009年更名为上海振华重工(集团)股份有限公司)的"新一代港口集装箱
起重机关键技术研发与应用项目"获国家科技进步奖一等奖,这是浦东首个
获得国家科技创新最高奖项的项目,意味着浦东在科技创新上的重大突
破。④2015年,上海新昇半导体科技有限公司承担的"40-28纳米集成电路制
造用300毫米硅片"项目在临港产业区内正式启动,"40-28纳米集成电路制
造用300毫米硅片"项目的启动和达成实现了国产大尺寸硅材料重要突破,
打破了进口硅材料在国内的垄断地位,为国内集成电路产业的发展提供必
要的保障。⑤2018年,浦东经认定的高新技术企业共2 247家,重点企业研
发机构487家,经认定的外资研发中心累计233家;浦东科技奖励获奖项
目位列全市第一;科研成果技术合同交易额继续保持百亿规模;年度研发
费加计扣除金额257.07亿元,这意味着浦东创新主体集聚度持续提高,
创新成果转化的内在循环逐渐健全,激励企业研发的动力持续增强。⑥这
些指标、措施和成就,充分体现了浦东在开发开放中对科技创新的坚持和
重视。

---

① 《2000年浦东年鉴-科学技术》,http://www.pudong.gov.cn/shpd/about/20060614/008006015020_
cfd6b7d7-4e20-4e2c-9d1f-c0d404081862.htm("上海市浦东新区人民政府",转载时间:2006.06.14)。
② 《2001年浦东年鉴-科学技术》,http://www.pudong.gov.cn/shpd/about/20060614/008006014024_
022b7c37-15bf-49e1-b1f6-8cd299f36336.htm("上海市浦东新区人民政府",转载时间:2006.06.14)。
③ 《2004年浦东年鉴-科学技术》,http://www.pudong.gov.cn/shpd/about/20060614/008006011032_
d648ef23-cd35-4d7e-8752-868078c71ebc.htm("上海市浦东新区人民政府",转载时间:2006.06.14)。
④ 《2006年浦东年鉴-科学技术》,http://www.pudong.gov.cn/shpd/about/20070521/008006009032_
e6f87cf2-8a13-4da3-93d1-1673f36a884c.htm("上海市浦东新区人民政府",转载时间:2007.05.21)。
⑤ 《2016年浦东年鉴-科学技术》,http://www.pudong.gov.cn/shpd/about/20161228/008006029032_
dfd43d12-be9b-4195-b0f4-b8ac49a59501.htm("上海市浦东新区人民政府",转载时间:2016.12.28)。
⑥ 《2019年浦东年鉴-科学技术》,http://www.pudong.gov.cn/shpd/about/20200723/008006033031_
123cfa06-0566-4fbe-9845-b5494065bdab.htm("上海市浦东新区人民政府",转载时间:2020.07.23)。

　　30 年风雨历程，浦东坚持科技创新，并以集成电路、软件、光电子、生物医药等重点发展产业及其协会为点，以相关政府职能部门为线，以产业基地等产业集聚地为面，形成了"点、线、面"三位一体的产业协调推进机制，构建由所、校及研发中心组建的完善的研发创新系统，协助《上海市浦东新区"中国制造 2025"城市试点示范实施方案》《浦东新区 2015 年生物医药产业发展报告》《浦东转化医学研究和服务现状调研报告》《浦东新区 2016 年新能源产业发展报告》的编制，健全由研发中心、孵化基地、外包与专业服务、产业基地及投融资体系等组建的健全的产业链，来完善浦东关键高新科技产业发展的顶层设计，搭建产业发展必需的服务平台和发展平台，打通符合科技企业特制的融资渠道，推动战略新兴产业的规范化、专业化发展，共同聚力推动浦东的科技创新。①②③正因如此，在 30 年开发开放中，浦东聚集首批通过国家级计量认证资质认定的海洋环境监测机构的东海监测中心、国内唯一专事于极地考察的科学研究和保障业务的中国极地研究中心、国内首家航空航天领域专业的北航张江众创空间等国内重要科研机构与科创孵化器；通过设计制造单箱梁载重式集装箱起重机而开启了中国制造大型港机设备出口美国的历程的上海振华港口机械有限公司，正式投入国内首个人源化抗体类药物新药益赛普的上海中信国健药业股份有限公司，研发出世界首颗基于 CMOS 工艺的支持 HSDPA 的 TD SCDMA/GSM 双模射频收发器芯片的锐迪科微电子，以及建成国内首条符合世界先进标准的国产心脏起搏生产线的创领心律管理医疗器械（上海）有限公司等各领域国内领先的高科技公司。

　　立足于新时代，浦东将以张江科技城建设为核心，通过持续加强服务平台和融资渠道的建设与健全，不断增强政府相关部门对科技创新发展的服

---

① 《2004 年浦东年鉴-科学技术》，http://www.pudong.gov.cn/shpd/about/20060614/008006011032_dbc9fcc9-5cfc-4f89-a967-5c5e4c120f63.htm（"上海市浦东新区人民政府"，转载时间：2006.06.14）。

② 《2017 年浦东年鉴-科学技术》，http://www.pudong.gov.cn/shpd/about/20180319/008006031033_1f563a07-24b3-4906-9c34-ae66da9ab231.htm（"上海市浦东新区人民政府"，转载时间：2018.03.19）。

③ 《2008 年浦东年鉴-科学技术》，http://www.pudong.gov.cn/shpd/about/20160804/008006030033_44d15e15-6314-4621-85c1-1d4777ef663a.htm（"上海市浦东新区人民政府"，转载时间：2016.08.04）。

务能力,聚焦于科技创新发展的时代特征,紧抓世界科创发展的机遇等措施来实现生物医药、集成电路、人工智能等重点产业的创新性发展和高质量发展,提高国内外知名研发中心的集聚程度,推进科技创新成果转化的加速,聚力发展能继续支撑浦东作为金融、贸易及航运等领域发展新高地的科技创新。

(一)建设科创平台,助力科技创新

2002 年,浦东科技电子政务系统正式投入使用,标志着浦东正式开启网上办事的历程,为"一网通办"奠定基础。①

2003 年,浦东科技信息中心开发了国内首个针对生物医药行业的专利数据库与检索分析系统——生物医药专利数据库与检索分析系统,极大地便利了生物医药企业的技术创新。②同年,国内最早的软件技术增值服务平台——浦东软件技术增值服务平台一期工程正式启动试运行。③浦东软件技术增值服务平台具备健全的技术支持系统,具有共享网络数据中心、软件出口服务应用、软件测评与质量管理等八大功能,依托其国内一流的软件测试等功能的技术水平,凭借其开放模式、资源整合等服务特色,为软件信息企业提供全面的、系统的软件技术服务,来提高企业研发效率,助推浦东软件信息产业的高效发展。④

2005 年,浦东正式开通浦东诚信网站,这是上海市内首个将政府行政监管和行业组织信用服务有效整合的综合性网站。⑤2007 年,《浦东新区科

---

① 《2003 年浦东年鉴-科学技术》,http://www.pudong.gov.cn/shpd/about/20060614/008006012033_006a5011-c51e-4432-a11f-a8ebace367ca.htm("上海市浦东新区人民政府",转载时间:2006.06.14)。

② 《2004 年浦东年鉴-科学技术-科技攻关与成果转化》,http://www.pudong.gov.cn/shpd/about/20060614/008006011032_b6e4c858-373a-45ea-a49c-cca6efe4e486.htm("上海市浦东新区人民政府",转载时间:2006.06.14)。

③④ 《2004 年浦东年鉴-科学技术-高新技术应用》,http://www.pudong.gov.cn/shpd/about/20060614/008006011032_8d3c44ee-edfb-433a-97c7-f19faaa02a40.htm("上海市浦东新区人民政府",转载时间:2006.06.14)。

⑤ 《2006 年浦东年鉴-科学技术-科研科技活动》,http://www.pudong.gov.cn/shpd/about/20070521/008006009032_f3e280b0-a48a-4a57-b724-f429d91b2ae8.htm("上海市浦东新区人民政府",转载时间:2007.05.21)。

技公共服务平台建设和管理暂行办法》正式发布,意味着浦东新区成立首批科技公共服务平台,通过建立公共实验室、科技数据文献检索系统以及提供科技成果转化专业中介服务等方式服务浦东高科技产业的科创活动,成为整合各方资源、聚力发展高科技产业的重要服务平台。①2016年,离岸基地通过与保税区人才大厦、自贸试验区临港洋山"科创一号"、海外团体和服务机构等合作空间、团队、机构达成合作协议,来推动相互促进、共同发展的离岸基地网络体系。②2018年,首个离岸基地海外服务站点贝尔谢巴海外服务站在以色列正式建立。③

2018年,上海市生物医药产业技术功能型平台、上海市集成电路产业创新服务功能型平台、上海市智能制造研发与转化功能型平台、上海市工业互联网研发与转化功能型平台在浦东正式设立。④功能性服务平台以服务新技术的研发、新团队的建立、新产业的发展、新机制的健全为核心,以综合服务、公共服务和枢纽网络为特征,一方面加速新技术和新产业的发展,另一方面加快产学研协同发展,推动新技术成果向市场化、专业化方向发展。⑤同年,上海市首个以项目法人化作为运作模式的成果转化机构——浦东新区产业创新中心成立,其成立在资源集聚、成果转化、产业培育和产业结构升级方面来增强浦东政产学研协同合作的动能,推进浦东协同创新体系的发展,加快浦东科技创新的步伐。⑥

浦东以国家自主创新示范引领区等国家级示范区的建设为核心,通过搭建各类科技服务平台、推动相关发展报告及扶持政策的编制和制定,以及加快科技人才集聚等措施,来不断提升政府对高科技企业的服务能力,激励高科技企业不断提高研发投入,持续激活研发创新系统的内在活力,助推浦

---

① 《浦东新区人民政府关于印发〈浦东新区科技公共服务平台建设和管理暂行办法〉的通知》(浦府[2007]74号),https://www.pudong.gov.cn/shpd/InfoOpen/CriterionFile.aspx? InfoId = 382af9ff-3ea8-489b-8f3a-915e0dc74b17("上海市浦东新区人民政府",转载时间:2007.05.21)。

② 《2017年浦东年鉴-科学技术》,http://www.pudong.gov.cn/shpd/about/20180319/008006031033_1f563a07-24b3-4906-9c34-ae66da9ab231.htm("上海市浦东新区人民政府",转载时间:2018.03.19)。

③④⑤⑥ 《2019年浦东年鉴-科学技术》,http://www.pudong.gov.cn/shpd/about/20200723/008006033031_123cfa06-0566-4fbe-9845-b5494065bdab.htm("上海市浦东新区人民政府",转载时间:2020.07.23)。

东高科技企业的可持续发展,以有效发挥制度创新对自主创新的带动力,充分实现企业发展对产业发展的助推力。

(二) 拓宽融资渠道,支持科技创新

2000年,联合中科院高技术产业局,浦东率先在全国范围内开启"高科技种子资金"工程,通过"种子资金"风险资助、有偿回报的模式来激励科技成果的转化,助力科技成果市场化发展。[1]同年,《关于支持浦东新区企业技术开发机构发展的若干规定》和《关于浦东新区进一步鼓励软件产业和集成电路产业发展的若干意见》等以增强政府服务高科技产业发展能力为核心的高科技产业发展扶持政策相继出台,显著地推动了技术和人才等资源的有效整合。[2]

2007年,上海浦东生产力促进中心通过建立专职于国家开发银行新区科技型中小企业贷款企业的团队来解决中小型科技企业融资问题。[3]同年,为缓解中小科技企业因缺乏固定资产而融资难的困境,浦东在全国范围内率先通过建立个人诚信及知识产权质押与评估机制来推动知识产权质押融资业务的实施。[4]2007年,浦东共有70余家科技创新投资机构,共计管理资金总量近200亿元,意味着浦东作为激励和扶持高科技企业自主研发的资本高地初具规模;上海浦东科技投资有限公司和恒邦公司等民营企业签约成立"慧眼创投基金",国资和民资加入浦东高科技企业融资渠道,助推高科

---

[1] 《2001年浦东年鉴-科学技术-科技公关与成果转换》,http://www.pudong.gov.cn/shpd/about/20060614/008006014024_06f7f692-2a98-4bb5-8903-aec23f5b56fb.htm("上海市浦东新区人民政府",转载时间:2006.06.14)。

[2] 《2001年浦东年鉴-科学技术-概述》,http://www.pudong.gov.cn/shpd/about/20060614/008006014024_022b7c37-15bf-49e1-b1f6-8cd299f36336.htm("上海市浦东新区人民政府",转载时间:2006.06.14)。

[3] 《2008年浦东年鉴-科学技术》,http://www.pudong.gov.cn/shpd/about/20160804/008006030033_44d15e15-6314-4621-85c1-1d4777ef663a.htm("上海市浦东新区人民政府",转载时间:2016.08.04)。

[4] 《2008年浦东年鉴-科学技术-高新技术应用》,http://www.pudong.gov.cn/shpd/about/20160804/008006030033_44d15e15-6314-4621-85c1-1d4777ef663a.htm("上海市浦东新区人民政府",转载时间:2016.08.04)。

技企业发展。①②

2008 年，国际金融危机来袭。为支持和帮助科技企业应对金融危机、解决科技企业融资难的困境，上海浦东科技金融服务公司和上海浦东新区张江小额贷款股份有限公司于 2008 年成立，其中，上海浦东科技金融服务公司通过为中小科技企业提供委托贷款和投融资相关综合金融服务，来为集成电路、生物医药、软件等领域的科技企业提供必要的融资支持。③自 2008 年 10 月至 12 月短短约两个月内，浦东科技金融服务公司已为先进制造、软件和节能环保类企业发放贷款 5 000 余万元，上海浦东新区张江小额贷款股份有限公司在成立首日就发放了 980 万元贷款。④除此之外，2008 年以政府资金来提高企业授信额度的信用互助计划正式实施，浦东知识产权质押融资的发展步伐大幅加快，融资额度大幅提升，并逐渐建立服务科技企业资产特点的融资模式，知识产权质押贷款担保金额达 5 000 万元，相较于 2007 年增长 183％。⑤

2009 年，浦东率先启动科技企业信用互助融资和担保服务，有效地提高了中小科技企业融资效率，在一定程度上降低了担保融资的风险，加快了商业银行和企业间，以及企业与企业间的信用合作步伐。⑥2013 年，《浦东新区科技发展基金管理办法》发布，进一步推进涵盖知识产权资助资金、孵化

---

① 《2008 年浦东年鉴-科学技术-综述》，http://www.pudong.gov.cn/shpd/about/20160804/008006030033_10789881-0cd2-4004-84bb-baaa68878033.htm（"上海市浦东新区人民政府"，转载时间：2016.08.04）。

② 《2008 年浦东年鉴-科学技术-科技活动》，http://www.pudong.gov.cn/shpd/about/20160804/008006030033_862cc866-2dd4-4a76-ae2b-79b3cd9799b8.htm（"上海市浦东新区人民政府"，转载时间：2016.08.04）。

③ 《2009 年浦东年鉴-科学技术》，http://www.pudong.gov.cn/shpd/about/20120203/008006007032_32a637df-3546-43f5-9193-c2c4e907aaf5.htm（"上海市浦东新区人民政府"，转载时间：2012.02.03）。

④ 《上海浦东应对世界金融危机扶助企业"抓大不放小"》，http://www.gov.cn/ztzl/2008-12/11/content_1174903.htm（"中华人民共和国中央人民政府"，转载时间：2008.12.11）。

⑤ 《2009 年浦东年鉴-科学技术》，http://www.pudong.gov.cn/shpd/about/20120203/008006007032_32a637df-3546-43f5-9193-c2c4e907aaf5.htm（"上海市浦东新区人民政府"，转载时间：2012.02.03）。

⑥ 《2009 年浦东年鉴-特载-政府工作报告》，http://www.pudong.gov.cn/shpd/about/20120203/008006007001_f5e3399f-2bbc-42cb-a736-93385cd8bb34.htm（"上海市浦东新区人民政府"，转载时间：2012.02.03）。

器资助资金、留学人员创业资助和博士后资助资金、科技产品市场推广专项资金及"慧眼工程"专项资金等专项资金在内的浦东新区科技发展基金的发展。①2016 年,为整合大学、研究机构及科技中小型企业的研发资源和人才资源,拓宽浦东的创新渠道,创新券工作正式启动。创新券实施后,科技型中小微企业可运用创新券额度来补贴相应的科技服务购买支出。②2017 年,张江核心区内已具有包括全球顶级科技创新加速器和投资机构PLUG&PLAY、微软功夫孵化器及中以上海创新中心等在内 30 余个国际孵化器。此外,浦东众创孵化产业的市场化程度持续提高,超半数以上的孵化器为民营孵化器。③

2019 年,为充分发挥国有资本的关键作用,有效集聚社会资本,浦东的投控集团、陆家嘴集团、张江集团、金桥集团、外高桥集团、浦发集团、科创集团、金桥股份、张江高科共同出资组建上海浦东科技创新投资母基金,以"母子基金"联动为运作方式,以推动浦东芯片、生物医药及人工智能等核心产业的发展,激活浦东高质量科技创新的活力。④2020 年,上海浦东科技创新投资基金的浦东生物医药子基金完成 6 亿元人民币首关,极大地缓解了科创型中小企业的融资困境,聚力推动科创企业的加速发展,合力激活浦东生物医药的创新引擎。⑤同年,浦东首个知识产权基金——上海海望知识产权股权投资基金正式设立,意味着浦东已经形成以知识产权为核心的、符合科

---

① 《浦东新区科技发展基金管理办法》,http://www.pudong.gov.cn/shpd/about/20131206/008002001002_2bc1d8f2-22e7-41da-bc8f-34123e812a5f.htm("上海市浦东新区人民政府",转载时间:2013.12.06)。

② 《2017 年浦东年鉴-科学技术》,http://www.pudong.gov.cn/shpd/about/20180319/008006031033_1f563a07-24b3-4906-9c34-ae66da9ab231.htm("上海市浦东新区人民政府",转载时间:2018.03.19)。

③ 《2019 年浦东年鉴-科学技术》,http://www.pudong.gov.cn/shpd/about/20200723/008006033031_123cfa06-0566-4fbe-9845-b5494065bdab.htm("上海市浦东新区人民政府",转载时间:2020.07.23)。

④ 国资委、上海市浦东新区国有资产监督管理委员会:《合作共赢 助力浦东实现高质量新发展——浦东科创母基金正式设立运行》,http://www.pudong.gov.cn/shpd/department/20191011/019001001_b93c2bf6-b557-4789-a055-b7e2bccf4660.htm("上海市浦东新区人民政府",转载时间:2019.10.11)。

⑤ 《浦东生物医药子基金投入运作》,http://www.pudong.gov.cn/shpd/news/20201218/006001_0c66c732-3bd8-4484-a74d-2e37f5737c01.htm("上海市浦东新区人民政府",转载时间:2020.12.18)。

创企业各发展阶段特征的金融支持体系。①

浦东通过坚持市场化与专业化的理念,构建符合高科技企业不同发展阶段特征的融资体系,坚持科技发展基金的深化改革,推动"慧眼工程"与"慧眼创投基金"的发展,利用政府信用向银行融资,与国际开放银行合作,以及制定相应的税收优惠政策等,来创新性地拓宽科技企业融资渠道,增强高科技企业融资的便利性和高效性,为高科技企业的研发提供必要的资金保障,激励和支持科技企业研发投入的增加。

(三) 发展张江高科技园区,建设浦东科技创新高地

1992 年,国家级高新技术产业开发区——张江高科技园区成立,意味着浦东科技创新具备了重要的、关键的驱动力。2003 年,张江高科技园区引进 245 项合同项目;工业总产值 138.84 亿元,相较于 2002 年增长 47.8%。②2004 年,张江高科技园区工业总产值达 101.95 亿元,产品销售收入 205.04 亿元,税收收入 20.83 亿元,累计申请的专利数达到 2 508 件。③2017 年,张江高科技园区内规模以上工业总产值已经达 3 007.9 亿元,税收收入达 343.32 亿元,一般公共预算收入达 84.65 亿元。④2019 年,张江高科技园区的高新技术产业产值达到 740.79 亿元;生物医药制造业产值达到 357.36 亿元;电子信息产品制造业产值达到 378.50 亿元;汽车制造业产值达到 275.53 亿元;知识产权授权数突破万件,达到 10 388 件(详见表 4.14)。工业生产总值等指标的巨大增长是张江高科技园区努力引进集成电路、生

① 国资委:《推动投贷联动,赋能科技企业,浦东首支知识产权基金扬帆起航!》,http://www.pud-ong. gov. cn/shpd/department/20210101/019001001_2dc610c5-6893-4bee-9ab5-a91bb846ddc7. htm("上海市浦东新区人民政府",转载时间:2021.01.01)。

② 《2004 年浦东年鉴-开发小区-张江高科技园区》,http://www. pudong. gov. cn/shpd/about/20060614/008006011003_783a2fc9-7903-4f7d-95a6-ce8e780f2f77. htm("上海市浦东新区人民政府",转载时间:2006.06.14)。

③ 《2005 年浦东年鉴-开放小区-张江高科技园区》,http://www. pudong. gov. cn/shpd/about/20061115/008006010003_00dffd28-48c6-422b-9f49-7994bd70b4a5. htm("上海市浦东新区人民政府",转载时间:2006.11.15)。

④ 《2018 年浦东年鉴-开发区》,http://www. pudong. gov. cn/shpd/about/20061115/008006010003_00dffd28-48c6-422b-9f49-7994bd70b4a5. htm("上海市浦东新区人民政府",转载时间:2019.09.10)。

物医药等领域国内外知名企业、研发机构等主体的成果,是张江高科技园区内国家上海生物医药科技产业基地、国家软件出口基地、国家软件产业基地等国家级基地持续发展的具体化表现,意味着园区具备的研发、科技成果转化、孵化力及科技服务支持等协同发展能力的超越式提升,体现了张江高科技园区对科技创新的不懈追求。

表 4.14 2009—2019 年张江高科技园区部分经济指标表

年份	高技术产业产值(亿元)	生物医药制造业产值(亿元)	电子信息产品制造业产值(亿元)	汽车制造业产值(亿元)	知识产权授权数(件)
2009	257.85	106.11	151.83	133.91	1 454
2010	388.01	129.90	257.89	152.93	1 404
2011	339.55	134.67	203.58	137.09	2 443
2012	364.09	146.88	206.27	140.21	3 753
2013	413.95	197.82	213.36	134.80	2 673
2014	603.31	207.76	392.12	72.22	2 621
2015	648.33	216.21	419.54	116.56	5 247
2016	785.65	222.75	555.12	211.67	5 640
2017	791.58	248.58	533.61	314.24	6 409
2018	765.62	318.70	437.99	301.91	8 146
2019	740.79	357.36	378.50	275.53	9 499

资料来源:历年《上海浦东新区统计年鉴》。

1. 科创主体——攀登国内外科技创新高峰

张江高科技园区内的高科技企业专注于突破国内高科技产业发展的制约,致力于国际前沿技术的研究与应用,以持之以恒的研发来填补国内高科技产业的空白,以坚持不懈的钻研来实现追赶、超越并成为国际顶尖科技企业。

微创医疗器械(上海)有限公司是国内知名的、专注于各类高端微创伤介入医疗器械研发和制造的企业。2014 年,上海微创医疗器械(集团)有限公司研发的 Firehawk®(火鹰)冠脉雷帕霉素靶向洗脱支架系统获准上市。①

---

① 《微创 Firehawk® 靶向洗脱支架(TES)于中国获准上市》,http://health.microport.com.cn/news/796.html("微创医疗",转载时间:2014.01.28)。

Firehawk®(火鹰)是全球首个药物"靶向"洗脱支架系统,是首个具有缩短介入术后双联抗血小板治疗可能性的国产心脏支架,是国内首个经头对头研究证明与国际公认顶级支架具备等效性的国产支架。①

2007 年,随着浦东生物医药外包服务的发展,桑迪亚医药技术(上海)有限公司与联友药业有限公司及华大天源生物医药有限公司组建新药研发外包(CRO)服务联盟,这意味着国内首个旨在提供新药研发过程中所需相关研发服务的紧密联盟正式成立。②同年,中芯国际集成电路制造(上海)有限公司正式投产 12 英寸芯片生产线,这是当时我国大陆唯一具有可以生产国际先进 45 纳米芯片能力的生产线。③

2013 年,上海张江生物医药基地开发有限公司联合世界上最大的私有制药企业——德国勃林格殷格翰公司,建立国内首个符合国际标准的生物制药基地,并启动了国内首条接轨国际药品生产质量管理规范的生物医药代工生产线。④2015 年,张江生物医药基地开发有限公司和德国勃林格殷格翰公司再次联合建立的勃林格殷格翰中国生物制药生产基地成为国内首个实施生物制药合同生产(CMO)的试点。⑤2015 年,作为当时亚太地区唯一被批准的企业,上海之江生物科技股份有限公司经世界卫生组织(WHO)批准可研发生产埃博拉病毒核酸检测试剂盒,并且其制造的试剂盒被列入世界卫生组织(WHO)的官方采购目录中。⑥

2017 年,创领心律管理医疗器械(上海)有限公司生产的 RegaTM 心系列植入式心脏起搏器正式获批,这是国内首个具备国际先进品质的国产心

---

① 《微创 Firehawk®靶向洗脱支架(TES)于中国获准上市》,http://health.microport.com.cn/news/796.html("微创医疗",转载时间:2014.01.28)。

②③ 《2008 年浦东年鉴-开发区-张江高科技园区》,http://www.pudong.gov.cn/shpd/about/20160802/008006030004_040d23e5-6907-4979-b21e-8f3f10f8acb0.htm("上海市浦东新区人民政府",转载时间:2016.08.02)。

④ 《2014 年浦东年鉴-科学技术》,http://www.pudong.gov.cn/shpd/about/20150419/008006002032_792410e8-1494-4835-a510-a41d7eaea086.htm("上海市浦东新区人民政府",转载时间:2015.04.19)。

⑤⑥ 《2016 年浦东年鉴-科学技术》,http://www.pudong.gov.cn/shpd/about/20161228/008006029032_dfd43d12-be9b-4195-b0f4-b8ac49a59501.htm("上海市浦东新区人民政府",转载时间:2016.12.28)。

脏起搏器,实现了国产心脏起搏器的重大突破。①与此同时,2017 年,全球最大的 Class A 级别的共享生物实验室 ATLATL(大得创同实验室)正式落户张江,将推动国内生物制药的优势和美国顶尖制药公司标准的有机融合,通过建立生物医药的创新发展系统,集聚全球生物医药人才,来加快国内生物医药创新性发展的步伐,助推生物医药产业各主体的协同发展。②在大数据创新发展方面,2017 年,亿贝软件工程(上海)有限公司和上海张江火炬创业园投资开发有限公司联合建设的"eBay·张江火炬大数据创新中心"正式成立。张江火炬是上海浦东科创集团有限公司的全资子公司,亿贝软件工程(上海)有限公司则是 eBay 在海外最大的研发中心,两者联合建设大数据创新中心将以大数据和人工智能产业为重点发展对象,以"独角兽"企业的培育为核心,通过集聚人才,紧抓发展机遇,来助推张江成为大数据产业的新发展高地,助力张江科学城与美国硅谷的互联互通。③

2019 年,张江的生物芯片上海国家工程研究中心正式发布国内生物样本库首个国家标准——GB/T 37864-2019《生物样本库质量和能力通用要求》,为国内生物样本库高质量发展提供必要的保障。④2020 年,国内首个创始轮就达百亿元级的汽车科创公司——高端智能纯电汽车项目"智己汽车",正式落户张江,这个由上汽集团、浦东新区和阿里巴巴集团联合推出的百亿元级项目不仅将显著推动浦东人工智能技术和汽车产业的深度融合发展,更能助力浦东科技创新的高质量发展。⑤

---

① 《2018 年浦东年鉴-科学技术》,https://www.pudong.gov.cn/shpd/about/20190911/008006032033_e9701d4a-5854-48ad-a9ca-09c043c9644d.htm("上海市浦东新区人民政府",转载时间:2019.09.10)。

② 《全球最大规模共享生物实验室落地张江"科学城"医药研发实力不断升级》,http://www.pudong.gov.cn/shpd/news/20171206/006001_8228b283-ab27-4770-91f5-d12a0249916c.htm("上海市浦东新区人民政府",转载时间:2017.12.06)。

③ 《2018 年浦东年鉴-开发区》,http://www.pudong.gov.cn/shpd/about/20061115/008006010003_00dffd28-48c6-422b-9f49-7994bd70b4a5.htm("上海市浦东新区人民政府",转载时间:2019.09.10)。

④ 《生物样本库首个国家标准在浦东发布》,https://www.pudong.gov.cn/shpd/news/20190927/006001_a18a79b8-0642-482d-931d-2823aa939d0c.htm("上海市浦东新区人民政府",转载时间:2019.09.27)。

⑤ 上海市浦东新区科技和经济委员会:《百亿元级项目"智己汽车"落户张江》,http://www.pudong.gov.cn/shpd/department/20201130/019010001_48a26fd3-8dcd-4409-8539-a4a8b93c8f83.htm("上海市浦东新区人民政府",转载时间:2020.11.30)。

2. 科创支持——为科技创新的高质量发展提供"背后力量"

在科创载体建设方面,张江高科技园区内有张江在线新经济生态园、张江文化产业园区、国家知识产权试点园区、国家软件出口基地、国家软件产业基地等重要园区和核心基地。这些园区和基地的建设,为张江各领域的科创主体提供了科技创新所需的基础设施、服务平台等必要支持,是张江科技创新最为坚实的基础和最为重要的保障。以国家知识产权试点园区为例,2006 年,张江"国家知识产权试点园区"正式揭牌,其通过建设公平、有效、保护严格及接轨国际的知识产权创造和利用环境来提高专利申请数量与质量,强化创新主体的地位,加快科创成果转化的步伐,以降低科创企业遇到知识产权风险的可能性,助推园区科技创新的发展。①更为重要的是,2017 年,以张江高科技园区为基础的张江科学城建设规划正式获批。②2018 年,依托于《中共上海市委、上海市人民政府关于加快建设具有全球影响力的科技创新中心的意见》和《浦东新区加快建设具有全球影响力的科技创新中心核心功能区 2020 行动方案》,《张江科学城规划实施行动方案》正式发布,并指出将通过接轨国际标准,紧追战略发展方向,深度谋划空间布局,全力实现重点发展制约因素的突破,坚持符合科技创新和生态发展要求的建设理念,来打造世界最为重要和瞩目的科技创新引擎,发展成为国际新知识、新技术和新产业的创造和培育摇篮。③

在融资、孵化等科创服务建设方面,2003 年,由张江高科技园区内风险投资机构、银行、证券机构和担保公司等机构与公司共同组建张江投融资俱乐部。④

---

① 《2007 年浦东年鉴-开发小区-张江高科技园区》,http://www.pudong.gov.cn/shpd/about/20081013/008006008004_5fe3727f-fe72-4ee6-a775-b34c1daa158a.htm("上海市浦东新区人民政府",转载时间:2008.10.13)。

② 《张江科学城建设规划正式获批》,http://www.pudong.gov.cn/shpd/news/20170808/006001_de4a3aa4-2aff-46ef-be10-86124a3fc6bd.htm("上海市浦东新区人民政府",转载时间:2017.08.08)。

③ 《浦东新区人民政府关于印发〈张江科学城规划实施行动方案〉的通知》(浦府〔2018〕14 号),https://www.pudong.gov.cn/shpd/InfoOpen/InfoDetail.aspx?CategoryNum = 003002&InfoId = 02bbd0db-35c0-49ba-8a40-72023f7961a6("上海市浦东新区人民政府",转载时间:2017.08.08)。

④ 《2004 年浦东年鉴-开发小区-张江高科技园区》,http://www.pudong.gov.cn/shpd/about/20060614/008006011003_783a2fc9-7903-4f7d-95a6-ce8e780f2f77.htm("上海市浦东新区人民政府",转载时间:2006.06.14)。

2004年，张江建立人才服务窗口及留学人员高新技术产业创业资助专项基金、住房租金补贴专项基金，并设立当时上海市唯一的开发区居住证办理点。①

在大科学装置建设方面，上海光源（Shanghai Synchrotron Radiation Facility，缩写为SSRF）是张江高科技园区内最为瞩目和耀眼的科学装置，也是国内用户最多的大科学装置。上海光源外观酷似鹦鹉螺，是我国大陆首台中能第三代同步辐射装置。②同步辐射是指带电粒子在真空环境中运动速度接近光速且改变运动方向时释放出的电磁波（光），同步辐射光源被称为"超级显微镜"，正因如此，同步辐射装置是众多学科开始前沿研究不可或缺的重要装置。③2009年，上海光源正式竣工，并开始对全国用户试运行；2014年，上海光源"梦之线"——超高分辨宽能段光电子实验系统通过验收，正式对全国用户开放，同年上海光源软X射线自由电子激光试验装置开始建设。2018年，上海光源二期工程首条光束线站出光。④随着上海光源的建设，红外、软X射线、散射等系列实验方法在上海光源内均可开展、实施，直接助推了国内具备国际顶尖水准的科研成果的涌现，推动了国内结构生物学的迅猛发展，带动了国内电子、精密机械加工、超大系统自主控制等相关产业的快速发展，为国内生命科学、材料科学、医学和微电子领域的高质量发展提供坚实的保障，聚力提升中国的知识创新能力和综合科技能力。⑤上海光源的"近邻"就是国家蛋白质科学研究（上海）设施。2014年，世界生命科学领域第一台综合性的大科学装置——国家蛋白质科学研究（上海）设

① 《2005年浦东年鉴-开发小区-张江高科技园区》，http://www.pudong.gov.cn/shpd/about/20061115/008006010003_00dffd28-48c6-422b-9f49-7994bd70b4a5.htm（"上海市浦东新区人民政府"，转载时间：2006.11.15）。

②③⑤ 《上海光源成我国用户最多的大科学装置》，http://www.pudong.gov.cn/shpd/news/20190508/006001_a0b0e7b3-1877-4d9e-9917-2488d019de0b.htm。

④ 上海市浦东新区科技和经济委员会：《十岁生日的上海光源，收到了一份"生日礼物"》，http://www.pudong.gov.cn/shpd/department/20191129/019010005_b22b202f-597a-4f34-b7cf-5d607dd14d55.htm（"上海市浦东新区人民政府"，转载时间：2019.11.29）。

施,正式开始试运行,并向科研机构免费开放。①国家蛋白质科学研究(上海)设施具备规模化蛋白质制备、蛋白质动态分析、蛋白质晶体结构分析、多尺度结构分析等系统和功能,其建立和发展不仅直接提高了国内蛋白质研究领域的跨越式发展,为国内蛋白质领域的研究提供必需的装置保障和实验基础,更增强了我国在国际蛋白质研究领域的综合竞争力。②

十一、坚持推进行政管理体制改革, 是浦东开发开放的重要保证

行政管理体制改革是政治体制改革的重要内容,是上层建筑适应经济基础客观规律的必然要求,贯穿我国改革开放和社会主义现代化建设的全过程。党的十八届三中全会提出,必须切实转变政府职能,深化行政体制改革,创新行政管理方式,增强政府公信力和执行力,建设法治政府和服务型政府。要健全宏观调控体系,全面正确履行政府职能,优化政府组织结构,提高科学管理水平。③在党的十九大报告中,习近平总书记再次强调,要统筹考虑各类机构设置,科学配置党政部门及内设机构权力、明确职责。要转变政府职能,深化简政放权,创新监管方式,增强政府公信力和执行力,建设人民满意的服务型政府。④

我国幅员辽阔,各地情况不同,根据地方经济社会的发展,因地制宜设置机构和理顺权限以提高行政效率,转变政府职能以发挥市场在资源配置

---

① ② 《国家蛋白质科学研究(上海)设施4年服务近5000个课题》,http://www.pudong.gov.cn/shpd/news/20190515/006004_4b6e4dd4-30ee-4114-acc2-a127d6ab92e8.htm("上海市浦东新区人民政府",转载时间:2019.05.15)。

③ 《中共中央关于全面深化改革若干重大问题的决定》,http://www.scio.gov.cn/zxbd/nd/2013/document/1374228/1374228_1.htm("中华人民共和国国务院新闻办公室",转载时间:2013.11.15)。

④ 《决胜全面建成小康社会 夺取新时代中国特色社会主义伟大胜利——在中国共产党第十九次全国代表大会上的报告》,http://www.xinhuanet.com/politics/19cpcnc/2017-10/27/c_1121867529.htm("新华网",转载时间:2017.10.27)。

中的决定作用和发挥好政府的主导作用,因势利导激发社会活力以形成共享共治社会发展格局,既是目标,也是路径。开发开放浦东是中国改革开放的"标志性"成果,也是行政管理体制与行政审批制度改革的重要试点区域,在党政组织架构、区镇关系优化、政府职能转变、构建服务型政府等方面取得了显著成效,为推进国家治理体系和治理能力现代化提供了鲜活案例。

(一)从无到强:浦东新区党政机构改革的探索实践

30年来,浦东的党政机构设置与浦东的开发开放进程紧密结合,走出了一条独特的探索之路。大体分为以下五个阶段:

1. 开发办公室时期(1990—1992年)

1990年4月30日,上海市政府召开第一次开发浦东新闻发布会。会上,时任上海市委书记、市长朱镕基宣布成立上海市浦东开发领导小组,下设浦东开发办公室和浦东开发规划研究设计院。该领导小组由时任常务副市长黄菊任组长,时任副市长倪天增、顾传训任副组长,小组成员由市计委、建委、对外经贸委、外资委、经委、科委、农委、交通办、教卫办、财贸办、财政局、规划局、土地局、环保局、中国人民银行上海市分行,以及黄浦区、南市区、杨浦区、川沙县、南汇县"三区两县"单位领导人员组成。浦东开发办公室内设综合规划处、工程规划处、政策研究室、信息处和办公室。在上海市浦东开发领导小组领导下,全面负责浦东开发建设的各项事宜,具体职能主要有拟定浦东开发规划、部署实施开发战略、拟定浦东开发优惠政策、预征土地、组织实施重大基础设施项目、招商引资、宣传和发布浦东开发开放信息等。浦东开发办公室先后规划建立外高桥、陆家嘴、金桥、张江等四个国家级开发区[1],成立与之对应的开发主体:上海市外高桥保税区开发公司、上海市陆家嘴金融贸易区开发公司、上海市金桥出口加工区开发公司、上海市张江高科技园区开发公司[2]。这一阶段的特点是,在保持原有行政区划

---

[1] 虞浔:《1997年以来中国司法体制和工作机制改革进程中上海的实践与探索》,华东政法大学博士论文,2013年。

[2] 上海市地方志编纂委员会编:《上海市志·浦东开发开放分志(验收稿)》,第75页。

不变的前提下,由浦东开发办公室负责重大事项的统筹协调,区域行政管理仍由"三区两县"负责,四大开发公司负责四大国家级开发区的开发建设工作。可以说,在浦东开发开放之初,选择这种宏观统筹、管辖不变的体制,既能加强开发开放过程中重大事项的统筹协调,又有利于保持相关区县稳定和工作连续性,调动他们的积极性,为浦东快速进入开发开放轨道奠定良好基础。

2. 党工委、管委会时期(1993—2000 年)

1992 年 10 月 11 日,国务院批准设立浦东新区,撤销上海市川沙县建制,将其与黄浦、南市、杨浦 3 个区的浦东部分及上海县三林乡合并成立浦东新区。1993 年 1 月 1 日,中共上海市浦东新区工作委员会、上海市浦东新区管理委员会成立,作为市委、市政府派出机构,同时浦东开发办公室停止行使职能。这一时期,按照"小政府、大社会"的思路,实施党政合署模式,下设 10 个高度综合的职能部门(详见表 4.15)。

表 4.15　党工委、管委会设立初期机构设置

机构名称	职　　能
党工委、管委会办公室	行政事务管理、宣统
组织部(劳动人事局)	干部人事管理
纪委(监察委、审计局)	纪检监察和审计监督
综合规划土地局	经济社会发展与城市形态规划
经济贸易局	区域综合经济管理
农村发展局	农林牧副渔和农村社会事务
城市建设局	城市建设管理
社会发展局	教卫文体和民政等社会事业发展管理
财政税务局	政府财政预算管理和税收管理
工商局	市场主体登记注册和市场监管

其后,为适应经济社会发展需要,对上述机构设置[①]进行了微调。1994年 4 月,宣传、统战的职能从党工委、管委会办公室析出,增设宣传部、统战部,实行"两块牌子、一套班子"的模式。1996 年 6 月,成立农村工作党委和

———————

[①]　上海市地方志编纂委员会编:《上海市志・浦东开发开放分志(验收稿)》,第 78 页。

城区工作党委,其中前者与农村发展局合署办公。1998年9月,成立市政管理委员会办公室,同时增挂环境保护局牌子。这一时期,党工委、管委会体制本质上就是开发区管理体制,通过党政合署等形式,做到了职能覆盖、机构精简,提高了开发开放初期的机关行政效率,为20世纪90年代浦东高速发展提供了强有力的组织保障。

3. 正式建政时期(2000—2009年)

经过十年发展,浦东开发开放不断向前推进,到1999年底,国内生产总值已经超过800亿元,户籍人口达到160万,城市化面积扩展到100平方公里,城市和社会建设管理任务日益繁重,需要解决新区有关部门在履行职能过程中的法律地位问题。同时,"小政府、大社会"的改革探索也积累了很多经验,适时建立和完善新区政权机构不仅势在必行,而且水到渠成。2000年,浦东新区正式建政,区委、区人大、区政府、区政协四套领导班子成立。建政后,新区仍然保持了党工委、管委会时期确定的"小政府、大社会"机构设置思路,实行高度综合的大部门制的行政管理格局,政府工作部门大大少于当时上海的其他区(县),只在原来管委会的机构基础上,增加科技、环保和劳动社会保障三个局,党政机构数合计为21个。[1]

表4.16 正式建政初期浦东新区机构设置情况

区委工作部门(8个)		区政府工作部门(13个)	
区委办公室		区政府办公室(外事办)	建设局
组织部(人事局、编办)		发展计划局	环境保护和市容卫生管理局
宣传部(文广局)	纪委(监察委)	经济贸易局	农村发展局
统战部(台办、侨办、民宗办)		科学技术局	财政局
政法委		社会发展局	审计局
农工委		劳动和社会保障局	公安分局
城工委		司法局	

---

[1] 上海市地方志编纂委员会编:《上海市志·浦东开发开放分志(验收稿)》,第85页。

2001 年，浦东在城区工作党委、农村工作党委基础上，又成立了社工委、企工委、机关工委，通过五大工委基本实现了对全区所有部门、所有行业党建工作的全覆盖。2003 年，将社会发展局承担的民政、社团管理职能划入劳动和社会保障局；将发展计划局承担的国有资产管理办公室划出，作为区政府直属机构，与企工委合署办公。

4. 浦东、南汇两区合并时期（2009—2013 年）

2009 年 5 月，国务院正式批复南汇区划入浦东新区。这一时期的机构改革，一方面要持续在行政管理体制机制上探索创新，另一方面又涉及两区原有区级机关的整合和人员消解安排。在此背景下，浦东提出在整体组织结构上，探索按职能模块设置机构，提高政府履职的统一性和科学性；在机构设置上，坚持政府规模和职能相适应，提高“小政府”的协调性和有效性。

一是深化浦东“小政府”管理体制。考虑到浦东承担重要的国家战略，以及南汇区整体划入后管理幅度增大、人口较多等新情况，适当增设调整机构势在必行。改革后，浦东新区的党委工作部门 7 个，政府工作部门 19 个，其中政府工作部门大体相当于全市区县政府工作部门数的三分之二，既保持了浦东“小政府”机构设置的特征①，体现政府机构综合设置的大部门制改革趋势，也充分兼顾了两区合并的现实情况，并提高了与市级机关的对应度。

二是突出经济发展特征。组建的金融服务局、商务委员会（旅游局）、规划和土地管理局，体现了服务经济发展的功能设置；调整组建经济和信息化委员会，以信息化带动产业升级；建立推进航运服务工作的相关领导小组并下设办公室（设在经济和信息化委员会），作为服务航运中心建设的办事机构。结合“两区合并”的实际，重新单列农业委员会，进一步加强“三农”工作。

三是突出民生导向。两区合并后，新区教育卫生机构陡增，各级各类学校近 600 所，各级卫生机构 900 多个。为解决管理幅度大、服务人口多的问

---

① 上海市地方志编纂委员会编：《上海市志·浦东开发开放分志（验收稿）》，第 94 页。

题,将原有的社会发展局拆分为教育局(体育局)和卫生局。同时,为更好适应社会自治共治需求,加强基层政权建设,加大培育社会组织力度,将民政局(社团管理局)从劳动保障局中分离出来单独设置。

表 4.17　两区合并初期浦东新区机构设置情况

区委工作部门(7 个)	区政府工作部门(19 个)	
纪委 区委办公室 组织部 宣传部 统战部 政法委 社工委	区政府办公室 发展和改革委员会 经济和信息化委员会 商务委员会 教育局 科学技术委员会 公安分局 民政局 司法局 财政局	人力资源和社会保障局 建设和交通委员会 农业委员会 环境保护和市容卫生管理局 卫生局 审计局 国有资产监督管理委员会 规划和土地管理局 金融服务局

5. 上海自贸试验区探索发展时期(2013 年至今)

2013 年 9 月 29 日,中国(上海)自由贸易试验区正式成立,面积 28.78 平方公里,涵盖上海市外高桥保税区、外高桥保税物流园区、洋山保税港区和上海浦东机场综合保税区 4 个海关特殊监管区域。2014 年 12 月 28 日全国人大常务委员会授权国务院扩展中国(上海)自由贸易试验区区域,将面积扩展到 120.72 平方公里,范围涵盖上海市外高桥保税区、外高桥保税物流园区、洋山保税港区、上海浦东机场综合保税区、金桥出口加工区、张江高科技园区和陆家嘴金融贸易区七个区域。2019 年 8 月 6 日,中国(上海)自由贸易试验区临港新片区设立,在上海大治河以南、浦东国际机场南侧区域设置,总面积 873 平方公里。按照"总体规划、分步实施"原则,先行启动南汇新城、临港装备产业区、小洋山岛、浦东机场南侧等区域。

一是自贸试验区管理机构设置不断完善。上海自贸试验区扩区前,根据 2014 年 7 月 25 日上海市第十四届人民代表大会常务委员会第十四次会议通过的《中国(上海)自由贸易试验区条例》,按照深化行政体制改革的要求,坚持简政放权、放管结合,积极推行告知承诺制等制度,在自贸试验区建立事权划分科学、管理高效统一、运行公开透明的行政管理体制。设立中国（上海）自由贸易试验区管理委员会（以下简称"管委会"），作为市人民政府派出机构，具体落实自贸试验区改革试点任务，统筹管理和协调自贸试验区有关行政事务。扩区后，在市级层面，设立自贸试验区推进工作领导小组及其办公室（设在市发改委），在浦东新区层面，自贸试验区管委会与浦东新区人民政府合署办公。管委会主任由市政府分管领导和浦东新区区委主要领导共同担任，实行双主任制。管委会内设三个职能局，分别为综合协调局、政策研究局、对外联络局。在片区层面设置保税区、陆家嘴、张江、金桥、世博5个区域管理局，其中保税区管理局负责原自贸试验区28.78平方公里的行政事务。合署办公是按照自贸试验区的要求改造一级政府，也可以明确自贸试验区建设的主体责任，有利于自贸试验区的成功经验推广到浦东全境，有利于协调区内区外的资源。临港新片区成立后，按照2019年8月20日起施行的《中国（上海）自由贸易试验区临港新片区管理办法》，以政府规章的形式，明确临港新片区的管理体制机制，即中国（上海）自由贸易试验区临港新片区管理委员会（以下简称"管委会"）作为市人民政府的派出机构，负责具体落实新片区各项改革试点任务，承担新片区经济管理职责，统筹管理和协调新片区有关行政事务。通过本次机构调整，将新片区管委会建成一个充分授权、权责清晰、高效运作的区域性综合管理机构。一方面，明确了市属市管的工作定位，充分体现了上海市委、市政府举全市之力支持新片区建设的决心，同时赋予新片区市、区两级经济管理权限和改革自主权，可以说，这种机制体制的优势为构建核心竞争力提供了内在的组织保障；另一方面，明确了管委会领导和管理南汇新城镇的管理模式，实现高度融合、有机统一的工作格局，更好地推动新片区在经济、社会、人文等各领域的全面发展。由此，理顺了新片区管委会与新城镇，以及与相关区、镇的关系。

二是深化新区大部门制改革。紧扣科技创新和产业融合发展的大趋势，进一步优化产业经济部门设置，解决部门之间和部门内部职责交叉重叠的问题。推动区经信委、科委整合成立新的经济科技委，推动"政、产、学、研、用"联合发展新模式,形成从创新链到产业链的一整套政策和制度体系;将投资办职能从行政服务中心划转至商务委,行政服务中心更加突出服务企业的窗口职能,商务委更加突出招商引资的统筹作用。探索推动部门内部行政审批权向一个处室集中,进一步优化部门内部审批事项、审批环节的协同,进一步强化部门各业务处室的行业监管职责。

三是推进分类综合执法改革。坚持机构设置精简高效,整合政府部门间相同相近的执法职能,归并执法机构,统一执法力量,探索推进市场监管(工商、质监、食药监、物价"四合一")、城市管理(行政执法相对集中)、交通执法等重点领域跨部门分类综合执法,推进单一用途预付卡、美容美发等商贸领域监管事项向市场监管局集中,完善知识产权、农林牧渔、劳动监察、公共卫生等专业领域系统内的综合执法。进一步推进城市管理领域相对集中执法,城管执法局承担的执法事项达 1 232 项,有效解决以往城市管理相关部门职能交叉、处置效率不高的弊端。深化保税区域综合执法体系建设,整合区域区内外执法力量,成立综合执法大队,统一集中行使 20 个条线行政处罚权,建立条块结合、逐步融合、新老条线差异化并轨管理的综合执法勤务模式。

四是开展法定机构试点探索。撤销陆家嘴金融贸易区管委会建制,设立具有法定机构性质、承接公共管理服务职能的陆家嘴金融城发展局(国有独资注册),实施和协调陆家嘴金融城区域内的公共事务,组织和落实业界共治的相关事项,探索建立更具活力、更加开放、更富效率的体制环境。通过新区人大常委会依照《上海市人民代表大会常务委员会关于促进和保障浦东新区综合配套改革试点工作的决定》作出《关于支持陆家嘴金融城体制创新改革试点的决定》,为改革试点提供法制保障。

(二)统筹联动:浦东新区区镇联动改革的探索实践

纵向府际关系,是指合理界定各层级间的职能配置,发挥各自比较优势,是地方行政管理体制改革的重要维度,也是往往容易被忽略的视角。近年来,浦东在科学优化区镇关系上积极探索,形成了一定的实践经验。

1. "功能区—街镇"管理体制

浦东最早实行的是开发区模式,1995 年浦东就提出了"列车工程",要求各开发区在发展自身的同时注重带动周边区域的经济发展。在正式建政后,如何协同开发区与周边街镇的联动发展,日益成为一个亟待破题的问题。浦东自 2004 年开始了"区镇联动"体制的探索,于同年 9 月首先成立了陆家嘴、金桥、张江、外高桥四大功能区域党工委、管委会,统筹协调以四大开发园区为核心的"陆家嘴、张江、金桥、外高桥"区域的经济与社会发展,2005 年 9 月聚焦迪士尼项目和世博项目又相继成立了川沙功能区域和三林世博功能区域(其中川沙新镇党委和政府与川沙功能区域党工委、管委会合署办公)。[1]

表 4.18　浦东功能区域设置情况

功能区域	管理范围	面积(平方公里)
外高桥功能区域党工委、管委会	外高桥保税区、高桥镇、高东镇、高行镇	97.13
陆家嘴功能区域党工委、管委会	陆家嘴金融贸易区、花木镇、潍坊新村街道、梅园新村街道、塘桥街道、洋泾街道	42.77
张江功能区域党工委、管委会	张江高科技园区、孙桥现代农业开发区、张江镇、唐镇、合庆镇	119.31
金桥功能区域党工委、管委会	金桥出口加工区、金杨街道、沪东新村街道、浦兴路街道、金桥镇、曹路镇	90.52
三林世博功能区域党工委、管委会	南码头路街道、周家渡街道、上钢新村街道、东明路街道、三林镇、北蔡镇	80.11
川沙功能区域党工委、管委会	川沙新镇	139.73

从模式上来说,前期先行成立的外高桥、陆家嘴、张江、金桥四个功能区域,均属于"开发区＋街镇"模式,体现了开发区带动周边街镇联动发展、功能开发的特点;后期成立的三林世博和川沙两个功能区域,属于"项目＋街镇"模式,即聚焦世博项目和迪士尼项目,带动周边区域发展。从机构设置上来说,外高桥、陆家嘴、张江、金桥四个功能区域党工委、管委会与原有开

① 　上海市地方志编纂委员会编:《上海市志·浦东开发开放分志(验收稿)》,第 88—89 页。

发区管理机构合署办公,且原有开发区管理机构名称不变,其内设机构原则上整合进功能区域。从管理权限上来说,改革后,功能区域"两委"主要行使区域发展统筹管理协调职能,并实行有限授权,区职能部门把有利于推进区域开发建设的职能委托给功能区域层面,其他事权仍由原职能部门行使,即区域发展权向功能区域集中。从与街镇关系上来说,本次改革街镇体制原则上维持不变,仍归口城工委、农工委领导,城工委和农工委合署办公,并对各功能区域中的街镇社区管理、农村工作继续承担指导责任。街镇领导班子考核和日常管理权归属功能区域党工委。

功能区域的设立,是区镇改革中的一次探索,面对当时浦东四大开发区土地资源紧张、项目统筹协调难度大、区域管理幅度大等问题,通过在新区与街镇中间设立功能区域的方式,通过开发区或项目聚焦,适当划分功能区域和功能定位,凸显产业和项目带动周边区域发展的目标,实现区域更好发展。但随着两区合并的推进,原南汇区并无相应功能区域设立,同时,在功能区域运行过程中,也面临有限授权的效率、功能区域与街镇的税收竞争等问题,因此,在两区合并后,功能区域设置逐步取消。

2. 发展权统筹和区域管理权下沉改革

2017 年 5 月,浦东新区率先开展统筹核心发展权和下沉区域管理权改革。[1]这项改革是市委、市政府交给浦东新区的重大任务,时任市委书记韩正在浦东调研时,要求浦东新区先行先试,积极探索开展统筹区域发展的相关改革试点。统筹核心发展权和下沉区域管理权,目的是为了进一步深化政府管理体制创新,进一步统筹空间地域、资源环境、基础设施、产业布局,进一步完善基层社会治理体系,提高新区发展质量效益和基层治理水平和服务群众能力。这次改革涉及两个方面:

一是统筹核心发展权。主要是加强五个方面的区级统筹:(1)统筹发展规划权,在区级层面统筹各类规划的编制和修订工作。(2)统筹镇级招商引

---

[1] 《浦东率先启动区镇事权改革》,http://www.pudong.gov.cn/shpd/news/20170601/006001_4167de30-1ba7-43f3-b6cb-efee5d1352db.htm("上海市浦东新区人民政府",转载时间:2017.06.01)。

资权,建立全区统一的招商引资机制,在项目准入、资源整合、信息共享、政策支持等方面进行全区统筹。(3)统筹镇园区转型发展权,强化区级层面推进镇级园区开发的统筹工作。(4)统筹区域开发权,加强对土地一级开发及相关配套的区级统筹。(5)统筹公共设施基本建设权,优化区镇基本建设事权分工,加大对公共服务项目及薄弱镇的区级投入。

二是下沉区域管理权。主要是下沉八个方面的区域管理权:(1)人事考核权,赋予街镇党(工)委对派出机构负责人进行考核的权限。(2)征得同意权,赋予街镇党(工)委对派出机构负责人人事安排的建议权。(3)规划参与权,赋予街镇对于辖区内各类规划编制的建议权。(4)重大决策和重大项目建议权,赋予所在街镇对辖区内重大决策、重大建设项目、公共服务设施建设的建议权。(5)城市运行综合管理权,在新区、街镇层面分别成立城市运行综合管理中心,构建"两级平台、三级体系、四级延伸"的城市运行综合管理体系。(6)绿化市容管理权,在各街镇设立绿化市容管理事务中心,负责绿化市容管理的事务性工作。(7)房屋管理权,在各街镇设立房管办事处,负责本辖区内房屋管理的日常事务性工作。(8)法治建设统筹推进权,在各镇设立法制办公室,承担区域法治建设统筹推进职责。

此外,为更好实施统筹核心发展权和下沉区域管理权改革,新区同步开展了健全财力保障机制、调整人员编制和机构、优化镇考核指标体系、规范事权下沉准入、建立重要协调事项基层约请制度等配套改革。

这次改革,打破了原来各区普遍面临的"条块分割"格局,注重将条上力量在块上进行综合集成,加强各类资源整合,促进区镇上下协同、协调联动。通过提高产业准入标准和淘汰落后产能,倒逼各镇加快推动产业调整和经济结构升级。通过区域管理和服务力量下沉,街镇可供直接领导、指挥、统筹、调配的队伍和力量明显增加,工作重心进一步向公共管理和公共服务转移。

(三) 高效服务:浦东新区"放管服"改革的探索实践

2013 年 9 月上海自贸试验区设立后,浦东聚焦"国际化、市场化、监管强化与行政优化"新要求,全面释放自贸试验区对政府职能转变的倒逼和推动效应。先后出台自贸试验区 1.0 版、2.0 版和 3.0 版,明确提出要进一步转变政府职能,打造提升政府治理能力的先行区。[①]7 年来,浦东立足政府治理体系和治理能力现代化,着力推进以"证照分离"改革为核心的简政放权,以"六个双"和"四个监管"为核心的监管强化,以"店小二"精神为核心的政府服务优化,有力促进高效市场和有为政府同向发力,发挥更好的作用,实现了政府职能转变从局部到一级地方政府整体、从线性推进到系统集成的重要飞跃。

1. 以"证照分离"改革为核心,加快推进简政放权,市场主体活力和社会创造力不断激发

(1) "证照分离"改革试点全面深化,市场主体"办证难"问题明显缓解。

着眼破解市场主体"办证难"和"准入不准营"问题,针对市场主体开业前需要办理的各类许可证,浦东率先开展"证照分离"改革试点,在对事项设立依据、实施依据、审批条件、审批流程等进行全面梳理的基础上,通过取消审批、审批改备案、实施告知承诺等方式,最大限度地减少审批事项、优化审批流程,降低企业创新创业门槛。2015 年 12 月国务院第一轮批复的 116 项改革事项、2018 年 1 月国务院新一轮批复的 47 项改革事项已全部实施。浦东又自我加压把改革向所有由上海和浦东新区实施的审批事项覆盖,在全面优化准入的基础上,重点对企业关注度较高、审批频次较高的 35 项事项加大自主改革力度。[②]2017 年 9 月,国务院常务会议决定在全国其他 10 个自贸试验区和具备条件的国家级开发区复制推广浦东新区"证照分离"改革试点经验。[③]2018 年 9 月,国务院常务会议部署在全国有序推开"证照分离"改革。[④]2019 年 8 月,国务院常务会议决定在全国自贸试验区开展"证照分

① 上海前滩新兴产业研究院自贸区课题组:《3.0 时代,上海自贸试验区建设再出发》,载《中国经济周刊》2017 年第 14 期,第 54 页。

② 《努力打造"放管服"改革浦东样本》,http://epaper.routeryun.com/Article/index/aid/2464990.html("浦东时报云报平台",转载时间:2018.10.11)。

③ 《破解"办证难",浦东新区率先在全国开展改革试点》,http://cx.xinhuanet.com/2018-08/13/c_137386158.htm("新华网",转载时间:2018.08.13)。

④ 《李克强主持召开国务院常务会议 部署在全国有序推开"证照分离"改革 持续解决"准入不准营"问题等》,http://www.gov.cn/xinwen/2018-09/12/content_5321420.htm("中华人民共和国中央人民政府",转载时间:2018.09.12)。

离"改革全覆盖试点。①上海市政府办公厅于 2019 年 11 月 30 日印发《关于在中国(上海)自由贸易试验区开展"证照分离"改革全覆盖试点的实施方案》的通知,浦东新区已印发实施方案,按照组织分工推进落实。

从改革成效上来说,"证照分离"改革试点实施以来,充分激发了市场活力,加速优化了营商环境,有力支撑了产业集聚,有效助推了高质量发展。

(2)围绕高效办成"一件事",在全国率先探索开展市场准入"一业一证"改革。

2019 年以来,浦东把"一业一证"改革作为持续深化"放管服"改革优化营商环境的重要抓手,以企业便捷高效办成"一件事"为目标,优化再造行业准入业务流程,将一个行业准入涉及的多张许可证整合为一张"行业综合许可证",大幅压减审批环节和时限,简化审批手续,有效提升行政效能和办事效率,更大激发市场主体发展活力。2020 年 11 月,国务院印发《关于上海市浦东新区开展"一业一证"改革试点大幅降低行业准入成本总体方案的批复》(以下简称《批复》),同意在上海市浦东新区开展"一业一证"改革试点。②浦东的"一业一证"改革实现了从地方自主改革变为国家层面顶层设计的飞跃。目前,浦东新区已在便利店、体育健身场馆、宾馆、药店、饭店等43 个行业全面推开"一业一证"改革,改革后平均审批时限压减近 90%,申请材料压减近 70%,填表要素压减超 60%,受到市场主体广泛欢迎。下一步,浦东新区将推动"一业一证"改革向更多行业和领域拓展,持续优化许可办理流程,压减办理时间,加快打造从企业设立到照后许可办理的"极简模式",助力营商环境更大改善。③

---

① 《12 月 1 日起全国自贸试验区开展"证照分离"改革全覆盖试点》,http://www.gov.cn/guowuyuan/2019-08/21/content_5423210.htm? cid＝303("中华人民共和国中央人民政府",转载时间:2019.08.21)。

② 《国务院关于上海市浦东新区开展"一业一证"改革试点大幅降低行业准入成本总体方案的批复》,http://www.gov.cn/gongbao/content/2020/content_5565817.htm("中华人民共和国中央人民政府",转载时间:2020.11.14)。

③ 《上海市浦东新区积极推进"一业一证"改革　探索实行"一证准营"》,http://www.gov.cn/xin-wen/2020-10/12/content_5549851.htm("中华人民共和国中央人民政府",转载时间:2020.10.12)。

（3）投资建设项目审批改革有力实施，实现政府管理与企业自身工作紧密衔接。

2018年1月开始，浦东推行企业投资建设项目审批改革。一是压缩企业全流程，实现"2480"。对标国际标准《世界银行营商环境报告（2018）》中办理施工许可的最高水平，重点对事项、流程、衔接机制等开展改革。改革后，符合条件的带设计方案出让土地的重点产业和功能性项目，企业从取得土地到获批施工许可的全流程可在24个自然日内完成，达到韩国的水平；符合条件的未带设计方案出让土地的项目，企业从取得土地（项目申报）到获批施工许可的全流程可在80个自然日内完成，达到美国的水平。①二是在并联审批基础上通过"四个一"提升服务能级。依托全区建设项目（BIM）智能审批平台，实现开工智能"一图导航"；依托建设项目联合审批系统，开展"一窗受理"、后台分审、统一发证，在方案审批、施工图审查和施工许可三个阶段实现"一次办成"；整合发改、规土、建交、环保等部门的登记信息，实现企业"一表申报"，多部门信息共享；通过项目前期工作计划单，集成政企双方关于每一个审批事项的任务分工、时间节点、审批标准等要求，实现"一单督办"，确保项目审批全过程受控。三是推进建设项目综合验收试点工作，针对竣工验收涉及部门多、周期长等问题，针对竣工验收及备案实行"一口受理、一网通办、分类审批、提前服务、限时办结、统一发证"，实现"小型项目""绿化类项目""其他企业投资项目"验收及备案审批时限自统一申请受理之日起，原则上分别不超过10个、5个、15个工作日。四是建立区级政府投资项目储备库、实施库系统。对于入库项目，一般公共建筑类和市政交通线性类项目在储备库停留时限原则不超过163天（含轨交及市级保护等征询的不超过238天）；一般公共建筑类和市政交通线性类项目在实施库停留时限原则不超过132天（涉及轨交保护和规划控制区等的项目不超过161天）。优化"多规合一""多评合一"机制，储备项目涉及的各类规划数据和各行业管理部门征询意见在实施库内实现提前同步落图，使储备项目出实施

---

① 宋薇萍：《浦东新区深化企业投资建设项目审批改革》，http://news.cnstock.com/news，bwkx-201712-4168181.htm（"上海证券报·中国证券网"，转载时间：2017.12.25）。

库即可快速完成审批。

(4)建立相对集中的行政审批机制。

推进新区扁平化行政审批体制改革,建立"审管分离、集中统一"的行政审批机制。在陆家嘴、金桥、张江、世博地区建立区域化审批服务平台,推进13项事权下放并进一步覆盖周边街镇。[①]在上述四个开发区管委会设立行政审批服务处,基本实现行政审批职能集中,实施综合审批服务模式。

2. 以"六个双"和"四个监管"为核心,强化政府有效监管,充分发挥有为政府作用

(1)以"六个双"政府综合监管为突破,构筑经济领域重大风险防范化解体系。

针对注册、许可、监管和执法部门间信息共享不够充分、监管协同不够有效等问题,浦东在上海自贸试验区设立后逐步探索,并于2016年创新提出"双告知、双反馈、双跟踪、双随机、双评估、双公示"政府综合监管机制,到2018年初实现了全区21个监管部门、108个行业(领域)的全覆盖。[②]一是补强"照后证前"阶段的监管薄弱环节,通过开展"照后证前"跟踪检查,发现无证违规经营并作出处罚,维护了公平公正的市场秩序,为"先照后证""证照分离"改革提供了有利的监管保障。二是运用信息化手段实现分类监管、精准监管,对区内企业信用状况进行初步信用评估,并将评估结果推送给各部门,以便各部门进行分类监管和重点检查,真正实现对企业"无事不扰、有求必应"。三是强化协同联动、联合奖惩。比如,根据"双随机"检查中发现的企业欠薪欠保信息建立预警名录,并通过信息共享推送至其他部门,对各部门在企业的荣誉评定、资金扶持等进行提示。2017年,商务部等十三家部委联合印发《关于复制推广构建开放型经济新体制综合试点经验的通

---

① 《2015年浦东年鉴-经济管理-综合配套改革》,http://www.pudong.gov.cn/shpd/about/20151126/008006001023_2ad59c8e-b1e5-46f1-827a-9b3820a3d474.htm("上海市浦东新区人民政府",转载时间:2015.11.26)。

② 《上海浦东:198项"证照分离"改革全落实 涉企审批事项实际办理时间压缩85%》,http://www.cnr.cn/shanghai/tt/20181010/t20181010_524381395.shtml("央广网",转载时间:2017.09.15)。

知》,明确在全国复制推广包括浦东新区"六个双"政府综合监管机制在内的创新经验。

(2) 以信用、风险、分类、动态为核心,"四个监管"制度闭环基本形成、成效初显。

针对市场治理中存在的难点,浦东积极转变政府职能,转变监管理念方法,扎实推进事中事后监管机制创新,构建起以信用、风险、分类、动态"四个监管"为核心的事中事后监管体系。信用监管方面,围绕企业公共信用评估,在"多向采信、多元评信、社会用信"闭环的基础上打造"信用约束一张网",形成包括70个数据项的采信指标体系,完成了全区32万家市场主体信用画像。风险监管方面,围绕行业安全风险评估,在"专业识险、科学评险、及时排险"闭环基础上严守"安全防范一堵墙",聚焦安全生产、食品生产、环境保护等重点领域,结合行业(领域)监管特点,全面梳理行业监管核心风险点和识别指标,建立风险评估模型,建立分类风险处置机制,确保安全风险早识别、早评估、早警示、早处置。分类监管方面,主要围绕监管对象差异性,合理安排资源配置,在"科学分类、优化配置、高效施策"闭环基础上形成"力量配比一幅图"。例如,内河港口经营许可改为告知承诺后,根据信用和风险评估结果实施分类监管,在执法检查总次数下降超过10%的同时,客运、危险货物企业检查次数上升100%,既守住了安全风险底线,又节约了行政成本,提高了执法效能。动态监管方面,主要围绕信息实时跟踪,实现快速响应,在"全域互联、提前预警、实时响应"闭环的基础上建立"应急响应一根弦"。比如,国务院批复的10个领域中企业办税有关改革措施实施后,针对信息不对称、信息滞后、管控方式有限等涉税监管难题,积极探索依托互联网信息和舆情大数据分析实施动态监管,在股权转让、股票减持、非居民税收风险等项目中取得突破,查补各类税款近20亿元。

3. 积极推进"一网通办",体现"店小二"精神,促进政府服务效率不断提升

(1) 构建"1+7+300"企业服务平台,提升政府整体服务效能。

以方便企业办事创业为出发点,强化"店小二"服务精神,打造企业"一

站式"服务平台。一是构建浦东新区企业服务"一网通办"总体布局。以"把企业服务放到离市场最近的地方"为原则,浦东新区建立了"1＋7＋300"企业办事服务体系。①依托上海市政务服务"一网通办"总门户实现企业、群众办事统一认证、统一受理、统一反馈、统一监督等功能和电子证照、公共支付、物流配送等服务。建立"一窗受理、分类审批、一口发证"的综合服务模式,实现了 382 项涉企事项"单窗通办"全覆盖。二是实现 100％全程网办,从"只跑一次"向"一次不跑"进化。2018 年 10 月,浦东新区在全国率先实现企业办事"一网通办"涉企审批事项全覆盖。企业经过"一窗通"网上申报,微信小程序远程核验身份,邮寄申请材料,收取营业执照,即可完成足不出户"全程网办"。2019 年 3 月,浦东实现 100％全程网上办理,完成了由"1"到"0"的升级。三是实现 100％单窗通办,从"只进一门"向"只找一窗"升级。浦东积极探索综合窗口服务模式,所有部门审批处室向区行政服务中心集中,所有涉企审批事项向"单窗通办"集中,实现"只进一扇门""只找一个窗"。原分别在 120 个专业窗口办理的 382 个事项,现集中在 58 个综合窗口实行通办,窗口压缩率达到 52％。②同时设置了导服、咨询、发证等功能模块,实现了行政资源的综合利用和行政效能的大幅提升,解决了企业多次跑、来回跑的问题。

(2) 以"智慧政府"建设为引领,实现从"三全工程"到"一网通办"的迭代升级。

"智慧政府"建设作为互联网时代政府治理的新形态,已经成为政府部门转变职能和作风的重要途径。着眼于企业感受度和群众需求,2017 年,浦东大力推进企业市场准入"全网通办"、社区服务事项"全区通办"和政务信息资源"全域共享"的"三全工程"。在此基础上,浦东全面推进"互联网＋政务服务"的迭代升级,按照全市统一部署,对接"上海政务一网通办",努力

---

① 余东明:《上海浦东:勇当改革桥头堡的守望者｜全国法治政府建设示范地区和项目巡礼》,http://www.moj.gov.cn/pub/sfbgw/qmyfzg/fzgzfzdy/202101/t20210122_153626.html("中国政府法制信息网",转载时间:2020.09.29)(原载《法治日报》)。

② 王延:《数字化服务让"能办事"向"好办事"转变》,http://epaper.routeryun.com/Article/index/aid/3448490.html("浦东时报",转载时间:2020.05.25)。

实现"一网受理、全市通办、只跑一次、一次办成",进一步打造政务服务"五个一"体系,即优化政府"一网通办"平台,深化"一窗受理"综合窗口改革,打造政务服务"一号响应"总客服,加快建成"一库共享"的电子证照库和政务信息数据库,推出"一次办成"主题套餐。

(3)推出"窗口无否决权",塑造审批服务新理念新方式。

窗口无否决权作为一种全新的窗口工作理念和服务举措,于2015年开展以来,在全区20个区属部门、12个街道、24个镇和7个开发区,291个行政服务点和1 962个服务窗口全面推行。①窗口无否决权主要强调的是在受理的首要环节,窗口人员只有说"行"的权力,没有说"不行"的权力,要站在服务对象的立场,对申请人提出的需求诉求,"只设路标、不设路障",竭诚帮助申请人服务办事,对涉及非标准化的申请事项,不得随意行使否决权。即便最终说"不行",也要经过相应程序,认真研究并作出有根有据、合情合理的解释。

(四)充分认识浦东行政管理体制改革的重要意义

全面深化改革的总目标是完善和发展中国特色社会主义制度,推进国家治理体系和治理能力现代化。深化行政管理体制改革是全面深化改革的重要内容,直接关系国家治理体系的完善和治理能力的提升,对各领域改革发挥着体制支撑和保障作用。浦东开发开放30年的历程,不仅是经济社会蓬勃发展的30年,也是积极探索推进行政管理体制改革,深化地方治理体系和治理能力现代化的30年。30年间,浦东的党政机构设置、区镇关系和政府职能转变,随着浦东开发开放的不断深入,因应不同发展阶段不同矛盾和需求,通过持续创新改革,不断适应阶段性矛盾和需求的变化,为浦东的开发开放提供了坚强的体制机制保障,也为我国行政管理体制改革提供了浦东案例和浦东做法。

1. 坚持党的领导,科学合理设置党政机构,完善地方治理组织架构

顺利推进浦东开发开放,必须从组织机构上发挥党的领导体制优势,统

---

① 洪浣宁:《创新政府服务当好市场"守夜人"》,http://www.pdtimes.com.cn/html/2016-04/20/content_1_1.htm("浦东时报",转载时间:2016.04.20)。

筹设置党政机构设置。开发开放 30 年来,浦东始终坚持党的领导,发挥党总揽全局、协调各方的作用,同时积极探索党政合署和大部门制,有效避免职能重叠交叉、工作内容重复的问题,有利于打破部门壁垒和封锁,有利于人财物流动,有助于降低协调成本,体现符合实际、科学合理、更有效率的特点。

2. 坚持面向基层,不断优化区镇关系,发挥不同层次管理服务优势

浦东建政以来,面对日益繁杂的经济社会管理职能,始终注重发挥区和街镇两级积极性主动性,因地制宜地探索了功能区域管理体制、发展权统筹和区域管理权下沉改革等,通过优化经济管理职能、社会管理职能配置,更好发挥街镇贴近基层和群众的一线优势,进一步下沉下放社会管理事项和权力,编制资源进一步向基层倾斜,在区或者功能区域层面强化经济发展、规划管理等职责,实现各层级间职能配置的合理界定,发挥各自比较优势,既有效实现发展规划的统筹,也有利于提升基层管理服务水平,促进浦东经济社会健康高质量发展。

3. 坚持放管结合,持续转变政府职能,释放市场活力

开启全面建设社会主义现代化国家新征程,从根本上说是发展问题。我国经济已由高速增长阶段转向高质量发展阶段,需要通过改革,进一步理顺政府与市场、政府与社会的关系,该管的事管好管到位、该放的权放足放到位、该提供的服务提供到位,增强经济发展的内生动力。上海自贸试验区设立以来,浦东以此为契机,积极推进放管服改革,大大释放了市场发展活力。通过"证照分离"改革和"一业一证"等创造性改革举措,进一步精简了各类审批、证照等事项,大幅降低行业准入成本;通过"六个双"综合监管机制和信用、风险、分类、动态"四个监管"为核心的事中事后监管体系,打造覆盖企业全生命周期的政府监管闭环,全面提升政府监管能力;通过"一网通办"等"互联网+政务服务"改革举措,规范行政行为、优化办事流程,提升服务效能,大力建设人民满意的服务型政府。

30 年浦东行政管理体制改革历程,充分体现了始终坚持党的全面领导前提下优化党政关系,科学设置党政机构和职能配置;充分体现了合理划分

各层级政府职责重点,面向基层聚集服务管理资源,充分调动区和街镇各层级积极性和主动性;充分体现了持续提升市场主体的获得感,刀刃向内推进"放管服"改革,实现有效市场和有为政府齐头并进,深入激发市场活力和社会创造力,最大限度为市场主体和群众办事增添便利,打造国际一流营商环境。

十二、坚持社会治理统筹,是浦东开发开放的重要突破

人民安居乐业,国家长治久安,离不开共建共治的社会治理。国家提出加快推进社会治理现代化,加强和创新社会治理,推进社会治理现代化,这凸显了社会治理现代化的重要性和紧迫性。浦东新区以新发展理念引领和统筹社会治理,以"创新、协调、绿色、开放、共享"的新发展理念引领和统筹社会治理,在教育、医疗、社区治理、基层治理等领域加大改革力度,更好地推进社会治理精细化,构建全民共建共享的社会治理格局。

(一)大力发展教育事业,强化浦东发展人才支撑

2020年,浦东迎来开发开放30周年。这30年间,浦东教育事业走过了从数量增加、规模扩张到优化管理、提高质量的历程。百年大计,教育为本;千秋大业,教育为先。坚持教育优先发展,是推动科学发展、促进社会和谐的迫切要求。用战略的眼光认识教育优先发展的积极意义和重要作用。教育是事关社会进步的先导工程。跳出教育看教育,把教育当作一种感情来维系,作为一种理念来强化,作为一种共识来倡导,摆到先行发展、优先发展的战略高度。优先发展教育事业能为未来社会的发展方向起到一定引导作用。

1. 均衡发展,不断提升数量和质量

面对基数大、需求增、各区域发展不甚平衡的难题,浦东努力将体量上的教育大区建设成百姓心目中质量过硬的教育强区。这30年间在促进城

乡义务教育一体化和优质均衡发展的过程中，创造性地探索出了学区化办学、集团化办学、委托管理、与高校合作办学、新优质学校等多种具有鲜明浦东特色的办学模式，有效拓展了优质教育资源并发挥了良好的辐射作用，力争将浦东每一所学校都办成人民满意的好学校。[①]坚持社会治理统筹，是浦东开发开放的重要突破。

浦东因改革而兴，因开放而强，改革创新是融入浦东血脉的重要基因。浦东教育培养和鼓励学生敢于奇思妙想、敢于脑洞大开、敢于创新创造，敢于探索未知的好奇心，以创造之教育培养创造之人才。改革开放以来，浦东教育取得了快速发展，教育规模逐年持续扩大，内涵日益丰富，整体质量稳步提升。最新统计显示，浦东新区共有各类基础教育阶段学校 670 所，学生总数 49.4 万人，[②]学校数和学生数均列上海市各区之首。

教育投入力度逐年加大，基本公共服务水平稳步提高。办学质量与水平整体提升，优质资源不断拓展，现有上海市实验性示范性高中 11 所，上海市特色高中 2 所；市、区两级新优质学校创建工作稳步推进，市级新优质学校 6 所，区级新优质学校项目校 69 所；组建了 20 个学区、26 个集团（联盟），学区化办学项目成员学校 170 所，集团化办学项目成员学校 303 所；市级示范幼儿园 7 所、区级示范园 27 所和市一级园 147 所。体制机制改革在全市和全国产生积极影响，成为上海市首个建设"区域教育综合改革创新示范区"。[③]教育对外开放进程加快，50 多所学校分别与境外中小学友好结对。职业教育健康发展，现有国家级重点中等职业学校 4 所，国家中等职业教育改革发展示范学校 1 所，上海市中等职业教育改革发展特色示范学校 2 所，上海市重点中等职业学校 3 所；中本贯通、中高职贯通专业 28 个，建成 4 个

---

① 黄骅斐、蒋旭：《浦东新区："管办评分离"的教育治理创新》，载《上海教育》2019 年第 36 期，第 30—33 页。

② 龚洁芸：《浦东新区：将每一所学校办成人民满意的好学校》，http://www.sh.xinhuanet.com/2020-09/10/c_139357221.htm（"新华网"，转载时间：2020.09.10）（原载《解放日报》）。

③ 《推动浦东建设上海首个区域教育综合改革创新示范区！》，https://baijiahao.baidu.com/s?id=1643709642462631480&wfr=spider&for=pc（"百度"百家号·浦东发布，转载时间：2019.09.04）。

市示范品牌专业和 6 个市品牌专业。①社区教育国家级示范区建设得到深化。总之,浦东正沿着教育大区向教育强区迈进的既定目标稳步前行。

2. 敢闯敢试,不断实现突破创新

浦东开发开放 30 年,浦东教育的快速发展和质量提升,都是源于"但开风气,敢闯敢试"的勇气与实干,通过不断地创新突破,从而为浦东教育改革发展增加了一抹亮色。

(1) 建立全市首个教育综合改革示范区。

2019 年,浦东成为全市首个建设区域教育综合改革创新示范区。围绕着这一目标,在市教委的支持下,浦东从开创基础教育优质均衡发展新局面、实现高校服务区域改革发展新突破、探索创新人才培养新模式、促进新时代教师队伍建设新发展、发挥教育体制机制改革新优势五个方面,深入开展教育现代化区域创新试验。②面对新形势新任务,按照浦东高水平改革开放、高质量发展、高品质生活、高素质队伍建设的发展要求,"十四五"期间,浦东要全面落实《浦东教育现代化 2035》规划部署,全面实施区域教育综合改革创新示范区、高水平基础教育优质均衡领跑区、全方位多层次教育对外开放引领区、科技创新人才培养模式改革试验区、治理体系和治理能力现代化先行区"五区战略",奋力打造"五育并举、公平优质、开放融合、活力创新"新时代高品质浦东教育③,提升教育服务人的全面发展和经济社会全面进步的综合功能。

(2) 引进全市第一所民办本科大学。

浦东新区引进了上海第一所民办本科大学杉达大学。1992 年 6 月 26 日,在浦东开发开放背景下,上海交通大学、北京大学、清华大学八位教授发起创办杉达大学。由时任上海交通大学校长助理袁济向时任上海交通大学党委书记王宗光、时任校长翁史烈提出了创办"杉达大学"的请示,两位校领

---

① 上海市教育委员会:《上海教育年鉴》,上海人民出版社 2019 年版。
② 计琳:《浦东:创新的前沿,育人的沃土》,载《上海教育》2020 年第 34 期,第 18—19 页。
③ 刘朋:《发展性教育督导评估助推高考改革新政落地的实践探索——以上海市浦东新区为例》,载《教育科学研究》2019 年第 1 期,第 29—34 页。

导一致赞同，并同时任北京大学校长吴树青、时任清华大学校长张孝文和有关学校领导和院处领导直接支持创办杉达大学的各项事宜。1992 年 8 月 11 日，学校经上海市高等教育局批准筹办，校名为"杉达大学"，并于当年秋季面向全国招生，成为新中国创办的第一所具有学历教育资格的全日制民办大学。

2002 年 3 月，学校经教育部批准设置为全国首批民办本科层次的普通高等学校，校名为"上海杉达学院"，是上海市第一所本科民办高校。同年，经浙江省人民政府、省教育厅和上海市教育委员会批准，在浙江省嘉善县建立嘉善校区，占地 406 亩，成立上海杉达学院嘉善光彪学院。①

（3）引进国内首家非学制外资职业培训机构。

2017 年国内首家外资职业培训机构——普华永道落户浦东陆家嘴。普华永道 You Plus 特训计划是全国首个经批准正式开业的外商独资的商务技能培训课程，其业务主体是普华永道商务技能培训（上海）有限公司，隶属于四大会计事务所之一的普华永道。②它的落地并非一帆风顺，而是得益于上海自贸试验区创新举措带来的制度红利。2014 年，上海自贸试验区发布 54 条扩大开放措施，对外商投资实行准入前国民待遇和负面清单管理方式。2015 年修订的负面清单中，将"非学制类职业技能培训"放到了清单之外，这为外资企业在国内开办职业培训机构打开了大门。

凭借上海自贸试验区扩区、负面清单的"瘦身"与"证照分离"改革的东风，陆家嘴金融城积极推动市场准入和服务业对外开放，突破限制外商成立独资资产管理类公司的限制，在服务业扩大开放和外资企业开展业务创新方面，产生了不少中国首创的典型案例。

3. 基础教育和高等教育协同发展，共享优质资源

教育是事关人民福祉的民心工程。教育是最基本的公共产品，关联千家万户，惠及子孙后代。"教育是民生之基，健康是民生之本，分配是民生之源，保健是民生之安。"这四句话都很重要，不过教育还是第一位。对家庭而

---

① 徐晶卉：《一所民办大学的质量追求》，载《文汇报》2010 年 6 月 28 日，第 12 版。
② 叶赟：《国内首家外资职业培训机构落沪》，载《中国外资》2017 年第 21 期，第 54—55 页。

言,有一个受过一定教育的人,就能够开创一份家业。对社会而言,人人有学上、有书读,最能体现公平、促进社会和谐发展。

2020年3月,建校19年的浦东新区新世界实验小学更名为上海戏剧学院附属新世界实验小学,浦东新区和高校合作办学又开辟了一片"试验田"。这是上海戏剧学院和小学学段"牵手"的唯一一所学校,在多年合作之后,双方签订了新的合作计划:未来,上海戏剧学院的专业师资和特别为新世界实验小学打造的专业教材将走进学校,合力培养学生的艺术素养,鼓励和组织学生积极参与各类舞蹈表演及赛事,让这所特色学校成为上戏舞蹈学校人才储备的摇篮。上海戏剧学院附属新世界实验小学正是浦东和高校合作办学模式的典范:双方牵手,紧密合作,让学生真正从师资和资源上受益,最终成为出人才、有影响的学校。[1]

4. 学区化集团化办学,共享品牌共谋发展

浦东的学区化办学以"建设家门口的好学校"为目标,重在突出街镇、教育指导中心(署)参与下的学校间资源的共建共享。在具体试点过程中,通常以街镇为单位组建学区,同时通过教育指导中心(署)的管理,牵手区域内校际间的资源共建共享、共管共治,在学区范围实现区域内义务教育学校办学的相对均衡。[2]学区内小范围的共建共享,最终实现的是新区大范围的优质资源均衡。在推行学区化试点的过程中,各学区充分挖掘并利用地域资源、社区资源在课堂内外再现活力。[3]

教育是事关国家发展的基础工程。欲兴经济,先兴教育。在经济全球化深入发展、科技进步日新月异的时代背景下,知识越来越成为提高区域竞争力的决定性因素,人力资源越来越成为推动经济社会发展的战略性资源。优先发展教育事业能为我国取得未来社会竞争优势、实现民族复兴打下坚

---

① 朱超群:《新时代高校文化育人形式的创新——基于地域特色文化资源的分析》,载《高校辅导员学刊》2020年第2期,第46—50页。
② 汤林春:《上海市学区化集团化办学探索与前瞻》,载《上海教育科研》2018年第3期,第15—19页。
③ 李彦荣:《共建教育命运共同体——跨学段学区建设的愿景规划与路径设计》,载《教育发展研究》2021年第2期,第14—19、25页。

固的基础。

　　浦东新区共组建成立了 26 个集团(联盟)、20 个学区,公办义务教育阶段学校覆盖率达 91% 以上。①相对于学区化办学而言,集团化办学则突出牵头学校的品牌共享、文化认同和特色共建。这些都是集团化办学带给学生的获得感。近年来,一批地处浦东但在浦东新区、上海市,乃至全国有着深远影响力的优质学校,充分发挥自己的品牌价值,集结了一群志同道合的新伙伴,齐头并进共谋发展。学生虽身处一所学校,却能享受到其他学校的师资、课程、活动、硬件资源等,这不仅意味着打破限制、交流融合,更展现出集团的教育张力。

(二) 大力发展医疗卫生事业,提高人民健康水平

　　医疗卫生事业直接关系到人民群众的生命健康和幸福生活。30 年来,浦东不断增加医疗卫生事业投入,不断集聚医疗卫生事业资源,不断提高医疗卫生事业水平,从而大大地提升了广大人民群众的健康水平。

　　1. 引入浦东第一家三甲医院,不断创新发展

　　1990 年 4 月 18 日,党中央国务院提出"开发浦东,振兴上海,服务全国,面向世界"的方针,这一重大战略决策拉开了浦东开发开放的序幕。而 20 世纪 90 年代以前,浦东没有大的综合性医院。面对时代的机遇,时任仁济医院领导班子和仁济医院员工经过几上几下反复讨论,思想逐步统一,提出"东进序曲、东渡计划、东移规划"。②大家认为,仁济医院要牢牢抓住机遇"东进",到浦东去实现新世纪的新发展和新跨越。这一方面是几代仁济人呕心沥血,砥砺前行,勇于迎接挑战,始终肩负着的"守护人民群众健康、推动医学事业发展"的社会责任和历史使命,另一方面更是浦东开发开放赋予仁济医院发展的新机遇。

　　1993 年底,经上海市计划委员会、上海市教育卫生办公室、上海市卫生局、浦东新区管理委员会、上海市浦东新区社会发展局、上海市规划和自然

---

① 　上海市教育委员会:《上海教育年鉴》,上海人民出版社 2019 年版。
② 　沈轶伦:《仁济:上海第一所西医医院的故事》,载《解放日报》2020 年 3 月 20 日,第 15 版。

资源局、上海第二医科大学等委办局和单位的主要领导共同研究、论证,一致同意将"在浦东新区建造一所三级综合性医院"的项目交由仁济医院负责。1993 年 12 月 7 日,由市计委、市教卫办和区管委会联合向市政府提出申请报告,1993 年 12 月 24 日,时任上海市副市长徐匡迪、谢丽娟和赵启正批准立项,并指示由市教卫办牵头组织实施。①

1994 年,仁济医院东院项目正式立项;1996 年 8 月 28 日举行东院开工典礼;1997 年东院开设临时门诊,东院主楼结构封顶。历时 5 年筹备和基本建设,1999 年 10 月 18 日,仁济医院建院 155 周年暨东院开业庆典在仁济医院东部门诊大厅隆重举行,时任上海市委副书记龚学平宣布仁济医院东院开业,时任副市长左焕琛作重要讲话,仁济东进拉开序幕。百年仁济再次站上了新的历史起点、新的历史高度;浦东也结束了没有三级甲等综合性医院的历史。1999 年 8 月,仁济东院投入试运行。32 个临床科室、医技部门和 400 名职工,36 位专家全部到位;17 个病区,500 张床位逐步开设。②

在此举之下,浦东的医疗卫生事业大力发展起来。浦东坚持以人民为中心的发展思想,贯彻新时代卫生与健康工作方针,加快推动卫生健康理念、服务方式从以治病为中心转变为以人民健康为中心,围绕普及健康生活、优化健康服务、完善健康保障、建设健康环境、发展健康产业和推进健康信息化等领域,全面提升健康浦东建设能级,全方位、全周期保障居民健康,努力创造高品质健康生活,实现健康与经济、社会协调发展。

经过数十年的发展,浦东医疗卫生事业坚持健康优先、预防为主。把健康放在优先发展的战略地位,将促进健康的理念融入公共政策制定实施的全过程,建立重大项目、重大政策健康影响评估机制,形成"大健康"治理格局。③转变健康服务模式,把预防摆在更加突出的位置,关口前移,强化早期干预。

---

① 《仁济 165 岁:书写仁术济世新篇章》,载《文汇报》2009 年 11 月 22 日,第 3 版。
② 李卫平:《上海交通大学医学院附属仁济医院:每一个管控点都围绕精益做文章》,载《健康报》2020 年 11 月 30 日,第 6 版。
③ 窦冠坤、闫蓓、周弋、孙乔、应晓华:《上海浦东自贸区改革对区域医疗服务影响研究》,载《健康教育与健康促进》2018 年第 6 期,第 510—513、519 页。

坚持目标导向、注重效果。立足于浦东新区的战略定位要求,以建设以人民健康为中心的整合型健康服务体系为目标,精准对接人民群众对美好健康生活的需要,完善防治策略,持续提升居民健康水平,创造高品质健康生活。

坚持最高标准、打造一流。以更高站位、更宽视野,全面提高浦东新区健康服务水平,充分发挥辐射带动作用,显著提升健康服务品牌的认知度、美誉度和影响力。

坚持共建共享、促进公平。完善政府主导、多部门合作、全社会参与的工作机制,激发全民参与热情。培育健康文化,倡导健康生活方式,提升居民健康素养。强化基本公共服务均等化,改善"老、少、远"等人群健康服务。

坚持深化改革、扩大开放。发挥科技创新和信息化支撑作用,加快健康重点领域和关键环节的改革和开放,增强健康领域制度供给能力,推动健康服务供给侧结构性改革,提供系统连续的预防、治疗、康复、健康促进一体化服务,建设促进全民健康的制度体系。

2. 卫生医疗事业蓬勃发展,保障居民基本医疗权利

经过 30 年发展历程,浦东已建立与经济社会发展水平相适应、与功能定位相匹配、以居民健康为中心的整合型健康服务体系,全面普及健康生活,促进健康资源科学、均衡、合理分布,基本健康服务更加优质均衡,健康保障体系进一步完善,绿色安全的健康环境基本形成,健康产业规模和发展质量显著提升,居民主要健康指标持续居世界发达国家和地区领先水平。①

浦东新区已形成比较完善的区域健康服务体系、制度体系和治理体系,健康与经济社会协调发展,健康公平持续改善,人人享有高质量的健康服务和高水平的健康保障,健康环境不断优化,居民主要健康指标达到世界发达国家和地区前沿水平。伴随改革开放的发展,浦东新区医疗卫生事业蓬勃发展。截至 2019 年末,浦东新区各级各类医疗卫生机构共有 1 257 所。②卫

① 黄柳:《八十年,再出发:备战浦东医疗加速跑》,载《中国医院院长》2018 年第 18 期,第 80—84 页。

② 卫生健康委员会:《浦东市属、区属三级医院达 15 家! 浦东新区公共卫生建设推进会召开》,http:// www. pudong. gov. cn/shpd/department/20200805/019023002 _ c103f346-1e24-4f23-8811-42f0bece1606.htm("上海市浦东新区人民政府",转载时间:2020.08.05)。

生部门 199 所,其中医院 25 所(综合性医院为东方医院、浦东医院、新区人民医院、公利医院、浦南医院、周浦医院、仁济医院东院、华山医院东院、九院浦东分院、第六人民医院东院;中西医结合医院为第七人民医院;中医医院为浦东新区中医医院、光明中医医院、曙光医院东院、龙华医院东院;专科医院为老年医院、浦东新区精神卫生中心、南汇精神卫生中心、肺科医院、传染病医院、南华医院、儿童医学中心、肿瘤医院浦东分院;妇幼保健院为浦东新区妇幼保健院、第一妇婴保健院东院),社区卫生服务中心 47 所,妇幼保健所 1 所,眼病牙病防治所 1 所,疾病预防控制中心 1 所,卫生监督所 1 所,急救中心 1 所,采供血机构 1 所,其他医疗卫生机构 7 所,社区卫生服务站 114 所;工业及其他部门 1 058 所,其中医院 48 所(民办医院 43 所)、门诊部 249 所、诊所 205 所、内设医疗机构 234 所、村卫生室 322 所。

2019 年末,全区医疗机构实际开放床位 24 613 张。其中,卫生部门所属医院实际开放床位 15 083 张,社区卫生服务中心 3 141 张;工业及其他部门所属医院 6 389 张(民办医院 3 343 张)。2019 年末,全区卫生人员总数 40 732 人。其中,卫生技术人员 34 056 人,管理人员 2 208 人,其他技术人员 1 715 人,工勤人员 2 753 人,分别占卫生人员总数的 83.61%、5.42%、4.21%、6.76%。卫生技术人员中,执业(助理)医师 13 011 人,注册护士 14 963 人,药师(士)1 789 人,技师(士)1 925 人,其他卫生技术人员 2 368 人,分别占卫生技术人员总数的 38.20%、43.95%、5.25%、5.65%、6.95%。全区卫生人员总数中,卫生部门 31 254 人,其中医院 22 720 人,社区卫生服务中心 6 999 人,专业公共卫生机构 1 295 人,其他 240 人;工业及其他部门 9 478 人,其中,医院 6 107 人(民办医院 4 323 人),诊所 2 668 人(含门诊部、内设医疗机构),村卫生室 703 人。[①]

3. 立足国际化视野,大力发展生物医药行业

自 20 世纪 90 年代以来,浦东就开始布局生物医药行业,立志从浦东走向世界,将中国本土化的生物医药创新成果造福全人类。在技术、人才、政

---

① 上海浦东新区统计局、国家统计局浦东调查队:《上海浦东新区统计年鉴》,中国统计出版社 2019 年版。

策、资本等合力推动下,浦东已经迅速形成了具有国际水准的、完整的生物医药上下游产业链,并在不断加大原研创新药物的研发,促进产学研一体化发展,全球十强制药企业中有超过一半在浦东设立区域总部或研发中心。

浦东的改革开放政策引入了大量跨国医药巨头落户上海。1994 年,罗氏制药是首个进驻上海张江的外资项目和首家进入张江生物医药领域的跨国企业。罗氏成为张江药谷发展的一个缩影,也见证了上海张江生物医药基地的变迁之路。2004 年,生物梅里埃将亚太总部正式落户上海浦东康桥。①生物梅里埃是全球最大的微生物诊断公司之一,也是最早进入中国的外资企业。生物梅里埃在新冠肺炎疫情期间联动中法两地团队,为新冠肺炎诊断试剂的研发作出积极贡献。全球制药企业 10 强中有 6 家在张江设立了区域总部或研发中心,包括罗氏、诺华和辉瑞;在中国医药工业百强中,有 17 家在张江设立了研发中心和运营中心。在张江,有超过 35 家已上市或挂牌企业。2012 年 12 月落户张江的上海君实生物在疫情中因参与了新冠中和抗体药物的研发成为了炙手可热的"明星企业"。②

研发实力和融资能力是推动创新药发展必不可少的两个方面。近年来,推动中国本土创新药发展提速的两个重要因素包括 2018 年实施的新药审批制度改革和 2019 年推出的上海科创板。跨国巨头产生的生态效应推动了过去 30 年来中国生物医药领域的迅速发展。2018 年数据显示,张江生物医药产业经营总收入达到了 721 亿元,产业规模占上海产业总规模的比例超过 30%,占浦东产业总规模比例接近三分之二。张江生物医药基地核心园 1.5 平方公里内的生物医药企业已累计获得约 17 亿美元的投资。如今,地处长三角,面向太平洋,对标波士顿,上海正在以浦东张江为核心,打造具有国际影响力的生物医药创新高地。

(三) 大力推进社区治理,进行"家门口"服务改革

社区治理是政府联系与服务群众的关键性问题,能够接触人民群众最

---

① 李伟、蒋媛媛:《从制造中心到科创中心》,上海社会科学院出版社 2018 年版,第 232 页。
② 黄祺:《张江生物医药迎来成果爆发期》,载《新民周刊》2019 年第 15 期,第 84—87 页。

关心、最直接的民生问题,涉及人民群众最根本的利益。浦东构建"家门口"服务体系的改革进程,是嵌入在一系列更为广泛而深远的社会领域改革之中的。从 2014 年开始,浦东新区区委、区政府认真贯彻上海市委创新社会治理加强基层建设的系列文件精神,并因地制宜形成了"1+24+X"项改革措施,围绕社会治理创新中的体制、机制、队伍建设及相应重点工程推动系统改革。①

1. 多措并举,推动改革服务落地落实

"家门口"服务体系建设的核心思路是在村居层次构建整合资源、精准服务的多层次社区服务网络,打造一个资源整合、功能集成、机制有效、群众参与的平台,提供就近、便利、稳定、可预期的七大类基本服务(党群服务、政务服务、生活服务、法律服务、健康服务、文化服务、社区管理服务),更好满足居民群众的满意度、获得感,从而实现"生活小事不出村居、教育服务就在身边"的高水平治理目标。近年来,浦东新区共建成"家门口"服务站、服务中心 1 300 多个,覆盖全部居村。

一是推进"四化"建设,强化以居民为中心的指导思想。改革者提出了"四化"的建设思路:办公空间趋零化、服务空间最大化、服务项目标准化、服务标识统一化。在长期的改革实践中,浦东新区有关部门意识到"以居民为中心"的工作理念不能仅落在文件上,而是要在日常工作中有常态化的强化机制。

二是整合为民服务资源,构建整体布局的服务网络。针对传统社区服务资源碎片化投入、难以形成合力的瓶颈,浦东新区"家门口"服务体系建设坚持以区域化党建为引领,整合多方资源,努力为群众提供多样化、高品质的社区服务。改革突出了几个维度的重点建设:运用信息化机制进行纵向整合,以服务群众办事。浦东新区在居村层次普遍推行"视频远程办理"系统,使居村和街镇事务受理中心直接连线,实现 212 项个人社区事务全部下沉"家门口"办理,努力让群众不出村居就可以办理街镇社区事务受理中心

---

① 唐亚林:《社区治理走向多功能社区发展新时代》,载《社会科学报》2021 年 4 月 8 日,第 3 版。

的事项。浦东新区通过科学分析和意见征询,推动分散在 26 个区级职能部门的 147 个与群众生活紧密相关的服务下沉,打造系统集成的"一站式"服务平台。①

三是提升服务的精准性,全面优化服务布局。针对已有社区服务的短板,精准施策,提高公共产品供给的针对性和准确性。例如建立"三张清单"机制,破解服务供给中的信息不对称难题。浦东新区通过将"居民需求清单"与"资源清单"对接,形成符合居民实际情况的"项目清单",同时提升居民在选择项目时的自主性,从而使合适的项目落户急需的人群。②尤其需要指出的是,在浦东新区创新社会治理、加强基层建设的整体制度创新过程中,基层自治体系的活力得到不断激发。

四是形成社区服务"落地"的质量反馈与激励体系,持续改善服务质量。针对传统社区服务供给中居民自下而上评估缺位及有效激励不足等深层问题,浦东新区在探索"家门口"服务网络建设时探索了许多创新机制,突出表现为完善自下而上的群众测评机制。加大群众评价在考核中的权重,探索把考核结果和社工的薪酬待遇挂钩,有效调动工作积极性和主动性,不断提高服务水平。强化以居(村)民满意度为导向的绩效考核管理,对不能胜任的居(村)工作人员,动真格执行退出机制,做到"能上能下、能进能出"。实施"金牌社工"成长计划。2018 年,浦东新区地区工作党委会同区委组织部、区委党校、区民政局、区人社局启动居(村)"家门口"金牌全岗通社工成长计划,以点带面推动新区社区工作者队伍向专业化、职业化方向发展,助力浦东社区治理工作提质增能。

2. 立足长远,推动理念和体系进一步完善

"家门口"服务体系的改革实践表明,当前浦东社区服务水平正逐步从"有没有"向"优不优"转型。2019 年浦东新区组织的一次专项评估表明,全

① 王仁或:《服务社区治理:新时代社区教育的使命担当与实践路径》,载《终身教育研究》2021 年第 2 期,第 63—68 页。
② 严志兰、邓伟志:《中国城市社区治理面临的挑战与路径创新探析》,载《上海行政学院学报》2014 年第 4 期,第 40—48 页。

区各个职能部门、36个街镇、1 300多个村居都紧密编织进了"家门口"服务体系之中。①各部门密切协同、大胆创新,取得了显著的工作成效,群众在家门口就能办事、办成事,获得感和满意度都不断提升。

一是推动需求导向的多层次社区服务体系建设。"家门口"服务体系强调让群众就近享受便利的公共服务,其核心是强调以群众需求为导向。在推进"四化"建设中,四化建设给浦东市民通过在空间、场地、项目等方面强化约束条件,有效提升了居(村)委一切围绕居民需求开展服务的工作意识,逐步强化其居民自治组织的属性,推动居(村)委"眼睛向下"开展新时代群众工作。②在"三张清单"机制的建立中,由于这些改革举措有效提升了社区服务落地的精准性,因此获得了居民普遍欢迎。社区服务也由此成为推进基层自治的重要工作路径。因此倒逼基层村居干部努力"下沉"到群众中去,努力倾听群众心声,更好满足公众需求。从这个角度来看,"家门口"服务体系构建的过程是一次对传统社区服务体系进行重大改革与调整的制度创新过程,其体现了"以人民为中心"政策导向下公共服务体系改革的基本精神,对于特大城市构建"绣花针"式的精细化社会治理模式具有重大意义。

二是推动城乡基层社区公共性的构建。社区服务不仅对于提升居民满意度、认同感具有重要作用,更重要的是,其有效运行对于推进基层社会公共性的形成具有重要意义。在"家门口"服务体系建设过程中,各级政府围绕公共产品的配置方式等问题展开的创新实践有利于推动现代社会公共性的形成,尤其是在服务需求征集—开放性项目设计—供需对接—项目落地—绩效评估的多环节实施进程中,公众对公共事务的关注度和参与度都得到了显著的提升。例如,在整合为民服务资源、构建整体布局的服务网络中设立法律顾问、养老顾问、物业顾问等,共同为群众服务。这些社会化专业力量的引入,对于满足居民群众差异化、个性化的服务需求具有重要意

① 容志、秦浩:《上海"家门口"服务体系建设的成效、问题与对策》,载《科学发展》2020年第11期,第104—112页。
② 郑晓燕:《新公共服务视域下的社区公共服务供给——基于浦东新区"家门口"服务体系建设的经验》,载《科学发展》2019年第6期,第97—104页。

义。①换言之,社会力量的协同效应进一步提升了浦东基层社区服务网络的灵活性与弹性。这些都有利于浦东基层社区公共性的成型。这也是浦东在新的基础上构建新型治理模式的重要社会基础。

三是推动多元社会治理结构的深度发展。浦东在构建"家门口"服务体系时,特别关注调动多元主体积极性并激发社会活力,如鼓励社会组织和专业机构积极扎根社区提供服务;推动多元社会力量参与社区服务项目设计;推动居民深度参与服务项目评估等。这些做法使得多元社会治理结构的构建不再显得抽象空洞,而是紧密嵌入居民日常生活,紧贴丰富的基层治理实践。就此而言,"家门口"服务体系构建的过程也是一次社区治理模式深度改革和更新的过程,其对于浦东进一步建设社会治理共同体具有深远影响。

四是推动群众参与基层社区治理机制的形成。随着经济社会不断发展,过去居村单一的行政管理,已难以满足群众多样化生活需要。"家门口"服务通过区域化党建平台,不仅有效服务群众多元利益需求、满足群众多元服务需要,增强了居村对群众的凝聚力,而且使居民群众从被动参与社区事务到主动参与社区活动,参与活动的群体从过去以中老年人为主扩大到现在老中青、少年儿童等各个群体,明显增强了群众对社区的参与度和归属感。形成社区服务"落地"的质量反馈与激励体系,持续改善服务质量,强化以居(村)民满意度为导向的绩效考核管理,对不能胜任的居(村)委工作人员,动真格执行退出机制,做到"能上能下、能进能出"。"金牌社工"计划实施以来,基层涌现了一批运用新工作技巧提升"家门口"服务体系效能的经典案例。以上做法从评估、激励、培训等多环节切入,有效推动了"家门口"服务的持续优化。不仅重新激发了居村社区的活力,而且能够有效凝聚群众、组织群众、动员群众,把群众紧密地组织和团结起来。

(四)大力推进基层建设,探索形成浦东智慧

长期以来,浦东一直处在改革开放的最前沿,不仅面临着管理幅度大、

---

① 胡德勤:《社区"家门口服务体系"调研报告》,载《科学发展》2021 年第 1 期,第 103—112 页。

人口高度密集带来的挑战,而且较早地遇到了其他地区还没有遇到的基层治理难题,加强和创新社会治理的需求更为迫切。①习近平总书记对上海和浦东创新社会治理加强基层建设多次作出重要指示,强调一流城市要有一流治理,指出加强和创新社会治理,核心是人,重心在城乡社区,关键是体制创新,要求不断提高社会主义现代化国际大都市治理能力和治理水平。浦东深入贯彻落实习近平总书记的重要指示要求,围绕完善基层治理体系和提高基层治理能力两大目标,坚持党的领导,坚持以人为本,坚持系统治理、依法治理、综合治理、源头治理,坚持科技赋能,坚持重心下移,坚持建章立制,全面提升社会治理水平,为浦东深入推进改革开放再出发打下坚实的社会基础。②习近平总书记指出,提高社区治理效能,关键是加强党的领导。要推动党组织向基层延伸,把基层的工作做好,这样才能"任凭风浪起,稳坐钓鱼台"。贯彻落实党中央精神,扛起浦东新区的使命担当,浦东在党建引领城市治理现代化上先行先试,作出了独特探索。

1. 大力推进基层建设,意义和影响重大

30 年前,在浦东开发开放的关键时刻,邓小平同志说过一句话:"上海是我们的王牌,把上海搞起来是一条捷径。"30 年后,浦东从昔日阡陌纵横的农田,变身一座功能集聚、要素齐全、设施先进的现代化新城。30 年来,浦东作为第一个国家级新区、第一个综合配套改革试验区、第一个自贸试验区等一系列国家战略的集中承载地,在一片农田上建成了一座功能集聚、要素齐全、设施先进的现代化新城。浦东新区是上海国际化大都市的超大城区,面积 1 210 平方公里,约占上海市总面积的五分之一,下辖 12 个街道、24 个镇、996 个居民区、362 个村,常住人口近 600 万人。③

浦东开发开放 30 年来,在城市建设大跨步前进的同时,经济社会形态和结构也发生了变化。2014 年以来,上海市委把创新社会治理、加强基层

① 杨婷:《浦东社会治理创新的主要实践探索》,载《社会治理》2020 年第 4 期,第 30—35 页。
② 范矿生:《新形势下浦东对基层服务型党组织的探索》,载《上海党史与党建》2015 年第 10 期,第 40—42 页。
③ 上海浦东新区统计局、国家统计局浦东调查队:《上海浦东新区统计年鉴》,中国统计出版社 2019 年版。

建设作为一号课题。站在新的历史起点上，浦东新区将坚持以习近平新时代中国特色社会主义思想为指导，全面贯彻党的十九届四中全会精神，深入贯彻落实习近平总书记考察上海重要讲话精神，牢固树立"四个意识"，坚定"四个自信"，坚决做到"两个维护"，着力完善党委领导、政府负责、民主协商、社会协同、公众参与、法治保障、科技支撑的社会治理体系，加快提升社会治理能力，让群众的获得感、幸福感、安全感更加充实、更有保障、更可持续，努力打造超大城市治理现代化的示范样板。进一步加强党的全面领导，更好地把制度优势转化为治理效能。进一步健全基层社会治理格局，更好地实现共建共治共享。进一步提高社会治理能力，更好地探索符合超大城市特点和规律的社会治理新路。

（1）体现党的引领作用。

完善和发展中国特色社会主义制度，推进国家治理体系和治理能力现代化，是党的十八届三中全会明确的全面深化改革总目标。人流车流物流齐聚，地上地下设施密集，对于上海这样的超大城市来说，提高治理水平的要求尤为迫切。智治是浦东新区的特色；善治是浦东新区的底色。百姓有满意度，企业也要有获得感。

在城市治理上，浦东新区坚持发挥党的引领作用。特别是十九大以来，浦东新区提出要做实区域化党建工作，抓好四个覆盖（组织覆盖、工作覆盖、管理覆盖和服务覆盖），切实提高党建政治引领、组织引领、能力引领和机制引领的水平，特别要将社会多元力量组织好、整合好，构建共建共治共享的社会治理新格局。改革开放给浦东、给上海带来的变化，陆家嘴金融贸易区面积不大，但含金量很高，区域内集聚了 4.4 万多家企业，全口径税收超过 2 000 亿元，占全国 1.5%。目前，陆家嘴有 285 幢商务楼宇，其中税收亿元楼 102 幢，税收超 10 亿元楼 30 幢，超 50 亿元楼 4 幢。[①] 2018 年 11 月 6 日，习近平总书记出席首届中国国际进口博览会开幕式发表主旨演讲并考察上海期间，专门来到陆家嘴金融城党群服务中心，对上海从陆家嘴金融城产业

---

① 张全林：《而立浦东打造超大城市治理样板》，载《中国城市报》2020 年 11 月 16 日，第 2 版。

集聚、企业汇聚、人才广聚的实际出发,创新党建工作思路和模式,为楼宇内各种所有制企业的基层党组织和党员提供学习指导、管理服务、活动平台的做法给予充分肯定。

(2) 发挥改革示范作用。

新时代浦东改革开放再出发,不只是量的简单增长,更是质的全面提升;不只是经济的单项发展,更是社会的全面进步;不只是浦东自身的发展,更是要把浦东打造成新时代彰显中国理念、中国方案、中国道路的实践范例。

从负面清单、证照分离到一网通办、一业一证,对标国际最高标准最好水平,营商环境建设成了浦东发展的"金招牌"、竞争的"加分项",在上海乃至全国发挥示范作用。把经济治理、城市治理和社会治理统筹推进、系统集成,浦东新区正在探索一条中国特色的治理现代化之路。在国家战略的指引下,已是而立之年的这片热土将再次出发,探索中国经济高质量发展的"浦东模式",提供新时期改革开放的"浦东方案",树立现代化治理的"浦东样板"。①

浦东开发开放从一开始就不只是经济开发,而是社会的全面进步。特别是党的十八大以来,浦东新区坚持以习近平新时代中国特色社会主义思想为指导,坚决贯彻习近平总书记对上海"四个放在"和对浦东"三个在于"的定位要求,在上海市委、市政府坚强领导下,坚持以改革创新精神推进社会治理创新,着力打造共建共治共享的社会治理格局,不断提高社会治理社会化、法治化、智能化、专业化水平,努力探索走出一条符合超大城市特点和规律的社会治理新路子,为国家治理体系和治理能力现代化贡献浦东智慧。

2. 制定推进基层建设的重要措施

在推进社会治理和加强基层建设的进程中,浦东新区着重于研究制定一系列具有很强针对性的政策和措施,使得社会治理和基层建设取得了良好的进展。

---

① 容志:《技术赋能的城市治理体系创新——以浦东新区城市运行综合管理中心为例》,载《社会治理》2020 年第 4 期,第 51—59 页。

（1）明确基层社会治理指引方向。

1993 年,浦东新区党工委一成立就明确提出了"一流党建促一流开发"的指导思想。"一流党建促一流开发"就是要通过争创一流的党建水平来领导、推动浦东开发开放的建设,一流党建是一流开发的重要保证。[1]浦东新区坚持把加强基层党的建设、巩固党的执政基础作为贯穿社会治理和基层建设的一条红线,着力探索加强基层党的建设引领社会治理的路径,不断提升基层党组织组织力,有序推进社会治理稳步前行,有效统筹管理服务资源,持续提升区域治理水平。[2]强化党的领导,把党建贯穿基层社会治理各方面和全过程。开展深入调研,出台《关于进一步创新社会治理加强基层建设的意见》等"1+6"文件。浦东新区区委全面落实市委要求,推出"1+24+X"项改革举措,深入推进基层党的工作体制机制创新、组织设置创新、方式方法创新,充分发挥党组织在基层治理中的领导核心作用。

第一,坚持体制机制改革,强化街镇公共服务、公共管理和公共安全职能。浦东坚持把社会治理的重心放在城乡社区,围绕强化社会治理"1+3"（基层党建和公共管理、公共服务、公共安全）主责主业,聚焦体制创新,构建新型条块关系,推动重心下移、资源下沉、权力下放。

第二,重点部署实施多项措施落实创新机制。一是深化街镇体制改革,进一步强化主责主业。浦东新区统一明确街镇主要职能,聚焦党建与"三公"职责,推动"向上对口"转为更多"向下对应","对上负责"转为更多"对下负责",推动街镇把工作重心转移到为经济发展提供良好的公共环境上来。[3]二是统筹核心发展权、下沉区域管理权。调整区镇关系,厘清区与街镇的职责定位,推进区级统筹与经济发展密切相关的发展规划权、区域开发权等 5 项核心发展权,下沉与基层社会治理密切相关的人事考核权和征得

---

① 《三十年风雨历程,党建引领浦东乘风破浪》,http://news. cnr. cn/native/gd/20201116/t20201116_525331613.shtml（"央广网",转载时间:2020.11.16）。

② 桂家友:《城市新建大型居住社区的管理困境与创新治理——以上海市浦东新区为例》,载《上海城市管理》2015 年第 1 期,第 42—48 页。

③ 陈友华、夏梦凡:《社区治理现代化:概念、问题与路径选择》,载《学习与探索》2020 年第 6 期,第 36—44 页。

同意权、规划参与权、绿化市容管理权等8项区域管理权，形成区级统筹城市发展、街镇做实社会治理的工作格局，为基层加强社会治理赋权赋能。

第三，以区域化党建为抓手，提升基层党组织资源整合能力。一是构建区域化党建工作格局。2015年，浦东新区成立区域化党建促进会，在区委与区域单位党组织之间搭建全方位、宽领域、多层面的对话交流与协作共建平台。二是推进"两进入两做实两联动"。"两进入"就是推动区域化党建、"两新"党建、行业党建进党建服务中心，社区党建进"家门口"服务站；"两做实"就是依托街道城运分中心做实行政党组，更好解决"三跨"城市管理难题。

（2）以服务为抓手加强基层建设。

把管理融入服务之中，是加强社会治理和加强基层建设的重要方法，为此，浦东新区采取了多项管理服务措施。具体措施如下：

第一，加强便捷式服务，把服务送到离群众最近的地方。通过"家门口"服务体系和"15分钟服务圈"建设，浦东新区把服务平台建到离群众最近的地方，努力让群众在家门口就能办事、办成事。一是建立健全"家门口"服务体系。自2017年起，浦东新区就把全区居（村）委全部改造成"家门口"服务站，通过"办公空间趋零化、服务空间最大化、服务项目标准化、服务标识统一化"，推动居（村）委干部下楼办公、集中办公、开门办公，共享空间、共享工位、共享电脑[1]，让居（村）委腾出的办公空间变成服务空间和群众活动空间，为居民就近提供党群、政务、生活、法律、健康、文化、社区管理七大类基本服务，努力实现"生活小事不出村居、教育服务就在身边"。二是加快推进"15分钟服务圈"全覆盖。转变公共服务资源配置理念，从过去以设施为圆心、以物的辐射半径为着眼点，转变为以社区为圆心、以人的生活需求为着眼点，聚焦教育、卫生、养老、文化、体育等社会事业，按照城区步行15分钟、远郊骑行15分钟的标准配置各类公共服务设施，为城乡居民提供更优质均衡、更高效便捷的公共服务。

---

[1] 王思斌：《我国基层社会工作体系建设的合理性研究》，载《中国社会报》2021年4月16日，第3版。

第二,健全服务基层机制,全面为基层减负增能。浦东新区秉持"部门围绕街镇转、街镇围绕村居转、村居围绕群众转"的工作理念,不断健全条块联动机制,推动区职能部门主动扑下身子、深入基层,帮助解决社区群众最关心、最直接、最现实的利益问题。一是建立区级事权下沉街镇准入把关机制。加强区职能部门与街镇的分工协作,对区职能部门下沉事权进行严格把关,实现规范准入、有序准入、统一准入。①二是建立健全基层约请制度。对基层无力、无权解决而又与民生密切相关的急难愁问题,需要上级职能部门协调解决的事项,采取街镇约请区职能部门、居村约请街镇职能部门的分级约请制度,互相支持、合作处置,共同推进难题解决。三是推进居村电子台账减负。针对基层普遍存在的"台账系统多、表单填写多、数据重复多、信息共享少"等"三多一少"问题,构建"家门口"服务智能化体系,实现居村台账"统一入口、单点登录、一口采集",建设标准联动、数据共享的"民生主题数据库",有效减轻基层负担,推动社工更多地走访和服务群众。

(3)提升基层建设的专业化水平。

围绕提高社会治理的智能化、法治化、专业化水平,浦东坚持把信息技术融入社会治理,坚持在法治轨道上推进社会治理,坚持通过打造专业化队伍提升社会治理,为加强和创新社会治理提供强有力的支撑。

第一,持续优化城市运行"一网统管"和政务服务"一网通办"两张网。一是打造"城市大脑",构建智能化的城市运行管理体系。浦东依托城市运行综合管理中心和大数据中心,全方位整合城管、公安、生态环境等城市管理力量,全链条贯通新区、街镇、居村三级管理,全覆盖构建智能监管应用场景,全力推动城市管理像绣花一样精细。②二是推进"一网通办",让群众办事像网购一样方便。浦东新区在全市率先实现社区事务受理100%单窗通办;率先实现36个街镇长三角地区政务服务"一网通办"线下专窗100%全

---

① 张文显、徐勇、何显明、姜晓萍、景跃进、郁建兴:《推进自治法治德治融合建设,创新基层社会治理》,载《治理研究》2018年第6期,第5—16页。

② 黄冬娅:《多管齐下的治理策略:国家建设与基层治理变迁的历史图景》,载《公共行政评论》2010年第4期,第111—140、204—205页。

覆盖;以自助办理、远程视频办理、代为办理等方式,实现社区政务事项100％不出村居直接办理;率先推进企业服务"一网通办",加强人工智能辅助审批,建设"千企千面、精准服务"的企业专属网页,实现审批、监管、政策等各类政务信息精准集成。

第二,持续推进依法治理,加快基层社会治理法治化进程。一是深入开展全面依法治区。成立浦东新区全面依法治区委员会,坚持在法治轨道上推进治理创新,运用市人大常委会法治授权,为"一业一证"等重大改革提供法治保障。二是不断完善公共法律服务体系。贯彻落实基层社会治理"三部法规",提供法律法规保障。组织律师事务所与街镇、律师与居(村)委"双结对",所有居村 100％实现法律顾问全覆盖,所有"家门口"服务站 100％实现公共法律服务工作室全覆盖。①三是推动基层纠纷多元化解。推进司法所、城管、顾问律师、公安联动对接,整合资源开展矛盾纠纷化解调处。

第三,持续加强基层队伍建设,不断提升基层社会治理专业化水平。一是强化居村党组织书记队伍建设。常态化推进"班长工程",持续推进居民区书记进享事业编制,形成资格联审、持证上岗等常态长效机制,加大后备培养、定向选派、发展党员等力度,持续提高书记主任"一肩挑"比例。二是推行基层社工"全岗通"。加强"全岗通"业务培训,打破原来以条线为界的工作格局,推动社工提高对民政、党建、调解等各条线应知应会内容的熟悉程度,实现"一专多能、全岗都通",做到"一人在岗、事项通办",为实现全天候接待、居民办事"最多跑一趟"提供支撑。三是健全"三个责任制"。首问负责制、限时办结制、责任追究制等三个责任制度在工作岗位得到贯彻落实,建立健全绩效考评奖惩机制,把绩效考评结果作为干部年度考核的重要依据。

(4)扩大基层治理参与主体。

浦东新区始终坚持共建共治共享理念,积极扩大社会参与,充分发挥群众在城乡社区治理中的主体作用,引导群众自我教育、自我管理、自我服务,不断激发基层治理的内生动力和活力。

---

① 郝宇青:《加强基层组织建设的政治逻辑》,载《行政论坛》2018 年第 1 期,第 16—22 页。

第一,深化完善居村自治,推进基层民主协商。依托"家门口"服务体系,建立"三会"机制,对小区的重大事项,对所有财力出资进社区的实事项目,都要通过决策前的听证会、推进中的协调会、完成后的评议会,让群众来共同决定、共同推进、共同评估,提高群众对项目的满意度。[1]在住宅小区综合治理、缤纷社区、美丽家园、美丽庭院建设等工作中,运用群众自治理念和方法,将有关要求纳入村规民约、居民公约、业主公约等,强化居民的主人翁意识,推动积极参与。

第二,完善共商共治机制,打造社区治理共同体。在街道层面,由社区党委牵头社区党建联席会,由社区委员会牵头社区建设联席会,组织驻区单位共商共建共享。以社区委员会为载体,建立居民诉求表达制度、意见征询制度、沟通协调制度和监督制度,让社会各方有效有序参与社区公共事务的协商治理。针对浦东"大区、大镇"特点,首创"镇管社区"模式,在镇和居村之间建立非行政层级的基本管理单元,加强对社区服务、共商共治等方面的指导,解决镇管理幅度过大、社会治理精细度不高的问题。目前浦东已建立56个镇管社区,有效提高了社区治理的效率,经验已经在全市推广。

第三,培育扶持社区社会组织,形成多元协同治理格局。浦东着力培育发展提供社区生活服务、推动社区互助救助、满足文化体育需求、促进基层治理和社区参与等四类社区社会组织。[2]打造浦东公益街、浦东公益园等社会组织孵化品牌,在街镇全覆盖建立社会组织服务中心、社区社联会和社区公益基金会,不断培育社区社会组织发展壮大。完善政府购买服务公共管理平台,规范购买范围和流程,引导社会组织有序参与社会治理。

---

① 王一程、负杰:《改革开放以来的中国基层民主建设》,载《政治学研究》2004 年第 2 期,第 26—33 页。
② 毛栋英:《浦东基层党建 30 年》,载《党政论坛》2020 年第 5 期,第 15—19 页。

第五章
浦东模式:凝练成开发开放的精神价值

伟大实践孕育伟大精神,伟大精神鼓舞伟大实践。30 年来浦东开发开放重大实践充分表明:坚定信心、改革开放,是转危为机谋求发展的唯一出路;国家使命、地方担当,是推动快速转型发展的强大动力;全球标准、功能集聚,是提升全球经济地位的重要路径;经济领先、社会跟进,是实现高质量发展的必然选择;区划保障、协同创新,是激发内在活力的有效手段。

30 年来,在党中央、国务院的坚强领导下,在上海市委、市政府的正确部署下,在浦东新区各级领导干部和人民群众的伟大实践中,浦东不断地培育和铸就了开发开放的精神价值,形象地体现为**"放眼全球的志气,一往无前的勇气,开拓创新的锐气,常有梦想的心气,坚忍不拔的朝气"**,集中地表现为**"创新精神、开放精神、科学精神、担当精神"**。

一、浦东开发开放的精神价值

浦东开发开放的精神价值体现在它在 30 年的发展中积累下来的成功经验,在浦东开发开放而立之年之际,客观地、理性地总结浦东开发开放的成功经验,并且在此基础上提炼出浦东开发开放的精神价值,在当前日趋复杂多变的全球化时代,对国家、对各地、对上海发展都具有十分重大的参考借鉴意义。

(一) 坚定信心、改革开放,是转危为机谋求发展的唯一出路

1990 年实施的浦东开发开放战略,是党中央决定让中国冲破国际封锁、坚决奉行改革开放之路、探索市场经济制度、全面推动中国经济快速发展、让上海释放能量带动长三角和长江流域发展的象征和标志。在国家面临危机面前,只有坚持解放思想、坚定信心、改革开放,才是一个国家和一个城市转危为机、谋求发展的唯一出路。这一经验,对当今疫情全球大流行和世界形势不确定性日趋增加的当下,更具有借鉴价值和启示作用。

(二) 国家使命、地方担当,是推动快速转型发展的强大动力

浦东开发开放战略的促成并取得如此辉煌的发展成就,既因为浦东开发开放从一开始就作为国家重大战略,承担着我国继续推进改革开放、促进经济快速发展、开拓国际经济关系、探索市场经济体系等国家级制度创新的功能,[①]因此,浦东往往成为国家重大改革、重大开放、重大制度创新、重大项目推进的承载之地,改革开放创新的效果比一般地区更加明显。也因为在浦东开发开放的始终,敢想、敢闯、敢干的精神一直是浦东发展的动力,浦东新区的领导班子、各级干部和广大人民群众拥有使命担当精神、不计个人得失全心真心的奉献精神、勇猛精进的改革创新精神、精明睿智的世界发展眼光。

(三) 全球标准、功能集聚,是提升全球经济地位的重要路径

浦东开发开放并未走低水平重复的劳动密集型发展道路,而是向世界一流标准看齐,不管是城市形态规划、重大基础设施规划、产业规划、园区规划、社会建设等,都强调全球标准,全球招标,包括全球人才引进等。更为重要的是,浦东开发开放始终强调城市功能为引领,围绕国际经济、金融、航

---

① 《上海社科院陈建勋:制度创新是浦东未来发展的新动力》,载《解放日报》2015 年 5 月 11 日。

运、贸易,以及科技创新等核心功能来进行产业布局、制度创新,实现先进制造业和高端服务业齐头并进,从而提升了城市的全球资源配置功能,进而带动和助推了上海发展成为全球化的"五个中心"。[①]

(四)经济领先、社会跟进,是实现高质量发展的必然选择

浦东开发开放的实践表明,按照"生产功能、城市功能、生活功能"协调发展的视角出发,从开发开放之初,就从体制、机制、政策上,充分保障社会建设与经济增长并重,为满足高端产业、高端人才及外来人口的生活发展需求,加大高质量的教育、卫生、文化、体育、养老、社会保障、住房保障、社会组织等社会事业投资力度,包括适度引进高端国际化的教育、医疗、养老服务等,扩大公共服务供给,为经济发展配套供给了高品质的社会服务保障。尤其是近年来,浦东在重大文化艺术设施、居民休闲旅游、社区居民生活服务、生态环境绿化、城市智能化管理等方面,逐渐形成自己的独特品牌,使得公共服务品质得到"质"的提升。

(五)区划保障、协同创新,是激发内在活力的有效手段

制度创新是浦东开发开放的第一法宝,其中有两个方面的制度创新显得尤为重要和关键。一方面,行政区划制度的改革创新,最大程度地消除了分散化政区对城市功能的阻隔效应,为资源整合、功能整合、区域整合发展提供了最大的制度保障。另一方面,突出制度改革的集成创新和综合配套,作为全国首个综合配套改革试验区,大力推动政府职能转变、实行大部门制、市场监管整合、公共服务供给、自贸试验区等同步配套改革,增强了改革开放创新的系统性、协同性、整体性,减少了制度摩擦,放大了综合改革效应,推动了扩大开放,激发了经济、社会活力的共同迸发。

---

① 钱智、金嘉晨、宋琰:《浦东开发开放三十周年评估与建议》,载《科学发展》2020 年第 10 期,第 35—44 页。

二、开发开放凝练成浦东精神价值

伟大实践孕育伟大精神，伟大精神鼓舞伟大实践。浦东开发开放的生命力，源自浦东精神价值的培育传承。浦东开发开放30年来，在党中央、国务院的领导下，在上海市委、市政府的部署下，在各级领导干部和人民群众的实践中，不断培育和铸就了浦东精神价值，集中表现为**创新精神、开放精神、科学精神、担当精神**等精神价值。

（一）创新精神

中华民族自古就有"苟日新，日日新，又日新"的创新精神。创新精神生动地体现在浦东开发开放过程中，并不断推进浦东开发开放的进程。具体表现为：**勤于探索，勇于实践；自我革命，大胆突破；开拓进取，攻坚克难。**

1. 勤于探索，勇于实践

浦东开发开放之初，上海经济社会面临结构失衡、城市老化、新旧体制摩擦、对外开放度不足、财政负担沉重等矛盾问题。区域开发需要投入大量资金用于基础设施建设和土地开发，浦东建设者们开创了"资金空转、土地实转"模式[①]，将土地经过国有公司开发后，进入土地二级市场，通过以地合资、以地集股、以地抵押和以地招商等方式，使土地资本与国内外金融资本、社会资本相结合，大规模地筹集资金，开启浦东大规模开发开放的序幕。在推进要素市场化、融资多元化的进程中，通过组建开发公司进行商业性开发，形成政府规范土地一级市场、放开搞活土地二级市场的"资金空转，批租实转，成片开发"开发模式，加快土地资本向货币资本转化。开发公司通过对土地价值的提前预支，避免资金直接投入，降低土地开发成本；政府将有限的财政资金投入到基础设施建设中，提升土地价值，加速土地开发一级市

---

① 吴雪：《土地开发模式第一个尝试土地实转、资金空转的模式》，载《新民周刊》2018年第14期，第30页。

场循环,加速城市化发展速度,此后浦东进入大规模开发建设阶段。截至1999年底,浦东以"空转"的形式,向重点开发公司成片出让土地23幅,出让面积61.589平方公里,折算为政府的资本投入61.5亿元,使开发公司吸纳200多亿元的土地合资开发资金、120亿元的土地转让收入,吸引800多家中外合资房地产公司和总量约400亿元的房地产开发资金。①因此,"资金空转、土地实转"中体现出的敢想敢闯、永不言败、从不放弃的精神,鼓舞浦东人坚定地投入二次创业中。

2. 自我革命,大胆突破

从浦东开发开放初期的"资金空转、土地实转"到中国(上海)自由贸易试验区成立后的外商投资负面清单、商事登记制度改革,浦东坚持自我革命、大胆突破,持续的制度创新让"浦东现象"变成"中国样本","浦东试点"变成"中国经验"。30年来,浦东解放思想,自我革命,大胆突破,不断突破体制机制限制,率先探索生产要素市场化配置,要素成为浦东比较优势;率先探索服务业领域对外开放,允许外资银行在浦东试营人民币业务,允许在浦东建立中外合资外贸公司,允许在浦东设立中外合资保险公司,允许内地其他省份的外贸公司到浦东设立子公司,在外高桥保税区实行某些自由港的政策②;率先改革行政审批制度,放管服改革提速,率先开展证照分离改革,行政效率有效提升;率先开展综合配套改革,开启综合配套改革新阶段;率先开展自贸区试验应对更高标准的国际投资贸易规则,以开放倒逼改革,在革故鼎新、守正出新中实现自身跨越,以制度创新探索出一条开发开放的独特路径。

3. 开拓进取,攻坚克难

在浦东开发开放30年的进程中,既涉险滩,又闯难关,浦东发扬开拓进取、攻坚克难的精神,不断提升创新策源能力,增强支撑引领高质量发展能

---

① 胥会云:《破解财政薄弱难题 "资金空转、土地实转"拉开浦东开发序幕》,https://www.yicai.com/news/100001144.html("第一财经",转载时间:2018.07.22)。
② 史志办:《大试验:高举先行先试大旗——入世前的预演》(《中国传奇——浦东开发史》),http://szb.pudong.gov.cn/pdszb_pdds_dsyj/2020.07.02/Detail_1063888.htm("上海市浦东新区人民政府",转载时间:2020.07.02)。

力,优化创新创业生态环境,服务具有全球影响力的科创中心建设。目前,全球规模最大、种类最全、综合能力最强的光子大科学设施群在张江国家综合科学中心初现规模。在上海光源四周,硬 X 射线、软 X 射线装置正加快建设,光源二期首批线站、超强超短激光实验装置在加快建设。①浦东开发开放 30 年所布下的科技创新先手棋,正成为引领产业发展的第一动力。"创新药""中国芯""蓝天梦""未来车""智能造""数据港"六个"千亿元级"硬核产业正在加速培育、蓄势待发。②开拓进取、攻坚克难的创新精神,激励着浦东建设者们为上海建设具有全球影响力的科技创新中心添砖加瓦。

(二) 开放精神

中华民族自古即有"天下大同"的宽广胸怀,以开放精神积极开展同域外民族的经济交往和文化交流。中国的汉唐盛世,是开放的朝代;汉代通西域,带来了中亚和西亚的文明;丝绸之路开通,形成双向交融的文化格局,中华文化既得以向外广泛传播,同时也从外面得到启示和丰富;明代郑和下西洋,成为中华文明对外开放的壮举。浦东的开发开放将开放精神淋漓尽致展现出来。具体表现为:面向世界,对标一流;统筹协同,共享发展;尊重包容,互鉴合作。

1. 面向世界,对标一流

浦东濒临东海,北依长江,处于中国黄金海岸和黄金水域的交汇处。得天独厚的区位优势,使得浦东既能得到上海的有力依托,又可得到江浙两省和长江腹地的有力支持,还可与世界发达国家和地区的经济接轨,充分发挥对内、对外两个扇面的辐射作用。在开发开放之初,浦东具有一定工业基础,当时工业总产值 120 亿元,占上海工业的 1/10。在此基础上,浦东开发

---

① 任荃、沈湫莎:《全力做强创新引擎　打造自主创新新高地》,http://stcsm. sh. gov. cn/xwzx/mtjj/20201113/7328651a617842e5b3822d53e70cedad.html("上海市科学技术委员会",转载时间:2020.11.13)(原载《文汇报》2021 年 11 月 13 日)。

② 唐玮婕:《浦东新区加快硬核产业高质量发展》,http://cx. xinhuanet. com/2019-08/04/c_138282314.htm("新华网",转载时间:2019.08.04)(原载《文汇报》)。

开放实质上是高起点的城市化过程,是从初级城市向一流大城市发展,恢复和再造上海经济中心城市功能的过程。浦东建设者们站在地球仪旁边思考浦东。1990年6月,时任上海市委书记、市长朱镕基指出:"浦东开发开放平铺直叙不行,要按照建成具有世界一流水平的外向型、多功能、现代化新区的要求,首先开发几个功能明确的小区,通过重点小区开发的延伸发展,最终实现浦东开发建设的目标。"浦东通过对标国际一流水平,借鉴国际先进经验和理念,坚持规划先行、立法先行、金融先行、创新先行,以开放促改革,以改革促发展,不断实现资源集聚、要素集聚、创新集聚,推动浦东开放与发展。

2. 统筹协同,共享发展

浦东开发开放30年来,通过搭建平台,为多元化要素市场发展创造条件,充分利用国内国际两种资源、两个市场的双向循环和共同推动,推动东西联动发展,区域共同发展,城乡统筹发展。早在浦东开发开放初期,上海市委、市政府就提出东西联动、城乡一体化的战略,以浦西雄厚的经济基础和丰富的人才资源为依托,为浦东开发开放提供强大的物质基础。同时,浦东开发开放推动了浦西的市区改造和发展,为上海经济社会发展提供广阔发展空间和历史发展机遇。通过浦东浦西联动发展、功能互补,实现管理体制一体化、城市规划一体化、市政建设一体化、产业发展一体化、城乡发展一体化,上海经济保持持续快速健康发展,城市基础设施建设取得巨大成就,各项社会事业得到全面推进,城市面貌发生巨大变化。随着长三角的上海—南通—盐城—连云港北翼大通道的贯通,沪苏浙三地联系进一步紧密。浦东通过打造区域增长极,利用跨省市合作优势,与浦西、长三角区域乃至长江经济带加强联动,有效带动长三角、长江中上游内陆区域开发开放。目前,长三角一体化发展和长江经济带发展已分别上升为国家战略,区域联动进一步加深,这将为浦东继续发展带来新契机。在开发区与城市化关系及城乡关系上,浦东在城市布局上使产业园区、保税区、空港、海港及现代城乡居住区形成"多心组团"格局,避免破坏性建设造成的返工及浪费,较好地发挥了浦东开发开放的辐射带动效应,为重点开发区与城市化衔接奠定了重要基础。①

3.尊重包容,互鉴合作

30年来,浦东立足上海、立足中国,面向全球,充分利用国内国际两种资源、两个市场,开发开放取得显著成就。同时,尊重、包容全球文明差异,推进人类各种文明交流交融、互学互鉴,促进不同文明的共同发展。进博会是浦东代表上海、代表中国积极参与全球治理的重要平台,助力最不发达国家拓展中国市场,加快融入全球经贸网络,促进本国经济发展,提高国际地位,创造更多的社会财富。②在全球疫情形势依然严峻、世界经济艰难前行之际,欠发达国家和地区面临的抗疫任务和经济社会发展任务尤为严峻,进博会作为全球公共产品的属性不断增强,对世界各国的外溢效应更加显著。③当前,日益严重的环境保护问题、气候变化问题、资源短缺问题、网络犯罪问题、恐怖主义问题等,对国际秩序和人类生存构成严峻挑战,人类命运共同体意识逐渐成为各国共识。习近平总书记指出,当前,经济全球化遇到一些回头浪,但世界决不会退回到相互封闭、彼此分割的状态,开放合作仍然是历史潮流,互利共赢依然是人心所向。中国开放的大门不会关闭,只会越开越大。浦东站在新的历史起点上,着力推动规则、规制、管理、标准等制度型开放,提供高水平制度供给、高质量产品供给、高效率资金供给,开放广度、力度不断加大,促进市场发展更加良性有序,激发各类市场主体活力,更好服务构建新发展格局。④

(三) 科学精神

浦东30年的开发开放,体现了建设者们崇尚科学原则、秉持科学态度、尊重科学规律、坚守科学认知、运用科学方法、实施科学举措,激发和运用科

---

① 陈高宏:《浦东开发开放战略与实践(下)》,载《浦东开发》2017年第7期。
② 任琳:《特殊时期的进博会释放更多利好》,载《光明日报》2020年11月5日,第11版。
③ 孙奕、温馨:《进博会成为国际公共产品释放的信号》,载《浦东时报》2020年11月6日。
④ 安蓓、何欣荣、申铖等:《赋予浦东新区改革开放新的重大任务——聚焦社会主义现代化建设引领区》,http://www.xinhuanet.com/fortune/2021-07/16/c_1127663907.htm(“新华网”,转载时间:2021.07.16)。

学的力量，为推动经济社会发展提供不竭动力的科学精神。具体表现为：人民至上，以人为本；规划先行，引领发展；与时俱进，顺势而为。

1. 人民至上，以人为本

30年来，浦东开发开放始终坚持以人民为中心，既推动经济发展高质量，也实现人民生活高品质，财政支出中的社会民生投入连续多年快于一般公共预算支出增长，教育、卫生、文化、养老等各项社会事业加快从均衡走向优质，"城市，让生活更美好""人民城市为人民"的理念成为现实。①在基本公共服务方面，浦东通过集团化、学区化等多种模式，教育公平、均衡、优质发展，公办义务教育学校覆盖率近70%，先后集聚上海纽约大学、惠灵顿、哈罗等14所国际学校；通过引进儿童医学中心、仁济医院、华山医院、曙光医院、一妇婴、国际医学中心、质子重离子医院等高等级医院，医疗水平实现根本性提升；建成东方明珠电视塔、上海科技馆、东方艺术中心、奔驰文化中心、世博源等标志性、代表性文化设施，上海图书馆东馆、上海博物馆东馆和上海大歌剧院等市级重大文化设施落户浦东。②在社会保障方面，浦东构建了全覆盖、保基本、多层次、可持续的社会保障体系，居民基本实现充分就业，近年来平均每年新增就业岗位超过10万个；来沪从业人员综合保险纳入上海市城镇职工社会保险，城乡"低保"基本实现应保尽保，原镇保人员整体纳入城镇职工基本养老和医疗保险；通过发挥政府托底保障作用和鼓励社会力量兴办并举，养老设施供给能力不断提升；建成各类保障性住房3 000多万平方米，惠及家庭30万户、100万人。③在社会治理方面，坚持重心下移，构建党建引领的自治、共治、德治、法治"四位一体"的基层治理新格局，打造居村"家门口"服务体系；建立上游有基金会，中游有支持性枢纽型社会组织，下游有操作型公益组织的社会组织生态链；推动统筹核心发展权和下沉区域管理权改革，强化街镇公共服务、公共管理和公共安全职能，下沉人事考核、规划参与、绿化市容管理、城市运行综合管理、基层法治建设等

---

① 谢卫群、颜珂、钱一彬等：《财力有一分增长、民生有一分改善，上海浦东——创造高品质生活新样本》，载《人民日报》2020年11月12日，第8版。

②③ 徐建：《"全球城市"与浦东开发开放（上）》，载《浦东开发》2018年第9期。

8 项区域管理权。①

2. 规划先行,引领发展

在开发开放之初,浦东就坚持国际化视野和高标准发展的理念,确保开发开放始终保持高起点规划。②早在 20 世纪 80 年代初,为疏解浦西交通拥挤、住房紧张、发展空间不足等问题,上海提出开发浦东的设想。随后,上海围绕浦东开发组织各类专家论证会、国际研讨会进行可行性研究和规划,逐渐形成了顺应经济全球化趋势、服务全国、面向世界、积极发展外向型经济的基本认识。1988 年,上海提出"开发浦东,建设国际化、枢纽化、现代化的世界一流新市区"的发展设想。③自 1990 年 4 月党中央宣布浦东开发开放战略以来,浦东开发开放坚持规划先行和引领,在全国率先采取国际咨询会、国际竞争性招标方式,提高规划的国际化水平,提升浦东开发开放的国际影响力。④浦东的建设者从项目论证到项目实施,从设计理念到功能定位,都体现了浦东开发开放对标国际一流、引领未来发展的战略意义。党的十八大以来,浦东对标国际最高标准、最高水平的投资贸易规则,发挥自由贸易试验区的示范引领作用,进一步扩大开放,促进开放型经济新发展。因此,始终坚持规划先行、引领发展,是造就浦东发展奇迹的重要基础。⑤

3. 与时俱进,顺势而为

习近平总书记指出,认识世界发展大势,跟上时代潮流,是一个极为重要并且常做常新的课题。中国要发展,必须顺应世界发展潮流。⑥要树立世界眼光、把握时代脉搏,要把当今世界的风云变幻看准、看清、看透,从林林总总的表象中发现本质,尤其要认清长远趋势。30 年来,浦东开发开放取得的历史性成就也是建设者们与时俱进、顺势而为的结果。近年来,浦东率先组建城市运行中心,开发了城市运行管理系统,依托物联网、视联网等技

---

① 徐建:《"全球城市"与浦东开发开放(上)》,载《浦东开发》2018 年第 9 期。
②③④　上海市习近平新时代中国特色社会主义思想研究中心:《浦东开发开放:国家战略的先行先试与示范意义》,载《光明日报》2020 年 4 月 24 日,第 6 版。
⑤⑥　《中央外事工作会议在京举行　习近平发表重要讲话》,http://cpc.people.com.cn/n/2014/1130/c64094-26119225.html("人民网",转载时间:2014.11.30)。

术，推进智能化、精细化管理，实现"一屏观全域、一网管全城"，将"一网统管"的神经网络延伸到百姓身边，得到人民群众的广泛认可。在新冠疫情防控特殊时期，浦东建设者们肩负守好浦东一方平安的重任，坚持科学精准防控、动态有序防控、支撑复工复产复学，运用大数据分析、云计算等现代信息技术手段，将公安道口、网格工单（12345 市民热线）、市健康云等多来源、多表单的数据，与浦东新区人口库、实有房屋库、小区分布数据等信息资源进行数据的清洗、比对，开展重点数据筛查，医学观察、流行病学调查处置等形成工作闭环。同时，对疫情发展走势保持高度警醒，敏锐感知变化，准确识别风险，谋在前、想在前、做在前、防在前，用大概率思维应对小概率事件，不给病毒可乘之机，守住了上海东大门，为全国疫情防控作出了突出贡献。[①]

（四）担当精神

中华优秀传统文化"天下兴亡，匹夫有责"，"先天下之忧而忧，后天下之乐而乐"，"位卑未敢忘忧国"，"为天地立心，为生民立命，为往圣继绝学，为万世开太平"等体现的担当精神，为浦东开发开放提供了不竭的精神动力。具体表现为：围绕中心，服务大局；迎难而上，一往无前；脚踏实地，追求卓越。

1. 围绕中心，服务大局

20 世纪 80 年代，上海经济增长缓慢，交通堵塞、越江困难、住房拥挤、空气污染、绿化稀少、生活质量不高、公共卫生状况堪忧等问题突出，同时，国际社会对中国改革开放的战略持续性提出质疑。在如此背景下，党中央对浦东开发开放高度重视、寄予厚望，1990 年，党中央基于对当时国际国内形势的判断，作出开发开放浦东的重要战略决策部署。邓小平同志亲自倡导，指出"开发浦东，这个影响就大了，不只是浦东的问题，是关系上海发展的问题，是利用上海这个基地发展长江三角洲和长江流域的问题"，要求"抓紧浦东开发，不要动摇，一直到建成"。党的十四大强调，以上海浦东开发开

---

① 《区疫情防控工作领导小组研究部署防控重点工作》，http://www.pudong.gov.cn/shpd/news/20210112/006001_a0a7fd6a-2c58-4899-adfe-8f0a62235409.htm（"上海市浦东新区人民政府"，转载时间：2021.01.12）。

放为龙头,进一步开放长江沿岸城市,尽快把上海建成国际经济、金融、贸易中心之一,带动长江三角洲和整个长江流域地区经济的新飞跃。党的十五大、十六大、十七大都要求浦东在扩大开放、自主创新等方面走在全国前列。①30年来,浦东立足国家战略,着眼上海目标,充分发挥浦东开发开放在推动国家战略进程中的示范带动作用。进入新时代,浦东又按照党中央、国务院,上海市委、市政府的部署和要求,承担了一系列的国家重要战略任务,为服务党和国家发展大局作出了突出贡献。

2. 迎难而上,一往无前

邓小平同志指出,要向前看,就要及时地研究新情况和解决新问题,否则我们就不可能顺利前进。各方面的新情况都要研究,各方面的新问题都要解决。②习近平总书记强调,我们中国共产党人干革命、搞建设、抓改革,从来都是为了解决中国的现实问题和难题。30年来,浦东开发开放的建设者们直面发展难题,迎难而上,一往无前,破解难题,创造了一个又一个浦东发展的奇迹。30年来,浦东经济实现跨越式发展,生产总值从1990年的60亿元跃升到2019年的1.27万亿元,财政总收入从开发开放初期的11亿元增加到2019年的逾4 000亿元。应该说,浦东以全国1/8 000的面积创造了全国1/80的国内生产总值、1/15的货物进出口总额,取得了举世瞩目的辉煌成就。③

3. 脚踏实地,追求卓越

浦东的开发开放,是摸着石头过河。在实践中摸索,体现出脚踏实地、知行合一的担当精神。这种精神,是对马克思主义科学实践观的继承与发展。习近平总书记指出,"伟大梦想不是等得来、喊得来的,而是拼出来、干出来的","我们要拿出抓铁有痕、踏石留印的韧劲,以钉钉子精神抓好落实,确保各项重大改革举措落到实处"。浦东开发开放的建设者们始终对标全

---

① 习近平:《在浦东开发开放 30 周年庆祝大会上的讲话》,http://news.cnr.cn/native/gd/20201112/t20201112_525328060.shtml("央广网",转载时间:2020.11.12)。
② 韩庆祥:《论伟大改革开放精神》,载《学习时报》2019 年 1 月 7 日,第 1 版。
③ 学而时习:《总书记这样谈浦东 30 年举世瞩目的成就》,http://www.qstheory.cn/zhuanqu/2020-11/13/c_1126738067.htm("求是网",转载时间:2020.11.13)。

球最高标准、最好水平,以扎实有力、卓有成效的工作,向勇当上海市,乃至全国标杆的目标迈进,不辱使命、不负重托。眼下,国际疫情持续蔓延,世界经济下行风险加剧,不稳定不确定因素显著增多。面对严峻复杂的国际疫情和世界经济形势,浦东开发开放要继续脚踏实地,在压力中诞生,在压力中成长,坚定信心,追求卓越,一以贯之,浦东建设者们一直在路上。[1]

---

[1] 李泓冰:《从浦东看志气心气朝气》,载《人民日报》2020年4月21日第4版。

第六章
开发开放:新时代浦东再出发

浦东开发开放是邓小平同志在中国紧要关头打出的一张开放"王牌"。在当前国际形势又发生重大变局之际,习近平总书记 2020 年 11 月 12 日出席浦东开发开放 30 周年庆祝大会并发表重要讲话,提出要支持浦东新区实现高水平改革开放,将浦东打造成为社会主义现代化建设引领区。未来,浦东将努力在危机中育新机、于变局中开新局,继续引领全国的高水平改革开放、高质量发展、高品质生活、高效能治理,彰显新时代中国改革开放的浦东力量。

在新时代,浦东再出发应该紧紧围绕习近平总书记的重要讲话精神,围绕党中央、国务院对浦东开发开放提出的新要求,围绕上海市委、市政府的中心工作进一步深化改革和扩大开放。集中体现在:一是要全力打造社会主义现代化建设引领区;二是要深入服务国家重大发展战略;三是要深入培育五个中心核心功能;四是要深入实施创新驱动发展战略;五是要深入推进城市治理现代化进程。

一、打造社会主义现代化建设引领区

1986 年 4 月,上海市政府提出了开发浦东的初步方案,并向中央上报了《上海市城市规划方案汇报的提纲》。①同年 10 月,上海市政府又向国务

---

① 新华社:《共和国的足迹——1990 年:浦东开发》,http://www.gov.cn/test/2009-09/21/content_1422104.htm("中华人民共和国中央人民政府",转载时间:2009.09.21)。

院上报了《上海市城市总体规划方案》,在此方案中对开发浦东作出了规划性设想,国务院在批复中指出:"当前要特别注意有计划地建设和改造浦东地区……使浦东成为现代化的新区。"①1990年4月18日,党中央、国务院正式宣布:中央决定同意上海市加快浦东地区开发。自此,"敢为天下先"的改革与创新将始终扎根在浦东这片土地上。

从开发开放之初,浦东就站在更宽广的空间范畴和更长远的时间维度来追求高水平的改革开放。30年前,"站在地球仪旁边思考浦东开发"的标语体现了当时浦东开发开放对标国际的视野,浦东抓住全球化浪潮中的发展机遇,面向国际吸引投资、管理、技术和人才等在浦东逐渐落地,以参与全球产业链分工体系中。同时,浦东也将"规划先行"的理念一以贯之,从1988年上海市城市规划设计院编制的《上海浦东新区总体规划构想》和1992年完成的《浦东新区总体规划》到如今《浦东新区国土空间总体规划(2017—2035)》等,都充分体现了浦东开发开放对规划的重视,始终践行"一张蓝图干到底"。在城市规划和建设中,浦东力求做到"富规划、穷开发",即开发者做规划时站得高、想得远,在建设中留有余地,量力而行,分步实施。②这些思想理念,始终贯穿在浦东的开发开放探索过程中。

21世纪初,我国改革进入攻坚克难阶段,而经过十几年快速发展的浦东所面临的行政管理体制、社会管理体制改革与经济体制改革发展不平衡的问题也是国家改革难点的缩影。在这样的背景下,浦东积极争取"先试先行"的机会,提出"一不要政策,二不要项目,三不要资金",即推进综合配套改革试点,要的是在制度创新方面先行先试的优先权,是地方在完善市场经济体制乃至行政体制探索中的更大自主性,不涉及任何财政上的补贴和让渡。

2005年,经国务院批准,浦东成为国内首个综合配套改革试点区。自

---

① 《专记二.浦东开发开放》,http://www.shtong.gov.cn/Newsite/node2/node2245/node72907/node72918/node72956/userobject1ai85510.html("上海市地方志办公室",转载时间:2006.10.27)。

② 《浦东开发开放:国家战略的使命和担当|而立浦东再出发》,https://baijiahao.baidu.con/s?id=1683039357583328495&wfr=spider&for=pc("第一财经",发表时间:2020.11.11)。

此，浦东主动担当起探路尖兵角色，率先在国内进行综合配套改革试点。①及至 2007 年，时任上海市委书记习近平同志将浦东新区作为区县调研的第一站，在调研中指出，"要进一步深刻认识开发开放浦东这项国家战略的重大意义"，并强调"改革开放是发展的根本动力，上海有责任继续当好改革开放的排头兵"。而浦东也不负期望，主动探索，积极创新，敢于打破固有治理思路和方式，为我国新一轮改革作铺垫，为后来全国各地的国家综合配套改革试验区提供了值得借鉴和学习的宝贵经验。

2013 年 9 月 29 日，中国（上海）自由贸易试验区在浦东挂牌，这是我国在新时代背景下进一步推动改革开放的重大战略举措，有助于加快政府职能转变、积极探索管理模式创新、促进贸易和投资便利化等，在逐步探索和创新的过程中积累深化改革的经验。2014 年，国务院发文《国务院关于推广中国（上海）自由贸易试验区可复制改革试点经验的通知》，提出在全国范围内推广上海自贸试验区改革试点经验，要求各地结合自身情况，学习投资管理领域、贸易便利化领域、金融领域、服务业开放领域、事中事后监管措施等方面的改革经验，做到积极转变政府管理理念，以开放促改革，着力解决市场体系不完善、政府干预过多和监管不到位等问题。2014 年末，上海自贸试验区扩区，在外高桥保税区、外高桥保税物流园区、浦东空港保税区和洋山港保税区的基础上，又加入了陆家嘴、金桥和张江三个园区，总面积增至 120.72 平方公里。2015 年，上海自贸试验区的改革继续沿着"适应、突破、创新、推广"的主线推进，主要在政府职能转变、贸易便利化与贸易模式创新、金融开放和法制规范化四大方面有所突破，为自贸区之外的浦东、上海乃至全国提供了改革思路。②例如，上海自贸试验区 2015 版的负面清单是在 2014 版基础上进行了简明化，而这又成为 2018 年全国版负面清单的重要参考。所有这些，都充分体现了浦东为建设上海自贸试验区所作出的不懈努力，既达成了国家赋予的高度期望，也对全国各地自贸试验区的建

---

① 《浦东，浦东！30 年巨变，潮起东方》，载《文汇报》2020 年 11 月 12 日。
② 陈波：《上海自贸区力促经济转型升级》，载《新民晚报》2015 年 9 月 29 日，第 A28 版。

设产生示范和带动效应。

2019年8月20日,上海自贸试验区临港新片区揭牌,《中国(上海)自由贸易试验区临港新片区管理办法》同步出台,在这一沃土上实行更深层次、更宽领域、更大力度的全方位高水平开放,打造更具国际市场影响力和竞争力的特殊经济功能区。①同年,上海发布了《关于促进中国(上海)自由贸易试验区临港新片区高质量发展实施特殊支持政策的若干意见》,在赋予新片区更大改革自主权,打造更具吸引力的人才发展环境、加大财税金融政策支持力度、加大对人才的住房保障力度、构建便捷的交通网络体系和提升城市综合服务功能等方面提出了具体可行的实施路径。这些举措的落地,意在把新片区打造成更具国际市场影响力和竞争力的特殊经济功能区,建设成开放创新、智慧生态、产城融合、宜业宜居的现代化新城,同时实现管理理念和经济功能的溢出效应,实现新片区和长三角区域联动效应,乃至辐射全国以更好地为各地区建设更高水平高质量的现代化新城提供丰富而切实可行的经验。

回望开发开放初期,浦东通过推进经济体制改革,在当时困难严峻的时局下突破资源和制度限制,加速城市化进程,实现经济的飞速增长。21世纪初,我国改革阻碍重重之际,浦东再一次积极承担起综合配套改革试点的重任,推动社会经济领域齐头并进,实现综合改革的初衷,突破改革的难点与重点。按照"浦东能突破、全市能推广、全国能借鉴"的要求,建立了"总体方案、三年行动计划、年度计划"的滚动推进机制,先后实施了五轮三年行动计划,推动了300多项改革任务,在重点领域和关键环节先行先试取得了积极进展和突破。党的十八大以后,国家又批准在浦东成立上海自贸试验区,作为中国首个自贸试验区,再次把握国家战略指导思想,在全球化加速和金融危机席卷的世界背景下,探索新一轮改革开放新路径和新理念,为全国建设自由贸易试验区形成一套可复制、可推广、可示范的改革经验。在我国经济处于从高速增长向高质量发展的转型时期,在国际争端层出不穷,贸易摩

---

① 《临港新片区勇担使命引领高水平开放》,https://www.shanghai.gov.cn/nw4411/20210820/9643690792a6468e86ed038f277fbf36.html("上海市人民政府",转载时间:2021.08.20)。

擦日趋剧烈的环境下,上海自贸试验区临港新片区的面世提供了海内外人才创新的聚集地,进出口贸易重要枢纽,企业走向世界的重要跳板,利用国内外资源的重要通道,以及参与国际经济治理的重要试验田,在新时代背景下再次承担起示范引领的作用。

三十年荏苒,浦东始终以改革开放为己任,根据国家在各个时期的不同要求,来调整更新自身的战略定位,成为落实国家战略的先遣队,也使得自身的引领效应不断拓展放大,取得了举世瞩目的成就。未来三十年是我国全面建成社会主义现代化强国的三十年,因此,浦东有能力有信念在新的发展格局中考量和谋划,把握时代大局,打造社会主义现代化建设引领区,再创新的奇迹。

(一) 建设目标

按照习近平总书记指引的方向,浦东新区打造社会主义现代化建设引领区将分成两步走。第一步是到 2025 年,打造社会主义现代化建设引领区取得重大进展;第二步是到 2035 年,成为我国社会主义现代化建设引领区。[①]浦东新区打造社会主义现代化建设引领区的"两步走"计划,与我国新时代"两步走"的战略安排紧密联系,未来浦东承担的使命责任将更加重大。[②]

具体来看,第一步走的目标主要包括四个方面的内容。这是指,在浦东原有发展的基础上,对创新发展、对外开放、居民生活、社会治理提出了更高的要求。

1. 高质量发展取得显著成效

这一目标的着力点,在于科技创新与高端产业。一方面,关键技术攻关

[①] 《中共浦东新区委员会关于制定浦东新区国民经济和社会发展第十四个五年规划和二〇三五年远景目标的建议》,http://www. pudong. gov. cn/shpd/news/20201217/006001_c5e018d8-0d57-4346-b015-ef1145b6b05f.htm("上海市浦东新区人民政府",转载时间:2020.12.17)。

[②] 翁祖亮:《关于〈中共浦东新区委员会关于制定浦东新区国民经济和社会发展第十四个五年规划和二〇三五年远景目标的建议〉的说明》,http://www. pudong. gov. cn/shpd/news/20201217/006001_8f3096cc-027e-43b0-ab17-00a6cd3aff1f.htm("上海市浦东新区人民政府",转载时间:2020.12.17)。

取得重大突破，带动先进制造业和战略性新兴产业集群提升国际竞争力；另一方面，在高端产业集群的支撑下，现代服务业能级继续提升，进而实现与"五个中心"核心功能的深度融合，全球高端资源要素配置能力不断增强，最终实现高质量发展。

2. 高水平改革开放挺立时代潮头

这一目标的关键，在于加大开放力度。在未来五年的时间里，浦东将在制度型开放、对外开放压力测试、一流营商环境等方面下好工夫，全力打造开放枢纽门户点、全球资源配置核。如此，浦东可以在我国高水平改革开放方面挺立时代潮头。

3. 高品质生活共建共享

这一目标的核心，在于提升民生福祉。一方面，织密社会民生服务网，加快城乡融合，推动各项社会事业和基本公共服务更加优质均衡，在社会服务和社会治理层面实现优化升级；另一方面，强化生态环境建设，在绿色生活环境上更进一步，让浦东更加优美宜居。通过双管齐下，建设美丽宜居生态城。

4. 高效能治理率先走出新路

这一目标，是对政府治理提出了更高的要求。一方面，推进"一网通办"和"一网统管"高效运转，提升科学化精细化智能化治理水平；另一方面，进一步健全防范化解重大风险体制机制，形成更加成熟的经济治理、社会治理、城市治理有序衔接的智慧治理体系。

（二）现实举措

习近平总书记为浦东新区描绘了新蓝图、指明新方向之后，在"十四五"规划开局之年，浦东新区按照"加快形成施工时序安排，把战略转化为举措、把举措分解成项目、把项目落实为行动"的推进思路，开始绘制社会主义现代化建设引领区的"施工图"。

1. 推动首创性、引领性改革开放事项落地

以临港新片区为例，2021年要制定《关于支持临港新片区加大开放型压力测试在重点领域率先突破的意见》。通过对标CPTPP（全面与进步跨

太平洋伙伴关系协定)、RCEP(区域全面经济伙伴关系协定)及中欧投资协定等高水平国际经贸规则,在上述领域研究制定加大压力测试的系列政策制度创新举措,形成方案上报国家,争取国家批复同意后推进实施。

2. 加快推出一系列标志性项目

在打造社会主义现代化建设引领区的过程中,浦东新区将在重点功能区块、重大交通枢纽、高端引领产业等领域,加快推出新的标志性项目,持续打造新亮点,形成新亮点,充分体现引领区的示范带动作用。目前,这一思路已经提上日程。2021年,浦东新区将加快硬X射线自由电子激光装置等项目建设,加快建设张江综合性国家科学中心,稳步推进张江科学城扩区,从而推进科创中心建设,打造世界级硬核产业集群建设。

3. 浦东全域形成联动发展

在构建以国内大循环为主体、国内国际双循环相互促进的新发展格局的大背景下,浦东将进一步强化金融、航运、贸易、科创等功能的联动发展,凭借陆家嘴金融贸易区、张江国家综合科学城和临港新片区等现有的基础优势,加快重点区块战略联动。

4. 培育全球运营的头部企业

2020年12月底,上海自贸试验区便启动"全球营运商计划"(GOP),力争用3—5年时间,培育一批在贸易、投资、供应链及研发等方面可以汇聚和配置全球资源的优质企业;用5—10年时间,培育一批真正意义上的全球营运"头部"企业,在细分领域内占据全球统筹领导地位,在全国乃至世界范围内形成引领示范效应。[①]

(三) 建设思路

对于浦东新区如何打造社会主义现代化建设引领区这个命题,浦东新区作出了这样的回答。总共可以分为三个方面。首先,是坚决贯彻落实习

---

① 《上海自贸区启动实施"全球营运商计划" 10年内培育一批全球营运"头部"企业》,http://www.pudong.gov.cn/shpd/news/20201217/006001_0ec6de18-afc6-48ab-b152-4e009dffaf58.htm ("上海市浦东新区人民政府",转载时间:2020.12.17)。

近平总书记要求。聚焦"激活高质量发展新动力"的要求,全面加强改革系统集成,坚定不移走解放思想、深化改革之路。其次,是聚焦"增创国际合作和竞争新优势"。深入推进高水平制度型开放,坚定不移走面向世界、扩大开放之路。最后,是聚焦"打造自主创新新高地"。全力做强创新引擎,聚焦"开创人民城市建设新局面",加快提高城市治理现代化水平,坚定不移走打破常规、创新突破之路。①2025 年以后,"两步走"计划将进入第二阶段。第二阶段的建设目标相较第一阶段更进一步,核心是浦东多维度对标世界一流水平。具体来看,包括"五个中心"核心功能全面升级,浦东发展能级和国际竞争力跃居世界前列,现代化经济体系全面构建,现代化城区全面建成,现代化治理全面实现,基本建成具有世界影响力的社会主义现代化国际大都市核心区,成为我国社会主义现代化建设引领区。②

二、深入服务国家重大发展战略

服务国家重大发展战略,是浦东开发开放的重要使命,也是浦东开发开放的责任所在。下一步,浦东新区要建设好自贸试验区临港新片区、要承载好进博会溢出效应、要服务好"一带一路"建设、要支持好长三角一体化发展、要围绕"双向开放",在新形势下构建"以国内大循环为主体、国内国际双循环相互促进的新发展格局",找到浦东开发开放的战略新定位。

(一) 建设好自贸试验区临港新片区

2018 年 11 月,习近平总书记在出席首届中国国际进口博览会期间,交付给上海三项重大任务,其中之一就是要增设中国(上海)自由贸易试验区

---

① ② 《中共浦东新区委员会关于制定浦东新区国民经济和社会发展第十四个五年规划和二〇三五年远景目标的建议》,http://www. pudong. gov. cn/shpd/news/20201217/006001_c5e018d8-0d57-4346-b015-ef1145b6b05f.htm("上海市浦东新区人民政府",转载时间:2020.12.17)。

临港新片区。2019年7月7日,国务院印发《中国(上海)自由贸易试验区临港新片区总体方案》,对如何设立中国(上海)自由贸易试验区临港新片区(以下简称"自贸试验区新片区")提出了设计方案,要求对标国际一流自由贸易园区,选择国家战略需要、对外开放要求高的领域,发挥开放型的制度体系优势,统筹国际业务、科技开发、跨境金融服务等功能,加大开放型经济的风险压力测试,全面提升风险防范水平。①

2019年7月30日,上海市政府通过《中国(上海)自由贸易试验区临港新片区管理办法》,自2019年8月20日起施行。2019年8月20日,自贸试验区新片区正式揭牌。新片区根据先行先试情况和发展需要,不断扩大开放的领域、试点内容,以及相应的制度创新措施。②2019年11月3日,习近平总书记在上海考察时对自贸试验区新片区提出了"五个重要"的战略定位,要求新片区对照国际最高标准,实施最富竞争力的制度创新,推动"放管服"改革,建设世界顶尖的营商环境。2020年5月11日,中共中央、国务院发布《关于新时代加快完善社会主义市场经济体制的意见》,提出建设好中国(上海)自由贸易试验区临港新片区,赋予其更大的自主发展、自主改革和自主创新管理权限。③

2021年2月,自贸试验区新片区召开2021年优化营商环境大会,会上披露新片区推动制度创新工作取得的丰硕成果。《中国(上海)自由贸易试验区临港新片区总体方案》分解的78项任务中已落地、正在走流程或先行先试71项,继续对上争取7项;形成典型创新案例67个。④2020年,临港新片区产城融合区范围内全口径工业总产值1703亿元,生产性服务业营收

---

① 《国务院关于印发中国(上海)自由贸易试验区临港新片区总体方案的通知》国发〔2019〕15号,http://www.gov.cn/zhengce/content/2019-08/06/content_5419154.htm("中华人民共和国中央人民政府",转载时间:2019.08.06)。

② 《中国(上海)自由贸易试验区临港新片区管理办法》(沪府令19号),https://www.shanghai.gov.cn/nw12344/20200813/0001-12344_61615.html("上海市人民政府",转载时间:2019.08.20)。

③ 《中共中央　国务院关于新时代加快完善社会主义市场经济体制的意见》,http://www.mofcom.gov.cn/article/b/g/202006/20200602974309.shtml("中华人民共和国商务部",转载时间:2020.06.16)。

④ 沈则瑾:《临港新片区打造营商环境"高地"》,载《经济日报》2021年4月8日,第7版。

431亿元,全社会固定资产投资618亿元,其中产业固定投资336亿元。同时,自贸试验区新片区纳入国家推动长三角一体化发展领导小组统筹推进,政策制度红利逐步转化为发展新动能。[①]

1. 现实举措

自贸试验区新片区成立以来,在国家、上海市、新片区管委会等各个维度共形成了政策文件130个,涉及金融、人才、财政、法治等各方各面,突出了新片区不是简单的自贸试验区扩区,并不只是现有政策平移,而是根本性、全方位的制度创新。自贸试验区新片区在中央和上海市委坚强有力的领导下,实现了政策兑现的高效率,大胆开展差异化探索,推动更高水平的对外开放,形成前沿技术研发的集聚效应,提高重要领域的市场服务能力,加快形成更加开放的市场规则体系。此外,自贸试验区新片区在风险管理、运输建设等方面进行变革。建设启用新片区一体化信息管理服务平台,开发"制度+技术"的风险监测和防范体系,已完成其中9个功能模块。上海海事局向洋山港海事局下放36项行政事权,船舶变更登记和相关证书发放时间由改革前的4至6天缩短至1天。

2. 典型案例

推进跨境资金收付便利,实现数字化的跨境支付结算模式。结合新片区企业跨境收付特点,工商银行研发了区别于传统银企互联系统的、免系统对接的跨境支付结算模型,实现了企业自身系统上传文件、银行接收甄别、网银二次确认的无纸化结算模式。亮点在于企业分支机构的变化无二次开发,同时无需对接API接口,仅是简单的文件格式约定,实现贸易便利化与无纸化。[②]

逐步实现跨境结算由逐笔业务审查模式向主体监测转变,在银行"展业"和企业"自律"的基础上,对诚信经营的实体经济客户实施跨境贸易便利化服务。[③]结合开发能力实现在企业不进行二次系统开发的前提下,基于

① 沈则瑾:《临港新片区打造营商环境"高地"》,载《经济日报》2021年4月8日,第7版。
② 《以制度创新为核心驱动力,临港新片区发布32个创新案例》,https://wenhui.whb.cn/third/zaker/202008/13/365909.html("文汇网",转载时间:2020.08.13)。
③ 胡幸阳:《风从临港来|一亿美元境外融资成本大降,上海打造的新金融中心还有哪些创新》,https://www.jfdaily.com/news/detail?id=278698("上观",转载时间:2020.08.12)。

pain001 格式的支付文件进行直联对接,完成批量上传批量支付。摒弃传统的纸质传输、客户到店的结算模式,发展线上指令提交;摒弃登录银行系统,制作银行格式文件,发展系统直驱,省略中间环节;摒弃布放服务器,架设专线,实现公网对接,减少开支、降低准入门槛。[①]

该系统对标国际惯例提供符合企业风控和经营需求的结算支付系统,满足特斯拉等外资企业选择在华商业银行合作伙伴的核心诉求,对银行服务大型及超大型跨国公司,以及具有个性化资金结算需求的各类企事业单位,形成良好标杆效应。在标准服务体系下实现个性化服务,对商业银行理解优质企业结算诉求、结算习惯及需求焦点,不断优化现有结算产品提供了良好参照,对于对标国际先进水平改善营商环境具有重要实践意义。

3. 未来展望

在《中国(上海)自由贸易试验区临港新片区数字化发展"十四五"规划》中,描绘了令人向往的数字化生活,城市实现了轻量化的数字孪生,无人驾驶汽车、智能快递配送、智慧家居、线上办公等,无论是生活还是生产活动,均实现智能化、数字化。对于未来,自贸试验区新片区充满无数遐想,只有牢牢把握全球产业链、供应链、价值链布局特征,国际经贸规则变化趋势,构建新发展格局的战略需求,聚焦重点难点,才能实现战略目标、五年规划。

目前,自贸试验区新片区正处于建设开垦期、攀升攻坚期,必须始终坚持习近平总书记"五个重要"的指示精神,严格遵循党中央、国务院的决策部署,坚定不移地实施上海市委、市政府的战略方针,大胆闯、大胆试,在前沿科技产业、跨境金融服务、海内外人才集聚等方面,形成更多、更有指导性的创新成果,建成具有国际影响力和竞争力的特殊经济功能区,打造成产城融合、宜业宜居的现代化新城。

(二) 承载好进博会溢出效应

进博会,全称中国国际进口博览会(China International Import Expo,

---

① 胡幸阳:《风从临港来|一亿美元境外融资成本大降,上海打造的新金融中心还有哪些创新》,https://www.jfdaily.com/news/detail?id=278698("上观",转载时间:2020.08.12)。

CIIE)，由中华人民共和国商务部、上海市人民政府主办，是世界上第一个以进口为主题的大型国家级展会，更是"十四五"时期我国构建国内国际双循环的重要窗口。

2017年5月，习近平总书记在"一带一路"国际合作论坛上宣布，中国将从2018年起举办中国国际进口博览会。

2018年11月5日，首届中国国际进口博览会在上海拉开序幕，并由习近平总书记在开幕式上发表主旨演讲。首届进博会以"新时代，共享未来"为主题，吸引了172个国家、地区和国际组织参会，3 600多家企业参展，超过40万名境内外采购商到会洽谈采购，累计进场达80万人次，累计意向成交578亿美元。①

2019年11月5日，第二届中国国际进口博览会在上海举行，习近平总书记出席开幕式及相关活动，并发表主旨演讲。习近平总书记在演讲中指出，进口博览会"不仅要年年办下去，而且要办出水平、办出成效、越办越好"。与第一届相比，第二届进博会规模更大、质量更优、创新更强、层次更高，吸引了181个国家、地区和国际组织参会，3 800多家企业参加企业展，超过50万名境内外专业采购商到会洽谈采购，累计进场也超过90万人次，累计意向成交711亿美元。

2020年11月5日，第三届中国国际进口博览会在上海举行，习近平总书记以视频的方式发表了主旨演讲。受疫情影响，第三届进博会主要以线上线下相结合的方式，因此规模相对较小，但依旧取得较为亮眼的成绩。其中，累计意向成交726亿美元，较第二届增长2.1%。②

1. 现实举措

进博会通过主动扩大进口，为我国引进了高质量商品和服务，倒逼国内企业主动对标世界先进技术和标准，同时也满足了国内消费升级的需求，产生了显著的经济溢出效应；同时，进博会为海外客商提供了齐聚洽谈的平

---

① 田泓：《首届中国国际进口博览会成果丰硕》，载《人民日报》2018年11月11日，第1版。
② 《第三届进博会累计意向成交726.2亿美元　比上届增2.1%》，http://finance.people.com.cn/n1/2020/1110/c1004-31926060.html（"人民网"，转载时间：2020.11.10）。

台，增进了中外企业的相互理解，也形成了文化的碰撞，进而产生良好的文化溢出效应。此外，进博会是我国对外开放制度创新的重大成果，是致力于推动新一轮高水平对外开放的重大决策。在进博会召开期间，形成了大量有益的制度模式和发展理念，如数字贸易、跨境贸易、绿色共享等，这些都对我国制度设计和制度创新产生良好的外溢效应，即制度溢出效应。

浦东新区肩负着改革开放排头兵、先行者的重任，更应该充分发挥区位优势、产业优势、制度优势，通过"树窗口""立平台""提效率""广流传"等举措，承载好进博会的溢出效应。

一是树窗口：积极开展对接进博会投资促进系列活动。通过信息发布、对接洽谈、考察走访、分类指导、个性服务等多种方式搭建展示、沟通、交流、合作的平台，全方位展现浦东新区产业优势、投资政策、市场机遇、营商环境、人文历史，让国内外的投资商、贸易商充分了解浦东、走进浦东、认同浦东。

二是立平台：搭建展商展品进入中国市场的对接渠道。进博会"时间紧任务重"，短短一周左右的参展时间并不能让海内外参展商充分洽谈、达成合作。因此，需要搭建专门的对接渠道，实现"参展一周，服务一年"，为国际企业、商品、技术、服务顺利进入浦东新区提供全方位交易促进服务。

三是提效率：打造一支高效的"金牌店小二"服务团队。有了展示的窗口和对接的渠道，还要有一支"金牌店小二"服务团队，在减税降费、证照分离、产权保护、公平竞争、宜业宜居等方面着手，为扎根浦东的商家企业最大限度提供"保姆式"的配套服务，真正让企业感受到"浦东温度"，让商家扎根浦东。

四是广流传：构建全体市民沉浸式体验进博会的场所。要承载好进博会的溢出效应，不仅是让更多的商品走进浦东、商家扎根浦东，更是要让上海市民能够沉浸式体验进博会的方方面面，包括科技、文化、消费等，让市民有机会与来自世界各地的商家深度互动。这不仅让进博会本身更加"有血有肉"，更是弘扬"城市是人民的城市，人民城市为人民"的城市理念。

2. 典型案例

首届进博会召开前夕，上海外高桥集团承办"首届中国国际进口博览会医疗器械及医药保健展区展商客商展前供需对接会",吸引了境内外近 120 家展商客商齐聚一堂,包括罗氏、诺华、强生、GE 医疗 4 家外高桥企业。对接会通过前期调研展商和客商需求,针对性地邀请了全国范围内大型三甲医院、私营医疗机构、医药企业等诸多采购主体,为供需双方提供洽谈合作的平台。同时,对接会还邀请了食品药品监管、卫生健康和海关等部门进行政策宣讲,并提供现场咨询服务,充分体现了浦东外高桥的专业度和便捷度。

2019 年 11 月 19 日,第二届进博会刚刚落下帷幕,浦东新区便顺势召开首届浦东国际数字商务大会,吸引了国内外知名企业、专业机构、学术界、政府部门等近千名代表齐聚一堂,共同探讨数字国际商务发展和国际贸易新模式。会上,充分展现浦东新区对数字商务的政策支持、良好的营商环境和扎实的基础设施,也体现了浦东新区勇立潮头的国际视野和积极参与国际贸易体系改革的决心。

浦东国际数字商务大会,为互联网企业、跨境服务机构、国际贸易主体提供了观察浦东新区的窗口,吸引了 20 家浦东电商跨境服务机构签署战略合作计划,形成政府、企业、服务机构共建浦东电商跨境服务基地与线上电商服务平台的局面,取得了较为良好的宣传交流效果。

上海浦东的外高桥集团作为上海自贸试验区核心区域——外高桥保税区的开发主体,举全集团之力对接进博会,打造"6 天＋365 天"常年展示交易平台,无论是硬件还是软件都具备了承接进口博览会溢出效应的条件,确保进博会"永不落幕"。目前,外高桥已是"6 天＋365 天"交易服务平台集聚度最高的区域,坐落外高桥的"6 天＋365 天"交易服务平台包括澳大利亚商品中心、智利商品中心、中东欧 16 国商品中心、上海外高桥国际机床展示贸易中心、中国·希腊国家馆等。①

由于"时间紧、任务重",进博会的接待能力还是较为有限。普通老百姓

---

① 《浦东新增多个"6 天＋365 天"交易服务平台　进一步承接进博会溢出效应》,https://www.pudong.gov.cn/shpd/news/20191024/006001_1ce8384e-80f1-482a-9eeb-ae74589b7f2c.htm("上海市浦东新区人民政府",转载时间:2019.10.24)。

很难有机会充分体验进博会带来的新产品、新技术。缺少市民的参与,进博会的溢出效应无疑大打折扣。浦东新区望江驿的出现,无疑很好地弥补了这一点。按照设计的初衷,望江驿将专门承接进博会的溢出效应:凡是在进博会上亮过相的科技、文化、消费等产品,都有希望在望江驿出现。按照望江驿的设计,沿着上海杨浦大桥到徐浦大桥22公里的公共岸线,每隔1公里就设置一个市民休闲驿站,共计22座。每个驿站都有不同的主题,如美食、化妆品、科技小家电、智能医疗穿戴设备等,让市民在休闲散步的过程中也能沉浸式体验在进博会上大放异彩的热门展品。

3. 未来展望

进博会是中国对外开放的里程碑,是"十四五"时期对外开放的关键窗口,是落实"双循环"新发展格局的重要抓手。习近平总书记曾指出,进口博览会"不仅要年年办下去,而且要办出水平、办出成效、越办越好"。进入2020年以后,随着中国市场与世界共享的程度不断加深,世界对中国的认识也会越来越充分,进博会作为连接国内循环和国际循环的重要纽带,规模也将越办越大、越办越好。进博会的溢出效应,也必将加速辐射全国。

浦东新区作为改革开放排头兵、先行者,凭借独有的区位优势、产业优势、制度优势,也能充分承载好进博会溢出效应,在以国内大循环为主体、国内国际双循环相互促进的新发展格局中更有作为。

(三) 服务好"一带一路"建设

2013年9月和10月,中国国家主席习近平在出访中亚和东南亚国家期间,先后提出共建"丝绸之路经济带"和"21世纪海上丝绸之路"的重大倡议,得到国际社会高度关注。[①]"丝绸之路经济带"倡议涵盖东南亚经济整合、东北亚经济整合,并最终融合在一起通向欧洲,形成欧亚大陆经济整合的大趋势。[②]"21世纪海上丝绸之路经济带"倡议从海上联通欧亚非三个大

---

① 《经国务院授权　三部委联合发布推动共建"一带一路"的愿景与行动》,http://www.audit.gov.cn/n4/n18/c64090/content.html("中华人民共和国审计署",转载时间:2015.03.30)。

② 李燕宇:《试论"一带一路"战略构想的重大意义》,载《丝路视野》2016年第7期,第3—4页。

陆和"丝绸之路经济带战略"形成一个海上、陆地的闭环,这两大倡议合称为"一带一路"。①2015 年 3 月 28 日,国家发展改革委、外交部、商务部联合发布了《推动共建丝绸之路经济带和 21 世纪海上丝绸之路的愿景与行动》。

从 1990 年党中央宣布开发开放上海浦东,到 2020 年上海已经诞生了第一个金融贸易区、第一个保税区、第一个出口加工区、第一家外商独资贸易公司、第一家外资银行、第一个自贸试验区等一系列"全国第一"。正是长期以来坚定不移走改革开放之路,使得浦东新区在深入服务"一带一路"建设时,能够发挥其桥头堡作用。

1. 现实举措

2017 年 3 月 5 日,习近平总书记在参加第十二届全国人大五次会议上海代表团审议时提出,要努力把上海自由贸易试验区建设成为开放和创新融为一体的综合改革试验区,成为服务国家"一带一路"建设,推动市场主体走出去的桥头堡。习近平总书记还指出,要树立系统思想,注重改革举措配套组合,同时要强化区内改革同全市改革的联动、同上海国际金融中心和科技创新中心的联动,不断放大政策集成效应。②正是基于对习近平总书记指示精神的深刻体会,上海市政府于 2017 年 10 月 11 日正式发布《上海服务国家"一带一路"建设发挥桥头堡作用方案》,正式提出上海在服务国家"一带一路"建设中发挥桥头堡作用的功能定位、实施路径,尤其是聚焦六大专项行动,同时提出了 60 项实实在在的行动举措。③上海在服务国家"一带一路"建设中发挥桥头堡作用主要涵盖了以下三个层次:

(1)核心层次:上海自贸试验区。上海自贸试验区在服务"一带一路"建设中的中短期行动目标包括:一是促进贸易自由化,包括增强与"一带一路"沿线国家(地区)制度和规则对接,加快推进上海自由贸易港区建设,实现开展国际业务的最大便利,建设"一带一路"进口商品保税展示中心,建设

---

① 李燕宇:《试论"一带一路"战略构想的重大意义》,载《丝路视野》2016 年第 7 期,第 3—4 页。
② 李强:《高举浦东开发开放旗帜 奋力创造新时代改革开放新奇迹》,载《人民日报》2020 年 4 月 18 日,第 6 版。
③ 《上海出台服务国家"一带一路"建设桥头堡作用行动方案》,http://www.cnr.cn/shanghai/tt/ 20171012/t20171012_523983419.shtml("央广网",转载时间:2017.10.12)。

沿线国家(地区)常年商品展示平台,为与沿线国家(地区)商品双向直通创造更多便利渠道,提升上海自贸试验区文化服务贸易基地功能。①二是促进金融开放,包括拓展上海自贸试验区自由贸易账户功能,推动设立"一带一路"金融资产管理公司。三是全面对接国家"一带一路"科技创新行动计划,加强与建设具有全球影响力的科技创新中心联动。包括建设"一带一路"技术转移中心,加强与沿线国家(地区)科技园区合作,推进大科学设施向沿线国家(地区)开放。

（2）中间层次:"五个中心"等功能建设。即充分发挥上海优势,把服务国家"一带一路"建设与上海建设国际金融中心、国际贸易中心等紧密结合起来,发挥战略叠加效应,承接一批国家重大功能性载体,打造一批开放型合作平台,增强要素集聚和辐射能力。②一是加强与上海国际金融中心建设联动,把上海建成"一带一路"投融资中心和全球人民币金融服务中心。具体措施包括:打造人民币跨境支付和清算中心;支持沿线国家(地区)在上海发行熊猫债等人民币证券产品;支持在沪金融市场与沿线国家(地区)交易所、登记结算机构间的双边业务和股权合作;建设上海"一带一路"能源和碳交易市场等。③二是加强与上海国际贸易中心建设的联动。具体措施包括:建设"一带一路"进口商品保税展示中心;推动"一带一路"跨境电子商务发展;促进"一带一路"服务贸易创新发展;加强"一带一路"国际产能和装备制造合作等。④

（3）外层:区域协同和国际联动发展。即"站在国家提高开放水平的高度,以内外联动的大视野,加强与长江经济带等战略对接"。⑤

2.典型案例

"一带一路"建设,要形成政府主导、企业参与、民间促进的立体格局。在浦东承载"五个中心"核心功能区对接"一带一路"国家建设中,政府的主要功能是营造环境、提升服务、创新制度,目的是进一步激活各类市场主体

①②③④⑤　《上海服务国家"一带一路"建设发挥桥头堡作用行动方案》,https://www.shanghai. gov.cn/nw12344/20200814/0001-12344_53799.html("上海市人民政府",转载时间: 2017.10.11)。

的积极性。浦东在中国企业"走出去"方面涌现出了大量的成功案例。

以传统国企振华重工为例,该企业以港口机械制造为主要产业,产品销售遍及全球 99 个国家和地区。目前,振华重工在全球拥有 20 多个办事处,其中有 11 个办事处设在"一带一路"沿线国家,非常注重海外办事处的"本地化"管理。振华重工"走出去"战略中,其投资模式包括与当地已有的企业合资,比如美国港口集团、马士基公司、新加坡港口公司等合资投资码头港口建设,以设备入股、合作经营等方式,以"投资+产业"双轮驱动海外产业发展。随着全球经济增速放缓,原有发达国家的市场需求增速回落趋于饱和,振华重工在保持原有产业优势的基础上,在新产品和新商业模式上不断转型升级,如提供已有设备的后期增值服务,收购"一带一路"沿线国家的小型码头,向"智能化管理"、"海上发电"等朝阳产业方向不断转型等,并通过平台同银行、中交基金等保持良好的沟通,为振华重工"走出去"提供融资后盾。

3. 未来展望

尽管依据《上海服务国家"一带一路"建设发挥桥头堡作用方案》,上海发挥桥头堡作用涉及面较广,但其中最为核心的仍是上海自贸试验区建设及与国际贸易中心和国际金融中心的联动发展。因此,下一阶段,上海尤其是浦东新区发挥桥头堡作用的重点应聚焦以下方面:

第一,要应对国际贸易格局调整和运输方式变革,强化桥头堡与国际贸易中心建设的联动发展。一方面,要以货运资源组织方式创新为突破口,充分发挥上海江海联运的核心枢纽功能。另一方面,应建设区域货运资源集散枢纽,增强与浙江的杭州、宁波,以及江苏的苏州和连云港亚欧大陆桥的货运资源对接。同时,以沪通铁路为契机,在优化中欧班列资源方面,增强与江苏省的政策协调,推动中欧货运资源集散枢纽建设。

第二,要聚焦服务"一带一路"建设,继续推进国际金融中心建设。首先,是要推动创新导向的金融制度改革,吸引"一带一路"沿线国家(地区)有竞争力的跨国企业在浦东新区乃至上海设立研发总部。其次,是要推动科技成果的转化,上海具有成熟的资本市场和相对健全的知识产权保护体系,可借助上海知识产权交易平台实现科技成果的市场转化。最后，是要推动"一带一路"沿线金融监管合作，研究建立风险预警系统。

第三，要以上海自贸试验区金融改革为契机，推动债券和银团市场发展。例如，上海自贸试验区可以考虑在"一带一路"沿线推动发行人民币债券；推动地区货币结算和亚洲债券市场的建设；探索建立境外项目筹资银团市场，增强信息共享和分散投资风险。

（四）支持好长三角一体化发展

长三角是我国区域一体化起步最早、基础最好、程度最高的地区，沪苏浙皖一市三省经济总量接近全国的 1/4，在国家经济社会发展全局中的分量重，在双循环中的作用至关重要。浦东新区早在改革开放初期，就扮演了推动长三角一体化的重要角色。如今，在改革开放创新领域，浦东新区作为排头兵和先行者的地位更为凸显。为推动长三角一体化新发展、打造一体化新格局，浦东新区可以从以下几个方面着手：

1. 发挥产业集群优势，带动长三角产业体系发展

要充分发挥浦东新区产业链、创新链、价值链优势，推动企业构建产业链、补齐产业链，形成更完善、层次更高的产业体系。[1]同时，立足长三角各个城市的区位、资源、产业等优势，结合浦东非核心功能疏解，共同谋划和打造具有国际影响力的特色产业园区、物流园区、高端制造基地、体制机制创新试验区等各类具有国际竞争力的产业体系。[2]同时，要优化园区共建模式，做大做强皖江城市带产业转移示范区、张江平湖科技园、浙江临沪产业合作园区、苏皖合作示范区、皖浙泗海工业园等产业合作平台，使其成为长三角产业协作的有效载体，更好发挥对长三角经济发展的有力支撑作用。

---

① 《翁祖亮与企业负责人座谈　浦东要成为企业发展福地》，https://www.pudong.gov.cn/shpd/news/20200413/006001_e4ce00a5-b7ad-4ff3-8f43-0121df781a92.htm（"上海市浦东新区人民政府"，转载时间：2020.04.13）。

② 筼溪：《上海市浦东新区举办"发挥行业协会商会作用助推长三角一体化发展"论坛》，载《中国社会组织》2018 年第 21 期，第 63 页。

2. 分享自贸试验区试点发展"红利"，培育长三角合作新动能

发挥浦东自贸试验区制度创新的先行先试作用，放大改革创新的示范效应和带动作用，把自贸试验区推动金融等现代服务业开放发展、投资管理制度创新、贸易监管制度创新等先行先试的经验率先在长三角地区溢出，推动长三角地区的体制机制创新、开放经济转型发展，带动长三角地区成为我国开放型经济高质量发展新高地。加强与浙江、江苏、安徽自由贸易试验区建设互动，深化与洋山港保税区、苏州工业园综合保税区、昆山深化两岸产业合作试验区、南通综合保税区等各类开放型经济区的合作，建立更加便利的物流、人流、资金流合作机制与平台，全面提升长三角大通关服务质量。

3. 深化自主创新，打造具有全球影响力的长三角科技创新中心

进一步深化张江国家自主创新示范区建设，契合跨区域协同创新发展的大趋势，通过政府引导和发挥市场对创新资源配置的决定性作用，充分调动高校、科研院所、企业、研发机构等科技创新载体的积极性，推进区域科技创新资源整合，营造国际化的创新服务环境和支撑体系，促进各级各类科技创新联盟和合作平台功能的提升，推动科技创新政策体系国际化。以共建G60科创走廊为载体，对标美国硅谷、日本筑波科学城，加强基础性、战略性领域合作研发，率先在信息通信、智能制造等领域实现重大突破。发挥张江科技资源的优势，带动长三角积极融入全球科技创新网络①，集聚更多的国际创新资源，共同培育具有全球影响力的策源型、创新型跨国公司，共同发展科技金融，做大做强风险资本市场，使长三角成为我国研发创新领域扩大开放、参与全球竞合的重要载体，联合打造"具有全球影响力的长三角科技创新中心"。

4. 发挥航运核心功能区作用，共建辐射全球的长三角航运枢纽

要发挥浦东作为上海国际航运中心和金融中心建设的核心承载区作用，集聚航运制造、航运物流、航运服务等产业链各环节的国内外各类航

---

① 蔡为民：《浦东在"长三角一体化"中的作用（下）》，载《理财周刊》2019 年第 22 期。

运企业,协同推进南京区域性航运物流中心、浙江舟山江海联运服务中心、江苏通州湾江海联运开发示范区建设,支持皖江城市带承接产业转移示范区航运物流业发展,积极推动港口岸线、集装箱航线等资源优化整合,共同打造分工合理、协同发展的长三角现代港口物流体系,全面提升"航运服务"功能,提高在航运定价、航运服务、航运保险等方面的话语权和影响力。

5. 创新合作方式,健全长效合作机制,推动长三角合作升级

浦东要以项目合作为龙头,联动实施长江三角洲城市群发展规划和长三角区域一体化发展规划,联合争取国家政策支持,联合争取国际大科学计划和工程,联合举办国际性重大体育赛事、国际大型论坛等活动,加强筹办工作的协调,共同做好重大活动的安全保障和服务。要以更开放的姿态拥抱创新,优化和提升创新网络,清理修改不合时宜的规范性文件,打破行政区划对科技创新要素自由流动的各种限制,最大程度消除人才、技术、信息等要素在长三角内自由流动的障碍,构建创新资源自由流动、创新要素高效配置、创新主体多元的开放型区域创新体系。①要加强张江、苏南、杭州、合芜蚌等国家自主创新示范区的合作互动,共同营造有利于创新发展的良好生态,支持互建共建各类新型研发机构和创新"飞地",形成互补共赢的合作机制。

作为改革创新的探路先锋,站在历史新方位的浦东需要再出发,要胸怀中华民族伟大复兴战略全局、世界百年未有之大变局这两个大局,科学把握新发展阶段,坚决贯彻新发展理念,当好"排头兵中的排头兵、先行者中的先行者"②,勇于挑最重的担子、啃最硬的骨头,进一步引领长三角区域创新、开放、发展,推动长江三角洲形成高水平对外开放新高地,发挥更大作为、体现更大担当、作出更大贡献。

---

① 宋建军:《发挥上海龙头带动作用 合力打造长三角一体化新格局》,载《中国经贸导刊》2019年第4期,第70—72页。

② 《浦东开发》编辑部:《浦东融入长三角一体化发展》,载《浦东开发》2020年第1期,第14—15页。

三、深入培育"五个中心"核心功能

上海"五个中心"建设，以及未来的能级提升和功能扩展，是党中央、国务院赋予上海的重要使命，也是上海建设成为全球城市的重要内涵。在这个历史进程中，浦东新区作为上海"五个中心"的核心承载区，关键在于进一步增强经济服务功能，进一步增强金融服务功能，进一步增强贸易服务功能，进一步增强航运服务功能，进一步增强科创服务功能。

（一）进一步增强经济服务功能

1990 年 4 月 18 日，党中央、国务院决定开发开放浦东，自此，浦东成为我国区域经济快速发展的增长极之一。30 年来，浦东新区形成了以服务经济为主体的产业结构和创新驱动为主导的发展模式。根据《2020 年上海市国民经济和社会发展统计公报》显示，截至 2019 年 12 月，浦东新区地区生产总值以 12 734.2 亿元位列上海市 16 个区榜首，与 1990 年的 60 亿元相比增长超过 210 倍，财政总收入也从 11 亿元增加到超 4 000 亿元。[①]总体来讲，浦东新区创造了中国改革开放伟大历史进程的一个重要奇迹。具体来看，浦东新区的经济发展可以划分为以下三个阶段：

第一阶段（1990—2000 年）。在这一阶段，形态开发与功能开发协调推进，浦东经济飞速发展。1990 年，浦东开发开放之初设定的目标是："到 2000 年，国内生产总值预计将超过 200 亿元，比 1990 年增加 2.5 倍。"[②]在 1992 年 12 月召开的中共上海市第六次党代会上，进一步修正为"力争在 20 世纪 90 年代，实现浦东新区国民生产总值翻三番，达到 500 亿元"。事实证明，实际的增长态势大大超过预期。1990 年浦东的地区生产总值为 60 亿

---

① 《2020 年上海市国民经济和社会发展统计公报》，http://tjj. sh. gov. cn/tjgb/20210317/234a1637a3974c3db0cc47a37a3c324f.html（"上海统计局"，转载时间：2021.03.19）。

② 赵启正主编：《新世纪，新浦东》，复旦大学出版社 1994 年版。

元,2000 年浦东新区人民政府建立,经济总量增长至 923.51 亿元,增长超过了 15 倍,年均增长率达 20％左右,把最初的目标远远抛在后面。

第二阶段(2000—2012 年)。在这一阶段,浦东整体开发开放不断深入推进,经济高速发展。随着中国加入世贸组织效应的不断释放,浦东开放的步伐不断加快,经济发展速度虽然较之第一阶段有所回落,但是在综合配套改革试点和筹办上海世博会的利好因素促进下①,浦东经济年增长率始终保持在两位数的发展区间。2001 年,浦东新区经济总量首次突破 1 000 亿元,为 1 087.53 亿元;2008 年增长至 3 105.99 亿元,年均增长率为 12.8％;2012 年,浦东经济总量规模进一步扩至 5 929.91 亿元,与 2001 年相比,增长近 6 倍。

第三阶段(2013 年至今)。党的十八大以来,随着全国经济发展进入新常态,浦东经济发展进入了一个新的历史阶段。浦东经济发展从投资驱动发展阶段逐步转向创新驱动发展阶段,经济增长速度进入了个位数发展区间,经济增长逐步从高速发展阶段加快向高质量发展阶段迈进。作为全国首个自由贸易试验区,上海自贸试验区的建设日益成为区域经济发展的亮点和助推器。2013 年 9 月 29 日上海自贸试验区管委会挂牌正式成立,全境范围都在浦东;2015 年,上海自贸试验区的范围从 28.78 平方公里扩区至 120.72 平方公里,占浦东区域面积的 1/10 左右。7 年多来,浦东新区紧紧抓住自贸试验区改革的核心要素——制度创新,在开放型经济体系探索方面走在全国前列,并不断释放改革红利,助推经济高质量发展。目前,上海自贸试验区贡献了浦东新区经济总量近 3/4 的比重,成为浦东经济发展的重要引擎和助推器。

1. 现实举措

在国家的科学规划和大力支持下,浦东新区承担了国际金融中心和国际航运中心核心功能区的战略定位,从新区到综合改革试点再到自贸试验区,积极探索、大胆实践,努力建设成为科学发展先行区、"五个中心"的核心区、综合改革的试验区、开放和谐的生态区。2005 年 6 月,国务院正式批准

---

① 胡云华:《浦东经济发展 30 年:演进、成效及再出发》,载《科学发展》2020 年第 2 期,第 56—66 页。

浦东新区进行综合配套改革试点,浦东新区实行更加开放和更加自主的政策,积极开展各项制度改革和创新的探索工作。2007 年,时任上海市委书记习近平指出:"推进浦东综合配套改革,一定要按照中央精神,以一往无前的勇气、克难攻坚的胆识和先行一步的锐气,努力取得突破性进展。"①2014年,在参加第十二届全国人大二次会议上海代表团审议时,习近平总书记强调,建设自由贸易试验区"要牢牢把握国际通行规则,加快形成与国际投资、贸易通行规则相衔接的基本制度体系和监管模式"。2019 年 6 月 25 日,上海出台《关于支持浦东新区改革开放再出发　实现新时代高质量发展的若干意见》,提出浦东新区要以自贸试验区新片区建设为引领,加大开放型经济风险压力测试力度。2020 年 11 月,习近平总书记在浦东开发开放 30 周年庆祝大会发表重要讲话,要求浦东锐意进取,推进更深层次改革、更高水平开放,激励上海创造出令世界刮目相看的新奇迹、展现出建设社会主义现代化国家的新气象。正是独特的政策支持和先行先试的政策创新,使得浦东新区实现了跨越式的发展,成为中国经济奇迹中一朵亮丽的奇葩。②

2. 典型案例

浦东开发开放以来,坚持统筹推进科学研究、技术创新和产业发展,加快构建现代化经济体系。浦东新区正强化高端产业引领功能,着力打造创新产业集群。加快发展中国芯、创新药、智能造、蓝天梦、未来车、数据港六大硬核产业。特别是聚焦集成电路、生物医药、人工智能三个战略必争领域攻坚突破。集成电路领域,浦东已成为全国产业最集中、综合技术水平最高、产业链最为完整的地区,2019 年全区集成电路产业规模超过 1 200 亿元,占上海 71.5%、全国 16.1%。在生物医药领域,浦东诞生了全国 15%的原创新药和 10%的创新医疗器械,2019 年产业规模达 770 亿元,占全市46%。人工智能领域,浦东是首个国家人工智能产业创新发展先导区,人工智能企业数量占全市 1/3、产业规模占全市 1/2,基本形成覆盖基础支撑层、

①　解放日报、文汇报、新民晚报联合报道组:《"开明睿智才能进一步海纳百川"》,载《新民晚报》2017 年 9 月 27 日,第 36 版。

②　陈尧:《中国开发区发展模式的浦东经验》,载《中国社会科学报》2020 年 12 月 15 日,第 12 版。

软件算法层和行业应用层的完整产业链。①

3. 未来展望

浦东经济要从高速增长转向高质量发展，不仅是经济增长方式和路径转变，而且也是一个体制改革和机制转换过程，必须基于新发展理念，进行新的制度安排，特别是要坚持以供给侧结构性改革为主线，积极探索并形成适应高质量发展要求的体制机制环境。

一是紧抓自贸试验区建设新契机，率先探索更高水平开放型经济体制。浦东改革开放再出发，一定要紧紧抓住上海自贸试验区临港新片区建设的新契机，率先探索和创新更高水平开放型经济体制，助力经济高质量发展。②一方面，要从商品要素流动性开放向规则等制度型开放拓展，对标国际贸易更高标准，在规则上进一步加快探索，为国家开放水平的提升提供更多浦东实践方案。另一方面，要在继续加快建设"一带一路"技术交流合作中心的同时，进一步推动与"一带一路"沿线国家的技术合作，帮助企业应对技术贸易壁垒。

二是聚焦产业高地建设，加快构建现代化产业体系。浦东要继续抓住金融开放的新优势，改革不停步，加快各产业高地建设。一方面，要聚焦六大硬核产业，建设世界级先进产业集群。对于浦东已有的比较优势产业，在产业能级上继续发力，取得更多原创性成果；对于新兴产业，要继续加大政策支持力度。③另一方面，要聚焦高端服务业，全力打造现代服务业新高地。要加快集聚高端金融机构、全球重点金融机构总部，打造全球资本管理新高地；要加快融资租赁产业高地建设，持续提升融资租赁的全球竞争能力。

三是推进张江科学城建设，打造集聚全球创新资源的"强磁场"。浦东

---

① 《市政府新闻发布会介绍浦东新区近年来经济社会发展情况》，https://www.shanghai.gov.cn/nw12344/20201010/94c5944580854fd4a0ccf00f9e82a433.html（"上海市人民政府"，转载时间：2020.09.28）。
② 林子源：《港口经济对浦东新区产业结构的影响研究》，载《农场经济管理》2020 年第 6 期，第 51—53 页。
③ 《优化提升营商环境　全力推进制造业高质量发展——上海浦东新区打造实体经济发展高地》，载《中国经贸导刊》2019 年第 13 期，第 60—61 页。

要以全球视野、国际标准推进建设张江科学城,加快建立世界一流的重大科技基础设施集群。一方面,要不断提升张江综合性国家科学中心的集中度和显示度,着力配合和加快推动张江实验室重大科学装置、重大科学设施的落地和建设,吸引和集聚全球有影响力的重要科研机构入驻张江,为浦东成为全球创新策源地奠定科研基础。另一方面,要加快吸引人才力度,建立人才服务绿色通道,优化服务流程,继续探索更加开放的海外人才使用政策,推进外籍人才服务体系建设。

(二) 进一步增强金融服务功能

2013 年 9 月,中国(上海)自由贸易试验区设在浦东。此后,浦东在金融创新领域快速前行:建立本外币一体化运作的自由贸易账户体系,推进资本项目可兑换、金融市场开放、人民币国际化、利率市场化等关键领域金融改革。[1]一批金融改革创新型制度先后在全国复制推广,为其他自贸试验区建设提供“上海样本”“浦东样本”。[2]

2019 年,科创板作为资本市场“最耀眼的星”,同样在位于浦东新区的上海证券交易所顺利开板。这一关键制度创新,经受住了市场检验,初步形成可复制、可推广的经验,为此后资本市场注册制改革提供了经验样本。

2021 年,中国人民银行上海总部在上海浦东临港新片区推出跨境人民币结算便利化、人民币贸易融资资产跨境转让等试点,鼓励和吸引更多的境外投资者在上海配置人民币资产。

作为上海国际金融中心的核心承载区,三十而立的浦东新区已经成为全球金融要素市场最丰富、金融机构最集聚、金融交易最活跃的地区之一,期货期权成交量、股票市场总市值等位居全球前列,“上海金”“上海银”等交易品种初具国际影响力。[3]2020 年 9 月,在英国智库 Z/Yen 集团发布的“全

---

① 魏倩:《三十而立看浦东:金融这步棋走对了》,载《上海证券报》2020 年 11 月 12 日,第 2 版。

② 黄一灵、徐金忠:《浦东新区金融改革发展将“更上层楼”》,http://www.cs.com.cn/xwzx/hg/202011/t20201113_6110991.html(“中证网”,转载时间:2020.11.13)。

③ 《【三十而立启新程】勇立潮头 上海浦东打造全面开放新格局》,https://news.cctv.com/2020/11/09/ARTIkMVxbBZNVwu6gZ6bLfni201109.shtml(“央视网”,转载时间:2020.11.09)。

球金融中心指数报告"中,上海首次跻身全球前三。

1. 现实举措

在经济发展过程中,浦东新区一直坚持功能创新和科技创新的"双层创新",功能创新则贯穿始终。上海推进"五个中心"建设,浦东的五个功能区正好分别对应这一目标,而陆家嘴金融贸易区对应的正是国际金融中心。

为了进一步增强浦东的金融服务功能,2019 年 10 月 17 日,中国人民银行上海总部宣布,与浦东新区政府共同研究制定《关于金融支持浦东新区改革开放再出发 实现新时代高质量发展的指导意见》(以下简称《指导意见》),从支持开放举措率先落地、支持建设具有国际竞争力的产业新高地以及防范和化解金融风险等方面提出指导意见。《指导意见》支持中央扩大金融业对外开放的举措在浦东率先落地。吸引金融机构功能性总部、外资金融机构及其子公司等落户浦东。进一步优化服务,支持更多境外央行把人民币作为储备货币。进一步提高境外机构投资者入市投资的便利性,积极吸引境外机构投资者进入银行间债券市场。①

此外,上海市经济信息化委、上海市科委、上海市金融工作局等单位和部门也都发布了支持浦东新区改革开放再出发的重点举措。在与浦东新区政府签约后,上海市金融工作局将与浦东在多个层面开展紧密合作。这些合作包括,支持浦东开展金融制度创新,支持浦东发挥自贸区建设优势,承接更多金融改革开放先行先试项目,开展金融业务创新;支持更多金融要素市场、基础设施平台和金融机构将子公司、国际业务总部等落户浦东新区;支持金融要素市场在推进"一带一路"建设和"长三角一体化"等国家战略中加快创新,服务浦东实体经济发展;支持浦东探索建立新型地方金融监督管理机制等。

在此基础上,2020 年 2 月 14 日,经国务院同意,中国人民银行、中国银保监会、中国证监会、国家外汇管理局和上海市政府发布《关于进一步加快

---

① 黄尖尖、王志彦、舒抒:《而立浦东·专家访谈|王战:上海和国家每一次"化危为机",都有浦东的身影》,https://web.shobserver.com/wxShare/html/309216.htm("上观新闻",转载时间:2020.11.09)。

推进上海国际金融中心建设和金融支持长三角一体化发展的意见》（银发〔2020〕46 号文，以下简称《意见》）。针对《意见》，浦东新区已经研究制定了《关于贯彻落实加快推进上海国际金融中心核心承载区建设的若干举措》，共推出四个部分 16 条工作举措。①

2. 典型案例

陆家嘴金融贸易区隶属于浦东新区，是浦东新区一个重要的组成部分，也可以被称为浦东在上海建设"五大中心"的"金融中心"。

上海国际金融中心建设，浦东是当之无愧的核心承载区，形成了强大的金融中心建设载体，即世人熟知的陆家嘴金融城。陆家嘴集聚了金融中心需具备的所有金融业态，形成了较完备的金融体系，集中了中国到目前为止最完备的金融要素市场，上海证券交易所、上海期货交易所等落地陆家嘴，2020 年 9 月上海更是首次跻身全球金融中心指数前三甲，浦东在其中无疑起到了核心作用。

陆家嘴具体的发展沿革如下：②

1990 年 6 月，国务院命名"陆家嘴金融贸易区"。

1990 年 10 月，上海市人民政府成立陆家嘴金融贸易区开发公司。

2004 年 10 月，浦东新区人民政府成立陆家嘴功能区域管理委员会，下辖陆家嘴街道、潍坊街道、塘桥街道、洋泾街道和花木街道五个街道（社区）。

2007 年，上海市第七次党代会提出加快建设"陆家嘴金融城"，作为上海国际金融中心的核心功能区和上海市金融产业的主要发展空间。

2009 年 5 月，国务院批复同意撤销上海市南汇区，将其行政区域划入浦东新区。调整后的新浦东新区面积为 1 210.41 平方千米，户籍人口268.60 万人。浦东新区的机构也发生了变化，成立"7＋1"管理体制，并再次

---

① 上海市浦东新区金融工作局：《浦东出台 16 条意见，加快推进上海国际金融中心核心承载区建设》，http://www.pudong.gov.cn/shpd/department/20200224/019008001_5c54f8bc-e922-4b24-a359-40e60d1fa325.htm（"上海市浦东新区人民政府"，转载时间：2020.02.24）。

② 《陆家嘴金融城历史沿革》，http://www.pudong.gov.cn/shpd/gwh/20180302/023002007_09737bc5-53c3-456a-bd4d-c817802516f4.htm（"上海市浦东新区人民政府"，转载时间：2018.03.02）。

确认陆家嘴金融贸易区为上海国际金融中心核心功能区和主体承载区。

2010年1月,陆家嘴功能区域管委会被撤销,成立了陆家嘴金融贸易区管委会,主要从事经济发展、规划建设、产业促进、环境优化等职能。

2015年1月,上海陆家嘴金融贸易区管理委员会正式设立。

2015年4月,中国(上海)自由贸易试验区从28.78平方公里扩区至120.78平方公里,陆家嘴金融城被纳入其中,作为上海自贸试验区的重要片区之一。

2015年4月,正式设立中国(上海)自由贸易试验区管理委员会陆家嘴管理局。

2016年8月,上海陆家嘴金融贸易区管理委员会撤销,上海陆家嘴金融城理事会、上海陆家嘴金融城发展局正式设立。

3. 未来展望

未来,浦东新区将在金融业发展上,继续坚守国际金融中心核心承载区这一战略定位。因此,浦东要以金融供给侧结构性改革带来整个金融体系发展的动力,要进一步扩大开放提升金融发展能级,要依赖金融科技作为发展的动力。

同时,浦东作为国际金融中心核心承载区,应该进一步打造全球金融资源配置中心,打造金融机构集聚新高地,打造上海金融科技中心核心承载区和全球金融科技产业新高地,打造金融改革创新试验田,在风险可控前提下继续提高资本项目可兑换程度,探索实现资本自由流入流出和自由兑换,打造产融结合发展新高地,整合长三角金融资源,打造对接科创板的重要投融资中心和最佳上市服务平台。当然,还要坚守金融风险防范底线,建成与浦东金融业规模和特点相匹配的金融风险防控体系。

(三) 进一步增强贸易服务功能

近代上海自开埠以来发展迅速,一跃成为当时最为繁荣的经济、金融中心,新中国成立之后,凭借着不懈的努力,上海成为我国最重要的工商业基地。1978年党的十一届三中全会提出改革开放战略,许多沿海城市相继崛起，与此形成对比的却是上海"城市病"越发严重，发展一度陷入迷茫。为帮助上海继续发展、完成上海市整体转型，20世纪90年代，上海确立了以浦东开发开放为龙头，建设国际经济、金融、贸易中心"一龙头，三中心"的战略目标；90年代末，上海提出建设国际航运中心，"三中心"变为"四中心"①；2014年5月，习近平总书记考察上海时提出，上海要加快建设具有全球影响力的科技创新中心，自此以浦东发展为引领龙头的上海市"五个中心"核心功能建设目标成型。

在上海建设国际贸易中心的过程中，随着国际分工的深化、资本和金融的国际化，国际贸易形态也在持续不断发生着变化，国际贸易中心不再以单纯的集聚贸易为特征，而更强调功能完善与网络体系的构建，地理位置、自然条件等因素的重要性相对下降，而现代信息技术、高度自由化的贸易体制环境成为至关重要的因素。②因此，若要建立起具有国际影响力的贸易中心，必然要求上海城市功能更加完备和多样化。浦东作为国家综合配套改革试验区，在上海现代化国际贸易中心建设中当仁不让地承载起了先行先试的改革开放历史重任。为了构建全方位、开放型的贸易发展体系，更积极主动地参与国际分工，帮助实现国内贸易与国际贸易的接轨，浦东提出建设上海国际贸易中心核心功能区，进一步完善贸易服务功能，这不仅有助于提升上海对外开放的水平，推进上海全面融入世界经济、金融、贸易体系中去，更有助于实现有效地配置全球生产要素资源和利用国际经济的互补性，因此成为新时代进一步发展的必然选择。

可以说，浦东开发开放三十年来，它在上海市建设国际贸易中心的过程中，在不同的历史节点形成的发展目标中都起到了强大的支撑作用，促进了上海城市发展，更向全国辐射可复制可推广的经验，引领着国内改革开放建设。

---

① 舒抒：《而立浦东·专家访谈│张兆安：四个变化，看浦东对上海的改变》，https://new.qq.com/omn/20201109/20201109A00ZKG00.html.（"腾讯网"，转载时间：2020.11.09）。

② 雷仲敏、叶焕民：《浦东建设上海国际贸易中心核心功能区的探讨》，载《青岛科技大学学报（社会科学版）》2011年第1期，第1—7、36页。

1. 现实举措

为增强贸易服务功能，浦东新区进行了大量积极的尝试。在政策方面，通过出台相关的政策提升贸易服务水平，支撑相关行业的发展。以服务贸易为例，为鼓励其发展浦东出台了大量的财政扶持办法、意见及政策，如《浦东新区促进现代服务业发展的财政扶持意见》《浦东新区进一步推进总部经济、服务外包发展的若干意见》《浦东新区促进融资租赁业发展的意见》《浦东新区促进新兴服务业发展财政扶持办法》《浦东新区促进商贸业发展财政扶持办法》。①在加快贸易促进体系建设、持续优化营商环境方面，浦东为上海市首批两个"贸易便利化试点示范单位"之一，开展了大量的制度创新的探索，推出并深化"一线放开、二线安全高效管住"的贸易便利化措施，实施国际贸易"单一窗口"管理制度，确立以负面清单管理为核心的投资管理制度。在平台及中心建设方面，浦东建设了诸如"国家对外文化贸易平台"（由外高桥文化服务贸易平台挂牌成立）等功能性平台，为优化网络贸易环境，建设了网上国际贸易中心及建设浦东电子商务公共服务平台。此外，在完善交易机制方面也作出了积极的探索，以大宗商品贸易为例，打造行业定价中心和交流中心，形成若干个具有国内外影响力的商品价格指数。鼓励大宗商品市场在交易品种、交易规格、交易方式、合约品种、风险管理等方面开展创新，满足多样化市场交易需求，控制市场风险，增强市场活力和竞争力。

在一系列努力下，浦东的营商环境持续优化，贸易服务水平不断提升，区域货物贸易稳步发展，金融服务、运输服务、技术服务等领域的服务贸易在浦东实现稳步发展，口岸贸易持续发展，对外贸易飞速发展，贸易规模成倍增长。根据浦东新区统计年鉴数据显示，1993 年浦东新区外贸进出口额为 25.9 亿美元，1998 年突破百亿美元，2006 年突破千亿美元，2019 年则为 20 514 亿元人民币，占上海市外贸进出口总额的比重大幅提升。②

① 李宇宏、张显东：《上海浦东新区服务贸易发展及创新突破实践》，载《华东经济管理》2012 年第 10 期，第 40—45 页。

② 《浦东新区外贸发展改革再出发》，http://www.pudong.gov.cn/shpd/news/20190911/006001_83c4aa8a-ee62-4092-a726-47f88b73a381.htm.（"上海市浦东新区人民政府"，转载时间：2019.09.11，访问时间：2021.04.10）。

此外,贸易主体数量质量也实现双提升,自贸试验区效应带动外商投资,总部和研发中心集聚度在国内领先,企业对外投资步伐加快,大宗商品交易市场计划进程加速,交易品类分布更加广泛,自贸区成为上海国际贸易中心建设主战场。可以说,浦东开发开放以来,影响力和辐射力不断提升,成长为中国和全球贸易的重要枢纽。①

2. 典型案例

在浦东新区增强贸易服务功能、建设上海国际贸易中心核心功能区的过程中,中国(上海)自由贸易试验区的建设不仅是推进改革开放的一项战略举措,而且更具有里程碑的意义。2013年9月,中国(上海)自由贸易试验区挂牌运行,这是我国第一个自贸试验区,其范围28.8平方公里,由外高桥保税区、外高桥保税物流园区、洋山保税港区和浦东机场综合保税区4个海关特殊监管区域组成。2015年4月,国务院《进一步深化中国(上海)自贸试验区改革开放方案》,明确自贸试验区实施范围扩大到120.72平方公里,扩展区域包括陆家嘴金融片区、金桥开发区、张江高科技片区。2017年3月,国务院《全面深化中国(上海)自贸试验区改革开放方案》明确上海自贸试验区到2020年的建设任务②,2018年增设上海自贸试验区临港新片区,鼓励和支持上海在推进投资和贸易自由化便利化方面大胆创新探索,为全国积累更多可复制可推广经验。自贸试验区的建设为自由贸易的逐步实现作出了努力,通过打造与国际惯例最为相近的便利化环境,向着完全的自由贸易园区靠拢,这不仅提高了贸易自由化和便利化,也对促进上海乃至全国贸易水平提高都具有非常重要的意义。

3. 未来展望

时至今日,随着"十三五"规划的顺利收官,我国全面建设社会主义现代化国家的新篇章开启,上海也在这一时期基本建成了国际贸易中心。"十四五"时期,上海进入了实现国际经济、金融、贸易、航运和科技创新中心核心

---

① 上海市浦东新区人民政府:《浦东新区深化上海国际贸易中心核心功能区建设"十三五"规划》,2017年3月6日印发。

② 李锋:《浦东开发开放三十年回顾、总结与展望》,载《科学发展》2020年第3期,第34—43页。

功能迈上新台阶的关键时期,上海的发展也被赋予了新的历史使命。在"开发浦东、振兴上海、服务全国、面向世界"方针的引领下,浦东作为上海经济社会发展的排头兵,在新的时代背景下,对浦东的发展也提出了新的要求,为深入培育"五个中心"核心功能,同样也要求浦东进一步强化贸易服务功能区建设。

与此同时,国际环境波谲云诡,国际贸易和投资规则调整,贸易摩擦频繁出现,国内经济发展进入中高速增长的新常态,从上海自身角度而言,商贸规模的扩大和转型升级困难,贸易投资促进体系不完善、贸易承载空间布局不完备等问题突出,种种因素的叠加使得浦东新区在深化上海国际贸易中心功能区的建设中挑战重重。

在认清国内外形势和问题的基础上,通过强化外贸枢纽地位,完善市场体系,提升主体能级,创新贸易制度优化营商环境等手段进一步增强贸易功能,努力将挑战转化为发展机遇和动力。在新时期,浦东必定能再次扬帆,成为国内大循环的中心节点和国内国际双循环的战略链接,引领新一轮上海的发展,在长三角一体化发展中更好发挥龙头辐射作用。

(四) 进一步增强航运服务功能

最早于 1984 年启动的"上海经济发展战略研究",探讨了如何利用上海港口优势进行经济转型。1995 年面世的《迈向 21 世纪的上海》研究报告对 21 世纪的上海发展战略目标进行了规划,其中创造性地提出要将上海建成国际航空航运中心。[1]及至 1990 年党中央和国务院宣布开放浦东后,上海港国际集装箱吞吐量一直保持了年增长 20％以上,但集装箱专用泊位少,制约了集装箱运输业的发展。如何发挥上海的区位优势建设上海港,解决制约上海经济贸易发展的港口问题显得尤为迫切。1996 年 1 月,国务院就建设上海国际航运中心的有关问题召开专题会议,提出"建设上海国际航运中心既是我国经济发展的需要,也是国际政治和经济竞争的要求,意义重

---

[1]　上海市《迈向 21 世纪的上海》课题领导小组:《迈向 21 世纪的上海:1996—2010 年上海经济、社会发展战略研究》,上海人民出版社 1995 年版。

大"。2009年4月,国发〔2009〕19号文件《关于推进上海加快发展现代服务业和先进制造业建设国际金融中心和国际航运中心的意见》强调要站在全局和战略的高度充分认识建设上海国际航运中心的重要性。[①]

在国家战略的指引下,长江口的外高桥港到东海上的洋山深水港先后建设落地,支撑起了全球集装箱吞吐量第一的上海港,而浦东新区始终是上海建设国际航运中心的主阵地。浦东新区依托口岸资源和城市综合优势,始终以增强全球航运资源配置能力为航运改革总目标[②],以保税区为航运改革主载体,吸引多个标杆项目落地浦东,引进优质企业进驻,积极探索航运高端服务,将引领航运市场主体在浦东形成集聚,增强全球航运资源配置能力,推动上海国际航运中心建设实现新跨越。

迈入2020年,经过20多年的攻坚克难,上海实现了基本建成上海国际航运中心这一阶段性目标。上海国际航运中心建设在枢纽地位领先、服务功能健全、资源高度集聚、发展环境优良等方面成果卓著,上海已成为世界公认的国际航运中心[③],而浦东在建设国际航运中心的战略发展中占据着举足轻重的地位。

1. 现实举措

在上海建设国际航运中心进程中,《浦东新区深化上海国际航运中心核心功能区建设"十三五"规划》总结了过去浦东航运业的发展成效,也提出了"十三五"时期,浦东国际航运中心核心功能区建设的重点任务和措施。[④]

一是深化自贸试验区改革,促进航运创新试点落地。浦东依托外高桥保税区、上海自由贸易试验区洋山特殊综合保税区等新片区的改革契机,借助不断开放的市场,促进自贸试验区建设和航运发展的深度融合,探索航运

---

① 《国务院关于推进上海加快发展现代服务业和先进制造业建设国际金融中心和国际航运中心的意见》(国发〔2009〕19号),http://www.gov.cn/zhengce/content/2009-04/29/content_3068.htm("中华人民共和国中央人民政府",转载时间:2009.04.29)。

② 《"短板"变"跳板" 浦东航运国际影响力持续提升》,载《浦东时报》2017年2月15日。

③ 《新起点、再出发——市政府部署上海国际航运中心2021年重点建设任务》,http://n.eastday.com/pnews/161648648277011098("东方网",转载时间:2021.3.23)。

④ 浦东新区人民政府:《浦东新区人民政府关于印发〈浦东新区深化上海国际航运中心核心功能区建设"十三五"规划〉的通知》(浦府〔2017〕135号),2017年7月24日发布。

领域的制度创新及优化,如深化洋山港保税区的国际航运发展综合试验区建设,推进多区域国际中转集拼公共服务平台等。应该说,航运制度创新在浦东的全面开花,逐步提升了浦东航运服务对外开放程度,优化了航运进出口流程,简化了各类申报手续,体现了浦东是增强上海国际航运中心实力不可或缺的"试验田"。

二是聚焦高端航运服务业,强化综合资源配置能力。根据2019年劳合社数据,航运金融、海事咨询、海事保险和海事法律等高端航运服务业主要分布在浦东、黄浦和虹口,其中入驻浦东的高端航运服务企业占整个上海总数的48%,且主要分布在陆家嘴区域。数据已经充分表明,由于浦东融合了自身金融、贸易等核心功能,打造航运高端服务业作出的探索初见成效。此外,还有一批航运功能性组织落户浦东,如世界最大的国际航运组织、世界知名航运交易所等。无论是吸引高端航运服务企业蜂拥而来,还是引导世界航运组织的次第入驻,都体现了浦东为提升上海航运软实力作出的贡献。

三是优化集疏运体系建设,提升海空枢纽服务能级。浦东发挥自身区位优势,致力于完善海港、空港、铁路、内河、公路五位一体的现代化多式联运体系建设,以提升上海港航运的运输效率。浦东从全局的角度考虑,不断优化整体的空间布局,推进基础设施建设,如即将开工建设的铁路上海东站,将把洋山港码头、浦东国际机场、外高桥码头串联起来,全面激发水、陆、空、铁联运的规模效应。同时,浦东也注重提升集疏运体系的各个节点的运输能力,如提高浦东国际机场基础的航线覆盖面、通达性和中转率,进一步提高国际枢纽运输能力。

四是进一步优化营商环境,增强区域核心竞争力。浦东致力于打造和国际接轨的航运营商环境,以成为上海港口运输业、航运服务业和航运基础等航运上下游产业链的集聚地,全球航运服务能力较为完善的区域。为此,浦东新区业已推出了一系列政策举措,如支持社会专业机构和企业构建包含人才培训服务平台、互联网订舱平台等在内的开放型服务平台,支撑航运新业态新模式的落地;如推出吸引优质航运企业和人才的财政政策《浦东新区"十三五"期间促进航运业发展财政扶持办法》,针对在浦东新区设立且注册地和税收户管地在浦东新区的航运企业、重点航运企业、高端航运企业、高成长性航运企业、航运功能性机构出台财政扶持政策。①

2. 典型案例

波罗的海国际航运工会（The Baltic and International Maritime Council）与世界其他航运组织联系紧密，在联合国诸多机构担任观察员，与欧盟、美国和亚洲航运管理者、政策制定者沟通密切，在全球航运业中担任着不可替代的角色。

2013 年，BIMCO 上海中心正式落户浦东陆家嘴②，这是高端航运功能性服务机构在上海的首次入驻，也意味着在国际航运标准和规则制定领域，上海国际航运中心有了一定的话语权。2019 年，BIMCO 选择在上海浦东建立 SmartCon 亚洲发展与支持中心，SmartCon 是 BIMCO 携手微软打造的全新数字化"生态系统"平台，可以有效整合 BIMCO 认证的各类航运标准合同、条款注释、缔约建议，以及针对合同核心条款内容等相关信息，向海量用户提供点对点的合同编辑环境，并且保障合同信息的安全，帮助用户管控合同风险。在浦东设点，能够充分发挥 SmartCon 的全球服务功能，同时吸纳中国 IT 技术、航运法律人才，组成支持团队，为全球航运业人士提供解决方案，具有广阔的发展前景。③

以 BIMCO 为代表的国际航运职能机构和全球航运企业纷纷落地上海浦东，既体现了上海港逐步走进了全球视野，浦东新区营造的航运业环境逐渐成熟，反过来，也成为浦东助推上海国际航运中心赶超世界前列航运中心的重要抓手。

3. 未来展望

当下，国际形势的不确定性，贸易摩擦的不断升级，对建设上海国际航

---

① 上海市浦东新区人民政府：《浦东新区人民政府关于印发〈浦东新区"十三五"期间促进航运业发展财政扶持办法〉的通知》（浦府〔2017〕129 号），2017 年 7 月 12 日发布。
② 《BIMCO 在上海浦东又有大动作》，www.sohu.com/a/298482260_265147（"搜狐网"，转载时间：2019.03.01）。
③ 方叶：《BIMCO 上海中心成立助力提升中国航运话语权》，载《中国远洋海运》2013 年第 3 期，第 26—27 页。

运中心而言既是挑战也是机遇,而浦东作为上海国际航运中心的核心功能区,更是承担起对外提升辐射力影响力,对内深化改革和扩大开放化的建设任务。一方面,浦东加速海空枢纽基础设施建设,提升硬实力,《上海市浦东新区国土空间总体规划(2017—2035)》同样点明了浦东提升航运服务硬实力需要进一步强化洋山深水港区、外高桥港区、临港港区的海港布局。①另一方面,浦东持续深化包括保险、金融、法律等在内的航运软实力建设,中共上海市委发布的《中共上海市委关于面向全球面向未来提升上海城市能级和核心竞争力的意见》就指出上海要在以"高端服务能力"为核心的航运服务软实力取得新突破。②

目前,上海国际航运中心从"基本建成"迈入"全面建成"的历史新阶段。为此,浦东新区将实施更具国际竞争力的开放政策和制度,为对标国际最高水准、最好水平的航运中心奋斗,为提升开放、高端的航运服务能级奋进,服务"一带一路"建设,融入"长江经济带"的发展,推动长三角一体化发展,全力推动上海国际航运中心建设迈向新进程。

(五)进一步增强科创服务功能

改革开放以来,上海作为全国重要的科创基地,高度重视科创发展,而浦东新区作为上海科创发展的核心区域,也经历了一个从无到有,不断壮大的发展过程。具体来说,浦东的科创发展大致可划分为三个阶段。第一阶段,是基础建设阶段(1992—2004 年)。1992 年 7 月,浦东在张江成立上海第一个,也是新中国第一个以"高科技"命名的开发园区,为浦东的"科技创新引领发展"播下一颗"从 0 到 1"的种子③,随后的十多年间,浦东加紧对大

---

① 上海市浦东新区人民政府、上海市规划和自然资源局:《上海市浦东新区国土空间总体规划(2017—2035)》,http://xz.ghzyj.sh.gov.cn/zg/pdxqgtkjztgh.pdf("上海市人民政府",转载时间:2019.12.13)。

② 《提升城市能级和核心竞争力 上海提13条主攻方向和重点任务》,载《领导决策信息》2019年第5期,第2页。

③ 唐玮婕:《浦东,浦东! 30 年巨变,潮起东方》,http://news.youth.cn/gn/202011/t20201112_12571454.htm("中国青年网",转载时间:2020.11.12)。

科技基础研究基地、中心的引进与建设,如国家上海生物医药科技产业基地、人类基因组研究中心等,建成了一批国外知名科创平台,为后续科创发展打下良好基础。第二阶段,是快速发展阶段(2005—2014 年)。2005 年 6 月,国务院正式批准浦东新区进行综合配套改革试点,在国家及上海对科创重视的大环境下,浦东新区牢牢抓住机遇,乘风直上。2011 年,上海市委、市政府通过《关于推进张江国家自主创新示范区建设的若干意见》,上海浦东张江高新技术产业开发区成为继北京中关村、武汉东湖之后批准的第三家国家级示范区,全国国家级自主创新示范区由此开创"三足鼎立"的新局面。①2013 年,《上海市临港地区管理办法》正式施行,定位临港地区的科创性功能,进一步拓宽浦东新区的科创发展空间。第三阶段,是接轨国际阶段(2015 年至今)。2015 年,浦东新区颁布《浦东新区加快建设具有全球影响力的科技创新中心核心功能区 2020 行动方案》,将重点聚焦张江、临港两大区域,以提升张江综合性国家科学中心集中度和显示度为核心,共同推进打造具有全球影响力的科技创新中心核心功能区。②2016 年 8 月,上海市政府正式批复《张江科学城建设规划》,将张江科学城打造成为世界一流科学城。2021 年 7 月《上海市张江科学城"十四五"规划》发布,由 95 平方公里扩大至约 220 平方公里。

浦东开发开放三十年至今,经济社会发展取得了辉煌的成果,而浦东创新高地的覆盖范围和涵盖内容也还在进一步发展壮大,进而为整个上海的科创发展创造了无限可能。

1. 现实举措

随着一批具有重大影响力的科技创新项目和工程的加快推进,浦东推进科创中心建设的氛围更加浓厚。浦东新区在政府的大力支持推动下,从

---

① 《2011 年浦东新区大事记》,www. pudong. gov. cn/shpd/about/20130828/008006004002_
cb1266d7-4f00-4ow_q2f9-f34d3e/94/2f. htm("上海市浦东新区人民政府",转载时间:2013.
08.28)。

② 《浦东科创中心建设 2020 行动方案发布》,www.pudong.gov.cn/shpd/news/20171121/006004_
3101fe8b-2a93-4cd0-ba3b-1164a8d81d4e.htm("上海市浦东新区人民政府",转载时间:2017.
11.21)。

政策引导、科创基础设施建设、教育科研、人才引进、成果转化等方面，用现实举措支持科技创新的发展与进步，加强科创服务功能对其他方面的辐射作用。

政策引导方面。浦东新区陆续颁布《浦东新区引进海外高层次人才意见》《浦东新区引进海外高层次人才实施细则》《上海建设具有全球影响力的科技创新中心浦东行动方案（2015—2020）》等相关政策助推科创中心的建设发展。

科创基础设施建设方面。2004年，上海光源开工建设，浦东率先打造一流大科学平台，随后相继建成国家蛋白质中心、上海超级计算中心等一批世界级大科学设施，全球规模最大、种类最全、综合能力最强的光子大科学设施群也在张江初现规模；新区内集聚约247家外资研发中心，占据整个上海市近一半的规模；设在上海证券交易所的科创板则帮助构建将金融与科技要素相连接的重要通道；"中国芯""创新药""智能造""蓝天梦"等新兴产业集群也在新区内强势崛起，成为支撑上海科创中心建设的核心动力。

科研教育、人才引进方面。浦东集聚了浙江大学上海高等研究院、上海清华国际创新中心、复旦大学张江校区等高等院校，中科院上海药物所、中国商飞上海飞机设计研究院、上海超级计算中心等国家级科研院所，IBM、罗氏等跨国公司研发机构，抗体药物与靶向治疗、新药研究等国家重点实验室。2010年，浦东新区提出了打造"国际人才创新试验区"的设想，在国际人才创新环境、公共服务体系等方面进行创新构想。2016年，浦东新区突破外籍高层次人才政策瓶颈，率先试点个人和团队直接申请永居。

成果转化方面。截至2018年底，浦东科技创新已富有成效，浦东新区经认定的上海市专业技术服务平台62家，约占上海市平台总量的28%，年内有9项科技成果获国家科学技术奖，经认定的技术交易合同数2 242项，技术合同交易额达304.88亿元，高新技术成果转化项目认定136项，41家企业入选上海市科技小巨人（含培育企业）项目。①

---

① 《浦东年鉴2019-科学技术》，www.pudong.gov.cn/shpd/about/20200723/008006033031_123cfa06-0566-4fbe-9845-b5494065bdad.htm（"上海市浦东新区人民政府"，转载时间：2020.4.20）。

2. 典型案例

创新一直是浦东开放和改革的主要驱动力,尤其是张江与临港作为浦东新区资深与新启的两大科创园区,在发展进程中都涌现了一些极具代表性的创新型企业案例。

一是"国家上海生物医药科技产业基地"扎根张江。为加快实施发展生物技术与现代医药产业的新兴科技产业战略,1996年8月2日,"国家上海生物医药科技产业基地"落户张江高科技园区,这也是上海实施"聚焦张江"战略最早开发的基地之一。在随后的20多年中,基地致力创新研究,积极引进科研人才,广泛开展科技研发工作,专利发明荣获2002香港国际专利技术博览会金牌奖等奖项,研发的药物在治疗老年痴呆、癌症、疟疾等方面获得国内外广泛认可①;吸引罗氏、诺华等公司的入驻;打造张江生物医药公共服务平台,完善基地创新服务链。如今,上海生物医药科技产业基地已成为国内生物医药领域研发机构最集中、创新实力最强、新药创制成果最突出的基地之一,有张江"药谷"的称号。截至2020年,张江集聚有约1000多家生命健康创新企业,超过600个在研药物品种,国家级研发机构近150家,超过1000多项专利授权。2019年全国约1/3的Ⅰ类创新药来自张江,2020年2/3全国批准上市抗体药物、1/5创新医疗器械均来自张江。②因此,张江"药谷"的美誉与辉煌将继续在浦东新区的大地上发出光亮。

二是"特斯拉超级工厂"落户临港。为适应通信技术和人工智能飞速发展的时代,帮助上海尽快实现产业转型升级的目标,2018年,在国家发改委宣布取消新能源车外资股比限制后,特斯拉(上海)有限公司成立,规划年产50万辆纯电动整车的特斯拉超级工厂正式揭牌,落户浦东临港区域,这也是迄今为止上海引进的规模最大的外资制造业项目;同时,特斯拉(上海)电动汽车研发创新中心也同步落地。③特斯拉的引进是上海聚焦"未来车"的

---

① 刘朝粹、张振德、姚有良:《自主创新之花:张江"药谷"生机盎然》,载《长三角》2006年第2期,第14—16页。

② 《721.04亿元!张江医产业要爆表!》,https://www.sohu.com/a/325968215_100044537("搜狐网",转载时间:2019.07.01)。

③ 《特斯拉超级工厂落户临港》,载《浦东开发》2019年第1期,第6页。

重要举措之一,通过吸引优质新能源汽车项目及企业,探索智能网联汽车应用等方式,推动传统汽车制造企业迭代升级。

3. 未来展望

在当前和今后的很长时期,我国发展都会处在应对世界格局重大变化的关键时期,浦东作为改革开放的前沿阵地,也会是最先、最直接地感受到变化的地区之一。在这样大变局的背景之下,浦东科创的发展将继续保持聚焦张江、临港两大区域,加快张江科学城设施建设,夯实科创的设备基础,积极引进国内外优质科研机构,形成集聚效应,协同合作,突破核心技术空缺的瓶颈。深化科技创新体制改革,加大对企业技术创新的鼓励程度,帮助更多成长性企业发展壮大。进一步优化创新生态环境,加强产学研用联动发展,打造国家化、市场化、专业化的创新孵化链,促进创新成果的转化。提升浦东人才吸引力度,加强对外籍及行业领军人才的政策创新,为科创发展确保人才的输入。着力支持"中国芯""创新药""智能造""蓝天梦""未来车"和"数据港"六大硬核产业的创新发展,实现助力上海产业转型升级的服务作用。

可以预期的是,未来的浦东新区将会成为灵感与创意的最佳实践地,成为科技创新的高地,成为新概念、新发明、新产品不断涌现的高地,成为众多新兴产业发展壮大的沃土之地。

四、深入实施创新驱动发展战略

从当前和未来发展来讲,创新驱动发展战略已经成为我国推动经济高质量发展的重大国家战略和重要抓手。浦东新区作为上海乃至我国改革开放的排头兵和创新发展的先行者,理应在实施创新驱动发展战略方面走在上海和全国的前列,发挥带头和示范作用。

(一) 进一步提升科技创新策源能力

早在 2015 年,上海市人民政府发展研究中心在《上海建设具有全球影响力科技创新中心战略研究》一文中就提到了"创新策源"这个概念，提到欧美等发达国家凭借丰富的人才储备和雄厚的科技资源在全球创新体系中占据主导地位，成为"科技创新和产业变革的策源地"。[①]总的来说，创新策源是一个不单只是指源头创新的概念，而是更加强调了在一定的前期规划和探索中，创新对象通过叠加相关资源形成重大成果，且在制度保障下，完成了有效的成果转化，进而支撑并引领未来经济社会发展的全过程活动。

对于创新策源能力来说，2018年上海市委发布的《关于面向全球面向未来　提升上海城市能级和核心竞争力的意见》中指出在实现推进国际科技创新中心策源能力取得新突破过程中，要努力成为全球学术新思想、科学新发现、技术新发明和产业新方向的重要策源地。[②]因此，科技创新策源能力至少包含四个方面，分别是学术新思想、科学新发现、技术新发明和产业新方向。

浦东始终是争当创新发展的先行者，而张江是浦东在科技创新方面的"核心阵地"。早在浦东开发开放初始阶段，张江就建设了生物医药基地，随后依托张江高科技园区的建立，一大批重大科学项目被引进浦东。单就国家重大科技基础设施一项，在国家有关部委的支持下，目前上海建成和在建的国家重大科技基础设施已达14个，全部位于张江国家自主创新示范区内，涵盖光子、海洋、能源等多个前沿科技领域。

如今，从张江示范区辐射出去，张江综合性国家科学中心的建立就是为了提升科技创新策源能力，发挥上海的优势，并能够代表国家在更高层次上参与全球科技竞争与合作。2021年是张江国家自主创新示范区成立的第十年，在这十年间，张江已经在提高科技创新策源能力方面积累了一定的经验。

1. 科技创新策源能力建设经验

一是吸引与培育顶尖科技人才是科技创新策源的基石。"创新策源能

---

① 肖林、周国平、严军：《上海建设具有全球影响力科技创新中心战略研究》，载《科学发展》2015年第4期，第63—81页。

② 上海市委：《关于面向全球面向未来　提升上海城市能级和核心竞争力的意见》，https://www.yicai.com/news/5436773.html（"第一财经"，转载时间：2018.07.04）。

力建设的本质是顶尖创新人才的集聚与培育"①，无论是学术新思想还是科学新发现、技术新发明，都是人调动主观能动性后的产物，基础研究、应用基础研究，进而完成关键核心技术突破，都离不开专业人才的共同努力。在汇聚大批科技人才后形成的浓厚创新氛围进一步加强了张江对于各类人才的吸引力。截至 2020 年底，张江示范区聚集了 330 家国家级研发机构，包括朱光亚战略科技研究院、李政道研究所等顶级科研机构，清华大学、复旦大学、上海交通大学等在张江示范区内建立新兴研发机构，同样还包括脑科学与类脑研究中心、张江药物实验室等高水平实验室。除此之外，还有约 10 万家科技企业、9 000 余家国家高新技术企业在此集聚，其中 32 家企业在科创板上市。总从业人员达 238 万人左右，其中青年人才占 80％以上，企业留学归国人员和外籍人才占 3.2％，聚集了全市 80％以上的高端人才。顶尖专业人才的持续输出是科技创新策源能力逐步提升最为关键的因素。②

二是政策与制度创新是科技创新策源的保障。灵活的市场机制与政策为张江带来了技术、人才、资本等方方面面的活力，能够有效激活与创造产业新方向。在张江国家自主创新示范区建设十年期间，无论是为了解决各类科技企业和科研机构遇到的痛难点而出台的配套政策与制度，还是为保护科技创新而设置的法律法规条例，先行先试改革创新的诸多举措切实帮助了张江示范区内科技企业和科研机构的发展。就以人才政策来说，张江国家自主创新示范区内探索建立国际人才试验区，设立了全国首家外国人永久居留事务服务中心，颁发了首张外国人永久居留身份证。率先实行的更加开放和便利的人才引进政策，是张江示范区在人才引进方面先行先试的重要探索。可以说，张江的政策与制度创新让科技创新走上了快车道，也成为科技创新策源能力得以提升的重要保障。

2. 科技创新策源能力未来建设

根据科技创新的发展规律和现实情况来看，在浦东新区包括张江未来

① 陈超：《如何理解创新策源能力》，载《竞争情报》2018 年第 4 期，第 3 页。
② 《张江国家自主创新示范区建设发展相关情况》，http://www.shio.gov.cn/sh/xwb/n790/n792/n1143/n1148/u1ai27425.html（"上海市人民政府新闻办公室"，转载时间：2021.03.30）。

的科技策源能力提升进程中,科技人才培育和吸引、持续的技术创新及产业创新是主要的着力点。

一是坚持创新文化氛围,着力打造开放包容的创新环境。应该充分意识到,科技创新和科学研究是高风险领域,每个科研成果的背后可能都是经历了无数次失败的实验与尝试,并在不断尝试、总结和反思后获得了成绩。因此,主动打造包容失败和开放心态的创新环境能够鼓励每个科研人员进行大胆尝试。从这个角度出发,可以通过各类宣传渠道传播创新创业典型案例,让更多的人设身处地地去了解与熟悉创新过程中会遇到的困难和失败,也有利于培育大众对于科技创新的兴趣。

二是营造更具活力的创新生态。科创中心建设和发展的欣欣向荣,除了依靠大型跨国企业和雄厚资本的国内龙头企业进行长时间和大体量的投入,同样也少不了大量专注某一科技细分门类的中小微企业和初创企业在该细分领域的深耕。因此,鼓励与保护好多种业态共存,且引导其以最符合自身特质和所在领域发展趋势进行企业建设,不顾此失彼,才能营造和维护一个时时散发活力的良性创新生态。目前,张江示范区内已经有一些小微企业在短时间内就迅速成为领域内的顶尖企业。例如,从一台冻干机做起的东富龙科技,如今可以提供新冠疫苗全套生产线和工艺,并向国外出口大量设备,这都离不开张江乃至浦东新区对于创新生态的维护。[1]

三是注重搭建人才交流平台。如何让专业人才发挥出其专业能力实现科技创新,是下一步人才工作需要着重考虑的方面。一方面,随着新技术的适用场景逐步扩大,以及越来越多的专业人士将新技术运用于传统商业体系中为其赋能,大量本身就是具有"科技+X"跨专业背景的人才因为张江丰富的人才储备和宽松的创业环境来到浦东创业或者把公司搬到浦东。人才交流平台的搭建能够有效缩短对于寻找与锁定企业所需专业人才的时间,也有利于不同类型科技组织之间的互相交流与启发。另一方面,根据目

---

[1] 《张江十年 | 上海张江200万青年人才的科创"梦工场"》,http://stcsm.sh.gov.cn/xwzx/mtjj/20210401/f0df5e38266346ef9f6d7ff5fae69d3a.html("上海市科学技术委员会",转载时间:2021.04.01)。

前张江研发产业集群的特点,通过搭建人才交流平台,更加能够实现产学研一体化的创新体系,更为高效地实现研究产业化和产业研究化。

科学技术创新从未像今天一样影响国家和城市的前途与命运。《上海市国民经济和社会发展第十四个五年规划和二〇三五年远景目标纲要》中提到,在"十四五"期间,上海要"强化科技创新策源功能,扩大高水平科技供给"。浦东作为上海科创中心建设核心承载区,为上海乃至中国的创新驱动起到策源作用,应继续坚持在未来发展中不断总结和完善科技创新制度和经验,并将先进经验提供给其他上海市及全国的科技园区,逐步形成一套较为全面和完善的"张江模式"。①

(二) 进一步强化高端产业引领作用

"蓝天梦、智能造、创新药、数据港、未来车、中国芯"是浦东新区在改革开放再出发时代背景下迈向科技强国的六大"硬核"产业,是未来浦东新区与自贸试验区经济发展动能转变提升、促进我国迈向产业链高端的重要推动力。目前,浦东聚集了全市近1/3的高新技术企业、40%的战略新兴产业产值,是全球性研发公司最集中的区域之一,具备深厚的发展基础与潜力。根据浦东新区发布的"10＋6＋X"倍增行动方案,到2025年,浦东新区将全力实现科学发现功能、科创策源功能、创新主体功能、创新转化功能、科创孵化功能等科技创新中心核心承载区功能优势倍增,实现战略新兴产业高速度增长、高质量发展,打造高能级集群,到2025年,培育形成六个"千亿级"规模的硬核产业集群。从"中国芯"到"创新药",从"蓝天梦"到"智能造",从"未来车"到"数据港",六大硬核产业助力浦东新区插上高质量发展的腾飞翅膀。浦东新区预计,到2025年,这六大主导产业将达到"千亿级"规模。②

目前,浦东新区六大"硬核"产业已呈现集聚发展态势。"中国芯",集成

---

① 《上海市国民经济和社会发展第十四个五年规划和二〇三五年远景目标纲要》,https://www.shanghai.gov.cn/nw12344/20210129/ced9958c16294feab926754394d9db91.html("上海市人民政府",转载时间:2021.01.30)。
② 《浦东开发开放30年:市场主体超40万,要形成六个"千亿级"硬核产业》,https://www.yicai.com/news/100842692.html("第一财经",转载时间:2020.11.18)。

电路规模突破 1 000 亿元,占上海全市的 73%,正推进上海集成电路设计产业园建设,力争集聚千家企业、形成千亿元规模、汇聚十万人才、新增百万空间。"创新药",产业规模 672 亿元,占上海全市的 46%,正在建设张江创新药产业基地、张江医疗器械产业基地等 10 平方公里产业空间。"智能造",正在以上海张江人工智能岛和临港国际智能制造中心为载体,加快工业互联网、人工智能技术发展,建设全国人工智能创新应用先导区。"蓝天梦",航空航天产业持续保持两位数增长,正在加快启动建设大飞机总装产业基地配套园区。"未来车",汽车产业规模超过 2 000 亿元,正在加快发展新能源、智能网联汽车,特斯拉超级工厂力争年内建成投产。"数据港",软件和信息服务业增加值 938 亿元,占上海全市的 48.7%,正在推进卡园+软件园+信息产业园"三园"融合,加快 5G 技术示范应用。①

(三) 进一步建设具有全球竞争力的人才制度体系

回顾浦东开发开放 30 年波澜壮阔的历史,成功的因素有很多,其中关键的一条就是广聚天下英才而用之。在开发开放之初,浦东就秉承"浦东的开发首先是人才的开发"的理念,一直以来,浦东高度重视如此开发工作,通过一系列的政策措施,使得各种类型的国内外人才为浦东开发开放提供了强大的支撑,并且推动了浦东的科技创新。经历人才高地建设准备期(1990—1996 年)、人才高地正式建设期(1997—2009 年)、国际人才试验区建设期(2010—2014 年)和人才体制深化改革期(2015 年至今),人才总量从开放初期的约 6 万增长至目前的 145 万,已经成为国内名副其实的人才资源高地。②

2008 年,浦东新区人民政府印发《浦东新区支持鼓励人才若干意见》,从集聚金融人才、扶持创新人才、支持博士后工作、实施"安居工程"、建立"绿色通道"六方面制定政策,完善人才引进、培养、使用和激励机制。

2015 年,浦东新区区委制定《深化人才工作体制机制改革促进人才创

---

① 李治国:《上海浦东新区:六大"硬核"产业集聚发展》,载《经济日报》2019 年 7 月 2 日,第 3 版。
② 张波:《浦东再出发离不开人才助力》,载《社会科学报》2020 年 5 月 14 日,第 2 版。

新创业的总体方案》,共提出 14 条创新举措,明确从 2015 年起,以上海自贸试验区、张江国家自主创新示范区为改革平台,启动国家人才改革试验区创建工作,到 2020 年,形成具有全球影响力的"国际人才自由港"和"大众创业策源地"。①

2018 年,浦东新区发布了《关于支持人才创新创业促进人才发展的若干意见》,即浦东人才发展"35 条",明确在体制机制改革关键环节率先形成可复制、可推广的人才制度成果,在创新创业生态重要领域率先构建人才发展竞争优势。

2019 年 4 月,浦东国际人才港开港,浦东以打造高能级的人才服务综合体和人力资源配置枢纽,全覆盖集成整合 80 项人才审批业务,开通了自贸试验区外国人来华工作"一网通办"服务平台,正式接入全市"一网通办"总平台,成为上海市首个人才公共服务示范窗口。

2019 年 6 月,上海市政府出台《关于支持浦东新区改革开放再出发实现新时代高质量发展的若干意见》,支持浦东新区探索以优化人口结构和人才服务为重点的人口管理机制,赋予浦东新区国内人才引进直接落户审批权和留学人员落户审批权。

2020 年 12 月,为进一步支持浦东更深层次改革,更高水平开放,三大人才政策同步发布:为三类人才申请在华永久居留提供便利,率先试点外国创业人才工作许可证,启动外籍人才薪酬购付汇便利化试点。②

1. 现实举措

在人才高地建设准备期(1990—1996 年),浦东开发开放初期主要面临的问题是各行业人才均极度短缺,因此建立高效精简的人事组织机构是大势所趋。1993 年初,浦东新区实行组织部和人事局"两块牌子、一套班子"合署办公,在组织人事处内部设立人才开发处,为浦东快速推进人才高地建设做准备。同年,浦东新区成立人才交流中心,通过建立人才信息库开展人事代理服务等方式建立健全劳动就业服务体系。除了全方位吸引各行业人

---

① 李锋:《浦东开发开放三十年回顾、总结与展望》,载《科学发展》2020 年第 3 期,第 34—43 页。

② 整理自"上海市浦东新区人民政府",http://www.pudong.gov.cn/shpd/。

才,浦东新区在公务员选拔方面率先实现不限职业、不限级别、不限地域、不限户籍、不限年龄的"五不限"选拔制度,让上海全市乃至全国向浦东输送优秀干部。

在人才高地正式建设期(1997—2009 年),人才战略主要是吸引海外优秀人才,加快推进浦东开发开放进程。这一阶段,吸引外籍人士和留学人员到浦东新区服务的各项规定、政策出台,对口服务海外留学生的人才中介机构、创业园区、咨询公司纷纷成立。此外,1999 年,上海人才市场迁入浦东,这是国内最早建立、规模最大的国家级区域性专业人才市场。

在国际人才试验区建设期(2010—2014 年),2010 年,《上海市中长期人才发展规划纲要》部署建设浦东国际人才创新试验区,开启了浦东人才集聚的新阶段。[①]在此阶段,浦东以创新体制机制和优化人才生态环境为重点,加快集聚海内外高层次人才。例如,2010 年浦东新区出台《浦东新区引进海外高层次人才实施办法》,计划用 5—10 年时间引进 100 名具有海外丰富经历、通晓国际规则和惯例、带动产业发展的海外高层次人才。

在人才体制深化改革期(2015 年至今),习近平总书记要求上海加快向具有全球影响力的科技创新中心进军,浦东新区作为科技创新中心核心区,推出了一系列有力举措。其包括:2015 年 8 月出台的《关于进一步加强浦东新区党管人才工作的实施意见》,2016 年 8 月修订的"新百人计划"等。此外,还成立了浦东新区海外人才局,推出放宽外国留学生直接就业、试点人才办事窗口"无否决权"改革等创新举措,设立"海外人才服务专窗",提供科技金融、人才安居、出入境证件办理等一揽子服务。

应该认识到,浦东新区区委、区政府对人才工作的重视,不仅充分体现在各种人才的政策措施上,而且还体现在人才工作的不断创新上,使得浦东新区所拥有人才的规模大、门类齐,并且发挥了很好的作用。

一是推进人才新政率先试点。率先试点上海自贸试验区顶尖科研团队外籍核心成员申请永久居留新政。为全球外籍优秀毕业生创新创业提供长

---

① 吴开平:《上海出台中长期人才发展规划纲要》,载《新重庆》2010 年第 10 期,第 39 页。

期居留、永久居留便利，深化上海自贸试验区外籍高层次人才、外籍华人申办永久居留机制，为上海自贸试验区企业聘雇的外籍人才提供人才口岸签证申请便利。率先试点外籍人才在上海自贸试验区兼职创新创业新政。支持上海高校在读外籍留学生在上海自贸试验区兼职创业，为上海高校外籍毕业生，以及跨国公司地区总部、投资性公司和外资研发中心引进的世界知名高校外籍毕业生提供上海自贸试验区工作许可。率先试点外籍高层次人才技术入股市场协议机制，支持有重大创新技术人才跨境创业，试行持在华永久居留身份证的外籍高层次人才在上海自贸试验区注册科技企业享受中国籍公民同等待遇。同时，推进国内人才引进落户新政。依托市、区人才工作合作机制，深化用人主体评价和市场化认定标准，争取在科创中心核心功能区试行人才引进落户新政。聚焦张江综合性国家科学中心建设，开通张江核心区域重点机构人才引进绿色通道。

二是推进人才创新创业平台建设。建设浦东产业创新中心。招揽领军人才，实行项目法人制，提供定制化支持方案，进行契约化管理，探索基础科研人才、产业技术人才和经营管理人才融会贯通机制，以市场眼光选择人才创新项目，以资本纽带增强项目根植性，推进产业核心技术研究开发和集成创新、技术转移和成果产业化。建设浦东国际人才港。集聚具有全球人力资源配置服务能力的市场机构，整合人才引进审批和创新创业扶持类公共机构，搭建职业发展对接、创新成果展示和人才活动交流等平台，打造最佳体验、最高效率、最优服务的人才工作地标和人才服务枢纽。推进离岸创新创业基地建设。完善上海自贸试验区海外人才离岸创新创业基地配套政策，创新离岸创业托管模式，探索海外项目跨境注册、互联网注册和项目团队出入境、就业、结汇和通关等便利化措施，完善跨境预孵化项目奖励机制。同时，建设人才智能化信息平台。推进市、区共建国际人才网，强化海外版、移动端服务功能。建设人才公共服务大数据平台，提升管理服务精准化、有效性。搭建人才创业服务云平台，促进各部门、园区实行创业项目信息共享、联动服务。

三是推进人才服务功能的增强。深化人才跨境金融服务。符合条件的海外人才可通过自贸试验区金融机构开立FTF账户,境内企业可按科技创新全周期获得全方位跨境金融服务。提高境内企业向境外员工发放薪酬便利度,外籍人才境内合法收入可视同境外资金投资创业。围绕人才公共行政事项一次办成,再造审批流程,创新服务模式,强化监管配套,实施"一网通办""一次办成"等新机制,促进人才管理扁平化。打造政策服务"全需求响应"总客服,组建人事专员队伍,建设高层次人才精品服务和人才公共服务示范窗口。①

2. 典型案例

一是组建上海科技大学。2004年6月23日,上海市人民政府与中国科学院开始筹划在浦东共建一所研究型大学。2005年8月19日,中科院上海分院提出将中科院上海浦东科技园(虚拟)实体化,建设科技创新基地和人才培养基地。2006年4月14日,上海市同意与中科院上海分院共建中科院上海浦东科技园(包括一所综合性科研机构和一所大学)。同年,上海市划拨1 500亩土地用于科技园建设。经过近10年的筹划,2013年9月30日,教育部批复同意并正式建立上海科技大学。

上海科技大学致力于服务国家经济社会发展战略,培养科技创新创业人才,提供科技解决方案及发挥思想库作用,努力建设一所小规模、高水平、国际化的研究型、创新型大学。学校位于浦东新区张江高科技园区中,是建设中的张江综合性国家科学中心的重要组成部分,与已经建成使用的一系列国家大科学设施和科研机构紧密结合,融为一体。上海科技大学的成立及其人才引进、人才培养制度正是浦东新区人才体制深化改革期各项政策的深刻体现,目前该校培养的人才已经服务于张江综合性国家科学中心建设的任务中。

从2014年招收首届本科生开始,到2021年1月,学校共有在校生4 300名,其中本科生1 631名,硕士研究生1 851名,博士研究生818名。学校按照1∶10—1∶12的师生比建设一支1 000人规模的教授队伍,规划

---

① 整理自《浦东新区关于支持人才创新创业促进人才发展的若干意见》,2018年4月3日发布。

选聘 500 位常任教授和 500 位特聘教授。其中，常任教授主要来源于国际著名大学的知名学者和优秀青年学者，实行常任教授制（Tenure System）；特聘教授主要来源于中科院上海分院研究院所的优秀科学家和国内外著名教授。截至 2021 年 2 月，学校已选聘 540 位教授（特聘教授 255 位，常任教授到位 272 位，教学教授 13 位），其中包括诺贝尔奖获得者 5 位、中国科学院院士 35 位、中国工程院院士 3 位、美国国家科学院院士 11 位、美国人文和科学学院院士 8 人、英国皇家学会院士 3 位。2016 年 4 月 15 日，国务院发布《上海系统推进全面创新改革试验加快建设具有全球影响力的科技创新中心方案》，明确指出上海科技大学在上海张江综合性国家科学中心建设中承担重要任务。目前，学校正与中科院上海分院科研院所等单位合作，负责或参与建设软 X 射线自由电子激光用户装置、活细胞结构和功能成像等线站工程、超强超短激光实验装置、上海光源二期线站工程（纳米自旋与磁学线站、高性能膜蛋白晶体学线站），牵头硬 X 射线自由电子激光装置的规划和建设，①承担"未来医学中心""未来科学中心"等科创中心重点建设工作，力争为上海科创中心建设作出重要贡献。②

二是构建创业汇。2020 年 8 月，2020 年海外人才上海自贸区云＋创业汇特色专场——仲夏夜之创业梦举行，共吸引了来自全球 29 个国家的 622 个项目报名。活动上，海内外创业家、专家围绕初创企业发展，聚焦"创新＋资本＋生态圈"展开主题演讲，全球多地实时连线，与海内外创业者共同探讨创业迷津，畅聊创业梦想。软孵化器等 3 家浦东优秀孵化器代表的负责人，分享了各自的孵化服务特点和擅长的领域。浦东在生物医药、集成电路、人工智能等领域产业链完整、人才高度集聚，更有超过 170 家孵化器与众创空间，这些都是创业者强有力的支撑。③

上海自贸试验区海外人才离岸创新创业基地是中国科协和上海市合作

①　符佳：《上科大团队重大科研成果再登〈细胞〉杂志》，载《浦东时报》2018 年 2 月 2 日，第 2 版。

②　英盛：《立志成才　报国裕民——上海科技大学》，载《电子技术与软件工程》2017 年第 14 期，第 7—8 页。

③　整理自"新民网"，http://newsxmwb.xinmin.cn/shizheng/2020/08/28/31795434.html。

的重要项目，在离岸基地内的创业，优势在于可以享受上海自贸试验区政策的优惠，以及人才出入境方面的便捷服务、创新企业支持等。基地成立以来，不断突破创新，功能日益完善，建立了"总部空间＋合作空间＋合作伙伴"新型服务模式及覆盖全球的服务网络。创业汇是由离岸基地举办的品牌活动，是上海自贸试验区、浦东新区标志性的国际创新创业活动和引才引智渠道。

三是构建上海外服入驻国际人才港。2020年12月22日，上海外服浦东国际人才港，上海外服全球引才平台、上海外服全球科创中心、上海东浩兰生人力资源产业股权投资基金三大平台揭牌。上海外服全球引才平台立足于服务浦东新区承担的中国（上海）自由贸易试验区及建设具有全球影响力的科技创新中心的国家战略需要，发挥上海外服的专业化人才服务和国际化人才网络优势，统筹国际国内人才资源，实现政府人才政策、企业人才吸引和人才职业发展无缝对接，助力浦东成为全球优秀人才集聚地，成为人才引领发展战略的先行者。上海外服全球科创中心以"数字外服"战略为引领，建设信息系统研发中心、数字科技创新中心和产品创新中心，建设物联网、人工智能、区块链、云计算和大数据五大应用实验室，加快人力资源服务与前沿科技相融合，助力浦东新区成为中国人力资源服务行业创新发展的引领区。上海东浩兰生人力资源产业股权投资基金的基金规模50亿元，首期注册规模为10亿元。人力资源产业基金通过引入社会资金、新技术和创新的管理机制，重点投资于人力资源服务业上下游产业链和生态圈，做优、做强、做大浦东新区人力资源服务业，助力浦东成为中国人力资源服务业资源整合的集聚地。①

3. 未来展望

浦东新区走过筚路蓝缕的30年，站在"两个一百年"的历史交汇关键点，实现"十四五"规划战略目标，关键在于人才，必须对标国际最高标准、最好水平，面向全球、面向未来，围绕推动高质量发展、创造高品质生活，以更

---

① 整理自浦东国际人才港新闻中心。

加积极、更加开放、更加有效的人才政策，大力推进国际人才本土化和本土人才国际化。浦东新区要做好人才服务，大力发展国际社区、人才公寓、国际学校、国际医院和大型文体设施等，营造国际化、高品质的生活环境，让人才从细微处感受到浦东独特的温暖。展望未来，浦东新区在进一步深入实施创新驱动发展战略的指引下，打造具有全球竞争力的人才制度体系需要通过以下几个方面实现再出发。

一是健全以党管人才为核心的现代化人才治理体系，在"党管人才"的基本原则下，建立人才信息数据库、成立人才智库研究联盟、建立企业和人才问题定期汇报制度并继续大力扶持人才中介组织发展。

二是构建"全周期、全链条"的智能化人才公共服务体系，从"等待型"服务、"一对一"服务到针对高端人才的"上门型"服务，运用大数据资源，在高端人才提出需求之前就提供优质服务。

三是通过国家级设施、项目和领军型企业聚集高精尖人才，争取在国际前沿和国家核心技术关键领域引进世界级科学家集聚，重点攻关重大科研项目并使研究成果可以就地转化。此外，还要积极培育本地领军型企业，尤其是在浦东已经形成完善产业链的生物医药、信息技术、数字产业等领域，这也有利于我国更好地实施主要依靠国内经济循环的"双循环"发展战略。

四是以国际人才港为平台，实现人才政策系统化、品牌化和透明化，将人才政策体系及政策原则以立法形式予以稳定，并深入整合市、区两级的人才政策信息网。

五是发挥浦东先行先试政策优势，持续深化人才体制机制改革，赋予浦东新区国内人才引进直接落户审批权和留学人员落户审批权。放宽自贸试验区用人单位引进高科技领域外国人才的年龄、学历和工作经历限制，在自贸试验区探索实行外国人来华工作许可差异化流程。[①]

[①] 中共上海市委、上海市人民政府：《关于支持浦东新区改革开放再出发实现新时代高质量发展的若干意见》，载《浦东开发》2019年第7期，第4—7页。

五、深入推进城市治理现代化进程

浦东新区作为我国第一个国家级新区，经过30年的开发开放，成为了我国改革开放的象征和上海现代化建设的缩影。①在30年中，除了在经济发展上取得了瞩目的成绩，对于如何管理与治理一个超大城市中迅速成长的新区这一问题，浦东新区也交出了一份令人满意的答卷。通过探索精细化治理推动城市治理现代化进程，浦东新区先行先试、敢为人先，不仅积累了许多成功案例，以及在上海乃至全国都具有影响力的改革举措，更凭借对城市治理现代化的深入思考，探索出了一条具有中国特色的建设、发展与管理之路。

(一) 建设背景

1. 为讲好浦东故事所肩负的责任

2019年，党的十九届四中全会提出必须加强和创新社会治理、完善社会治理体系、建设社会治理共同体，建设人民安居乐业、社会安定有序的平安中国，②而城市作为国家发展的主要机制、国家治理的主要场所和实现人民美好生活的主要载体，承载着重要的国家使命和时代使命③，因此，提升城市的治理水平成为了重要发力点。2020年，习近平总书记在浙江考察时进一步强调"推进国家治理体系和治理能力现代化，必须抓好城市治理体系和治理能力现代化"，这不仅对城市治理提出了更高的要求，也为新时代城市治理指明了方向。

---

① 《浦东概况》，http://www.pudong.gov.cn/shpd/about/20210203/008001001_e32687d9-589d-4285-8411-210c7845a4f0.htm（"上海市浦东新区人民政府"，转载时间：2021.03.16）。
② 《十九届四中全会精神解读：建设社会治理共同体》，http://guoqing.china.com.cn/2019zgxg/2019-11/05/content_75375020.html（"中国网"，转载时间：2019.11.05，访问时间：2021.04.10）。
③ 《疫情后，如何更系统地理解"城市治理现代化"》，https://baijiahao.baidu.com/s?id=1668458784392810244&wfr=spider&for=pc（"百度"百家号·澎湃新闻，转载时间：2020.06.03）。

上海作为我国最大的城市之一,不仅是我国乃至全球经济、金融、贸易、航运、科技创新中心,更是全国改革开放排头兵、创新发展先行者,自然而然肩负起探索超大城市治理现代化道路的重担。而浦东新区又是上海改革开放创新试验的政策高地,更要争做"排头兵中的排头兵"和"先行者中的先行者",要求浦东新区以引领一流城市体现一流治理水平为目标,以精细化管理推动实现更高水平的城市治理为方向,对标世界现代城市,不断提高城市治理的法治化、社会化、专业化、科学化与智能化水平,塑造城市秩序,激发城市活力,努力探索走出一条中国特色的超大城市新区管理新路①。浦东新区在城市治理现代化的先行先试,更是责任与担当。

2. 为破解城市治理中的共性问题的现实需要

任何一个超大型城市的成长过程中都面临着城市病的问题。一方面,随着城市化水平的提高,人口大量集聚,交通问题、环境问题、秩序问题并发,"城市病"的出现对居民的生活质量产生了负面的影响,这些类型的城市病是世界城市发展的共性。另一方面,我国城市发展还出现了一些特有问题。首先是城市化时间短,浦东仅用30年的时间便建立起了一座现代化、外向型、多功能的新城,过快的城市化进程使得相关配套制度与基础设施难以跟上快速的城市化步伐,城市化形态与内涵发展得不同步。其次是试错积累少,"摸着石头过河"的城市治理改革中必然有不符合城市发展规律和人民群众需要的管理机制与方式,虽然通过试错积累了不少经验,但也同时出现了一批亟待纠正的偏差。此外,还有居民对城市的理解不全面,规划者与治理者的脱节,硬件与软件的脱节等问题。同时,社会正发生着深刻的变革,新时代下社会矛盾已经变为人民日益增长的美好生活需要和不平衡不充分的发展之间的矛盾,群众对教育、医疗、养老等公共服务的优质化水平,对更有序、更安全、更干净的城乡环境和水、气、绿等生态环境要求越来越高。无论是世界城市发展的共性问题还是我国城市发展特有的问题,都成为人民追求美好生活的掣肘,因此浦东的城市化过程必然要面对并解决这

---

① 陈高宏、吴建南、张录法:《像绣花一样精细:城市治理的浦东实践》,上海交通大学出版社 2020 年版,第 9 页。

些问题，推动强调系统性、协同性、整体性的城市治理现代化进程不仅是实践要求，更是现实需要。

3. 为实现高质量发展的内在追求

自 1990 年中央提出开发开放浦东，至今已有 30 年，进入新时期，浦东也有了新的发展目标。上海市委、市政府专门出台《关于支持浦东新区改革开放再出发实现新时代高质量发展的若干意见》，要求浦东在高水平改革开放、高质量发展、高品质生活等方面走在全国前列，奋力打造新时代彰显中国理念、中国方案、中国道路的实践范例；[①]《浦东新区国民经济和社会发展第十四个五年规划和二〇三五年远景目标建议》中提出到 2025 年，也就是"十四五"期末，打造社会主义现代化建设引领区取得重大进展，"五大倍增行动"有力完成，经济总量和人均可支配收入再迈上新的大台阶，发展质量、公共服务、城乡环境、治理水平、生活品质全方位提升；到 2035 年浦东将成为充满获得感、幸福感、安全感的最佳居住地，可以推窗见绿色、漫步进公园、四季闻花香，街区风貌更具品位，建筑可以阅读，小巷富有韵味，处处充满着生活的温度。[②]而目前浦东城市功能滞后于经济功能、社会事业发展滞后于经济发展，生活功能滞后于生产功能问题依然存在，要实现浦东所规划的建设目标，必须要协同推进经济发展与城市治理现代化水平，这是实现高质量发展的内在要求。

（二）现实举措

1. 构建"三治"治理体系

"率先构建经济治理、社会治理、城市治理统筹推进和有机衔接的治理体系"，是习近平总书记在 2020 年浦东开发开放 30 周年庆祝大会所提出的要求。2020 年 12 月，浦东城市大脑升级版正式上线，是浦东率先构建"三治"治理体系的首创性改革探索，它展现了 7 个全面融合经济、社会、城市

---

① 中共上海市委、上海市人民政府：《关于支持浦东新区改革开放再出发　实现新时代高质量发展的若干意见》，载《浦东时报》2019 年 6 月 26 日，第 3 版。
② 《上海浦东新区制定"十四五"规划和二〇三五年远景目标》，载"浦东发布"微信公众号 2020 年 12 月 16 日。

治理要素的智能化场景，对垃圾分类、养老行业监管、电动自行车楼道充电等进行详细描述，并投入到实际使用的过程中去。这是浦东推进超大城市治理现代化上的重要一步，是浦东打破部门之间、条线之间、层级之间职责壁垒，坚持以群众和市场主体需求为中心推动治理流程再造的自我革命。①

2. 加强环境与交通治理

环境治理方面。浦东在"十三五"期间，完成构建"一核、双环、三网、多点"的生态网络结构，完成林地建设 6 万亩、绿地建设 2 400 公顷，森林覆盖率达到 18.21%，建成区绿化覆盖率达到 40%；城市公园数量环比增长 77%，总数达到 53 座；大力推进水环境综合整治，2018 年重要水功能区水质达标率 100%，水面积较"十三五"初期增加了 0.66 平方公里；2019 年全区生活垃圾分类达标率达到 91.4%。并规划到 2025 年，基本形成"生态宜居、安全高效、功能复合、彰显魅力"的城乡绿色发展新格局，让绿色环境融入城市建设的更多方面。

交通方面。到 2019 年末，浦东已有公交线路 452 条，公交营运车辆 4 356 辆；新改建出租车候客站 15 个；杨高路改建工程、周家嘴路隧道、郊环隧道均竣工通车；大力配合推进轨交 14 号线、S3 公路、沪通铁路二期、沿江通道（浦东段）等路段建设。浦东的交通条件正在步步提升。②

3. 迈向"数治化"新时代

浦东的智能化建设涉及方方面面，如构建起"1＋39＋1370"三级管理运行体系，以不断升级进步的城市运行综合管理中心智能化平台为核心枢纽，集合城市应急管理、安全生产等多个职能部门工作人员统一办公，将城市管理体系的具体内容投射在承运中心大屏幕上，共享数据，提高城市大脑的运行效率；在促进基层治理方面，探索建设"城管微平台""居村联勤联动站"

---

① 《10 类 57 个整合场景！浦东率先构建了这一治理体系》，https://baijiahao.baidu.com/s?id=1696529347469599572&wfr=spider&for=pc（"百度"百家号·浦东发布，转载时间：2021.04.09）。

② 《"公园城市"建设加速，浦东绿化达 4 成，森林覆盖达 18.21%》，http://n.eastday.com/pnews/161492104277013327（"东方网"，转载时间：2021.03.05）。

等,提高对基层治理的管控水平;在城管治理方面,通过构建三级智能化指挥新体系、探索执法"双现"、构建监管对象数据库、迭代智能场景应用,打造浦东智能化城管建设等。正是通过这样不断的努力与创新,浦东的城市治理和建设发展迎来全面智能的"数治化"新时代。

(三)历史成绩

浦东新区尽管有着独特的发展优势,但同样也面临着人口集聚结构复杂、利益诉求不同、资源环境约束等问题,要实现真正的精细化管理,实现经济治理和社会治理的双重治理能力现代化,是一件极具挑战的任务。30年来,浦东新区通过不断探索,取得了显著的成绩。

1. 政府治理能力不断提升

以精简高效为原则进行机构改革,在行政审批制度改革方面率先实施"证照分离"改革,建立健全监管体系,确立监管格局推动互联网政务的发展,围绕上海自贸试验区建设实施了一批创新举措并向全国推广。30年来,浦东在开发开放不同阶段,始终注重转变政府职能,坚持正确处理政府和市场关系,政府的治理能力得到了显著的提升。

2. 有效解决基层治理难题

浦东新区具有"大区、大镇、大街道"的特征,结合区域特质,浦东率先提出"镇管社区"的概念并建立起社区治理新模式,通过成功试点,基层治理难题得到了有效的解决。此外,通过形成社区、社工、社会组织三社联动体系建设,强化了基层民主自治;"家门口"服务体系的建立,更将各类服务资源整合在一起,打通了群众服务"最后一百米"。

3. 智能化管理水平有提升

为了进一步实现城市精细化管理,浦东新区结合大数据、人工智能等技术,推动了"城市大脑"工程建设。通过监管要素标准化,监管方式智能化,监管流程闭环化,实现数据在部门间有效流转,部门监管的无缝衔接、紧密协作,并且智能化管理更开始向经济领域延伸。智能化手段的应用不仅使得城市治理智慧化水平得到了显著的提升,更解决了城市管理与社会治理中的热点、难点问题。

4. 实现经济社会协调发展

浦东新区通过在城市治理和服务上的创新,实现了高质量的发展,创造了上海30%的经济总量,40%的战略性新兴产业产值,50%的金融业增加值和60%的外贸进出口总额,先后入选国家级新区、自主创新示范区、综合配套改革试验区、自由贸易试验区等重大国家战略功能区,经济建设举世瞩目,并且通过加强城市建设管理,加快基层社会治理创新,全面构建城市公共安全管理体系,城市功能布局更加完善,城市治理创新得到深化,城市交通更加便捷,城市生态更加友好,城市管理更加精细,城市环境更加有序,社会和谐稳定,"老小旧远"等民生工程扎实推进,打造了让人民满意且更具幸福感、获得感的城市家园。浦东新区在社会治理方面的探索也为更多地区提供了可复制、可推广的经验。

(四) 面临问题

1. 区域内发展不平衡问题

浦东新区自成立以来,集中城市化的区域面积不断扩张(由建立之初的42平方公里到如今的792平方公里),城市化率水平也不断增长(由开发之初的58.9%到如今的接近100%),①但具有显著的内部发展不平衡问题。其原因大致可归纳为三点:一是浦东新区面积广大,有1 210.41平方公里,且城市与农村交错,从空间距离上增加了区域平衡发展的难度。二是浦东的人口构成也颇为复杂,包含本地居民、动迁农民、浦西动迁人口、外省务工人口,以及港澳台同胞、外籍人口等,再加之浦东新区的特殊性,长期有大量商旅游客等往来人群,从人员管理上增加了区域平衡发展的难度。三是浦东内部功能区多、杂,有自由贸易试验区、自主创新示范区、经济技术开发区、出口加工区、物流园区、会展旅游区等,在空间上交互叠加,从协调管理上增加了区域平衡发展的难度。

---

① 《"三量递进":30年来浦东开发开放取得的重大成就》,https://www.mbachina.com/html/cjxw/202011/268970.html("MBAChina",转载时间:2020.11.19)。

2. 环境问题

浦东新区虽在短时间内实现了经济总量的跨越式发展,却忽视了快速发展对人民居住生活所处自然环境可能带来的负面影响,面临着较为严重的生态环境治理问题。噪声污染、水污染、空气污染和垃圾污染等成为危害人民健康、高质量生活的重大阻力。由环境问题引起的社会冲突也是当下社会矛盾的来源之一,能否解决好浦东的生态环境问题,是关系到能否推进浦东城市治理现代化的重要环节之一。

3. 交通问题

优良的交通条件是城市治理现代化的必备要素之一。随着浦东新区的大规模发展,人民生活水平的不断提高,人流量、客流量不断增加,私家车拥有量提升,造成城市交通拥堵的时间段数量和拥堵的时长都在增加,对城市的治理和人民生活的幸福指数造成不良影响,尤其私家车的过多增长还会带来环境的恶化。浦东的现代化治理需要进一步改善交通条件。

4. 秩序问题

秩序是保证一个城市和平发展的稳定器,是城市居民和谐幸福生活的基础,城市现代化治理需要和谐秩序的保障。但随着浦东新区人口的快速流动,人员的复杂性增加,各类产业的不断兴起,城市公共安全问题、社会综合治理的矛盾问题逐渐凸显,为城市的现代化治理和人民的幸福生活带来隐患。

(五) 推进思路

1. 坚持以人为本

城市是人民的城市,浦东的现代化治理离不开浦东人民的配合与支持。城市建设为人民,浦东的现代化治理需要将人民的切身利益放在首位考虑,为人民的美好生活谋福祉。在城市规划、建设、管理的整个过程中,应充分考虑人民群众的需求,如通过改善城市环境来改善居民生活条件;通过改善交通来改善居民生活质量;通过改善城市管理来改善居民生活舒适度等。同时,在加强城区现代化建设的基础上,还要重视基层治理水平的提高,加强城乡联系,统筹城乡发展,减少区域不平衡。

2. 加强协同治理

城市的现代化治理不是单独靠政府或某一个职能部门就能实现,也不是仅仅针对经济或社会某个方面就能完成。城市的现代化治理需要集政府规划、市场组织、人民配合等多个方面的共同协作,涉及经济、社会、城市的方方面面,需要各个主体各司其职,循序渐进。如浦东可以积极鼓励引导浦东居民通过邮件、电话、网络征集等方式,建言献策,参与城市决策、监督和管理,共同推进浦东的现代化治理。

3. 精细管理标准

习近平总书记说:"城市管理应该像绣花针一样精细。"精细化管理是推动浦东现代化治理至关重要的一环。具体来说,从以下四点入手:一是量化管理对象,将浦东城市治理的对象进行详细的量化分类,形成数据记录的标准化信息,如人口数、单位数、产业数、居民需求清单、政府服务清单等,做到逻辑清晰,有理有据,方便管理。二是便捷管理流程,优化浦东城市治理机制,减少烦琐手续,提高管理效率。三是细化管理业务,在划分的不同管理单元下,尽量多地将具体的业务细化分类,精准施策,保证实施效果的同时,节省作业空间。四是具化管理考核,以绩效管理为先导,信息化为手段,落实对管理成效的专业考核。[①]

4. 科学治理方法

随着时代的发展、科技的进步,传统的管理手段与管理平台已不能完全满足城市现代化治理的要求。浦东的现代化治理需要在加强科技基础设施建设的基础上,结合信息技术,如人工智能、大数据等,加强"城市大脑"的建设,搭建政府办公的互联网大平台,这一方面可以提高政府各部门之间的行政办事效率,另一方面也能增强居民对城市建设的参与度,方便市民监督与反映问题。运用科学的治理方法,打造一个高效健康、便利智能的现代化浦东。

---

① 陈高宏、吴建南、张录法:《像绣花一样精细:城市治理的浦东实践》,上海交通大学出版社 2020 年版。

(六) 现实举措

1. 坚持以党建引领为核心、完善基层治理体制的城市治理理念

"城市治理现代化强调城市治理的'多中心'"①,既需要建立发挥党组织作用的平台,也需要建立行之有效的制度机制。因此,在未来进行城市治理工作中,要加强党对城市治理各领域各方面各环节的全面领导,把党的领导落实到统筹推进"五位一体"总体布局和协调推进"四个全面"战略布局中。通过综合考虑人群特征和分布情况,整合党建、政务服务和社会服务等各类资源,联合街道、社区、办公楼宇等社会基层组织,建立覆盖面广泛的党群服务中心,让党的领导能够触及基层,建立党领导城市治理的坚实堡垒。另外,除了地区政府是城市治理主体外,还应该更多地鼓励社会力量融入城市治理体系中,"因地制宜"地建立一种开放共享式的多元主体协力治理的城市治理体系,这样才能增强城市应对和处理复杂问题的灵活性。浦东新区面积1 210平方公里,现辖12个街道、24个镇②。早在1993年,浦东原严桥镇就率先提出"镇管社区",这是浦东针对镇域内部动迁居民集中区域在城市化后,由于原有管理体制难以适应发展变化,探索实施的社区化管理。通过设置"两委一中心"的新型组织架构,搭建综合性管理服务平台和协商公治平台。通过利用联席会议、评议会和听证会等联动工作机制,有效解决了较多大型居住区的管理问题。这种治理理念应该在未来深入推进城市治理现代化过程中继续保持和不断完善。

2. 强化科技赋能,创新城市治理手段和模式

城市是大量以新型技术与发明为代表的先进生产力的集聚地,而"科学技术是城市治理现代化的基础和动力,也是城市创新的生命力"。③习近平总书记2020年在杭州考察时提出要"让城市更聪明更智慧",这也更加显示

---

① 任鹏飞:《城市治理现代化进程中多重堕距的生成与弥合》,载《求实》2019年第3期,第76—85页。
② 《浦东概况》,http://www.pudong.gov.cn/shpd/about/20210203/008001001_e32687d9-589d-4285-8411-210c7845a4f0.htm("上海市浦东新区人民政府",转载时间:2021.03.18)。
③ 王浦劬、雷雨若:《我国城市治理现代化的范式选择与路径构想》,载《深圳大学学报(人文社会科学版)》2018年第2期,第91—99、151页。

了科技手段在城市治理中的重要作用。对于浦东来说，科技创新是浦东开发开放 30 周年来重点发展的领域，科技赋能城市治理也初具规模。《2020 上海市智慧城市发展水平评估报告》中提到，在市辖 16 个区中，浦东新区智慧城市发展水平指数排名第一。[①]在 2019 年，张江镇推出了城市运行综合管理平台"4.0"版，该平台构建了一套更为全面的"人防＋技防"的智能预警和实时监测体系，通过在居民的众多生活场景中设置监测和一键报警装置，为该平台所在的两个试点小区的独居老人提供了诸多生活上的便利。另外，通过借助科技力量实现信息网络化，尽可能拓展"一网统管""一网通办"的覆盖面，这能够减少城市政府治理层级，实现城市治理结构的扁平化[②]，实现治理的高效化，同样也便于社会多元主体共同参与城市治理，让有意义和有价值的现代化治理理念得以实现。在未来智慧城市建设中，应该要更多地设置便民惠企的场景应用，提高居民工作和生活的便捷性，让科技手段真正发挥作用。

3. 推动经济高质量发展，为城市治理提供动能

浦东开发开放 30 周年来，科技创新产业和金融产业集群量级逐步扩大，形成了张江科学城和陆家嘴金融城的"双城联动"，合力促进了浦东地区经济迅猛发展。2019 年，浦东新区生产总值达到 12 734 亿元，人均 GDP 为 3.32 万美元，以全国 1/8 000 的面积创造了 1/80 的 GDP、1/15 的货物进出口总额，成为我国改革开放的重要标志和上海现代化建设的缩影。[③]目前，陆家嘴金融城已经成为外资金融机构到中国开展业务的首选之地，聚集了占全国约 41% 的外资法人银行、占上海 89% 的外资财险人身险法人机构等；聚集了上海证券交易所、上海期货交易所等 10 余家金融要素市场和金

① 《2020 上海市智慧城市发展水平"七连增"》，https://baijiahao.baidu.com/s?id＝1685480-945884420433&wfr＝spider&for＝pc（"百度"百家号・新民晚报，转载时间：2020.12.08）。

② 任鹏飞：《城市治理现代化进程中多重堕距的生成与弥合》，载《求实》2019 年第 3 期，第 76—85 页。

③ 《市政府新闻发布会介绍浦东新区近年来经济社会发展情况》，http://www.shanghai.gov.cn/nw12344/20201010/94c5944580854fd4a0ccf00f9e82a433.html（"上海市人民政府"，转载时间：2020.10.10）。

融基础设施机构。①一方面,高端金融机构的聚集使得浦东更具吸引力;另一方面,浦东一流的营商环境和简化的审批制度也让大量民营企业落户浦东,助力浦东的经济发展。在长三角区域一体化发展的大背景下,浦东要坚持不断强化科技创新策源能力,做大做强创新产业,为城市治理提供强大的支持。

4. 完善文化繁荣兴盛机制,为城市治理凝心聚力

文明与文化是一个地区与城市的重要表征,文化事业和文化产业提供的内容也是城市居民获得满足感和幸福感的重要途径。党的十九届五中全会提出,要繁荣发展文化事业和文化产业,要不断提高社会文明程度,提升公共文化服务水平,健全现代文化产业体系,最后实现国家软实力的提升。文明程度的提升离不开每个生活在城市中的人,通过各类媒体平台宣传好人好事和生活中众多的感人事件能够以"润物细无声"的方式来影响和规范居民的日常生活。城市的公共文化事业和文化产业的发展一方面是要有经得起推敲和长时间检验的内容,另一方面也要通过建设带有城市地标性质的文化场馆,用真实可感的实体存在来影响居民的感知。目前,位于浦东的东方艺术中心、梅赛德斯·奔驰中心等场馆都是位于浦东的著名演出场馆,2021年底即将完工的上海世博文化公园也延续了浦东人民乃至上海人民对于世博的文化记忆。另外,在未来陆续将要完工的重大文体项目建设,如上海图书馆东馆、浦东城市规划和公共艺术中心,以及上海博物馆东馆、上海大歌剧院、浦东美术馆等,都将进一步平衡和提升浦东为居民提供文化内容方面的能力,也能够提高文化产品及服务的品质,让浦东更多居民得到精神满足。

人民城市人民建,人民城市为人民。让在浦东工作和生活的人民能够得到应有的保障,享受城市提供的各项福利,进而获得幸福美好的人生,是浦东在未来深入推进城市治理现代化的最终目标,也是城市存在的最终意义。

---

① 刘士安、李泓冰、谢卫群:《三十年开发开放果实丰硕,而今瞄准更高层次更高水平——浦东勇担使命再出发》,http://sh.people.com.cn/n2/2020/0417/c134768-33955160.html("人民网",转载时间:2020.04.17)。

附件一：
浦东开发开放 30 年：基本经验与重要启示

现实的成功是最好的理论，没有一种抽象的教条能够和它辩论。回望浦东开发开放 30 年，遵循以党的建设为魂、以中国特色社会主义建设为道、以承担国家战略为使命、以开放为引领、以改革为动力的主线，从建造大楼到铸造开放体系，从引进外资项目到融入全球经济体系，从推进单项改革到系统推进国家治理体系和治理能力现代化建设，一路走来，艰辛探索，玉汝于成。

30 年来，浦东开发先后经历了形态开发（1990—1995 年）、功能提升（1996—2005 年）、综改全面推进（2005—2013 年）、新一轮改革开放（2013 年至今）四个阶段。在这个历史发展进程中，经济总量超常规增长、发展质量跨越式提升、城市功能不断完善，社会事业快速发展，开放体系逐渐形成、区域治理能力不断增强。由此，浦东已成为彰显中国理念、中国方案、中国道路的实践范例。

一、以开放为引领，实现国家战略

习近平总书记指出，浦东开发开放的意义在于发挥浦东的窗口作用和示范意义。①浦东开发开放伊始，提出"开发浦东、振兴上海、服务全国、面向

---

① 李强：《高举浦东开发开放旗帜，奋力创造新时代改革开放新奇迹》，载《人民日报》2020 年 4 月 18 日。

世界"十六字方针,30年来,一以贯之。其核心是通过浦东开发开放把上海重新打造成为中国经济发展的引擎、全球化战略的新空间;其内涵是把上海建设成为经济、金融、贸易、航运中心,以及具有全球影响力的科创中心。

(一) 把每一次挑战与机遇都化为形成开放动力和强化开放能力的契机

1. 邓小平南方谈话明确了浦东发展的方向

邓小平同志在视察上海期间,对浦东开发开放的定位发表了谈话,明确了浦东发展的功能、发展的方式、发展的目标。

(1) **从浦东发展的功能看,**邓小平同志明确了浦东开发开放的区域功能和对全球开放的功能。1991年,邓小平同志亲临浦东视察。他重申了浦东开发的区域功能:"开发浦东,这个影响就大了,不只是浦东的问题,是关系上海发展的问题,是利用上海这个基地发展长江三角洲和长江流域的问题。"从对全球开放功能而言,邓小平同志又指出:"浦东面对的是太平洋,是欧美,是全世界。"因此,浦东发展必须从区域经济和全球经济的角度进行功能定位。[①]

(2) **从发展方式的选择看,**邓小平同志指出:"不要以为,一说计划经济就是社会主义,一说市场经济就是资本主义,不是那么回事,两者都是手段,市场也可以为社会主义服务。"[②]邓小平同志的这一讲话,为浦东发展方式的拓展打开了巨大的空间。

首先,浦东能够充分运用社会主义制度集中力量办大事的体制优势,在较短的时间内集中起全市、全国的产业要素资源大规模地投入浦东开发建设,使浦东实现"一年一个样、三年大变样"的建设目标。

其次,可以充分运用市场经济的手段和方式推动浦东开发,浦东建立起了中国最完备的资本交易、商品交易及技术市场交易体系,正成为国际国内的资本集散中心、商品交易定价中心、技术服务标准化制定中心。

---

① 陈高宏:《对党中央决策浦东开发开放的思考》,载《中国城市经济》2009年第2期。
② 《邓小平文选》第3卷,人民出版社1993年版,第373页。

第三，以政府规划和市场推动相结合的方式，使得浦东迅速建立起了现代服务业体系和高新技术产业体系。

（3）**从发展的目标看**，邓小平同志指出："金融很重要，是现代经济的核心。金融搞好了，一着棋活，全盘皆活。上海过去是金融中心，是货币自由兑换的地方，今后也要这样搞。中国在金融方面取得国际地位，首先要靠上海。那要好多年以后，但现在就要做起。"①邓小平同志以历史伟人深邃的思维，用短短一段话，道出了四层含义：一是说明了金融在国家经济中的核心地位；二是指出了推动经济发展的方法，即重点要抓好金融的改革和发展；三是提出了形成国际金融中心的关键，即一个国际金融中心，一定是各种货币可自由兑换的地方；四是希望上海按国际惯例办，尽快成为金融中心。成为中国的金融中心、成为在国际上有影响力的金融中心已是上海发展的追求目标，发展贸易航运业是为建设金融中心奠定产业基础，是国际金融中心建设的组成部分。所有这一切，邓小平同志早在浦东开发开放之初就作出了明确的战略部署。浦东及上海金融业 30 年的发展历程，正是按照邓小平同志早已设计好的战略部署所作的具体发展模式与路径的探索。

2. 中国加入 WTO 对浦东产业发展的影响

浦东开发开放是先于中国加入 WTO 的历史事件，从浦东开发开放之初所颁布的产业政策内容可以看出中国政府的深谋远虑。浦东产业政策中的部分重要内容是以中国未来加入 WTO 的要求而制定的，以 WTO 规则为参考依据，浦东率先在中国实施了金融贸易开放政策，并对医药产业、汽车产业的发展和项目引进制定了详细的产业政策，在浦东陆家嘴金融贸易区、外高桥保税区、张江高科技园区、金桥开发区形成了中国重要的国际金融产业基地、对外贸易基地、生物医药产业基地和汽车制造及服务基地。这些政策主要为：

（1）金融产业政策的开放。

WTO 对金融服务的定义是"缔约方金融服务供应商向一个金融实体

---

① 摘自邓小平 1991 年 2 月 18 日视察上海讲话，《开发浦东：上海最后的机会》，（"人民网"，转载时间：2004 年 8 月 23 日）。

提供的任何服务"①,包括所有保险和与保险相关的服务,以及所有银行业务和其他金融服务。中国庞大的、发育不全的、高速增长的金融市场对外国金融财团构成了巨大的吸引力。美国前商务部部长戴利称,中美入世谈判最关键的问题是银行和保险等金融服务领域。"入世"后对金融业开放的主要内容为放松外资银行等金融行业的市场准入条件,逐步开放银行、证券、保险等业务范围,打破地域限制,享受国民待遇等方面。

浦东开发开放伊始的 1990 年,在中央给浦东的金融开放政策中,就允许设立在浦东的外资银行、外资银行分行、中外合资银行及财务公司等金融机构,可以只缴纳 15% 的企业所得税,并实行"一免二减半";以浦东开发开放为契机,允许外资在整个上海范围内开办银行、财务公司、保险公司等金融机构,上海的外资金融机构可以在浦江两岸活动。浦东新区的金融开放的实践,给中国加入 WTO 后的金融管理提供了实际经验,为中国形成加入WTO 后的金融监管体制提供了可操作性的思路。

(2) 贸易政策的开放。

浦东在全国率先取消了外资经营零售业和外贸业务的限制,以外高桥保税区的建立为基础,在浦东成立"免关税、免许可证、有外贸权"的保税区,逐渐降低进口关税,为中国进入 WTO 作实验性的准备。在 1995 年中央赋予浦东新区的功能性政策中,更是明确同意试办中外合资的外贸企业,外高桥保税区可以开展除零售业务以外的保税性质的商务活动,并要求逐步扩大服务贸易业务。这些政策都是为迎接中国加入 WTO 后贸易自由化,以及外资服务贸易企业大规模进入所做的准备。

(3) 生物医药产业基地的建立。

按照与贸易相关的知识产权协定,中国承诺加入 WTO 后,将医药产品关税降低到其他 WTO 缔约方相等的关税水平,即大约 5.5%—6.5%。国内医药市场大幅度开放后,制药企业会受到一定程度的冲击,西药产品价格下降将对中医药生产和销售企业构成较强的竞争压力。同时,我国生产的

---

① 于红兰:《金融业面对入世带来的机遇与挑战》,载《财经问题研究》2000 年第 8 期。

主要西药品种仿制的较多，加入 WTO 后，严格的知识产权保护将对医药工业产生较大的冲击。20 世纪 90 年代，我国医药工业实行 GMP 标准的企业较少，总体水平落后，产品质量不稳定。入关后，国外高质量药品涌入，势必将大幅抢占国产药的市场，进而危及整个医药行业。在高、精、尖类的诊断、治疗设备方面同国际水平相比差距较大，医疗设备制造业也面临较大的竞争。①

为了尽快适应加入 WTO 后的竞争环境，浦东新区加快了生物医药产业的建设步伐，在 2000 年实行"聚焦张江"战略后，一大批医药企业进入浦东新区，一批重量级的国际医药企业进入张江，一批国家级的生物医药研发公共平台在浦东建立，张江成为中国最重要的"药谷"所在地。

（4）汽车工业制造及服务基地的建立。

我国加入 WTO 后，对汽车制造业关税水平作出最大限度的让步，汽车进口关税在 2006 年以前由 80%—100% 降低到 25%，汽车零部件进口的平均关税下降到 10%②，并且在 2005 年取消汽车进口配额。允许美国汽车公司享有分销权和贸易权，允许外国公司提供汽车工业融资。为此，浦东采取积极主动措施，在国家及地方政府的大力支持下，引进了上海通用汽车公司和全球最大的汽车零配件供应商德尔福公司，使浦东成为中国重要的汽车制造和研发中心，并建立起了完善、高效的汽车维修服务体系，同时积极发展汽车金融业务。

3. 亚洲金融危机对浦东产业管理方式和产业选择方向的影响

金融领域的对外开放与功能开发，是浦东开发开放的有机内涵与重要组成部分，而来自亚洲特别是东南亚地区的资金融通与外资金融机构在浦东金融产业发展的初期占有着极为关键的地位。亚洲金融危机爆发时，前来开设分行或代表处的亚洲银行及金融机构已达 17 家，占浦东新区全部外

① 张鹤鸣、王宁生、郑梁元：《加入 WTO 对 21 世纪中药现代化进程的影响》，载《中国药房》2000 年第 2 期。
② 《四部委首度回应 WTO 裁决：进口汽车零部件关税继续执行 10% 征税》，载《世界经理人》2009 年第 8 期。

资金融机构的 72%;其中已获准开展人民币业务试点的 9 家,占全部试点外资金融机构的 66%;试点以来,亚籍试点行本外币存贷余额占所有外资行的 80%;源自或经由亚洲的间接融资金额占浦东开发开放以来全部间接融资额的 78%①。此外,泰国泰华银行还是第一家将总部迁入浦东的外资银行。由此可看出,亚洲金融危机对浦东金融功能开发必然会有较大的影响。1997 年下半年爆发的东南亚金融危机,给浦东金融的正常营运与国际经济贸易功能开发带来了一系列严峻的挑战与负面影响,对浦东开发进程中向东亚方向进行的间接融资形成较为严重的冲击。亚洲国家直接投资浦东的速度放缓②,且在个别项目上引发局部的信用危机,对正在崛起的浦东新兴产业的出口竞争力与国际市场的开拓形成挑战,同时也给处于金融开放初期的浦东一个思考的良机。建立有效的产业管理体制、拓展多元产业发展方向成为浦东经历亚洲金融危机后最大的收获。在亚洲金融危机期间,浦东采取了一系列沉着稳健的产业政策予以应对,为浦东乃至中国金融业的管理积累了丰富的经验。

(1) 清理投资。对关系到浦东开发整体进程,具有一定代表性的东南亚东北亚投资项目通过多种方法予以托盘盘活。

(2) 加强监管。按照我国有关法规与"巴塞尔协议"等国际金融惯例,运用现代化的国际通用监管手段及方法,对所有设立在浦东新区内的外资银行及外资金融保险机构的业务营运进行全方位的监管。

(3) 规范金融。敦促区内中资银行增补自有资本,扩大呆账准备,严格资产负债比例管理,完善监控机制,强化风险防范,盘活信贷资产,为浦东各中资银行及金融机构新的发展和改革开放打下坚实基础。

(4) 拓宽渠道。合理改变引资融资方向,积极慎重地加强对欧美投资基金、投资银行及投资咨询公司的利用,加大招商力度,多争取作为当代高新科技主要载体的欧美地区的世界著名跨国公司及国际金融财团的投资。

(5) 优化结构。从集约化开发与高新科技领先的高标准出发,全力优

---

① 庄峻:《亚洲金融危机与浦东的对策》,载《浦东开发月刊》1998 年第 8 期。

② 如泰国正大集团投资的正大广场项目就曾经一度延后。

化浦东新区的经济结构和运行质量，在第三产业中着重增强信息产业的力度，在第二产业中着重发展现代生物医药产业与微电子产业，在第一产业中着重开拓现代都市型创汇农业。

（6）增强能力。加速培育和引进具有世界一流国际竞争力与市场开拓力的高科技研究中心和跨国集团，以从根本上增强浦东新区对境外金融危机冲击的抗衡能力。

4. 上海举办世博会对浦东现代服务业发展的影响

2010 年上海世博会对于浦东新区具有特殊意义，世博园区规划用地 5.28 平方公里，其中有 3.93 平方公里在浦东。上海世博会筹备期间，世博经济每年对上海 GDP 增长拉动约为 2%，对上海周边长三角地区投资的拉动约为 30%。2010 年，上海世博会对上海 GDP 拉动可达到 5%，对长三角地区的投资拉动可达到 50%。从世博会门票等一些直接销售收入、交通住宿间接旅游收入来看，巨额投资对经济拉动的作用有一个释放过程，由此产生内需、服务业需求等都将使得浦东新区在上海世博会结束之后继续受益。①

（1）巨额投资极大地改变了浦东世博地区的区域形态。

推进浦东世博轴地区城市建设，形成上海城市建设新地标。浦东世博园区建设的主题馆、中国馆、世博村等 16 个重要工程计划总投资高达 194.7 亿元，建成后成为浦东乃至上海城市建设的新地标。世博会结束之后，作为世博会永久保留建筑，一轴四馆、世博村、世博公园等高品质硬件设施不仅是上海的新地标，也为世博周边地区留下了一大笔财富。此外，按照功能布局规划，在耀华地块，一个包括文化休闲区、核心商务区、滨江绿洲大道、国际居住区在内的全新国际生态型商务区崛起。因此，在区域形态上，以世博园区浦东片建筑群为起点，向西南延伸，经后滩、龙华嘴、耀华地块，贯联起三林区域沿着浦江的滨江区域，整体布局、系统开发，整体成为浦东继陆家

---

① 徐沪滨（时任中国国际贸易促进委员会秘书长）："世博与浦东发展"会议演讲内容，2009 年 8 月 12 日。

嘴之后的又一处城市新建设的标杆。①

（2）推动浦东形成新的现代服务业集聚区。

国际经验表明，世博会往往是商业和专业服务业加速发展的助推器。世博会的举办，产生了世博效应，浦东新区和三林世博地区的工业、商务服务业、专业服务业等呈现出加速发展的态势，浦东八佰伴——新上海商业城区域商业规模进一步扩大，三林地区杨高南路特色商业圈、御桥特色商业圈正在加快形成，昌里路、上南路等上规模的商业设施也正在抓紧布局和建设。随着世博会的召开，世博周边地区以商业、商务服务和专业服务业为主的现代服务业将迎来跨越式的发展机遇。世博周边地区不仅充分利用世博永久保留的场馆和由此带来的资源，与之形成配套，延伸服务业产业链，放大世博效应，还将发挥后发优势，形成错位发展，着重推动会展、旅游、专业咨询、文化产业、金融、商贸业等发展，打造上海现代服务业的新高地。

5. 综合配套改革促进浦东产业管理体制改革与产业政策创新②

浦东走过了依靠政策优惠推动、政府巨量资金投入拉动的阶段。浦东作为上海建设国际经济、金融、贸易、航运中心的核心功能区，必须对其功能作进一步的提升，浦东开发开放需要依靠进一步的制度创新作为发展的新动力，浦东进入了"第二次创业"阶段。中央赋予浦东综合配套改革的权限，就是为了保证浦东获得永续的增长动力和持续的创新的动力。浦东新区利用综合配套改革的优势，对产业管理体制和若干产业政策内容进行了改革与调整。

（1）产业管理体制的改革，共涉及六个方面。

赋予浦东新区更大的自主发展权、自主改革权、自主创新权。主要包括规划、土地管理、投资项目审批等七个方面 11 项事权的下放。

上海海关在 2006 年推出 9 项改革措施，主要措施是对浦东企业优先适用"属地报关、口岸验放"模式，简化浦东企业在异地口岸进出口货物的通关

---

① 陆月星(时任浦东新区副区长):"世博与浦东发展"会议演讲内容,2009 年 8 月 12 日。
② 综合配套改革对产业政策与产业管理体制创新和改革影响的内容,系作者按照近年推出的改革措施综合归纳而成。

手续,对入境展品实施"直通式通关"作业模式;构建集成电路产业监管新模式,继续深入实施"聚焦张江"战略等。2008 年又推出 6 项改革措施,主要包括实施启动纳税人管理制度、促进张江高新技术园区、金桥出口加工区新一轮的发展等。2009 年,上海海关推出 10 项措施,重点增强浦东口岸的服务辐射功能,拓展"属地申报,口岸验放"模式覆盖范围,强化口岸中转功能;推进浦东现代服务业发展,重点支持浦东空港综合保税区建设,加快新区特殊监管区域功能整合和政策叠加;深化"聚焦张江"战略、扶持先进制造业发展、重点开展集成电路产业链报税监管模式试点,促进张江高科技园区成为我国集成电路产业的设计、加工、营销和结算中心,推进浦东现代服务业发展。

国家质量监督检验检疫总局发布《国家质量监督检验检疫总局支持上海浦东新区综合配套改革试点的意见》(以下简称"质检十四条")。"质检十四条"新政推出了进一步简化程序、减少环节、降低费用、节省时间的通关监管措施。对浦东产业发展影响最大的是试点跨采中心集中检验检疫、保税分拨物流监管模式试点。对保税区、工业园区跨国采购中心试行物品集中检验检疫监管模式,支持保税区符合条件的跨国公司营运中心积极开展创新模式试点。

国家工商总局批准上海市工商局推出支持浦东综合配套改革试点的"八条政策"。其中对产业发展影响最大的措施是支持外商投资产业结构优化升级、支持要素市场机制体制创新、促进金融辅助产业及金融衍生产业健康发展、鼓励以多种出资方式在浦东新区投资设立企业等内容。浦东新区工商局推出了支持保税区企业享受浦东综合配套改革试点的各项新政策,全力推进新政策在保税区的细化、实施,并扩大新政策的受惠面。

商务部与上海签订了《关于共同推进上海市服务贸易发展的合作协议》,主要是加强服务贸易政策方面的扶持,联合出台了《关于促进上海市服务贸易全面发展的若干意见》,充分发挥现有政策的集成作用,并探索发展服务贸易的新政策在上海市先行先试。

探索港区联动,改革物流产业管理体制。2009 年 11 月 18 日,上海综合保税区管委会成立,作为上海市政府派出机构,管委会统一管理洋山保税港区、外高桥保税区(含外高桥保税物流园区)及浦东机场综合保税区的行政事务。在行政管理统一的基础上,"三区"继续保留各自不同的海关监管政策,在发展定位上又各有侧重,同时以"三区"联动带动"三港"联动,实现国际集装箱枢纽港和机场空运枢纽港在功能上的互补,从而促进上海港口整体资源优势的发挥。

(2)产业政策的创新,共涉及三个方面。

金融产业政策方面:国家外汇管理局在浦东率先开展跨国公司地区总部外汇资金管理方式改革试点,破解了资金跨境运作难题,为跨国企业创造了良好的经济环境;积极推进外资银行法人化;推进再保险市场对外开放;推出外汇市场做市商制度;推出上海银行间同业拆放利率;为在上海形成国际货币市场中心做准备工作;进行首家QDII试点;推进资产证券化试点等。

高新技术产业政策方面:开展股权交易试点鼓励股权企业投资企业发展;完善科技创新服务体系,在张江高科技园区建立了科技创新、人力资源、知识产权、投融资和信息服务等公共平台;建立创业风险投资引导基金;完善知识产权保护制度,在张江成立全国首个"国家知识产权试点园区"。

国际物流与保税物流产业政策方面:国务院批准成立"保税物流园区",专门发展仓储和物流产业,重点开展国际中转、国际配送、国际采购、国际转口贸易等业务。海关按照"境内关外"的要求实行封闭管理,在政策上实现两大突破:一是改"离境退税"为"进区退税";二是给予中转集装箱集拼功能。

6. 全球金融危机对浦东产业发展产生的影响

作为我国金融对外开放度最高的先行区,2008年全球金融危机爆发时,浦东220多家外资金融、保险、证券机构的运营资本占全国外资金融机构运营总资本的3/5。这些外资金融机构在这场全球金融风暴中都受到了程度不同的冲击,母公司的损失势必会对其在中国分公司或法人的正常运营造成影响。如总部位于纽约的全球最大投资银行之一的美林集团在2008年初曾宣布将于下半年将亚太总部迁至陆家嘴,该项计划因其被收购而推迟,一批外资金融机构出现业务量降低、分支机构开设速度减缓等情况。与此同时,中行、工行、中信等在浦东设立分行的中国商业银行中约 1/3 持有"两房"等相关债券或复杂衍生产品,总头寸达 253 亿美元,虽然中资金融机构的总体效益仍非常良好,但该部分损失客观存在。浦东如何面对金融海啸冲击,完善风险管理制度,坚持扩大金融开放成为一项新的课题。①

(1)通过服务行业结构多样化、实体产业高技术化成功抵御了危机的冲击。

从对现代服务业的影响看,全球金融危机爆发后的一段时间内,世界范围内现代服务产业需求指数和价格指数双双骤降,如反映国际航运中心需求的核心指标——波罗的海散货运价指数(BDL)在 2008 年 9 月已跌至年初的 1/4,不少已入驻浦东的跨国公司区域总部和法律、会计、咨询、物流等专业服务机构的业务面临调整,制约了对现代高档写字楼的需求,陆家嘴办公楼租金 2008 年下半年出现 7%—10%下调等现象。②

从对实体经济的影响看,虽然浦东的制造产业总体结构和技术含量在长三角乃至全国相对领先,但即使是高新技术产业在此次全球性波动中仍无法幸免。例如当时浦东集成电路等信息产品制造业产值过千亿元,是新区实体经济第一支柱产业,但 2009 年世界 IT 产品采购需求已经连续三季度下滑,第二季度更是下跌了 37%之多,进出口双向下滑无疑将会对出口导向明显的浦东信息产品制造业及外资制造企业密集的金桥现代制造产业园区带来重大影响。③

但此次金融危机是浦东开发以后经历的第二次世界性经济危机,浦东在金融风险管理、产业多元化拓展方面已经具备了相当丰富的经验。因此,在此次危机中,浦东虽然自身的经济发展也受到了较大的影响,但仍扮演了长江三角洲经济发展稳定器的作用。

从现代服务业发展看,虽然以银行、证券为核心的金融业务受到冲击,

①③　庄峻:《积极应对金融海啸,谋求浦东更快发展》,载《浦东开发月刊》2008 年第 12 期。
②　《上海浦东新区统计年鉴》,中国统计出版社 2009 年版。

但浦东的知识型现代服务业发展稳定增长,带动2008年第三产业比上年同期增长14%。信息传输、计算机服务及软件业实现增加值125.85亿元,增长20.3%;以商务租赁为主的其他服务业实现增加值364.07亿元,增长22.3%。上述两个行业对第三产业增长的贡献率达到42.3%。

从实体经济发展看,虽然工业经济增速明显下滑,但2008年高技术产业产值仍增长14.9%,快于工业平均增速5.5个百分点。重点发展行业中,成套设备制造业、电子信息产品制造业、石油及精细化工制造业、生物医药制造业增幅分别达到33.2%、14.2%、12.7%和13.1%,均快于工业总产值平均增幅。①特别是拥有较强国际竞争力的成套设备制造业的高速增长,对拉动新区工业发展发挥了积极作用。

(2)全球金融危机将加快浦东产业发展模式调整和产业功能的升级步伐。

浦东通过亚洲金融危机,建立了产业风险管理机制,实施了产业多元化拓展战略,在应对全球金融危机中取得了理想的绩效。通过此次全球金融危机,浦东在产业发展模式转换、产业发展功能升级上进一步加强力度。

从产业发展模式转换看,浦东逐渐改变投资加出口的模式,改变以产业优惠政策或通过政府资源高度集聚来推动产业发展的做法,逐渐以优化国际都市型经济生态环境建设为主要目标,以制度创新为产业发展的主要推动力。

从产业发展功能升级看,浦东加速陆家嘴金融城的扩容速度;加快金融机构创新、金融产品创新、金融服务创新,打造人民币产品定价机制,迎接资本项目下人民币自由兑换时刻的到来;抓住世界金融机构战略性重组的机遇,培育出若干个富有中国特色"浦东原创"的跨国金融控股集团②;推进建设张江高科技园区中区南区开发,规划创建浦东国际航运服务中心区和金融、呼叫、设计、研发、软件、创意、物流、咨询、信息等现代服务外包基地;尽

---

① 资料来源:《2008年浦东新区经济形势及2009年经济预测分析报告》,浦东新区发展和改革委员会提供。

② 2009年7月,陆家嘴金融发展有限公司斥资18亿元,以股权收购方式获得爱建证券有限责任公司51.14%的股权,正式成为爱建证券第一大股东。浦东新区在建立区域性金融控股公司的道路上已开始起步。

快做大做强浦东集成电路、清洁技术、生物产业、软件等高技术服务产业;对新浦东区域要按国际化都市产业的崭新发展理念实现最优配置。

7. 自贸试验区建设全面提升了浦东对外开放的层次和能级

中国(上海)自由贸易试验区建设经历了三个阶段,2013 年上海自贸试验区成立、2015 年自贸试验区扩区、2019 年成立上海自贸试验区临港新片区,开放层次和开放能级不断提升。

上海自贸试验区对照中央要求、对标国际规则、对照企业需求,努力营造法治化、国际化、便利化营商环境,重点聚焦三大任务:继续打造"放管服"链条,深化事中事后监管体系建设总体方案;与上海国际金融中心联动,提升定价能力;与上海科技创新中心联动,"聚全球英才"。

上海自贸试验区扩区以后,在严格遵照全国人民代表大会常务委员会授权的前提下,部分对外开放措施和事中事后监管措施辐射到整个浦东新区。通过大量实体经济和金融机构承接、落实自贸区政策,自贸区的综合效益呈现出爆发性增长态势。具体表现为金融业务进一步开放、自由贸易试验区和自主创新示范区"双自联动"的政策叠加效应逐步显现等。

2019 年,成立上海自贸试验区临港新片区。习近平总书记提出了"五个重要"的明确要求,要求临港新片区要进行更深层次、更宽领域、更大力度的全方位高水平开放,努力成为集聚海内外人才开展国际创新协同的重要基地、统筹发展在岸业务和离岸业务的重要枢纽、企业走出去发展壮大的重要跳板、更好利用两个市场两种资源的重要通道、参与国际经济治理的重要试验田。按照习近平总书记的要求,临港新片区已按照特殊经济功能区进行建设,大力改革海关监管制度,真正实现"一线放开",非禁止类物品入境时取消不必要的核查、检查、许可程序,区内加工、集拼、交易等经济活动既高度自由,又享受特殊的税收政策。发展真实贸易背景下的新型国际贸易或离岸转口贸易。将花大力气引进持牌金融机构,鼓励其开展人民币国际化相关业务,促进人民币贸易项下使用、贸易顺差回流、境内资本项下投资,促进面向"一带一路"和欧美两个方向的人民币对外投资,促进企业和金融机构从海外获得人民币和外汇融资。

表1　重大历史事件对推动浦东发展的影响

重大历史事件	对浦东发展的影响
邓小平南方谈话	明确浦东产业发展的区域带动功能和对全球的开放功能;明确可采用计划与市场的各种方式推进产业发展;明确浦东开发要以金融体系建设为核心,上海要以建设国际金融中心为目标
中国加入WTO	促使浦东提早开放金融服务和贸易领域;加快生物医药产业基地建设步伐;加快汽车产业引进步伐
亚洲金融危机	建立了符合国际惯例适应市场经济特点的产业管理体制,确立了以优化产业机构吸引多元投资的产业发展战略
世博会申办成功	推动浦东形成新的现代服务业集聚区;推动浦东商务服务业、专业服务业加速发展
综合配套改革	推动浦东产业管理体制改革:获得更大自主发展权、自主改革权、自主创新权;海关、工商、商检、商务部出台新管理办法;"三港三区"联动发展。推进浦东产业政策创新:体现为促进金融产业发展政策和高新技术产业发展的各项政策
全球金融危机	通过服务行业结构多样化、实体产业高技术化成功抵御了危机的冲击;全球金融危机将加快浦东产业发展模式调整和产业功能升级步伐
自贸试验区建设	形成一批可复制可推广的经济管理体制,建设开放程度最高的上海自贸试验区临港新片区

(二) 30年浦东开发开放取得的开放成果

1. 已初步构建开放大格局

在外资方面,2019年,以自贸试验区服务领域对外开放为突破口,上海包括浦东在内,吸收合同外资金额、实际利用外资规模、引进跨国公司地区总部三项指标创了新高。上海累计吸收合同外资金额已突破5 000亿美元大关,累计实际利用外资超过2 500亿美元,累计引进跨国公司地区总部701家。其中,亚太区总部106家,研发中心451家,进一步巩固了内地跨国公司地区总部和外资研发中心数量最多的城市地位;浦东新区累计获认定的跨国公司地区总部达到322家,占全市45%。在外贸方面,浦东外贸进出口总额从1993年的26亿美元到2019年突破2万亿元,占全市34.1%。①

---

① 浦东新区发展和改革委员会提供。

2. 已初步形成全球资源配置功能框架

一是在金融方面,已汇集上交所、期交所、中金所、保交所、中国外汇交易中心、上海股权托管交易中心等 10 多家要素市场,中央国债登记结算公司上海总部、中债金融估值中心、中债担保品业务中心落户,处于全国绝对领先地位;外资法人银行、外资保险法人公司、航运保险运营中心数量全国第一;资本市场、期货市场等规模保持全球前列;截至 2019 年底,浦东共有持牌类金融机构 1 075 家;我国香港与内地债券市场互联互通合作正式上线;沪港通、沪伦通正式运行。①

二是在航运方面,以外高桥港区和洋山港区为主的上海港集装箱吞吐量连续十一年位居世界第一;上海国际海事亚洲技术合作中心等重点航运机构落户,全球最大的自动化集装箱码头在洋山开港运行;2019 年,浦东国际机场旅客吞吐量突破 7 600 万人次,货邮吞吐量突破 360 万吨。

三是在贸易方面,贸易结构进一步优化,机电等高附加值、技术密集型产品占外贸进出口总额比重提高到六成以上,服务贸易占全市比重高达 45%。

四是在科技创新方面,综合性国家科学中心建设加快推进,建成了上海光源一期、国家蛋白质科学中心、超算一期、软 X 射线自由电子激光实验装置等国家重大科技基础设施;张江核心区和临港主体承载区两大区域联动发展,不断优化创新布局,持续引进和培育创新主体;坚持高科技先行的产业发展理念,加快向产业链和价值链高端迈进,基本形成了以战略性新兴产业为引领、先进制造业为支撑的现代产业体系,集成电路、生物医药等产业集群具有一定国际竞争力。

浦东开发开放的实践表明,邓小平同志对浦东在区域发展和全球发展格局中定位的精准。1991 年,邓小平同志在亲临浦东视察时,强调了浦东开发的区域功能:"开发浦东,这个影响就大了,不只是浦东的问题,是关系上海发展的问题,是利用上海这个基地发展长江三角洲和长江流域的问

---

① 浦东新区发展和改革委员会提供。

题。"同时,邓小平同志又指出了浦东开发所应具有的国际化功能:"浦东面对的是太平洋,是欧美,是全世界。"①邓小平同志也不止一次地提出要再造几个香港,并强调要坚持不动摇,一直到建成。30 年来,浦东围绕国内国外两个扇面、利用国内国际两种资源实现国家战略,坚持开放促改革、开放促发展的发展路径,开放已经成为浦东的固有基因,成为浦东一路走来并迈向未来的核心所在。

二、以改革为动力,完善中国特色社会主义制度

习近平总书记指出,浦东开发开放的特点在于发扬敢闯敢试、先试先行的精神。1989 年,中国国内发生政治风波,国际上对中国能否继续坚持改革开放产生怀疑,国内关于"姓社姓资"的争论不绝于耳。在这种背景下党中央、国务院决定开发开放浦东,其政治意愿非常明显。浦东开发开放作为中国坚持改革开放的一面旗帜,要向全世界表明中国坚持改革开放的决心,要回答国内外对走中国特色社会主义道路的各种责难和疑问。

(一) 在社会主义制度下能否建立起符合现代市场经济要求的运行体系?

1. 浦东产业发展道路的选择与建设中国特色社会主义的需要紧紧结合在一起

浦东开发开放有其特定的历史背景,1989 年,中国国内发生政治风波,苏东发生剧变,国际上对中国能否继续坚持改革开放产生怀疑,国内关于"姓社姓资"的争论不绝于耳。在这种背景下,党中央、国务院决定开发开放浦东,其政治意愿非常明显。浦东开发作为中国坚持改革开放的一面旗帜,要向全世界表明中国坚持改革开放的决心,要回答国内外对走中国特色社

---

① 陈高宏:《对党中央决策浦东开发开放的思考》,载《中国城市经济》2009 年第 2 期。

会主义道路的各种责难和疑问。浦东开发开放从一开始就选择了金融和贸易这两个多年来一直为国家所垄断经营的领域进行开放，从一开始就高起点选择高新技术产业作为制造业升级的方向。30 年来，浦东新区坚持"金融先行、高新技术产业先行"的产业发展战略，经过一系列的产业管理体制变革和产业发展模式与路径的探索，金融产业和进出口贸易得到了迅猛发展，高新技术产业已经成为浦东新区制造业的主要支撑力量。

2. 浦东产业发展道路的选择与中国融入经济全球化的过程紧紧结合在一起

从时代大局来看，党中央决策浦东开发开放是要在和平与发展的国际格局下，构筑我国面向新世纪、面向世界的战略高地。对此，邓小平同志是十分急迫的。他多次要求上海与浦东的同志要抓住 20 世纪的尾巴，思想再解放一点，胆子再大一点，步子再快一点。邓小平同志对浦东开发的紧迫感，是由世纪之交和平与发展成为时代主题的国际背景下民族振兴的紧迫感而产生的。纵览全世界，从发达国家到发展中国家，无一不在谋划如何在新世纪到来之际抢占经济、科技、文化的制高点，为 21 世纪的发展和竞争取得相对有利的地位。这种时代的发展与国际竞争的大局，正是邓小平同志构思浦东开发的宏观背景。他说："为什么我考虑深圳开放？因它对着香港；开放珠海，是因为它对着澳门；开放厦门，因为它对着台湾；开放海南、汕头，因为它们对着东南亚。浦东就不一样了，浦东面对的是太平洋，是欧美，是全世界。"因此，浦东新区所选择的产业具有开放性的特征。由于浦东开发开放是面向全世界的，所以一开始就希望全球性的经济资源能尽快集聚在浦东，希望国内的大型企业集团集聚在浦东。经过 30 年的发展，浦东产业发展的国际化程度已超过了国内任何一个城市。浦东新区通过多项产业领域对全世界的开放，促进了产业管理体制的重大改革，促进了产业发展方式的变革，促进了产业发展内涵的重大调整，从而引领整个中国的经济快速走向世界。因此，浦东新区产业发展 30 年的历程就是带领中国产业融入世界产业发展体系的历程。

3. 浦东产业发展道路的选择与中国探索工业化与城镇化发展模式紧紧结合在一起

工业化和城镇化的关系问题长期以来一直是困扰我国经济发展的难解之题。在相当长的历史时期中,中国经济的发展模式一直是工业化超前发展,城市化严重滞后。这种情况在浦东开发开放以前的上海达到了极致,由于长期以来重工业发展、轻城市功能建设,造成了上海这个昔日远东第一大城市严重的衰败,而城市功能的弱化反过来又制约了工业化的进程。浦东的开发开放,就是从恢复上海城市功能入手,直接把工业化和城市化有机结合起来,较好地解决了工业化和城市化互相推动互相促进的问题。

具体表现在产业选择上,浦东新区始终坚持的基本原则是:以恢复和发展上海国际经济中心城市功能、以带动和促进浦东新区城市化进程为出发点和归宿点。从恢复和发展上海国际经济中心城市功能的地位的角度,浦东选择了三大产业作为开发开放的启动性产业,即金融、贸易和房地产业。通过金融产业的开放,浦东筹集了开发所需要的资金,浦东集聚了世界顶级的金融机构;通过贸易领域的开放,浦东建构起了商业零售、对外贸易、保税中转等多体系的贸易结构;通过房地产业的发展,浦东在尽可能短的时间内,实现了由城市郊区向城市功能区、核心区的转变。从带动和促进浦东新区城市化进程的角度,浦东在"规划先行"原则的指导下,通过科学的产业布局,在原有的农村地区设立了专业性的工业开发区、高新技术开发区及保税区,对原有的农业则实行了生产体系高科技化、营销体系现代化、实现价值多功能化,使农业与高科技、与现代物流、与旅游观光有机结合。

经过30年的探索,浦东新区各个开发区产业发展与周边乡镇的都市化城镇化建设相互配合,取得了较大的成功,通过"列车工程"的产业带动、功能区的区域功能整合,把生产、生活、功能、服务、制造等城市化要素比较好地结合起来,促进了城市化进程中所需各类要素的发育,同时也较好地解决了城乡二元结构的矛盾。浦东新区产业发展的历程是为恢复和发展上海城市功能服务的历程,也是促进和带动浦东城市化发展的历程。

4. 浦东产业发展道路的选择与实现中国国家战略目标紧紧结合在一起

1991 年邓小平同志在上海谈话时指出，抓紧浦东开发，不要动摇，一直到建成。邓小平同志的这一讲话精神，实质上代表了国家的意志。在将这一国家意志转换为国家战略的过程中，30 年来，党中央、国务院为浦东、为上海的发展出台了一系列的发展战略与指导性意见。

1992 年，中国共产党十四大正式提出要在 2010 年把上海基本建成国际金融中心的发展战略构想。江泽民同志在党的十四大报告中提出，要"尽快把上海建设成为国际经济、金融、贸易中心之一，带动长江三角洲和整个长江流域地区经济新飞跃"。这是中国第一次以党的报告的形式明确将上海建设成为国际金融中心上升为国家战略；2001 年，党中央、国务院在审查上海城市总体规划时，再次明确指出要把上海建设成为国际经济、金融、贸易和航运中心；2005 年中央赋予浦东综合配套改革权限；2006 年、2007 年，胡锦涛同志、温家宝同志对上海国际金融中心建设发表讲话；[1]2009 年 3 月，国务院审议并原则通过《关于率先形成服务经济为主的产业结构，加快推进上海国际金融中心和国际航运中心建设的意见》（以下简称"两个中心"建设）。2019 年，要求浦东率先实施自贸试验区建设。

浦东新区产业发展内涵的选择完全以实现国家发展战略目标为依据。30 年来，先后推出了多项产业发展战略，其中以现代服务业发展战略和高新技术产业发展战略为主导。

（1）现代服务业发展战略：以构建国际金融中心和贸易中心为核心，实施开放有序分步实施的开放战略。

在国际金融中心建设中，借助浦东开发开放政策，以开放外资银行、财务公司、保险公司可在上海开展经营活动为先导，逐步放开经营人民币业务限制，形成从外汇到人民币，从短期资金到中长期资金，从间接融资到直接融资，从个人投资到机构投资的配套服务。以设立上海证券交易所为先导，

---

[1]　2006 年胡锦涛同志在全国"两会"期间，明确提出上海要实现"四个率先"，大力推进国际经济、金融、贸易、航运"四个中心"的建设。2007 年温家宝同志在全国金融工作会议上再次强调指出，要"适应我国金融业进一步对外开放的新形势，加快推进上海国际金融中心建设"。

建立了中国外汇交易中心、全国银行间同业拆借中心、人民币债券交易中心、上海期货交易所、上海黄金交易所、上海保险交易所、票据市场服务中心、上海石油交易所、中国金融期货交易所、上海联合产权交易所、上海房地产交易中心、上海数据交易所等多个要素市场。

在国际贸易中心建设中,以开放外商在浦东兴办商业零售等第三产业和在浦东成立"免关税、免许可证、有外贸权"的保税区为先导,依托上海和长江流域强大的制造业优势、依托浦东拥有深水港及航空港的地理优势,逐步建立起了多层次多业态的贸易体制。其具体内涵为:以浦东及长江三角洲制造企业和浦东会展服务为依托,实施建设国际采购中心战略;以浦东新区所拥有的商品交易要素市场为依托,实施建设全球商品定价中心战略;以洋山港、外高桥港口、浦东国际机场为依托,构建国际运输服务平台,实施建设全国及世界的商品转运中心战略;以银联卡中心建设为依托,实施建设国际结算服务平台战略;以发展承接离岸外包业务为依托,实施建设国际服务外包平台战略等;以陆家嘴、张江、外高桥、金桥四大园区,以自贸试验区临港新片区为核心,实施自贸试验区建设战略。

(2)高新技术产业发展战略:以发展高技术制造业、升级传统制造业、高技术服务业为核心,实施高起点定位跨越式发展战略。

实施重点产业推进战略:重点推进以集成电路、光电子、生物医药三大产业为主体的高技术产业的发展;重点推进以成套设备、环保汽车、清洁新能源为主的升级传统制造业的发展;重点推进以软件、文化创意、研发、科技咨询为主体的高技术服务业的发展等。

实施高新技术产业创新发展战略:实施建设科技服务公共平台战略、实施建设科技投融资体系战略、实施建设高科技产业集群发展战略、实施建设知识产权保护战略等。

5.浦东产业发展道路的选择与长江流域的经济发展紧紧结合在一起

党的十四大提出:"以上海浦东开发开放为龙头,进一步开放长江沿岸城市,尽快把上海建成国际经济、金融、贸易中心之一,带动长江三角洲和整个长江流域地区的新飞跃。"这是从推进区域经济发展的角度对浦东开发开放提出的要求。

通过 30 年的发展,浦东产业发展模式的示范效应、产业发展能级的溢出效应、产业发展合作的联动效应在长三角乃至长江流域已经充分显现,而长三角地区已经成为中国经济发展的引擎和世界级城市群。从浦东开发开放伊始,一大批长江流域的企业前来浦东投资,各省市政府在浦东建造标志性楼宇,作为当地进军浦东面向世界的窗口,浦东对长江流域的集聚效应十分明显。同时,随着浦东的开发开放,浦东显示出了极大的辐射效应。其具体表现为:

(1)招商资源共享。

长江流域大量的招商团队以浦东为信息窗口,将到浦东考察投资的企业纷纷引入当地发展,实现了按照各地产业要素资源,合理分配投资资源的共同发展局面。

(2)融资渠道共建。

自浦东开发开放以后,上海设立了证券交易所,为长江流域企业的融资提供了良好的渠道。同时,外资金融机构的进入,带来了大量银行关系企业到浦东及长江流域的投资,特别是在放开外资金融机构经营人民币业务以后,更是为长江流域经济的发展提供了新的资金来源。

(3)产业发展联动。

随着浦东产业能级的提升,浦东与长三角及长江流域产业联动的能力进一步增强。浦东开发开放以来,坚持创新驱动的发展模式,培育了一批在长江三角洲地区领先的电子信息、生物、新材料、新能源等战略性高技术产业和优势支柱产业,并以此推动长江三角洲各地高新技术产业的联动发展。同时,浦东在长江流域实施区域合作集成创新、布点设厂、参股并购等多种手段,促进了长江流域各类产学研资源在浦东的集聚,同时又推动了长江流域各省市产业的联动发展。

(4)合作空间提升。

主要表现为三种合作形式:

第一种形式:由于浦东产业发展模式的示范效应,长三角和长江流域各地纷纷采用借鉴浦东开发的运作模式,有些地区甚至采用开发区域托管的方式,由浦东新区有关开发区实行品牌使用及招商运作统一管理。①

第二种形式:由于浦东能级提升以后的溢出效应,许多企业将研发部门留在浦东,而将生产部门设在长三角的苏浙等上海附近省份。

第三种形式:上海企业主动为长三角和长江流域各地提供产业服务,如为各地提供金融服务的上海地方银行浦东发展银行,自 1994 年以后,开始向长江三角洲地区拓展和延伸。至 1995 年底,在杭州、南京、宁波和江阴等长三角经济发达地区开设了 22 家分支机构,1997 年底,在全国设立直属分支行 28 家,确立了"立足上海,辐射长江流域,面向全国"的发展框架。2008年 8 月和 9 月,浦发银行四川绵阳支行、都江堰支行又相继开业。例如为长江流域各地提供产业转移服务的长江发展集团,已经成为流域内投资物流、商贸、房地产为一体的大型企业集团。与深圳等南方先行开放地区单纯引进外资制造业项目不同,浦东开发从一开始就选择了金融和贸易这两个一直为国家所垄断经营的领域进行开放,从一开始就选择高新技术产业作为制造业升级的方向,从高水平开放高起点开发入手推进浦东产业发展。

30 年来,浦东新区坚持"金融先行、高新技术产业先行"的产业发展战略,经过一系列产业管理体制变革和产业发展路径的探索,金融业和进出口贸易得到了迅猛发展,高新技术产业已经成为浦东新区制造业的主要支撑力量。

30 年来,浦东新区始终坚持解放思想,以创建国际航运发展综合试验区、现代国际贸易示范区、国家自主创新示范区、自贸试验区为契机,探索实施服务业税制和审批制度改革,探索形成符合国际惯例的制度环境。率先试点扩大服务贸易对外开放,建立了我国第一个封关运作的保税区——外高桥保税区;率先开展外资银行经营人民币业务、外资参股中资银行等试点;建设了中国第一个自由贸易试验区——中国(上海)自贸试验区。党的

---

① 如始建于 2008 年 1 月的外高桥(启东)产业园,由上海外高桥保税区的开发主体——上海外高桥(集团)有限公司与启东滨海工业园合作开发建设,总规划面积 5.33 平方公里,已作为浦东新区第一个跨江开发联动合作项目全面启动。

十八大以来,特别是上海自贸试验区成立后,浦东坚持以制度创新为核心,负面清单、国际贸易单一窗口、"证照分离"等一批创新举措向全国复制推广,为完善中国特色社会主义基本经济制度作出了应有的贡献。

浦东新区的实践表明,邓小平同志关于"计划多一点还是市场多一点,不是社会主义与资本主义的本质区别。计划经济不等于社会主义,资本主义也有计划;市场经济不等于资本主义,社会主义也有市场。计划和市场都是手段"的论断的正确。在中国共产党的坚强领导下,中国特色社会主义经济制度完全可以吸收世界上最先进的生产力和生产方式。浦东的发展道路,实质上是中国特色社会主义道路成功实践的有机组成部分。

(二) 在社会主义制度下改革开放的核心内容是什么、根本目标是什么?

1. 30 年来,浦东开发开放始终坚持以对社会主义基本制度的完善为核心

2005 年 6 月,国务院正式批准浦东新区为全国首个综合配套改革试点地区,拉开了全面改革体制机制的序幕,开始了以体制创新为核心内容的"二次创业"。从 2008 年开始,浦东综合配套改革开始全面发力,综合配套改革体现了"敢闯敢试、先行先试"的浦东开发开放的精神实质。

浦东综合配套改革是为从根本上实现国家管理方式的改善所进行的改革,不仅仅是停留在放权让利阶段的浅层次改革,也不仅仅是出台一些支持金融、贸易中心建设的支持性政策,而是要探索管理国际金融、贸易中心城市的方法手段及体制机制,探索如何管理已经转型了的社会形态的方式方法及体制机制。经过努力,浦东的经济管理体制和社会管理体制正在发生着深刻的变化。

2007 年 4 月 26 日,上海市人大常委会通过了《关于促进和保障浦东新区综合配套改革试点工作的决定》,成为浦东新区制度创新一个崭新的"里程碑"。这一规定提供了使浦东新区在推进具体改革中把改革和发展有机结合起来、把解决本地实际问题与攻克面上共性难题结合起来、把实现重点

突破与整体创新结合起来、把经济体制改革与其他方面改革结合起来的法制运作空间，使浦东新区获得的改革成果能以制度化和法规的形式加以表达，使得改革成果的推广具有法理基础，从而使浦东改革成果能做到"浦东能突破、上海能推广、全国能借鉴"。

通过艰辛的探索，具有浦东特征的科学改革观日益成型：改革是为了进一步完善社会主义制度，改革是为了国家管理体制的进一步健全；改革必须在法律框架内有序推进，改革的推进必须有法制作保障；改革是为了再造地区经济社会发展的动力，是为了激发微观主体的创造力和实现全体人民的福祉；改革必须脚踏实地、务实有效、稳步推进，改革的步骤和措施必须符合"国际背景、中国特色、上海特点"的总体要求，必须具有渐进性与可操作性。

从这一观念出发，浦东综合配套改革从一开始就确定，其基本目标是为了再造浦东新区经济社会发展动力，实现经济、社会、行政管理体制转轨，充分激发微观经济主体的创造力。浦东综合配套改革紧紧围绕再造发展动力，实现经济、社会、行政管理体制转轨的核心目标，推出了一系列改革举措。浦东的发展体制构建从被动逐步转向主动，从专项突破变为整体创新。浦东的发展动力已不仅仅依靠外部资源，而是在更大程度上依赖于对资源的整合能力。这种整合能力主要表现为：浦东正利用中国经济在全球份额中日益增大的权重，构建起适应和引领全球经济的国际经济信息发布平台和管理平台；浦东正在构建一批重大的功能性项目和相应的制度平台，正在迅速形成全球资源配置力。如2010年8月，国家外汇管理局批准上海综合保税区开展人民币国际贸易结算中心外汇管理试点后，试点企业数量逐渐扩大，推动结算中心外汇管理形成常态化运作机制，这将使上海综合保税区内的各类总部企业获得功能性提升，使企业身处保税区，能够非常便利地"做全球生意"。这些总部企业，实质性地推动了浦东从传统国际贸易集聚区，向建立具有全球资源配置能力的国际贸易中心核心功能区转变。

浦东聚焦突破了一系列制约创新转型的制度瓶颈。按照服务经济、创新经济、开放经济发展对制度环境提出的客观需求，以陆家嘴金融贸易区、张江高科技园区、上海综合保税区为主要载体，聚焦税制、管制、法制等关键环节的瓶颈制约,学习与借鉴全球先进经验和国际通行规则,结合我国国情和浦东实际,在服务经济税制改革、要素市场化配置、总部经济发展、科技投融资体系、贸易便利化、土地二次开发等方面取得了一系列的改革突破,形成了较为系统有效的制度安排。通过综合配套体制改革的切实有效推进,浦东已基本形成了公共服务型政府制度框架,基本形成了有利于金融等现代服务业发展的开放型经济运行规则体系,基本形成了以张江为核心的区域创新体系框架,基本形成了城乡一体发展的制度环境,基本形成了制度创新的引领带动机制。

浦东综合配套改革,其最终目标是完善社会主义制度,浦东所推出的每一项改革措施都是对社会主义基本制度的完善,而不是推倒重来。浦东综合配套改革也不是违反国家基本法规"闯红灯",而是要通过改革创设新的管理"信号系统",完善国家经济与社会管理体制。

2019 年推动自贸试验区升级版建设,更是为了进一步优化营商环境,构建更高水平开放型经济新体制,为我国社会主义市场经济体制的不断完善提供可借鉴的经验。

2.30 年来,浦东开发开放始终坚持以人民为中心的根本目标

浦东始终坚持以人为本的发展理念,做到改革为了人民,改革依靠人民,改革成果人民共享,让广大人民群众生活得更加幸福、更为满意、更有尊严。坚持"人民城市为人民"理念,加快提升城市治理现代化水平。始终坚持"小政府,大社会"的改革方向,构建新型政社合作关系。始终坚持把社会组织的发展作为综合配套改革、创新社会管理和发展转型的重要内容,注重促进政府职能转变,多渠道推进政社合作。

为此,浦东新区进行了不少创造性的探索:率先成立全国第一家社区服务行业协会;率先将"罗山市民会馆"委托给社会机构管理运作;率先引进社会工作专业人才;率先成立民间发起、自主运作的社会工作者行业管理机构;率先成立内地第一家民间社会工作服务机构;率先探索搭建政社合作平台,依托浦东市民中心和街镇社区事务受理服务中心开展政社合作、政社互动;率先建立内地第一个公益组织孵化器等。近年来,更是不断提高城市科

学化、精细化、智能化管理能级。以"绣花功夫"为管理原则,让城市更有序、更安全、更干净,人民群众的生活工作环境得以巨大改善。以共治共享发展为理念,切实保障和改善民生,解决群众急、难、愁、盼问题。"基层有活力、管理出实效、群众得实惠"的社会治理目标得以基本实现。

浦东新区的实践表明,改革是对社会主义基本制度的完善,不是推倒重来,不是否定掉社会主义制度。习近平总书记指出:"方向决定前途,道路决定命运。我们要把命运掌握在自己手中,就要有志不改、道不变的坚定。"30年来,浦东新区已基本形成比较完善的公共服务型政府制度框架、基本形成有利于金融等现代服务业发展的开放型经济运行规则体系、基本形成以张江为核心的区域创新体系框架、基本形成城乡一体发展的制度环境、基本形成以自贸试验区制度创新为核心的引领带动机制。

三、推动制度创新,为国家治理现代化探索浦东经验

习近平总书记指出,浦东开发开放的特点在于发挥排头兵、试验田的作用。浦东新区具有"大区、大镇、大街道"的总体特征,同时,作为全国乃至全球有影响力的国际城区,既具备大项目多、大企业集聚的发展优势,也面临着人口增加且结构复杂、利益多元、创新能力不足、资源环境约束等诸多问题,要做到真正的精细化管理,难度很大。如何实现经济治理和社会治理的双重治理能力现代化,对管理手段和管理模式带来了新挑战。30年来,浦东新区不断探索,取得了积极进展。

(一) 坚持转变政府职能,推进经济治理能力现代化

30年来,浦东在开发开放不同阶段,始终注重转变政府职能,坚持正确处理政府和市场关系,推动政府治理能力不断提升。

一是在机构改革方面,在精简、高效原则指导下,科学设置职能部门,从"三处二室",到"十个局八百壮士",再到率先建立覆盖工商、质监、食药监、

价格检查等职能的市场监督管理局，设立知识产权"三合一"机构，组建集中环保市容、建设交通、规划土地等执法事项的城管执法局，成立科技和经济委员会。

二是在行政审批制度改革方面，围绕"放管服"，努力营造法治化、国际化、便利化的营商环境，率先实施"证照分离"改革，按照取消审批、审批改备案、实行告知承诺等五类方式，对行政许可事项作了改革试点，推动商事制度、医疗、交通运输等领域许可事项改革；深化企业投资建设项目审批改革，实行"多评合一、多图联审、区域评估、联合验收"；建立健全事中事后监管体系，初步确立了市场主体自律、业界自治、社会监督、政府监管"四位一体"的监管格局。

三是在互联网政务方面，推动企业市场准入"全网通办"、个人社区事务实现"全区通办"、政府政务信息"全域共享"；探索政务数据从归集、共享，逐步实现资源化利用。

四是上海自贸试验区成立后，确立以负面清单为核心的投资管理制度、符合高标准贸易便利化规则的贸易监管制度、适应更加开放环境和有效防范风险的金融创新制度、以规范市场主体行为为重点的事中事后监管制度，负面清单、国际贸易单一窗口、"证照分离"等一批创新举措向全国复制推广。

（二）探索社区治理新模式，推进社会治理能力现代化

面对"大区、大镇、大街道"的典型特征，在顺应快速城市化的进程中，浦东新区率先提出并探索"镇管社区"的概念及社区治理新模式，并在川沙、三林、航头、祝桥、张江等地率先试点，有效解决了基层治理的难题。同时，注重基层居民自治建设。在强化基层民主自治建设方面，逐渐形成了社区、社工、社会组织的三社联动体系，特别是一些居民区，采取了诸如"自治家园"等新形式，同时长期培育并坚持社会力量参与公共服务供给，有效引导居民有序参与公共事务。

打通服务群众的"最后一百米"，建立"家门口"服务体系，通过把居（村）

委改造成服务站、服务中心,做到服务零距离。实现办公空间"趋零化",通过把干部的办公间变成群众的活动地,从居(村)委书记、主任到社工,全部下楼办公、集中办公、开门办公,共享空间、共享工位、共享电脑,倒逼干部少坐班、多走访,与群众打成一片。对服务资源进行集成化处理,以区域化党建为引领,积极整合各类服务资源,使各项社区服务事项下沉到家门口办理。

(三) 实施"城市大脑"工程,为区域治理能力现代化提供技术保障

为实现城市精细化管理,有效防控城市运行的重大风险,推动城市大脑工程建设。通过监管要素标准化,监管方式智能化,监管流程闭环化,推动数据在部门间有效流转,及时发现风险点,实现部门监管的无缝衔接、紧密协作。目前,浦东将智能化管理进一步延伸到经济领域,打造经济领域风险防范化解平台,建设一批智能监管场景,加快推动实战运行。以城市大脑管理体系为依托,高效、精准地解决如无证设摊、河道治理、非法群租等城市管理和社会治理的热点、难点问题,同时在城运三级体系全覆盖推进移动视频系统建设及应用。

四、浦东开发开放的经验启示

浦东在以一流党建为开发开放提供坚强政治保障、以改革丰富中国特色社会主义内涵、以开放实现国家发展战略、为国家治理现代化探索浦东经验等方面进行了大量的实践,创造了许多成功经验,具有普遍的示范和借鉴意义,从中我们可以得到三方面启示。

(一) 浦东要努力成为当今世界高水平开放的一面旗帜,就必须具有全球化战略视野和系统性开放思维

浦东开发开放30年的经验表明,只有坚持开放引领,以全球化视野推进浦东开发开放,积极融入全球经济体系,才能汲取全球资源,才能通过浦

东开发开放将上海打造成全球化的战略空间,才能成为高水平开放的一面旗帜。

展望未来,浦东更要勇敢站在开放最前沿,积极推动商品和要素流动型开放向制度型开放转变,更好地服务"一带一路"建设和企业"走出去"发展,在参与全球经济治理、开展风险和压力测试上敢闯敢试、走在前列。

从全球化战略思维看,浦东作为上海"五个中心"的核心承载区,必须具有鲜明的国际视野。国际经济、金融、贸易、航运中心和具有全球影响力的科技创新中心,突出的都是"国际"和"全球",强调的是在世界范围内的地位与功能。站在建设全球城市高度谋划浦东未来发展,未来浦东尚需进一步提升要素流量规模,进一步提高国际人口比例,扩大跨境资金、信息等流量规模,提高技术市场规模和活跃度;未来浦东尚需提高全球化战略空间的整体能级,提升控制力和辐射力,要加大力度吸引外资跨国企业全球总部,国际性、权威性的仲裁等进驻。以全球资源配置能力为核心,提高资源集聚和辐射水平,坚持建载体、聚机构、优环境、促联动,加快建设与我国经济实力和国际地位相适应的国际经济、金融、贸易、航运和科创中心功能体系。

从系统性开放思维看,浦东需进一步提升开放的广度和深度。以自贸试验区建设为抓手,在安全可控的情况下,推动外资进入金融、电信、教育、文化等领域;以提升区域治理能力建设为抓手,建立起与全球城市相适应的管理体系,建立起精简、高效和法治化的政府管理体系。以自由贸易试验区建设为抓手,对标国际最高标准,形成最高标准、最好水平的"中国方案"。以浦东两个扇面辐射为优势,突出面向国际、服务全国、引领长三角的门户枢纽地位,成为全球跨国资本、产业和企业进入中国的首选之地,中国企业走出去的桥头堡。

(二) 浦东要成为我国建设社会主义现代化强国的重要窗口,就必须具有坚定的政治站位和国家发展战略思维

浦东开发开放 30 年的经验表明,只有坚持以党的领导为核心,坚定中国特色社会主义信念不动摇,才能保证浦东开发开放始终以国家战略为方

向和使命,不动摇不偏移。

从政治站位看,30 年来,浦东新区回答了两个重大问题:社会主义制度和市场经济体系如何有效结合? 改革的核心任务和根本目标是什么? 浦东新区不断对经济基础和产业管理制度进行调整和完善,不断探索社会主义和市场经济相结合的有效途径和方式,走出了一条具有自身特色的经济体制改革道路。改革的核心任务是为了完善社会主义基本制度,是为了使社会主义的制度运行更有效率,改革的根本目标是使为人民服务的能力更加强大。

从国家发展战略思维看,浦东作为中国改革开放的排头兵和先行者,承担着重大的国家战略任务。30 年来,浦东新区秉持"一产科技化、二产高级化、三产国际化"产业发展战略,推动经济高质量发展。30 年来,挑战与机遇共存,浦东开发开放打破了 1989 年政治风波以后西方世界对我们的封锁,经受了亚洲金融危机与全球金融危机的考验,抓住中国加入 WTO 和自贸试验区建设的有利契机,逐渐形成了具有浦东特点的产业发展管理体系,成为浦东承担国家发展战略的强有力支撑,相当一部分先试先行政策在浦东形成规范以后向全国推广示范。

展望未来,面临的国际环境将更为严峻,竞争将更加激烈,浦东将继续坚持以党的领导为核心,坚持改革,解放思想,不断完善社会主义基本制度,结合谋划"十四五"发展,提出未来浦东开发开放的战略安排,突出经济高质量发展、现代化经济体系建设、科技实力提升,高质量高水平建设产业载体和开放功能载体。

(三) 要努力成为超大城市治理现代化的示范样板,就必须创新治理理念,实现经济治理和社会治理能力现代化,不断提升综合治理能力

浦东开发开放 30 年的经验表明,面对像浦东新区这样具有"大区、大镇、大街道"特征的大区,作为全国乃至全球有影响力的国际城区,必须从经济治理和社会治理两个方面进行科学有序的系统治理。

　　从经济治理能力提升看，重点在于注重转变政府职能，正确处理政府和市场关系，重点围绕机构改革、行政审批制度改革、互联网政务等推动政府治理能力不断提升。从社会治理能力提升看，重点探索社区治理模式创新，打通服务群众的"最后一百米"，充分实现源头治理。同时积极支持合规的社会组织参与大量的社会治理工作。

　　展望未来，浦东新区既要学习借鉴先进经验，更要立足实际创新探索，着力走出系统治理、依法治理、综合治理、源头治理的新路子。同时，不断完善城市大脑工程，建立起比较完善的城市应急系统、城市管理体系、城市风险预测系统。浦东新区更应建立对物理空间、数据信息空间、人与人交往新社会空间的新型空间治理系统，应超前构建信息安全战略，从更高维度的信息空间上予以提前规划和谋划。

附件二：
浦东开发开放 30 年经济社会发展数据组图

一、经济发展数据

（一）GDP 数据

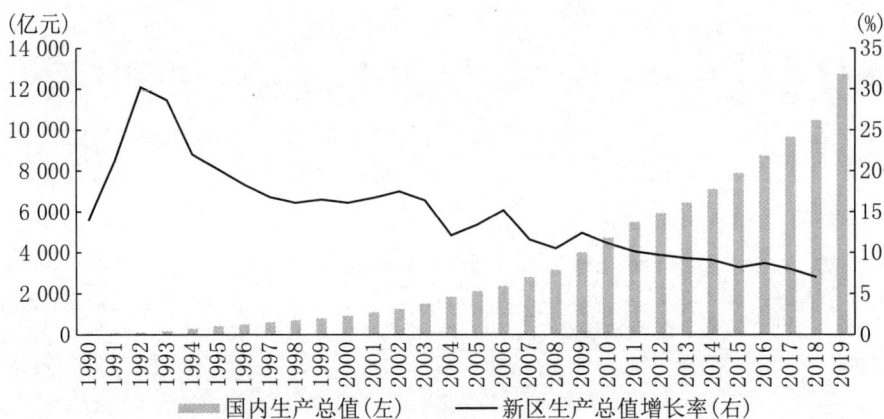

图 1 历年浦东新区生产总值和增长速度（1990—2019 年）

资料来源：上海浦东新区统计年鉴相关年份数据。

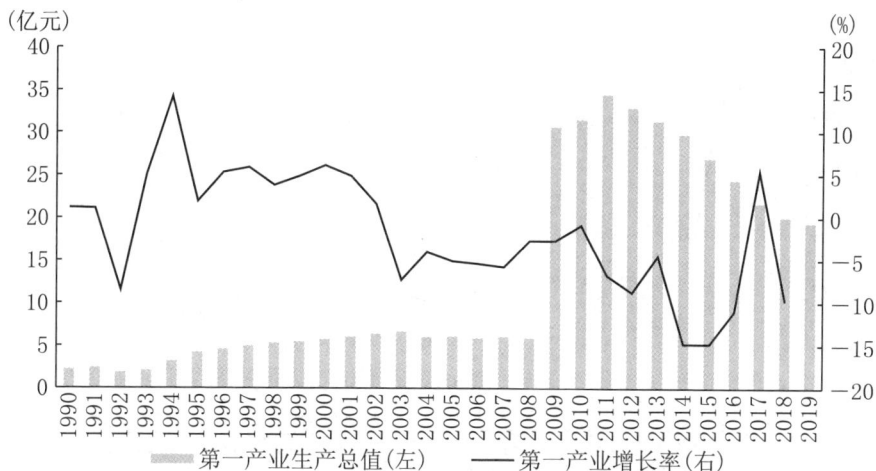

图 2　浦东新区第一产业生产总值和增长率(1990—2019 年)

资料来源:上海浦东新区统计年鉴相关年份数据。

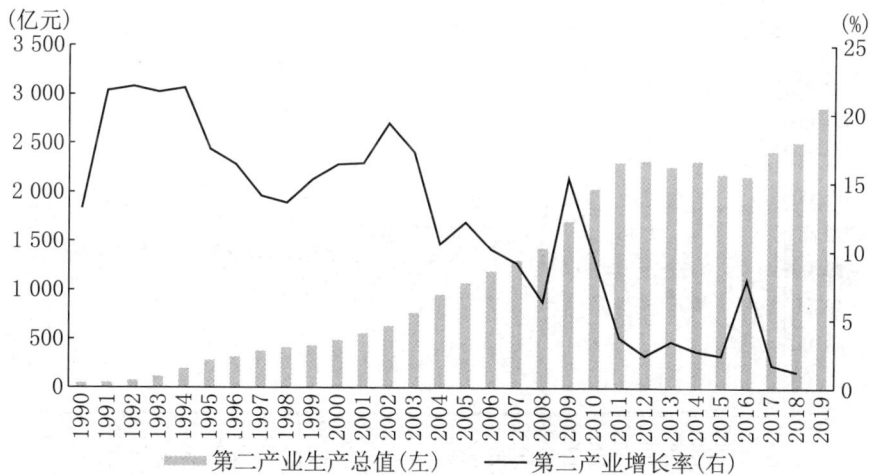

图 3　浦东新区第二产业生产总值和增长率(1990—2019 年)

资料来源:上海浦东新区统计年鉴相关年份数据。

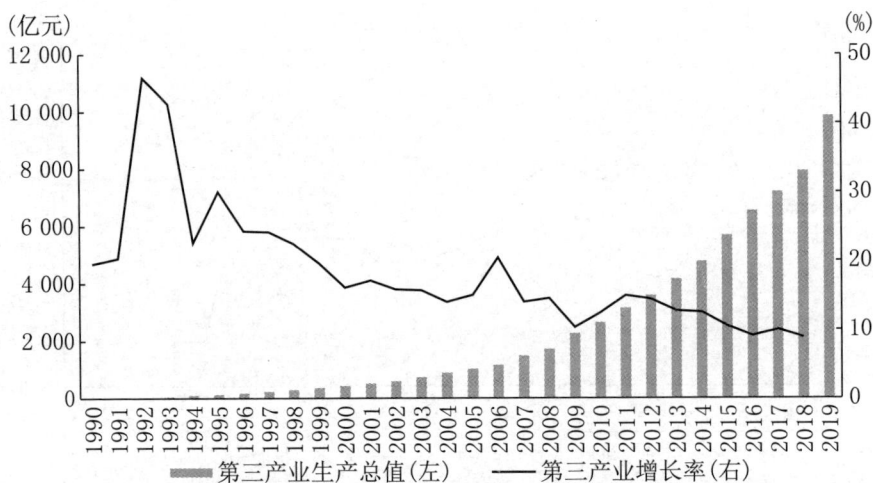

图 4　浦东新区第三产业生产总值和增长率(1990—2019 年)

资料来源:上海浦东新区统计年鉴相关年份数据。

(二) 经济结构

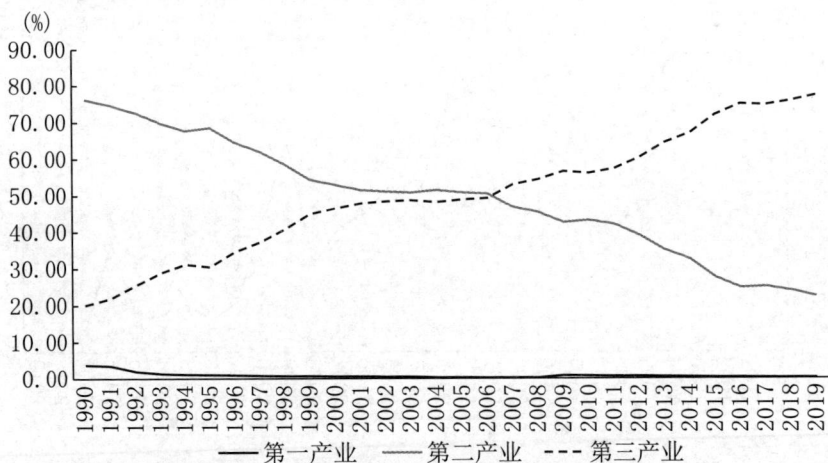

图 5　浦东新区历年三次产业比重(1990—2019 年)

资料来源:上海浦东新区统计年鉴相关年份数据。

1990 年经济结构

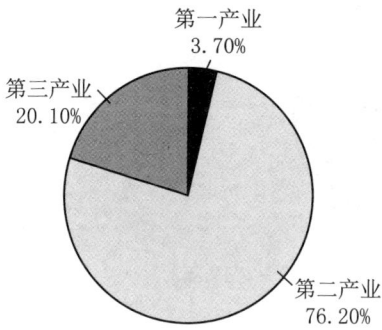

第一产业
3.70%

第三产业
20.10%

第二产业
76.20%

1995 年经济结构

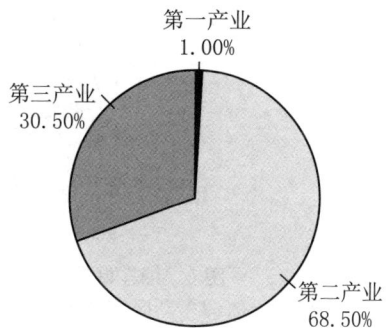

第一产业
1.00%

第三产业
30.50%

第二产业
68.50%

2000 年经济结构

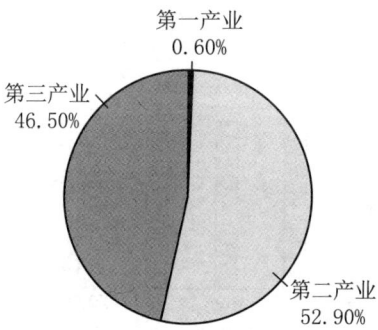

第一产业
0.60%

第三产业
46.50%

第二产业
52.90%

2005 年经济结构

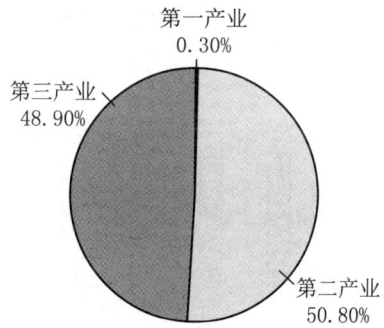

第一产业
0.30%

第三产业
48.90%

第二产业
50.80%

2010 年经济结构

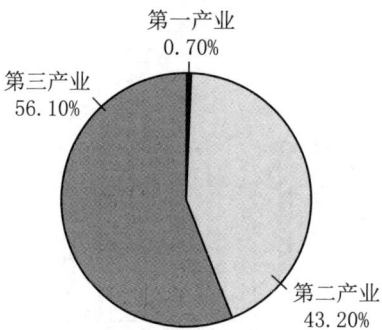

第一产业
0.70%

第三产业
56.10%

第二产业
43.20%

2015 年经济结构

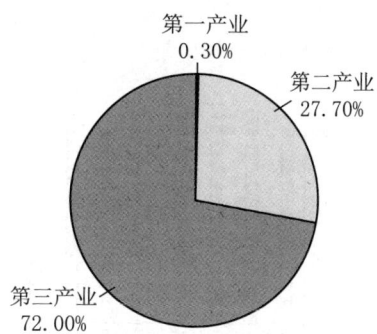

第一产业
0.30%

第二产业
27.70%

第三产业
72.00%

2019 年经济结构

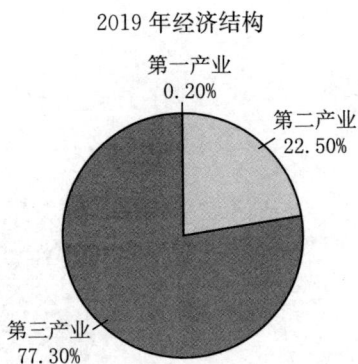

图 6　浦东新区历年经济结构图(1990—2019 年)

资料来源:上海浦东新区统计年鉴相关年份数据。

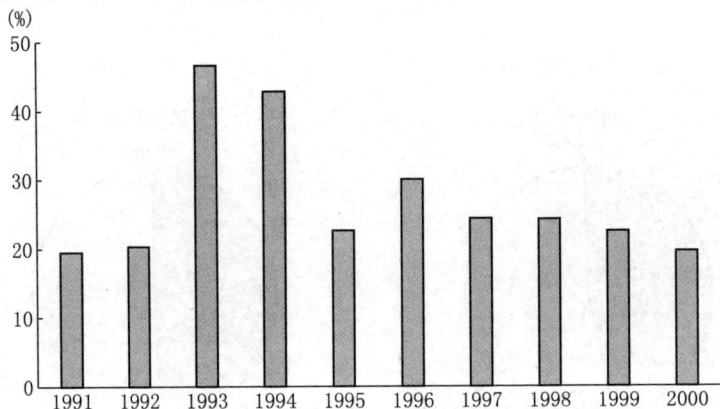

图 7　浦东新区第三产业增加值(旧行业分类)

资料来源:上海浦东新区统计年鉴相关年份数据。

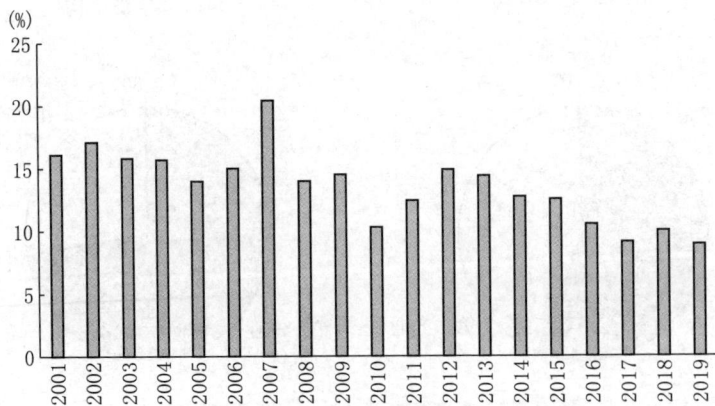

图 8　浦东新区第三产业增加值(新行业分类)

资料来源:上海浦东新区统计年鉴相关年份数据。

（三）财政收入

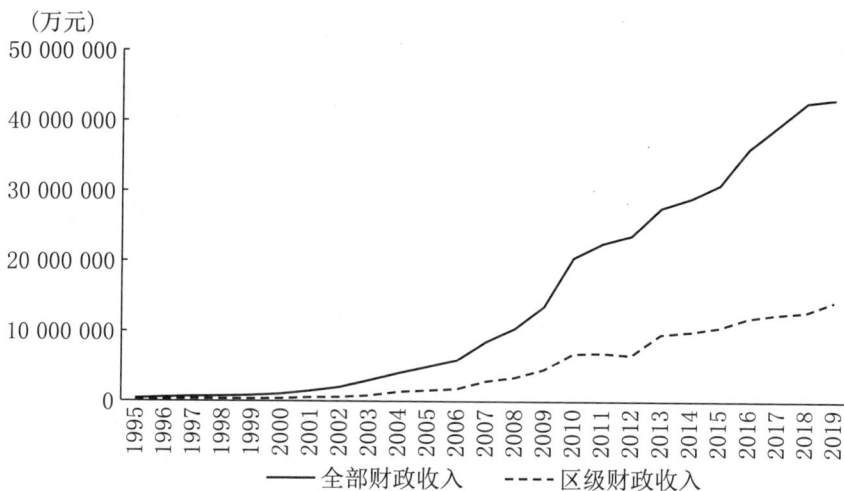

图 9　历年浦东新区财政收入(1995—2019 年)

资料来源：上海浦东新区统计年鉴相关年份数据。

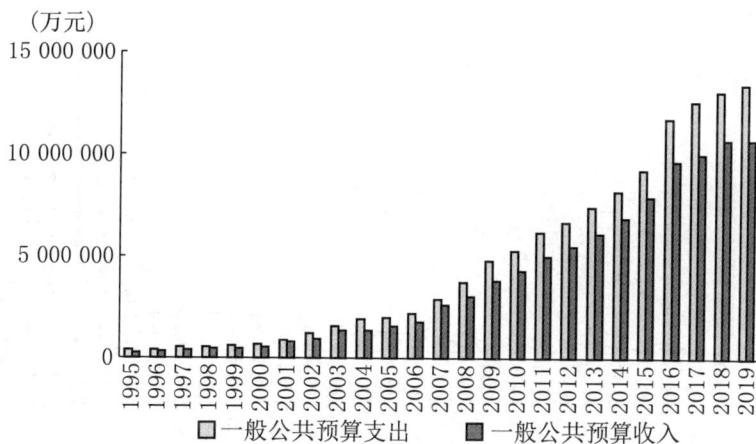

图 10　历年浦东新区预算收支(1995—2019 年)

资料来源：上海浦东新区统计年鉴相关年份数据。

(四) 吸引外资

（项）

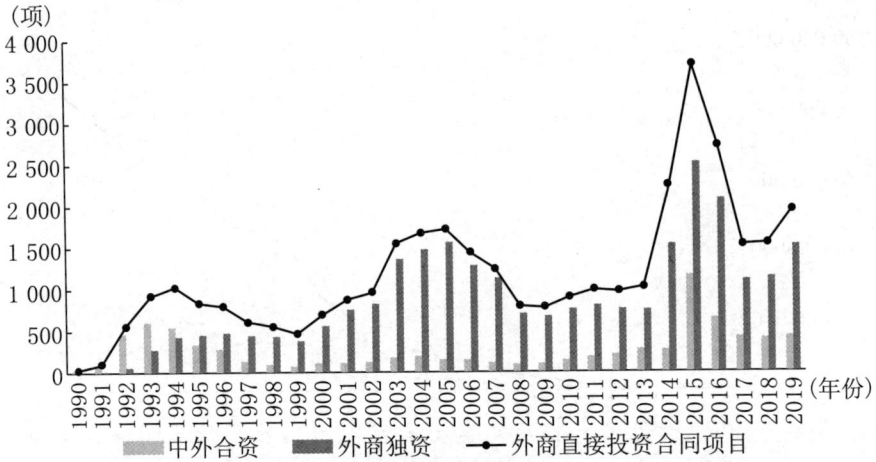

图 11　历年浦东新区外商直接投资合同项目（项）（1990—2019 年）

资料来源:上海浦东新区统计年鉴相关年份数据。

（亿美元）

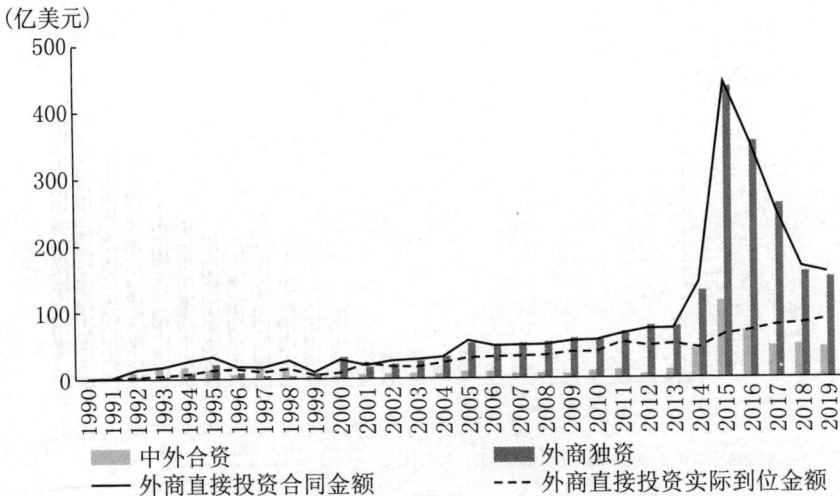

图 12　历年浦东新区外商直接投资金额（1990—2019 年）

资料来源:上海浦东新区统计年鉴相关年份数据。

（五）固定资产投资情况

（亿元）

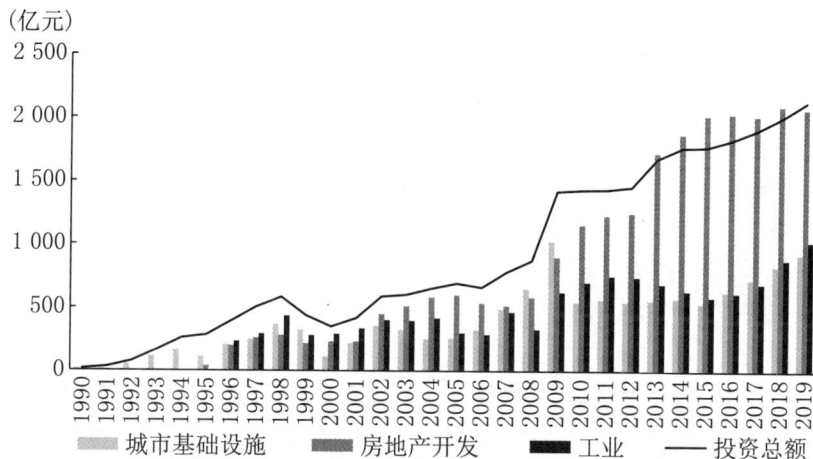

图 13　历年浦东新区固定资产投资情况（1990—2019 年）

资料来源：上海浦东新区统计年鉴相关年份数据。

（六）进出口

（亿美元）　　　　　　　　　　　　　　　　　　　　　　　　　　（%）

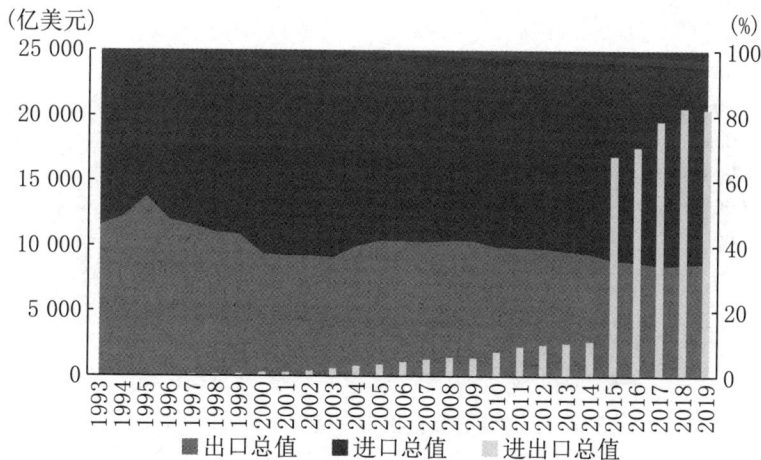

图 14　历年浦东新区进出口总值（1993—2019 年）

资料来源：上海浦东新区统计年鉴相关年份数据。

（亿美元）

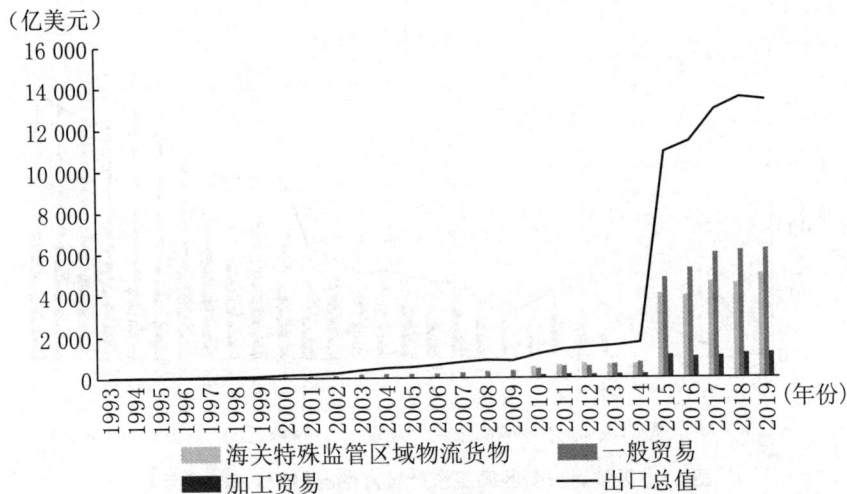

图15　历年浦东新区进口总值(1993—2019年)

资料来源:上海浦东新区统计年鉴相关年份数据。

（亿美元）

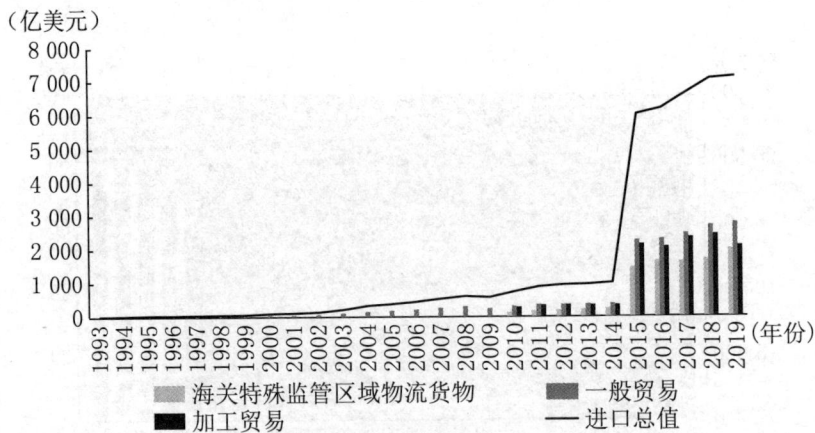

图16　历年浦东新区出口总值(1993—2019年)

资料来源:上海浦东新区统计年鉴相关年份数据。

（七）商品销售

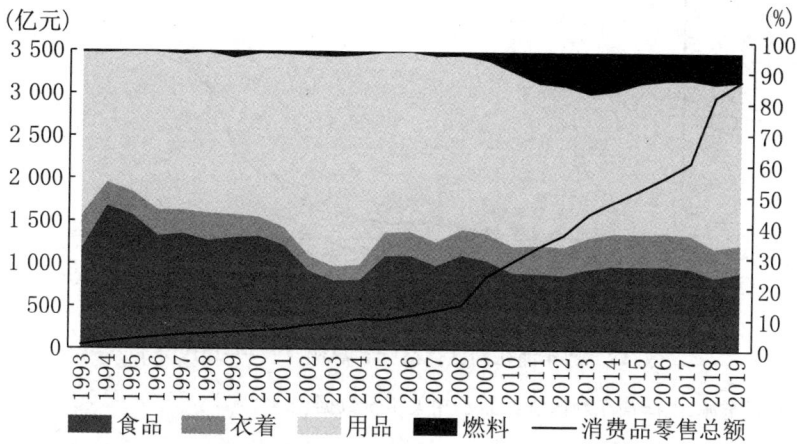

图 17　历年浦东新区社会消费品零售总额及分类占比（1993—2019 年）

资料来源：上海浦东新区统计年鉴相关年份数据。

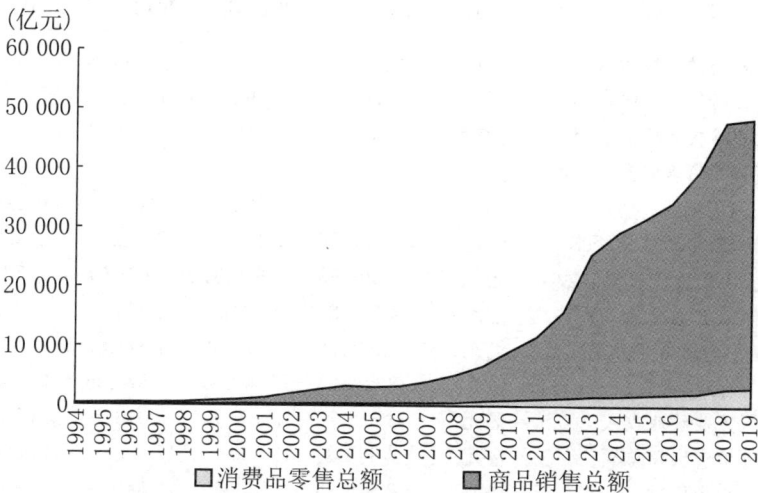

图 18　历年浦东新区社会消费品零售总额和商品销售总额（1994—2019 年）

资料来源：上海浦东新区统计年鉴相关年份数据。

(亿元)

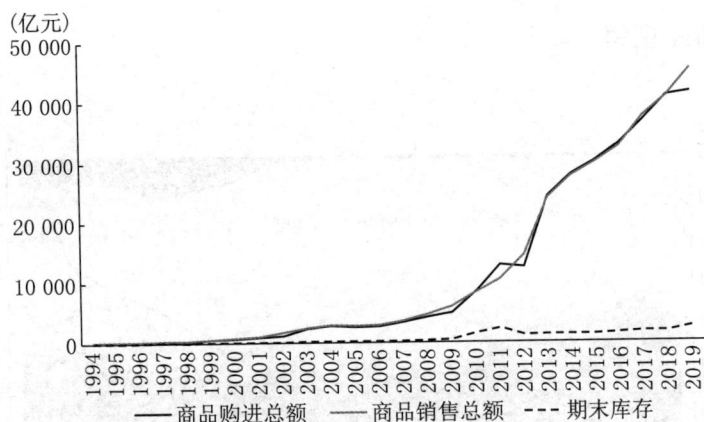

图 19　历年浦东新区商品销售总额（1994—2019 年）

资料来源：上海浦东新区统计年鉴相关年份数据。

(八) 上海自贸试验区部分年份主要经济情况

表 1　上海自贸试验区部分年份主要经济指标

指　　标	单位	2016 年	2017 年	2018 年	2019 年
一般公共预算收入	亿元	559.38	578.46	648.16	588.16
外商直接投资合同项目	个	2 760	1 192	1 130	
外商直接投资合同金额	亿美元	315.56	219.42	133.97	
外商直接投资实际到位金额	亿美元	61.79	70.15	67.7	79.63
新增内资企业注册户数	个	10 298	7 283	5 939	4 226
新增内资企业注册资本	亿元	6 423.38	3 153.5	2 052.9	2 429.73
全社会固定资产投资总额	亿元	607.93	680.31	638.07	725.68
规模以上工业总产值	亿元	4 312.84	4 924.95	4 965	4 652.35
社会消费品零售额	亿元	1 396.76	1 494.62	1 515.67	
商品销售总额	亿元	33 609.23	37 042.67	40 874.86	43 008.39
服务业营业收入	亿元	3 652.76	5 157.74	5 018.5	5 027.1
外贸进出口总额	亿元	7 836.8	13 500	14 600	14 800
出口额	亿元	2 315.85	4 053.1	4 542.5	4 493.5
发明专利授权数	个	4 119	4 202	5 171	5 203
期末监管类金融机构	个	815	849	887	921
新兴金融机构	个	4 651	4 630		
跨境人民币结算总额	亿元	11 518	13 877.4	25 518.88	38 112
跨境人民币境外借款金额	亿元	40.7	16.76	5.38	42.63

二、社会发展数据

(一) 人口规模

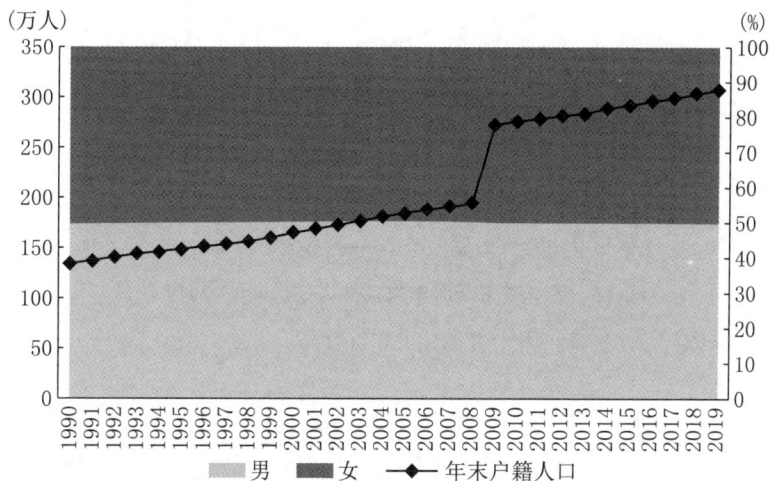

图 20 历年浦东新区年末户籍人口(1990—2019 年)

资料来源:上海浦东新区统计年鉴相关年份数据。

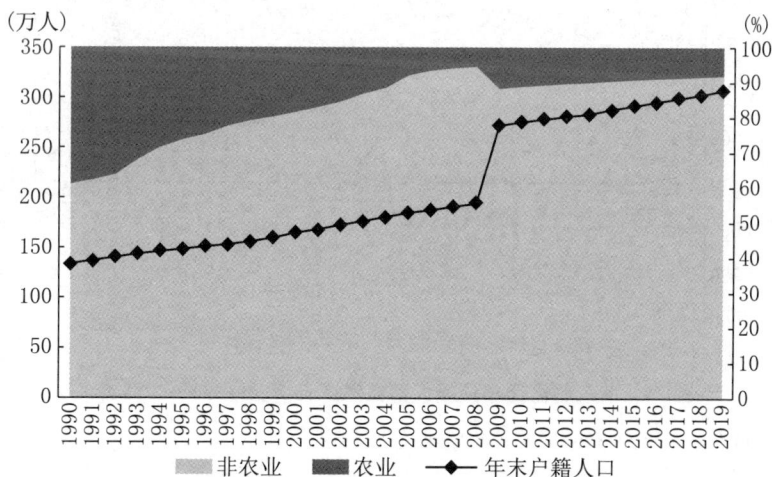

图 21 历年浦东新区年末户籍人口(1990—2019 年)

资料来源:上海浦东新区统计年鉴相关年份数据。

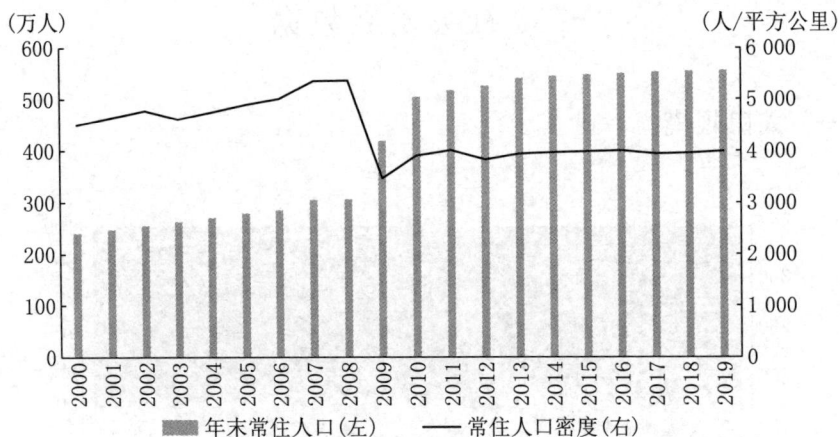

图22　历年浦东新区年末常住人口(2000—2019年)

资料来源:上海浦东新区统计年鉴相关年份数据。

(二) 人口变动

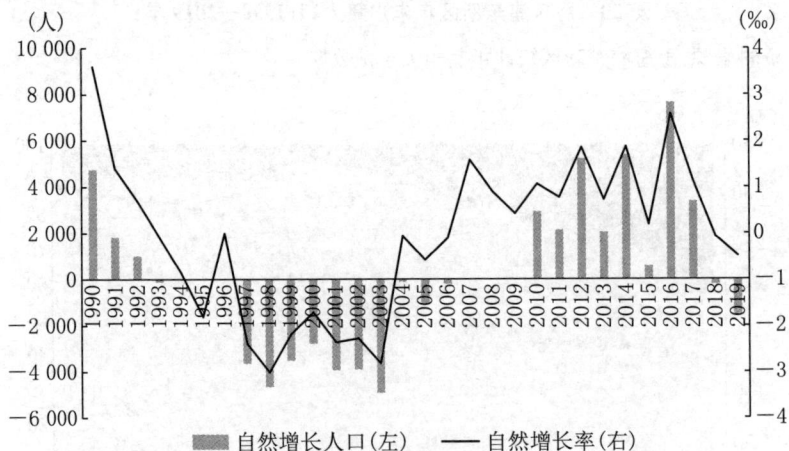

图23　浦东新区历年户籍人口自然增长情况(1990—2019年)

资料来源:上海浦东新区统计年鉴相关年份数据。

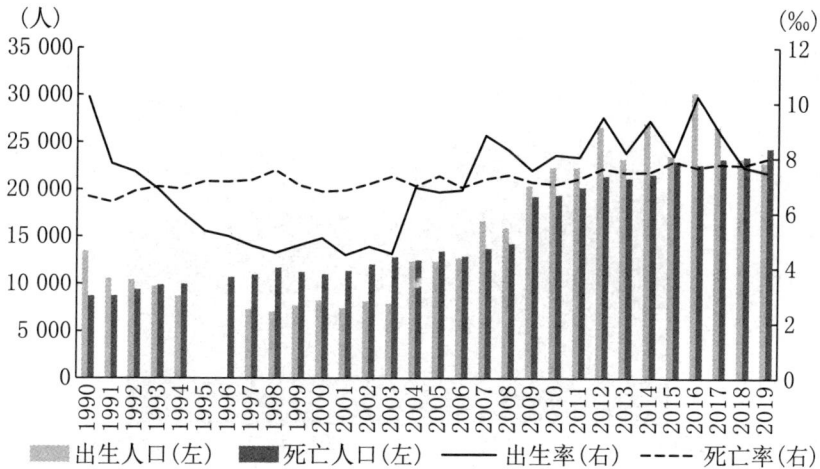

图 24　浦东新区历年户籍人口出生死亡情况（1990—2019 年）

资料来源：上海浦东新区统计年鉴相关年份数据。

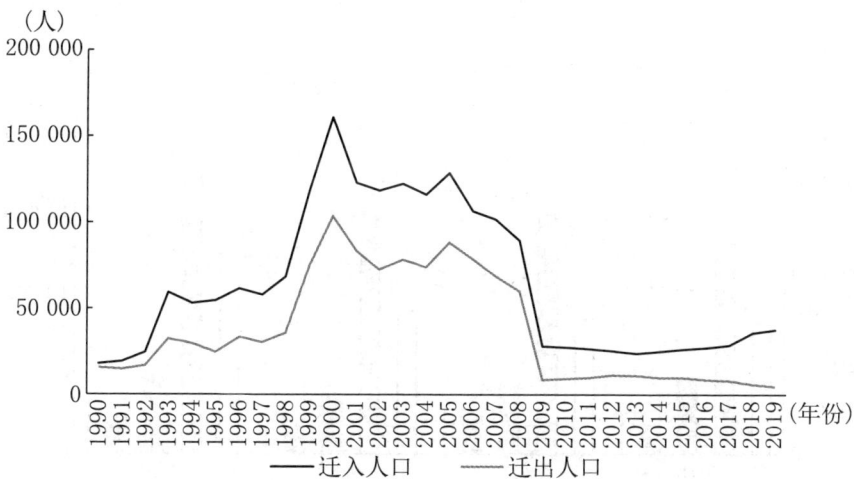

图 25　浦东新区历年户籍人口迁入迁出情况（1990—2019 年）

资料来源：上海浦东新区统计年鉴相关年份数据。

(三) 收入和消费

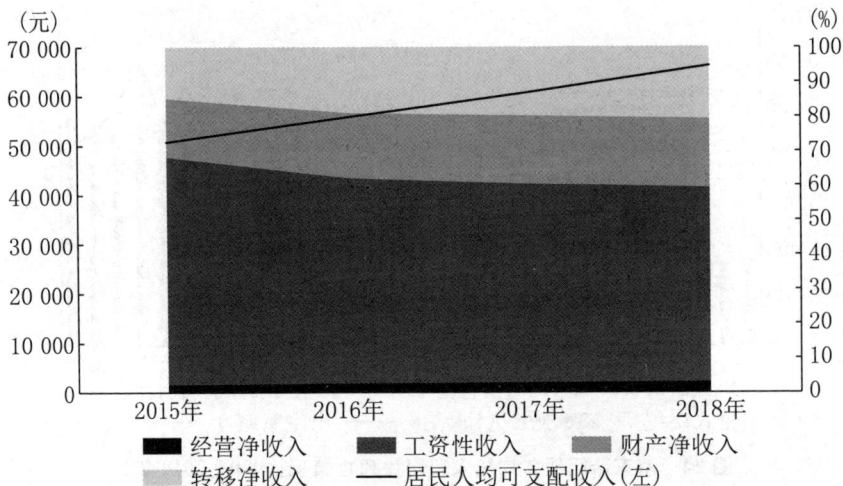

图 26　浦东新区居民人均可支配收入情况(2015—2019 年)

资料来源:上海浦东新区统计年鉴相关年份数据。

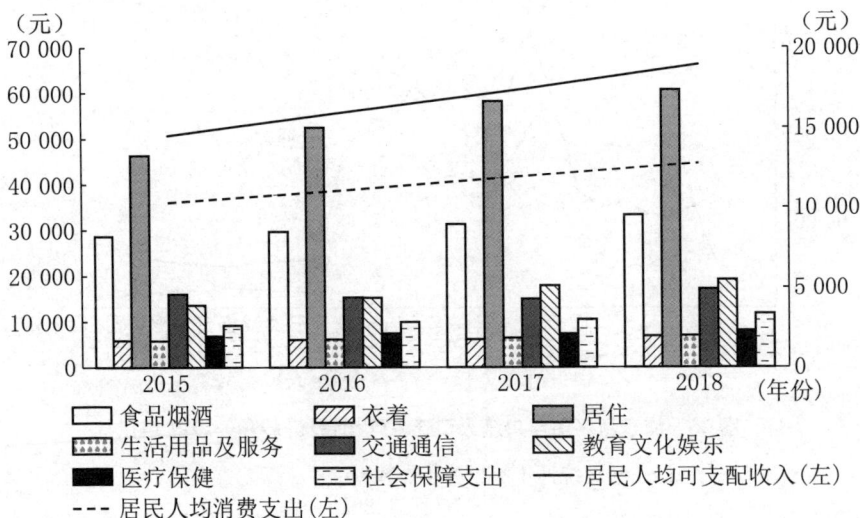

图 27　浦东新区居民人均消费支出情况(2015—2019 年)

资料来源:上海浦东新区统计年鉴相关年份数据。

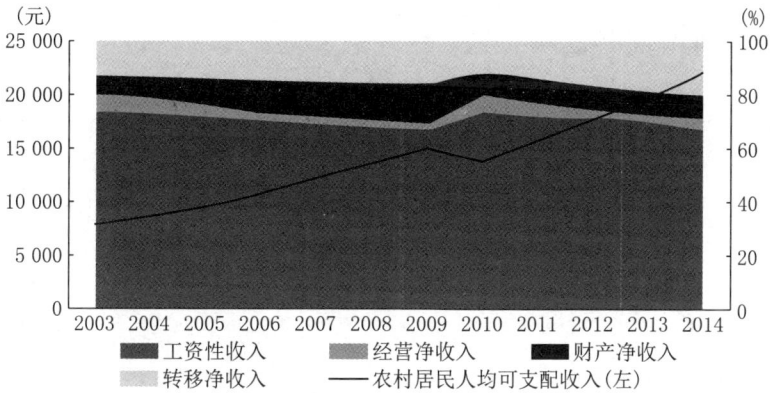

图 28　浦东新区农村居民人均可支配收入情况（2003—2014 年）
资料来源：上海浦东新区统计年鉴相关年份数据。

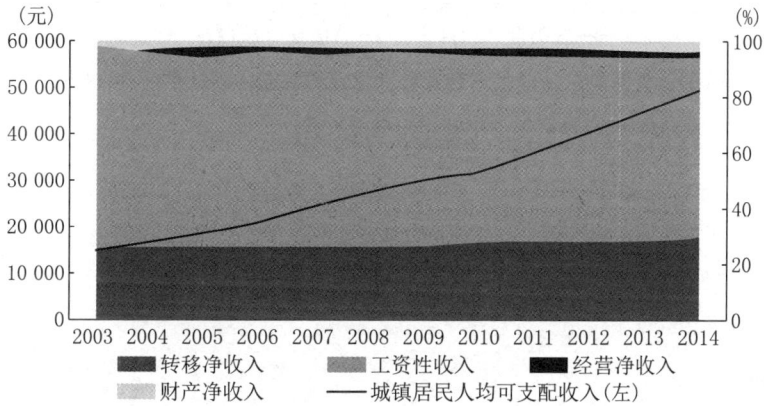

图 29　浦东新区城镇居民人均可支配收入情况（2003—2014 年）
资料来源：上海浦东新区统计年鉴相关年份数据。

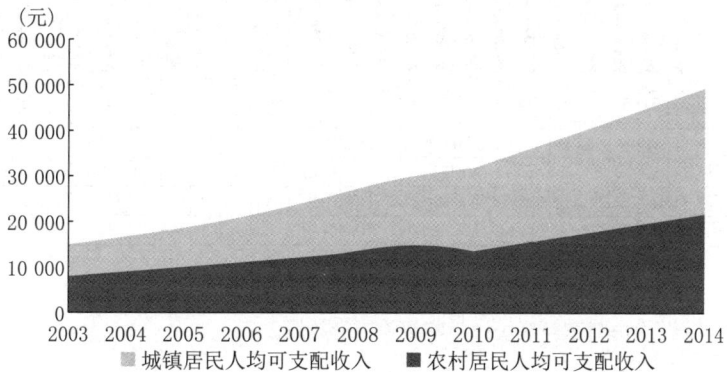

图 30　浦东新区城乡居民人均可支配收入情况（2003—2014 年）
资料来源：上海浦东新区统计年鉴相关年份数据。

(四) 专利

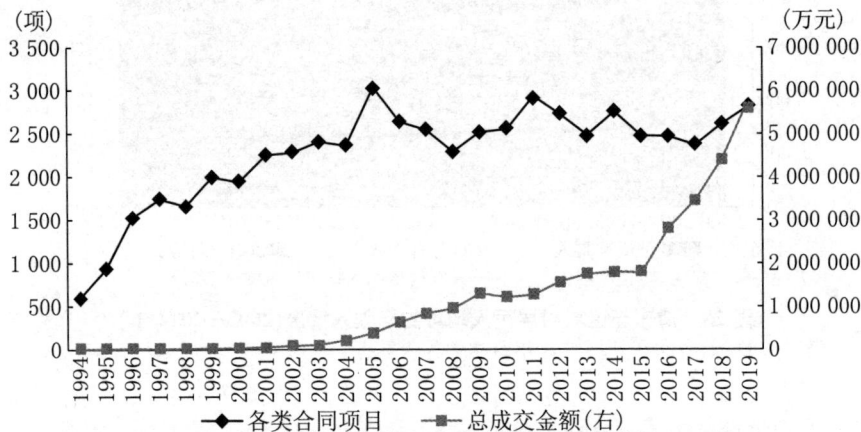

图 31　浦东新区历年技术合同项目总数和成交金额(1994—2019 年)

资料来源:上海浦东新区统计年鉴相关年份数据。

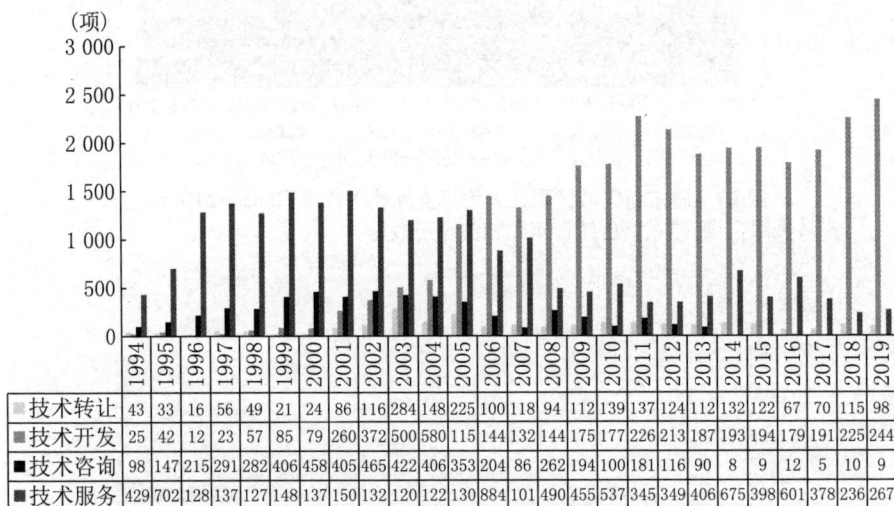

	1994	1995	1996	1997	1998	1999	2000	2001	2002	2003	2004	2005	2006	2007	2008	2009	2010	2011	2012	2013	2014	2015	2016	2017	2018	2019
技术转让	43	33	16	56	49	21	24	86	116	284	148	225	100	118	94	112	139	137	124	112	132	122	67	70	115	98
技术开发	25	42	12	23	57	85	79	260	372	500	580	115	144	132	144	175	177	226	213	187	193	194	179	191	225	244
技术咨询	98	147	215	291	282	406	458	405	465	422	406	353	204	86	262	194	100	181	116	90	8	9	12	5	10	9
技术服务	429	702	128	137	127	148	137	150	132	120	122	130	884	101	490	455	537	345	349	406	675	398	601	378	236	267

图 32　浦东新区历年各类别技术合同项目数(1994—2019 年)

资料来源:上海浦东新区统计年鉴相关年份数据。

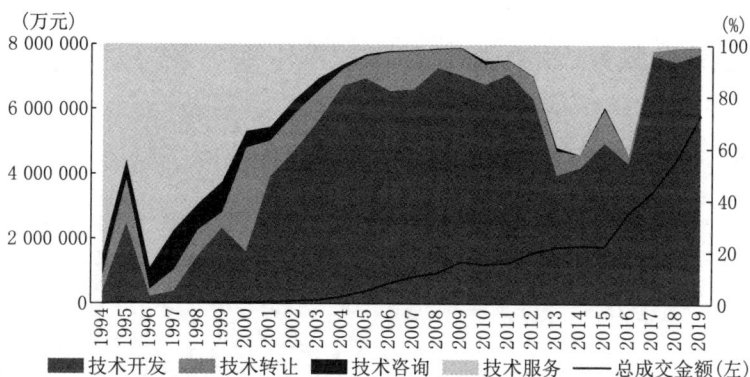

图 33　浦东新区历年各类技术合同成交金额(1994—2019 年)

资料来源:上海浦东新区统计年鉴相关年份数据。

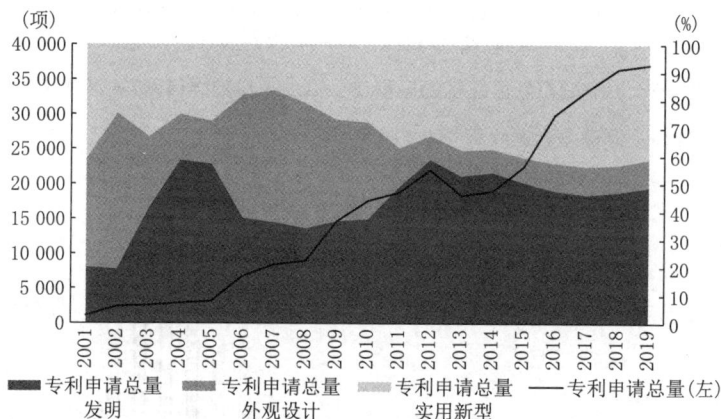

图 34　浦东新区历年新区专利申请情况(2001—2019 年)

资料来源:上海浦东新区统计年鉴相关年份数据。

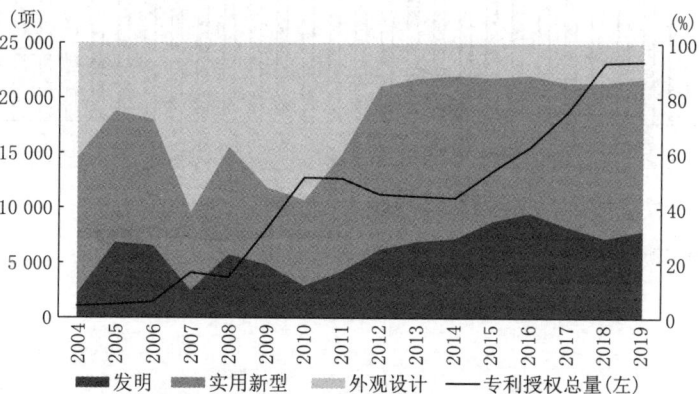

图 35　浦东新区历年专利授权情况(2004—2019 年)

资料来源:上海浦东新区统计年鉴相关年份数据。

(五) 医疗和教育

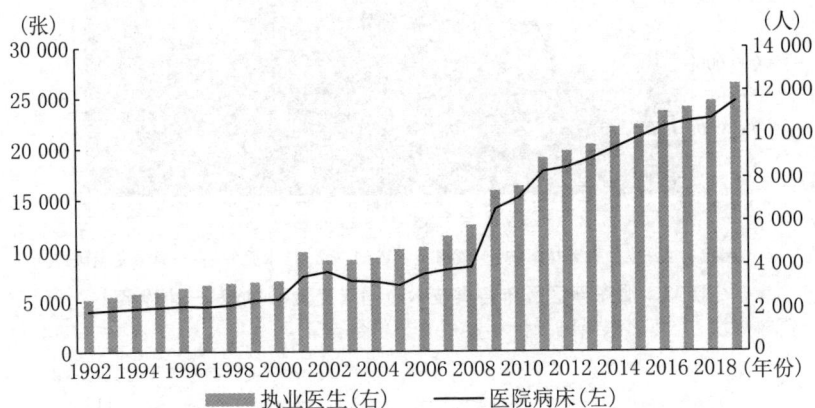

图 36 历年浦东新区医院病床和专业卫生人员数据(1992—2019 年)

资料来源:上海浦东新区统计年鉴相关年份数据。

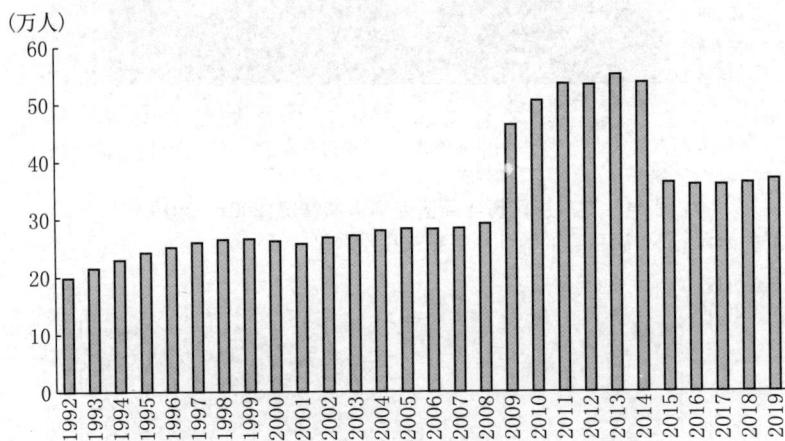

图 37 历年浦东新区在校人数数据(1992—2019 年)

资料来源:上海浦东新区统计年鉴相关年份数据。

（六）浦东新区 2019 年行政单位基本情况

表 2　浦东新区 2019 年行政单位情况表

地　　区	居民委员会	村民委员会	地　　区	居民委员会	村民委员会
街镇总计(36 个)	996	362	曹路镇	25	31
街　道(12 个)	406		金桥镇	14	2
潍坊新村街道	27		高行镇	33	1
陆家嘴街道	30		高东镇	16	11
周家渡街道	32		张江镇	33	8
塘桥街道	23		三林镇	58	16
上钢新村街道	23		惠南镇	39	29
南码头路街道	27		周浦镇	44	10
沪东新村街道	32		新场镇	11	13
金杨新村街道	48		大团镇	5	16
洋泾街道	40		康桥镇	39	11
浦兴路街道	40		航头镇	26	13
东明路街道	37		祝桥镇	34	40
花木街道	47		泥城镇	13	11
镇(24 个)	590	362	宣桥镇	9	12
川沙新镇	46	42	书院镇	6	13
高桥镇	33	13	万祥镇	4	7
北蔡镇	58	9	老港镇	3	7
合庆镇	8	29	南汇新城镇	15	1
唐　镇	18	17			

参考文献

蔡恩泽:《三十年奋力　浦东傲然展雄姿》,《产权导刊》2020 年第 12 期,第 5—7 页。

蔡为民:《浦东在"长三角一体化"中的作用(下)》,《理财周刊》2019 年。

蔡旭初:《坚实的步伐辉煌的篇章——"九五"时期上海国民经济和社会发展综述》,《上海统计》2000 年第 11 期,第 4—5 页。

曹莹:《便利化,给力国际贸易中心建设》,《开发杂志》(2016-09-11),http://www.pudong.gov.cn/shpd/news/20160911/006005013006_d10a6a7f-0fde-48fe-a58d-ea145ab0291d.htm。

曹莹:《开放,浦东的特质浦东开发》2015 年,第 488—499 页。

柴洪峰:《从三个层次看中国外汇交易中心的发展》,《中国外汇》2000 年第 3 期,第 37—38 页。

陈超:《如何理解创新策源能力》,《竞争情报》2018 年第 4 期,第 3 页。

陈高宏:《对党中央决策浦东开发开放的思考》,《中国城市经济》2009 年第 2 期。

陈高宏、吴建南、张录法:《像绣花一样精细:城市治理的浦东实践》,上海交通大学出版社 2020 年版。

陈嘉明:《"上海市经济发展战略讨论会"在上海社会科学院举行》,《上海经济研究》1984 年第 5 期,第 58—59 页。

陈述:《共和国外交史上的一件大事——打破西方国家的制裁》,《中国党政干部论坛》1999 年第 10 期。

陈尧:《中国开发区发展模式的浦东经验》,《中国社会科学报》,2020 年 12 月 15 日第 12 版。

陈友华、夏梦凡:《社区治理现代化:概念、问题与路径选择》,《学习与探索》2020

年第 6 期,第 36—44 页。

当代中国研究所著:《新中国 70 年》,当代中国出版社 2019 年版。

窦冠坤、闫蓓、周弋、孙乔、应晓华:《上海浦东自贸区改革对区域医疗服务影响研究》,《健康教育与健康促进》2018 年第 6 期,第 510—513、519 页。

《发挥区位优势和枢纽功能大力促进国际服务贸易发展——上海浦东新区服务贸易发展及创新实践》,《时代经贸》2013 年第 4 期,第 74—76 页。

范矿生:《新形势下浦东对基层服务型党组织的探索》,《上海党史与党建》2015 年第 10 期,第 40—42 页。

方莺岚、计哲:《"聚焦张江"第一年》,《浦东开发》2001 年第 1 期,第 5—10 页。

符佳:《上科大团队重大科研成果再登〈细胞〉杂志浦东时报》,2018 年 2 月 2 日第 2 版。

葛中雄、陈余德:《努力建造创新型港口,向世界强港迈进 中国首个港口集装箱全自动化无人堆场在上海港外高桥集装箱码头投入营运》,《港口科技动态》2006 年第 4 期,第 2 页。

顾文硕:《充满活力的中国黄金 ETF 市场》,《中国黄金报》,2020 年 12 月 25 日第 1 版。

顾卓敏:《波罗的海国际航运公会上海中心成立》,《青年报》(2013-03-06-A09),http://app.why.com.cn/epaper/qnb/html/2013-03/06/content_130737.htm。

《关于支持浦东新区改革开放再出发 实现新时代高质量发展的若干意见》(2019-06-25), https://stcsm.sh.gov.cn/zwgk/ghjh/20201201/7e9584d94d8d4475b-67d24f9397d7e8b.html。

桂家友:《城市新建大型居住社区的管理困境与创新治理——以上海市浦东新区为例》,《上海城市管理》2015 年第 1 期,第 42—48 页。

郭羽、卢向青、梁浩:《张江 CRO 企业启动便捷通关》,《上海商报》(2009-08-06),http://finance.sina.com.cn/roll/20090806/12322995361.shtml。

郝宇青:《加强基层组织建设的政治逻辑》,《行政论坛》2018 年第 1 期,第 16—22 页。

何建明:《邓小平一锤定音》,《金秋》2019 年第 1 期,第 47—49 页。

何立峰:《加快推进长江三角洲区域一体化发展》,人民网-人民日报(2020-11-

11），http://politics.people.com.cn/n1/2019/1204/c1001-31488208.html。

洪浣宁:《首批10家企业入驻浦东祝桥启东产业园》,《浦东时报》(2015-11-18)，http://www.pdtimes.com.cn/html/2015/11/18/content_2_7.htm。

胡德勤:《社区"家门口服务体系"调研报告》,《科学发展》2021年第1期,第103—112页。

胡云华:《浦东经济发展30年:演进、成效及再出发》,《科学发展》2020年第2期,第56—66页。

黄冬娅:《多管齐下的治理策略:国家建设与基层治理变迁的历史图景》,《公共行政评论》2010年第4期,第111—140、204—205页。

黄金平:《浦东开发开放:从地方战略到国家战略的升级》,《炎黄春秋》2018年第11期,第10—16页。

黄蕾、范子萌:《保险区块链创新中心在沪成立》,上海证券报·中国证券网(2020-10-27)，https://news.cnstock.com/news,bwkx-202010-4608869.htm。

黄蕾:《国际再保险平台上线 上海再保险中心建设提速》,《上海证券报》(2018-08-09)，http://news.cnstock.com/news,yw-201808-4256638.htm。

黄蕾:《上海保交所保险资产登记交易平台试运行 首批产品上线》,上海证券报·中国证券网(2016-11-1)，http://news.cnstock.com/news,bwkx-201611-3948015.htm。

黄柳:《八十年,再出发:备战浦东医疗加速跑》,《中国医院院长》2018年第18期,第80—84页。

黄鹏、钟鑫怡、潘丝雨:《浅谈迪士尼落"沪"川沙》,《中国商论》2016年第8期,第13—16页。

黄奇帆:《经济改革和发展的关键是搞好金融——学习〈邓小平文选〉第三卷有关金融战略指示有感》,《上海金融》1993年第12期,第4—6页。

黄奇帆:《浦东开发:一盘大棋中的重要一步》,《中国经济周刊》2019年第18期,第111—112页。

黄祺:《张江生物医药迎来成果爆发期》,《新民周刊》2019年第15期,第84—87页。

黄涛:《对改革开放以来我国经济周期的分析》,《调研世界》2011年第10期,第

3—7 页。

黄驿斐、蒋旭:《浦东新区:"管办评分离"的教育治理创新》,《上海教育》2019 年第 36 期,第 30—33 页。

计琳:《浦东:创新的前沿,育人的沃土》,《上海教育》2020 年第 34 期,第 18—19 页。

季明、何欣荣、王琳琳:《叩响全球科创中心的张江答卷》,《新华每日电讯》2020 年 1 月 8 日。

季明:《融资租赁:单机单船业务"破冰"》,《新华每日电讯》,2010 年 6 月 29 日第 6 版。

蒋俊杰:《浦东开发开放:国家战略的使命和担当|而立浦东再出发》(2020-11-11),https://www.yicai.com/news/100832901.html。

蒋应时:《全力开展上海浦东综合配套改革试点 率先推进改革开放》,《宏观经济研究》2007 年第 3 期,第 27—32 页。

金江、阿堵:《高起点三领先——浦东新区管委会副主任胡炜畅谈浦东开发》,《华东科技管理》1994 年第 6 期。

《金桥:第一个以"出口加工区"命名的国家级开发区》,《新民周刊》2018 年。

金招:《金桥现代工业成为浦东新的经济增长点》,《浦东开发》1997 年第 3 期,第 20 页。

筠溪:《上海市浦东新区举办"发挥行业协会商会作用助推长三角一体化发展"论坛》,《中国社会组织》2018 年第 21 期,第 63—63 页。

雷仲敏、叶焕民:《浦东建设上海国际贸易中心核心功能区的探讨》,《青岛科技大学学报(社会科学版)》2011 年第 1 期,第 1—7、36 页。

李方:《上海金融:以服务赢得地位》,《上海经济》1996 年第 1 期,第 28—30 页。

李锋:《浦东开发开放三十年回顾、总结与展望》,《科学发展》2020 年第 3 期,第 34—43 页。

李岚君:《2021 新华·波罗的海国际航运中心发展指数报告》发布,中国证券报·中证网(2021-07-11),http://www.cs.com.cn/cj2020/202107/t20210711_6182833.html。

李卫平:《上海交通大学医学院附属仁济医院:每一个管控点都围绕精益做文

章》,《健康报》,2020年11月30日第6版。

李伟、蒋媛媛:《从制造中心到科创中心》,上海社会科学院出版社2018年版。

李彦荣:《共建教育命运共同体——跨学段学区建设的愿景规划与路径设计》,《教育发展研究》2021年第2期,第14—19、25页。

李宇宏、张显东:《上海浦东新区服务贸易发展及创新突破实践》,《华东经济地理》2012年第10期,第40—45页。

李玉成、张琦、韩义雷、王春:《聚焦张江,十年一剑》,《浦东开发》2009年第9期,第10—13页。

林兰:《上海浦东新区国际航运中心核心功能区建设比较研究》,《上海经济研究》2010年第3期,第84—93页。

林子源:《港口经济对浦东新区产业结构的影响研究》,《农场经济管理》2020年第6期,第51—53页。

刘长波、张仁开:《上海陆家嘴金融贸易区总部经济发展研究》,《城市》2009年第5期,第34—38页。

刘朝粹、张振德、姚有良:《自主创新之花:张江"药谷"生机盎然》,《长三角》2006年第2期,第14—16页。

刘朝晖:《外高桥,打造自由贸易港之梦》,《新民周刊》(2020-04-15),http://www.xinminweekly.com.cn/lunbo/2020/04/15/14065.html。

刘捷:《庆祝浦东开发开放30周年专栏——引领浦东开发开放的四大开发区(一)外高桥保税区》,《上海党史与党建》2020年第1期,第2页。

刘朋:《发展性教育督导评估助推高考改革新政落地的实践探索——以上海市浦东新区为例》,《教育科学研究》2019年第1期,第29—34页。

刘士安、李泓冰、谢卫群:《三十年开发开放果实丰硕,而今瞄准更高层次更高水平——浦东勇担使命再出发》,http://sh.people.com.cn/n2/2020/0417/c134768-33955160.html,2020-04-17。

娄洪、韦士歌:《关于推进现代国债市场建设的几点思考》,《财政研究》2018年第6期,第84—88页。

毛栋英:《浦东基层党建30年》,《党政论坛》2020年第5期,第15—19页。

任鹏飞:《城市治理现代化进程中多重堕距的生成与弥合》,《求实》2019年第3

期,第 76—85 页。

容志:《技术赋能的城市治理体系创新——以浦东新区城市运行综合管理中心为例》,《社会治理》2020 年第 4 期,第 51—59 页。

容志、秦浩:《上海"家门口"服务体系建设的成效、问题与对策》,《科学发展》2020 年第 11 期,第 104—112 页。

尚齐、何小明:《上海期货交易所——探索天然橡胶"保险＋期货"精准扶贫模式》,人民网-人民日报（2018-08-10），http://society.people.com.cn/n1/2018/0810/c1008-30220269.html。

邵榕、吴雨:《外高桥:不尽物流滚滚来》,《浦东开发》2005 年第 4 期,第 44—46 页。

邵雍:《浦东开发开放的前前后后》,《世纪风采》2020 年第 4 期,第 26—30 页。

哨井风:《国际"大牌"相中浦东》,《浦东开发》2007 年第 7 期,第 21—22 页。

沈乃恩、李佳:《上海自贸区离岸贸易发展实现突破——以沃尔沃建筑设备公司为例》,《经济师》2021 年第 2 期,第 48—49 页。

沈轶伦:《仁济:上海第一所西医医院的故事》,《解放日报》,2020 年 3 月 20 日第 15 版。

施蕾生:《海港新城产业开发展新貌——记上海外高桥保税区产业发展》,《上海企业》2003 年。

施耀新:《保障和就业分离——新区征地安置形成新机制》,《浦东开发》1995 年第 9 期,第 25—26 页。

史志办:《浦东年鉴 2019 -科学技术》,上海市浦东新区人民政府网站,2020 年。

舒彦:《汤臣的浦东里程碑》,《浦东开发》2005 年第 4 期,第 85 页。

思弘、曹莹:《古镇高桥:"美女"出"闺阁"》,《浦东开发》2011 年第 2 期,第 41—46 页。

宋建军:《发挥上海龙头带动作用　合力打造长三角一体化新格局》,《中国经贸导刊》2019 年第 4 期,第 70—72 页。

孙宝席:《"解放思想,深化改革"是浦东开发开放的根本动力》,《上海党史与党建》2021 年第 1 期,第 2 页。

孙一元:《陆家嘴:迈向国际一流金融城》,《上海国资》2020 年第 8 期,第 64—

66 页。

汤林春:《上海市学区化集团化办学探索与前瞻》,《上海教育科研》2018 年第 3 期,第 15—19 页。

唐玮婕:《浦东,浦东! 30 年巨变,潮起东方》,http://news. youth. cn/gn/202011/t20201112_12571454.htm,2020-11-12。

唐亚林:《社区治理走向多功能社区发展新时代》,《社会科学报》,2021 年 4 月 8 日第 3 版。

田晓莉:《中国黄金 ETF 市场对黄金现货市场影响的实证分析》,浙江大学 2014 年。

王安德、马婉:《陆家嘴:烂泥渡华丽转身为现代金融中心》,《世纪》2020 年第 3 期,第 15—19 页。

王冬生、赵志莹:《外汇管理改革浦东先行一步》,《财务与会计》2006 年第 10 期,第 17—20 页。

王浦劬、雷雨若:《我国城市治理现代化的范式选择与路径构想》,《深圳大学学报(人文社会科学版)》2018 年第 2 期,第 91—99、151 页。

王仁彧:《服务社区治理:新时代社区教育的使命担当与实践路径》,《终身教育研究》2021 年第 2 期,第 63—68 页。

王思斌:《我国基层社会工作体系建设的合理性研究》,《中国社会报》,2021 年 4 月 16 日第 3 版。

王延:《口岸部门地方政府协同推进贸易便利化》,《浦东时报》(2017-08-10(006)),http://www.pdtimes.com.cn/resfile/2017-08-10/06/06.pdf。

王一程、贠杰:《改革开放以来的中国基层民主建设》,《政治学研究》2004 年第 2 期,第 26—33 页。

王云:《产业企业高度肯定镍、锡期货　提升有色金属定价话语权》,上海期货交易所官网(2015-03-27),http://www.shfe.com.cn/news/news/911322540.html。

吴雪:《土地开发模式　第一个尝试土地实转、资金空转的模式》,《新民周刊》2018 年。

夏骥:《上海自贸试验区临港新片区引领长三角更高质量一体化发展》,《科学发展》2020 年第 3 期,第 61—69、106 页。

萧范：《5.5平方公里区域封关运营——外高桥保税区建设翻开崭新的一页》，《浦东开发》1995年第1期，第20—21页。

谢国平、万仁杰、谢群慧：《外高桥：营运中心提高服务能级》，《浦东开发》2008年第9期，第23—25页。

谢群慧：《不以GDP论张江——访上海张江高新技术产业开发区领导小组办公室副主任、上海张江(集团)有限公司常务副总经理刘小龙》，《浦东开发》2009年第9期，第14—17页。

谢群慧：《金桥出口加工区板块：产业梯度发展》，《浦东开发》2010年第6期，第20—21页。

谢群慧：《张江：汇聚最活跃的创新思想创业力量》，《浦东开发》2012年第8期，第5页。

谢卫群：《从金融贸易区到金融城——陆家嘴 资管高地正发力》，《人民日报》，2020年6月4日第6版。

谢卫群：《大江东|金融开放30条落地：浦东率先出发，陆家嘴即刻冲锋》，人民网-上海频道(2020-02-23)，http://sh.people.com.cn/n2/2020/0223/c134768-33820616.html。

谢卫群：《上交所开启信息披露直通车》，人民网-人民日报(2013-02-20)，http://theory.people.com.cn/n/2013/0220/c40531-20538997.html。

谢卫群：《以人民币计价、中国首个国际化期货品种原油期货正式挂牌交易》，人民网-人民日报(2018-03-27)，http://finance.people.com.cn/n1/2018/0327/c1004-29890111.html。

忻发展：《他们创造了"外高桥速度"》，《浦东开发》2007年第10期，第56—58页。

徐建刚、朱晓明：《邓小平与上海改革开放》，《解放日报》，2014年8月14日。

徐晶卉：《一所民办大学的质量追求》，《文汇报》，2010年6月28日第12版。

徐美芳：《上海自贸区金融制度创新和溢出效应分析》，《开发杂志》2016年9月11日，https://www.pudong.gov.cn/shpd/news/20160911/006005065005_2ef73d40-e464-4f3d-8d8c-d753ac381a31.htm。

严志兰、邓伟志：《中国城市社区治理面临的挑战与路径创新探析》，《上海行政学院学报》2014 年第 4 期,第 40—48 页。

杨玲丽:《"组团式"外迁:社会资本约束下的产业转移模式——上海外高桥(启东)产业园的案例研究》,《华东经济管理》2012 年第 7 期,第 6—9 页。

杨婷:《浦东社会治理创新的主要实践探索》,《社会治理》2020 年第 4 期,第 30—35 页。

杨晔、李志英:《金桥:从出口加工区到经济技术开发区》,《上海党史与党建》2018 年第 12 期,第 35—38 页。

杨珍莹:《浦东打造全球国际船舶管理集聚地》,《浦东时报》(2014-11-25),http://pdtimes.com.cn/resfile/2014-11-25/A01/A01.pdf。

叶赟:《国内首家外资职业培训机构落沪》,《中国外资》2017 年第 21 期,第 54—55 页。

《721.04 亿元!张江医产业要爆表!》[EB/OL],https://www.sohu.com/a/325968215_100044537,2019-07-01。

易会满:《国务院关于股票发行注册制改革有关工作情况的报告——2020 年 10 月 15 日在第十三届全国人民代表大会常务委员会第二十二次会议上》,中国人大网(2020-10-15),http://www.npc.gov.cn/npc/c30834/202010/a8cddd4b7f694bc7a6b-3719df029df6a.shtml。

应琛:《金融改革,从 1.0—3.0 版》,新民周刊网络版(2018-04-12),http://www.xinminweekly.com.cn/fengmian/2018/04/12/10001.html。

英盛:《立志成才　报国裕民——上海科技大学》,《电子技术与软件工程》2017 年第 14 期,第 7—8 页。

《优化提升营商环境　全力推进制造业高质量发展——上海浦东新区打造实体经济发展高地》,《中国经贸导刊》2019 年第 13 期,第 60—61 页。

于红兰:《金融业面对入世带来的机遇与挑战》,《财经问题研究》2000 年第 8 期。

袁临江:《发挥再保险在新发展格局中的独特作用》,《中国金融》2020 年第 21 期,第 12—14 页。

张波:《浦东再出发离不开人才助力》,《社会科学报》,2020 年 5 月 14 日第 2 版。

张持坚:《在邓小平的推动下——浦东开发开放决策前后》,《档案春秋》2020 年第 12 期。

张鹤鸣、王宁生、郑梁元：《加入 WTO 对 21 世纪中药现代化进程的影响》,《中国药房》2000 年第 2 期。

张利静：《上期所 2020 年天然橡胶精准扶贫结项》,中国证券报·中证网（2021-02-26）, http://www.cs.com.cn/zzqh2020/202102/t20210226_6141709.html。

张琪：《三林绣娘的三代传人》,《浦东开发》2008 年第 11 期,第 56—57 页。

张全林：《而立浦东打造超大城市治理样板》,《中国城市报》,2020 年 11 月 16 日第 2 版。

张文显、徐勇、何显明、姜晓萍、景跃进、郁建兴：《推进自治法治德治融合建设,创新基层社会治理》,《治理研究》2018 年第 6 期,第 5—16 页。

张钰芸：《国际中转集拼创新业务启动》,《新民晚报》（2014-08-01-B3）, http://xmwb.xinmin.cn/html/2014-08/01/content_27_4.htm。

张兆安：《改革开放 40 年上海 100 项首创案例》,上海社会科学院出版社 2019 年版,第 82—85 页。

张兆安：《四个变化,看浦东对上海的改变》,2020［2020-11-09］, https://new.qq.com/omn/20201109/20201109A00ZKG00.html。

赵竞飞：《经济实力增长加快结构调整成效显著——"九五"时期上海 GDP 发展综述》,《上海统计》2001 年第 10 期,第 4—6 页。

郑晓燕：《新公共服务视域下的社区公共服务供给——基于浦东新区"家门口"服务体系建设的经验》,《科学发展》2019 年第 6 期,第 97—104 页。

《中国共产党一百年大事记（1921 年 7 月—2021 年 6 月）》,《新华月报》2021 年第 14 期,第 69 页。

中国社会科学院苏联东欧研究所编译组：《东欧问题资料》,东方出版社 1990 年版。

周林法：《浦东国际机场原筹建处负责人许泽成谈浦东国际机场决策过程》,《浦东开发》1996 年第 2 期,第 16—17 页。

朱超群：《新时代高校文化育人形式的创新——基于地域特色文化资源的分析》,《高校辅导员学刊》2020 年第 2 期,第 46—50 页。

祝惠春：《铜期权上市：为中国铜业赋能》,经济日报-中国经济网（2018-09-21）, http://bgimg.ce.cn/xwzx/gnsz/gdxw/201809/21/t20180921_30363935.shtml。

庄崚:《积极应对金融海啸,谋求浦东更快发展》,《浦东开发月刊》2008 年第 12 期。

庄崚:《亚洲金融危机与浦东的对策》,《浦东开发月刊》1998 年第 8 期。

《综合配套改革试点出台始末》,《开发杂志》2014(06),http://www.pudong.gov.cn/shpd/news/20160911/006005039005_5baaf5ee-37fb-4aa3-85e7-5ee6073386e4.htm。

邹锦标:《房地产业——浦东第三产业的"大哥大"》,《浦东开发》1996 年第 6 期,第 19—20 页。

左沈怡:《占领创新生态链的制高点——访上海微电子装备有限公司总经理贺荣明》,《上海国资》2015 年第 8 期,第 38—39 页。

图书在版编目(CIP)数据

30年:浦东开发开放重大实践与精神价值/张兆安
等著.—上海:上海人民出版社,2022
(上海社会科学院重要学术成果丛书.专著)
ISBN 978-7-208-17518-1

Ⅰ.①3… Ⅱ.①张… Ⅲ.①区域经济发展-研究-
浦东新区 ②区域经济-开放经济-研究-浦东新区 Ⅳ.
①F127.513

中国版本图书馆 CIP 数据核字(2021)第 264315 号

责任编辑 钱 敏
封面设计 路 静

上海社会科学院重要学术成果丛书 · 专著

30 年:浦东开发开放重大实践与精神价值
张兆安 等著

出 版	上海人民出版社	
	(201101 上海市闵行区号景路 159 弄 C 座)	
发 行	上海人民出版社发行中心	
印 刷	上海商务联西印刷有限公司	
开 本	720×1000 1/16	
印 张	24.75	
插 页	2	
字 数	345,000	
版 次	2022 年 6 月第 1 版	
印 次	2022 年 6 月第 1 次印刷	

ISBN 978-7-208-17518-1/C·645
定 价 108.00 元